근대 엔지니어의 성장

근대 엔지니어의 성장

초판 1쇄 인쇄일 2014년 6월 5일　**초판 1쇄 발행일** 2014년 6월 10일

지은이 이내주 외
펴낸이 박재환 | **편집** 유은재 이정아 | **관리** 조영란
펴낸곳 에코리브르 | **주소** 서울시 마포구 동교로 15길 34 3층(121-842) | **전화** 702-2530 | **팩스** 702-2532
이메일 ecolivres@hanmail.net | **블로그** http://blog.naver.com/ecolivres
출판등록 2001년 5월 7일 제10-2147호
종이 세종페이퍼 | **인쇄·제본** 상지사 P&B

책값은 뒤표지에 있습니다.　　잘못된 책은 구입한 곳에서 바꿔드립니다.

근대
엔지니어의
성장

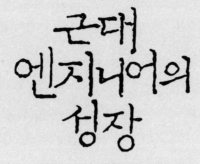

이내주 · 김덕호 · 문지영 · 박진희 · 송충기 · 이관수 · 이은경 · 이정희 지음

에코리브르

차례

총설

1 머리말   9

2 엔지니어의 위계화   17

3 엔지니어 집단의 사회 세력화   22

4 엔지니어의 전문화   31

5 엔지니어, 국가 그리고 기업   39

6 맺음말   45

영국: 전기 및 화학 엔지니어의 등장과 '지체된' 성장, 1870~1920년대

1 머리말   51

2 19세기 후반의 전기 및 화학 산업: 발전과 양상   56

   2.1 제국을 위한 전신 vs. 공공재로서 전기   58

   2.2 화학 산업: 빠른 출발, 느린 성장   75

3 전기 및 화학 엔지니어의 대두와 집단화   83

   3.1 전신의 그늘에서 벗어나다: 전기 엔지니어 협회 설립   84

   3.2 화학과 기계의 틈바구니를 뚫다: 화학 엔지니어 협회 설립   92

4 전기 및 화학 엔지니어 양성의 제도화 104

    4.1 과학자-엔지니어의 양성을 향하여: 전기공학 교육 105

    4.2 응용화학과 구별 짓기: 임페리얼 칼리지의 화학공학 교육 111

5 맺음말: '신사-엔지니어'에서 '전문직 엔지니어'로 120

프랑스: 공학 교육 체제의 혁신과 엔지니어 위상의 변모, 1880~1914

1 머리말 129

2 제2차 산업화의 물결 135

    2.1 전기의 대중화 136

    2.2 화학 산업의 성장 139

3 새로운 공학 교육 체제와 신설 학교 143

    3.1 제3공화국의 새로운 공학 교육 정책 145

    3.2 대학교 부설 공학 연구소의 확산 157

    3.3 파리 시립물리화학공업학교 160

    3.4 파리 고등전기학교 166

4 엔지니어의 사회적 위상과 새로운 엔지니어 문화 173

    4.1 공학 교육 네트워크의 형성 174

    4.2 산업 엔지니어의 성장과 협회의 활성화 182

    4.3 국가 엔지니어와 민간 엔지니어의 대립 193

5 맺음말: 엔지니어 직업의 세분화 196

독일: 산업 엔지니어의 성장과 공학 교육의 발전, 1870~1930년대

1 머리말   **205**

2 전기 및 화학 산업의 성장과 산업 엔지니어   **209**

   2.1 전기 산업의 성장   209

   2.2 전기 엔지니어의 양적 성장   215

   2.3 화학 산업의 성장과 산업 화학자의 증가   219

3 산업 엔지니어, 산업 화학자의 출현과 엔지니어 집단의 분화   **227**

   3.1 전기 산업 분야 엔지니어 단체의 결성   231

     3.1.1 사회적 책무를 강조한 전기 기술 협회와 독일 전기 기술자 연맹   231

     3.1.2 디플롬 엔지니어 연맹의 출현   235

     3.1.3 산업체 고용 엔지니어와 기술자 연맹의 탄생   239

   3.2 화학 산업 분야 엔지니어 단체의 결성   244

     3.2.1 산업 화학자와 화학자 전문 협회의 출현   244

     3.2.2 고용 화학자와 기술 산업 공무원 연맹의 연대   247

     3.2.3 고용 화학자와 엔지니어 연맹의 탄생   249

4 산업 엔지니어와 산업 화학자를 위한 교육 체제의 정립   **252**

   4.1 산업 엔지니어를 위한 전기공학 교육   253

   4.2 산업 화학자와 대학의 화학 교육   259

5 맺음말: 산업 엔지니어의 성장과 독일적 특성   **264**

미국: 엔지니어 집단의 팽창과 분절화, 1890~1930년대

1   머리말   277

2   누가 엔지니어인가: 엔지니어 단체와 엔지니어 정체성   281

    2.1   미국 전기 엔지니어 협회: 대기업 중심의 강력한 위계 구조   283

        2.1.1   업계 고위 관계자 vs. 엔지니어   284

        2.1.2   규모의 팽창과 위계 구조 온존   291

    2.2   화학보다 운영을 택한 미국 화학 엔지니어 협회   295

        2.2.1   화학자 vs. 화학 엔지니어   298

        2.2.2   미국 화학 엔지니어 협회 창립과 초기 활동   301

3   엔지니어 교육의 정립과 MIT   306

    3.1   전력 산업과 기업 경영을 전기 엔지니어 교육의 중심으로 삼다   312

    3.2   미국식 화학공학을 발명하다   326

        3.2.1   초기의 화학 엔지니어 양성 과정   326

        3.2.2   리틀과 MIT   329

        3.2.3   미국 화학 엔지니어 협회와 단위 조작   336

4   엔지니어와 국가 그리고 대기업   343

    4.1   표준과 산업 조직: 국가와 상층 엔지니어의 밀월   344

    4.2   미국 엔지니어의 위계와 기업중심주의   348

    4.3   미국 엔지니어 연대의 급성장과 몰락   355

5   맺음말: 엔지니어의 팽창과 계층화   361

근대 엔지니어의 성장 관련 연표   366

찾아보기   368

총설

1 머리말

지난 50여 년간 정부 주도의 산업 정책 아래 우리나라의 과학기술 인력 양성은 국가의 핵심 정책 중 하나로 자리 잡았다. 그 결과 2012년을 기준으로 볼 때, 한국의 과학기술 분야 연구원은 총 31만 5000여 명으로 26만 명 남짓한 영국을 이미 넘어섰으며, 대학 졸업생의 23퍼센트 정도를 공학 계열이 차지하기에 이르렀다. 그런데 최근 들어 이러한 양적 성장이 한계에 이르렀다는 목소리가 심심찮게 들리고 있다. 실제로 2002년 즈음부터 대학 진학자들 사이에서 이공계 기피 현상이 심화되었음은 잘 알려진 사실이다. 더구나 무한 경쟁을 요구하는 세계화 시대에 선진국 기술을 흡수해 산업을 일으키는 이른바 '기술 추격 모델'만으로는 더 이상 국내 산업 발전을 견인하기 어렵게 되었다. 무엇인가 창의성에 기초한 돌파구 마련이 시급한 실정이다.

이러한 위기의식 아래 이공계 기피 문제를 해결하고 탈(脫)추격형 혁신 체제를 구축하려는 모색이 다각적으로 시도되고 있다. 엔지니어와 과학자에 대한 경제적·사회적 보상 수준을 높이고 이들 분야의 직업 안정성을 향상시키는 등의 이슈를 포함한 다양한 방안이 그것이다. 특히 탈추격 혁신과 관련해서는 융합 기술 역량의 강화 및 창의적 공학 교육 설계 등을 모색하고 있다. 그런데 문제는 이러한 대책들이 우리나라 엔지니어 집단의 특성에 대한 깊이 있는 분석을 수행하지 않은 상태에서 시도되고 있다는 점이다. 예를 들어, 산업 발전과 불가분의 관계에 있는 이들 엔지니어가 수행하고 있는 과업의 내용이나 특성, 양성 과정 그리고 우리 사회 내에서 이들의 위상 등에 대한 성찰이 매우 미흡한 형편이다. 현재 한국 사회가 당면한 엔지니어 및 공학 관련 문제를 해결하기 위해서는 엔지니어 사회의 일반적 특성 및 문화 등에 대한 한층 심도 있는 이해가 선행될 필요가 있다.

그렇다면 이를 위한 효과적인 방법은 없을까? 그중 하나가 '근원'을 살펴보고 이로부터 유용한 교훈을 이끌어내는 것이다. 다시 말해, 오늘날 우리나라의 산업 구조 및 엔지니어 양성 체계는 서구 선진국의 제도를 수용해 형성·발전한 것이므로 이들 서구 산업 국가들에서 이러한 엔지니어 양성 체제를 확립해온 역사적 과정에 대한 고찰이 유용한 시사점을 제공할 것이라는 얘기다. 이러한 공백을 메워보려는 의도 아래 본서의 필자들은 이미 2013년에 《근대 엔지니어의 탄생》을 선보인 바 있다. 하지만 여기서 만족할 경우, 엔지니어 집단이 본격적으로 성장하면서 산업의 근대화를 이끌어가는 19세기 말 이후의 이른바 제2차 산업혁명기에 대해 총체적으로 이해하기가 어렵다. 요컨대 근대 엔지니어의 탄생과 성장에 얽힌 전체상과 그 안에 내포된 각 선진 산업국 간의 다양성을 제대로 파악하지 못하는 우를 범할 수 있다.

일반적으로 서구 각국에서는 이 시기에 엔지니어 양성과 관련한 제도화가 이루어지고 엔지니어 집단 나름의 문화가 보편적 형태로 정착한 것으로 알려져 있다. 하지만 이 시기의 발전 과정을 세밀하게 고찰할 경우, 전체적인 유사함 속에서도 각국마다 독특한 스타일이 내재해 있음을 알 수 있다. 따라서 유사한 맥락에서 서구의 제도를 모방해 도입했다고 여겨지는 우리나라 엔지니어 집단의 문화와 특징에도 보편적 외형 속에 우리 고유의 것을 내포하고 있으리라 유추할 수 있다. 이러한 맥락과 필요에 따라 시기적으로 1880년대에서 1930년대를 아우르는 별도의 책을 기획했으며, 미흡하나마 이번에 그 결과물을 선보이게 되었다.

《근대 엔지니어의 탄생》에서 이미 고찰한 바와 같이 제1차 산업혁명기인 18세기 후반~1870년대 유럽의 주요 국가와 미국에서 기술자 양성의 무게중심은 장인의 작업장(workshop)에서 대학 및 기술학교의 실험실 또는 실습실(laboratory)로 이동했다. 당시 이러한 변화를 선도한 것은 토목공학과 기계공학 분야였다. 하지만 1870년 이후, 이른바 제2차 산업혁명기를 주도한 것은 전기공학 및 화학공학 같은 좀더 복잡하고 과학과의 긴밀한 협업이 필요한 '신산업(new industry)' 분야였다. 이 시기에는 체계적인 공학 교육 제도를 선제적으로 확립한 독일이 과학 기반 산업의 특성이 강한 전기공학과 화학공학 분야를 주도했다. 토목공학 및 기계공학 분야가 전문화하면서 그 종사자가 '새로운' 전문가로 자리 잡기 위해 노력했던 제1차 산업혁명기의 양상과 달리, 제2차 산업혁명기에 대두한 전기공학과 화학공학의 경우에는 이미 전문화한 공학 영역 안에서 어떻게 전문화를 꾀하고 독자적 위상을 확립할 것인가가 중요한 관건이었다.

이런 맥락에서 이번 책에서는 근대 세계의 형성 과정에 커다란 기여를 한 엔지니어 중 오늘날까지 중요한 위상을 차지하고 있는 전기공학 및 화학공학 계통 엔지니어에 대해 이들이 어떻게 탄생했고, 어떻게 성장해왔는지를 선진 산업 국가인 4개국—영국, 프랑스, 독일, 미국—을 중심으로 비교사적으로 고찰했다. 이미 발간한 연구 성과를 통해 학문으로서 공학의 정착 과정에 국가별로 차이가 있음을 알았기 때문에, 이번에는 이전의 연구 성과를 토대로 엔지니어와 공학의 국가별 스타일과 그러한 스타일이 형성된 요인을 분석한다. 다시 말해, 각국 엔지니어 단체의 출현 및 공학 교육을 통한 엔지니어의 사회적 위상 정립이라는 측면에서 국가적 분화(national divergence) 현상과 그 내면에 엉켜 있는 실타래를 풀어보고자 한다.

이러한 목적을 달성하기 위해 방법론상으로 크게 네 개의 키워드—엔지니어의 위계화, 엔지니어 집단의 사회 세력화, 엔지니어의 전문화, 엔지니어와 국가 및 기업과의 관계—를 도출하고 이를 방향타 삼아 논지를 전개한다. 선진 산업 국가들에서 형성된 엔지니어 사회의 특성에 대한 역사적 이해는 오늘날 한국의 엔지니어 사회를 조망하는 데 유용한 길잡이가 될 수 있으리라 여겨진다. 이러한 비교사적 연구를 통해 역사적 실체인 '근대 엔지니어'에 대해 좀더 깊이 있는 이해를 도모하는 한편, 그동안 과학 및 과학자와 구분되는 존재임에도 그 위상을 제대로 평가받지 못한 공학 및 엔지니어의 정체성을 올바르게 정립하는 데 유용한 시사점을 얻을 수 있다고 본다. 동시에 한국 사회의 고유한 경험이 한국의 공학과 엔지니어 특성 형성에 미친 영향을 파악하는 데 의미 있는 출발점이 되길 기대한다.

1870년 이래 서유럽 국가들에서는 이른바 제2차 산업혁명이 일어났다. 석탄과 철을 주원료로 증기력에 의존해 전개된 제1차 산업혁명 때와 달리, 1870년대 이후에는 석유와 전기 에너지를 핵심 동력원으로 삼은 전기 및 화학 같은 새로운 산업이 대두했다. 더구나 이 시기에는 산업 구조상으로도 질적인 변화가 일어났다. 산업과 금융이 결합하면서 엄청난 자본을 가진 거대 기업이 등장, 세계 시장을 선점하기 위해 서구 열강 간에 치열한 산업 경쟁이 벌어진 것이다.

또한 19세기 말은 정치적·군사적으로 유럽 열강이 상품 판매 시장과 원료 공급처를 확보하기 위해 경쟁적으로 다른 대륙을 침략하고 식민지를 확대한 '제국주의 시대'이기도 했다. 자연히 세계 곳곳에서 서양 열강 사이에 갈등과 충돌이 빈번하게 일어났고, 타국과의 경쟁에서 살아남기 위해 온갖 방법을 모색하기에 이르렀다. 무엇보다도 군사력 증강의 토대인 자국의 산업 생산력을 향상시키기 위해 과학기술 분야의 발전에 깊은 관심을 기울였다. 이런 시대적 환경에서 태동한 전기공학과 화학공학은 제1차 세계대전 이후 발전을 거듭해 오늘날 두 분야의 엔지니어는 세계적으로 공학 계통을 대표하는 전문 직종으로 인정받고 있다.

무엇보다도 신산업에는 새로운 유형의 산업 인력이 필요했다. 제1차 산업혁명 때처럼 소규모 작업장에서 잔뼈가 굵은 '경험 우선'의 인력으로는 해결할 수 없을 정도로 높은 과학 지식과 기술 지식을 요구했기 때문이다. 또한 그 특성상 과학과 공학 연구가 필수적이었기 때문에 초반부터 고등 교육을 이수한 인력이 필요했다. 산업 문제 해결에 대학의 과학 연구가 도움을 주고, 아울러 산업 분야의 지식 축적이 대학의 연구를 선도하면서 대학과 산업 간에 긴밀한 협력이 강화되었다. 이 시기에 제1차 산업혁명을 선도했던 영국을 1870년대 이래 빠른 산업화를 이룩한 독일과 미국이 바짝 추격하면서 전기 및 화학 같은 첨단 산업에 대한 관심은 더욱 높아질 수밖에 없었다. 이들은 각자 처한 국내적 상황 속에서 나름대로 대응책을 마련하는 데 골몰했다.

전체적으로 볼 때 각국의 대응에는 공통점과 차이점이 있었다. 예컨대 공학 교육의 체계화 및 엔지니어 집단의 전문화가 진행되면서 4개국 모두에서 일정한 수준의 위계화가 이루어지고, 공학 교육의 학습 여부가 이러한 위계의 주요 기준이 되었다는 점은 공통된 현상이라고 볼 수 있다. 하지만 이런 공학 교육의 위계화 과정에서 프랑스와 독일의 경우에는 국가의 역할과 영향력이 상대적으로 강하게 작용해 학위를 명시한 졸업장에 기초한 엔지니어의 위계를 중요시한 데 비해, 영국과 미국의 경우에는 국가보다는 민간 분야의 역할이 좀더 강했다고 평가할 수 있다. 다시 말해, 영국의 경우에는 강한 도제 제도의 전통 때문에 해당 엔지니어 단체의 입김과 역할이 그리고 미국의 경우에는 대학과 기업가의 역할이 컸다. 이런 상이한 특징으로 인해 프랑스와 독일에서는 자격증을 기반으로 전체 엔지니어 사회가 형성된 반면, 영국과 미국에서는 동일한 산업 분야 내에서도 계층별로 서로 다른 엔지니어 사회가 등장했다고 볼 수 있다.

이러한 점을 국가별로 구체적으로 살펴보면 다음과 같다. 18세기 중엽부터 산업혁명을 경험한 영국은 1850년경에 이르면 '세계의 공장'이라 일컬을 정도로 놀라운 산업 발전을 이룩했다. 하지만 실습 위주의 전통적 도제 제도가 지속적으로 강한 영향력을 발휘해온 탓에 전문 엔지니어를 양성하기 위한 고등 교육 수준의 공학 교육은 매우 더디고 불완전하게 진행되었다. 대략적으로 전기 및 화학 같은 신산업이 등장하고 대외 산업 경쟁이 가열된 1870~1880년대를 기점으로 변화의 움직임이 나타나 소수이긴 해도 대학 졸업장을 받은 전문 엔지니어를 배출하기 시작했다.

바다 건너 프랑스는 특히 18세기 계몽주의 시대 이래 절대 왕정의 강력한 주도 아래 과학기술 분야에서 괄목할 만한 발전을 이루어왔다. 국가, 군대 그리고 민간 분야의 다양한 직무에서 국가 경영에 일조하는 '새로운 인간형' 엔지니어를 양성해온 것이다. 무엇보다도 프랑스에서 근대 엔지니어의 탄생 및 성장 과정은 '혁명'(프랑스 혁명, 산업혁명)과 '전쟁'(나폴레옹 전쟁, 제1차 세계대전)이라는 두 개의 키워드로 설명되는 정치적·경제적 변화의 산물이었다. 따라서 근대 엔지니어의 탄생 및 성장 과정에서 유럽의 다른 국가들과 구별되는 프랑스적 특수성을 이해하기 위해서는 바로 이러한 격변의 계기와 그 영향에 대해 검토할 필요가 있다.

독일에서 근대 엔지니어는 기술전문학교, 폴리테크닉 학교 그리고 고등기술학교(Technische Hochschule)로 이어지는 기술 교육 시스템의 정착과 더불어 새로운 사회 집단으로서 정체성을 얻기 시작했다. 이들은 1870년대 이후 전개된 독일 산업의 빠른 성장을 배경으로 그 역할과 사회적 위상에서 변화를 경험했다. 특히 국가 사업에 집중했던 이전 시대와 달리 제2차 산업혁명기로 접어든 1870년대부터는 전기 산업과 화학 산업 분야에서 지멘스나 바이엘(Bayer) 같은 민간 기업이 세계 시장의 선도적 지위를 구축하면서 독일 산업의 성장을 이끌었다. 기업 규모의 확대와 더불어 이들 민간 기업으로 진출하는 엔지니어의 수가 빠르게 늘어났다. 즉 국가 소속 기술 관료가 엔지니어 사회의 주류를 형성했던 이전 시기와 달리 민간 기업 소속 산업 엔지니어(Industrieingenieur)가 엔지니어의 주류로 등장한 것이다. 산업 현장에서 고압(高壓) 송전 및 화학 공정 기술의 복잡화가 이루어지면서 엔지니어의 역할 또한 분화되었고, 기업 내 연구소 출현이라는 조직 구조상의 변화가 이러한 현상을 더욱 촉진했다.

미국의 경우, 근대 엔지니어의 성장 과정에서 대학이 중요한 역할을 했다. 특히 남북전쟁이 한창이던 1862년 제정된 모릴 법(Morrill Act)의 수혜를 받은 토지 공여 대학(Land Grant University)들이 이러한 변화 과정에서 중요한 기여를 했다. 하지만 '작업장 문화'와 대비되는 엔지니어 양성 과정으로서 공과대학은 그 시점을 아무리 빨리 잡더라도 한 세대 이후인 1880년대 초반에나 본격적으로 등장하기 시작했다. 더구나 분야별로 전문화한 엔지니어 교육 과정이 대학에 둥지를 틀고 난 후 가시적인 변화로 이어진 것은 1910년대에 이르러서였다. 바야흐로 이 시기에 대학에서는 전통적인 '작업장 문화'와 구별되는 새로운 지식 체계를 형성하기 시작했다. 한 예로, 1910년대에 들어서야 MIT에서 기존 응용물리학의 경계를 넘어서는 전기공학 교육 과정이 등장했고, 응용화학이나 기계공학과 구별되는 미국적 스타일의 화학공학이 미흡하나마 그 윤곽을 드러냈다.

2 엔지니어의 위계화

영국의 경우, 1870년대 이래로 산업 기술 발전, 산업 구조 및 기업 환경 변화 그리고 공학 교육의 확대 등으로 대학 교육을 받은 엔지니어에 대한 수요가 증가하고 '작업장 문화'가 약화하는 경향이 나타났다. 그리고 대학의 공학 교육을 강조하면서 엔지니어 집단 내에서 교육받은 학교의 수준에 따라 대략적으로 기계공, 기술자, 전문 엔지니어라는 위계 질서가 형성되는 모습을 보였다. 이젠 적어도 대학 이상을 졸업한 사람이라야 전문 엔지니어가 될 수 있었고, 산업적 특징상 초창기부터 고도의 전문 엔지니어를 필요로 했던 전기공학 및 화학공학 같은 신산업의 발달은 이러한 경향을 촉진했다.

그러나 신산업에 대한 주목에도 불구하고 영국에서는 일반적 유형의 엔지니어 위계화가 독일이나 프랑스 등 유럽의 다른 산업 국가들에 비해 분명하게 나타나지 않았다. 대학의 공학 교육을 1870년대 후반에 이르러서야 체계적으로 정비하기 시작해 양차 대전 기간에 들어서야 정착시킬 정도로 그 과정이 매우 느렸고, 작업장 문화의 영향으로 작업장 교육과 정규 교육 간의 경계가 확연하게 구별되지 않았기 때문이다. 대신 엔지니어 협회 가입 여부가 사회 및 업계 내에서 전문 엔지니어로서 위상을 인정받는 데 중요한 요소가 되었다. 그런데 유서 깊은 토목 엔지니어 협회(Institute of Civil Engineers) 및 기계 엔지니어 협회(Institute of Mechanical Engineers)조차도 도제와 현장 경력을 회원 가입 자격 기준으로 삼을 정도로 줄기차게 전통에 집착했다. 심지어는 전문 엔지니어가 되기 위해서는 대학을 졸업한 이후에도 일정한 도제 기간 또는 현장 경험을 이수해야만 했다. 그러다 보니 시험 제도를 도입하고서도 국가 엔지니어를 선발하는 공인된 자격 제도를 위한 것이 아니라 순수 민간 자율 단체인 해당 전문가 협회의 가입 자격을 얻기 위한 시험에 머물고 말았다.

　대학의 공학 교육이 확대 및 활성화하고 공학의 여러 분야가 전문화하면서 엔지니어 교육에서 과학과 이론의 중요성이 재차 부각되었다. 일정 부분 이론 교육의 필요성은 인정했지만 여전히 도제 제도와 현장 경험을 중시한 영국의 전문 엔지니어 단체들은 이 고민을 '시험'이라는 방법으로 해결하고자 했다. 대학 교육 이수자의 경우에는 시험을 면제해주었으나, 어쨌든 전문가 단체 가입 자격 및 전문 엔지니어가 되기 위한 최소한의 자격 요건으로 일정한 지식수준을 설정하고, 이를 증명하는 수단으로 시험 과정을 설정한 것이다. 전기공학과 화학공학은 대표적인 과학 기반 산업임에도 불구하고, 영국의 경우 전기 엔지니어 협회(Institute of Electrical Engineers)는 1914년에 그리고 화학 엔지니어 협회(Institution of Chemical Engineers)는 1923년에 이르러서야 시험 제도를 도입했다. 이후 협회 회원 자격을 얻기 위해, 즉 전문 엔지니어로서 경력을 갖기 위해서는 최소한의 이론 교육을 이수해야만 하는 방향으로 정착되었다.

　엔지니어의 위계화 측면에서 볼 때, 프랑스의 공학학교는 일반적으로 두 개의 엄격한 층위로 구분되어 있었다. 국가 엔지니어 대(對) 민간 엔지니어, 수학적 · 이론적 교육 모델 대(對) 작업장 실기 교육 모델에 따른 위계는 장기간에 걸쳐 프랑스 공학의 패턴을 형성해왔다. 전통적으로 프랑스 엔지니어는 최고의 사회적 신분을 지녔던 국가 엔지니어로 대변되었다. 하지만 프랑스 산업 사회에서 19세기 초반 거의 최고조에 달했던 국가 엔지니어의 위상은 이후 산업 사회의 성숙과 더불어 새로운 산업과 직종이 대두하면서 심한 부침(浮沈)을 경험했다.

프랑스 공학의 성장 과정에서 중요한 변화의 계기가 된 것은 1870년 프랑스-프로이센 전쟁에서 프랑스가 당한 참담한 패배였다. 제2제정에 이어 제3공화국이 출발한 이때부터 20여 년간은 프랑스 사회의 격동기였다. 국력 재건의 필요성 및 제2차 산업혁명에 돌입한 산업계의 요구와 맞물려 훈련받은 엔지니어 양성 문제가 범국가적 과제로 떠올랐다. 정부 주도로 등장한 새로운 엔지니어 양성 체제 및 직업 구조 모델을 통해 민간 엔지니어의 정체성과 위상이 새롭게 형성되었다. 1880년대 이후 신산업의 등장과 더불어 한층 전문화한 엔지니어 양성에 대한 요구가 증대하면서 새로운 유형의 공학학교를 창설하고, 전국적으로 신설한 16개 대학에 공학부를 설치하는 등 공학 교육 분야에서 근본적인 구조 조정이 이루어졌다. 그 결과 제3공화국 출범 이후 프랑스 엔지니어는 에콜 폴리테크닉 출신(폴리테크니시엥, Polytechniciens), 중앙공예학교 출신(상트랄리엥, Centraliens), 기술직업학교 출신(가자르, Gazarts) 등을 주축으로 기타 다양한 신설 학교 출신을 포함했고, 출신 학교의 '학위'는 직접적으로 엔지니어의 위계와 연결되었다.

1880년대 이후 엔지니어의 위계화는 그 이전 시기에 비해 더욱 복잡하고 다양한 스펙트럼으로 나타났다. 엄격한 위계에 따른 프랑스의 공학 문화는 사회적 유동성이라는 측면에서도 다소 배타적인 모습을 보여주었다. 19세기를 거치며 이른바 프랑스 내 명문 공학학교 출신의 독점과 특권은 다소 완화하는 경향을 보였으나, 사회적 신분 상승을 꿈꾸던 중·하급 기술자 입장에서는 보이지 않는 차별과 배제가 여전히 존재하고 있었다. 이런 한계에도 불구하고 제3공화국 초기에 강화된 교육 민주화라는 국가 정책에 힘입어 중·하층 계급 출신의 다양한 인재가 사회적 신분 상승의 기회를 얻을 수 있었음도 부인하기 어렵다.

독일의 경우, 제2차 산업혁명 시기에 특히 전기 및 화학 산업 분야에서 디플롬(Diplom) 엔지니어가 증가하고 이들을 중등기술학교 출신 기술자와 구분하는 위계화가 나타나기 시작했다. 그리고 1899년 고등기술학교가 박사 학위 수여 권한을 갖게 되면서 박사급 엔지니어들이 출현하기 시작했고, 디플롬 엔지니어와 박사급 엔지니어에 대한 급료 혜택의 차이로 재차 위계화가 진행되었다. 하지만 1870년대 초반만 해도 풍부한 이론 수업을 이수한 디플롬 엔지니어가 급료 책정 과정에서 중등기술학교 출신 기술자에 비해 우대를 받았던 것은 아니다. 기업들이 '불필요한' 이론 수업을 받고 높은 임금을 요구하는 디플롬 엔지니어보다 현장 경험 많은 기술자를 선호했기 때문이다. 디플롬을 획득한 고등기술학교 졸업자가 진출하는 직업 시장이 중등기술학교 출신 기술자와 뚜렷하게 구분되기 시작한 것은 1900년대 이후였다. 요컨대 디플롬 엔지니어가 산업체 취업 이외에 기술 자문, 기업 연구소 연구원 같은 새로운 전문 지식 시장으로 진출하면서 기술자와 다른 자신만의 고유한 경력을 쌓기 시작했다.

이러한 엔지니어 집단 내부의 위계화는 협회 등의 조직 분화에도 반영되었다. 전기 산업 분야 엔지니어 총협회 성격을 띤 전기 기술 협회(Elektrotechnische Verein, ETV) 및 독일 전기 기술자 연맹(Verband der Elektrotechiker Deutschlands, VDE)과 별개로 새로운 전기 엔지니어 조직이 대두하기 시작한 것이다. 1903년 전기 엔지니어들은 고등기술학교 졸업 여부를 회원 자격으로 정한 전기 엔지니어 자문가 연맹(Verein Beratender Ingenieure der Elektrotechnik)을 결성했다. 하지만 졸업장 이외에는 다른 어떠한 자격 조건도 인정하지 않는 폐쇄성으로 인해 이 연맹은 1909년에도 회원이 30명에 불과할 정도로 거의 영향력을 미치지 못했다. 결국, 연맹은 1911년 전기 엔지니어뿐만 아니라 다른 분야 엔지니어 중 자문 역할을 하는 엔지니어까지 회원으로 확대해 엔지니어 자문가 연맹(Verband Beratender Ingenieure)이라는 이름으로 새롭게 출발했다. 이러한 직업 연맹의 등장은 전기 엔지니어들이 서로 이해관계를 달리하는 집단으로 분화하고 있음을 암시하는 증거였다.

미국에서는 제2차 산업혁명 시기에 기술 인력 규모가 급팽창하면서 자연스럽게 수평적 분화 및 수직적 위계화가 이루어졌다. 이 시기의 미국 엔지니어는 1880년대 이전의 '작업장 문화' 가치에 집착하는 기성 엔지니어와 공과대학 출신의 신진 엔지니어로 구분되었다. 전자의 경우는 '작업장 문화'에서 성장했거나 '작업장 문화'와 대학 수준의 공학 교육을 동시에 받은 엔지니어로서 상대적으로 덜 분화한 공학 계통 활동에 종사하며 개인 사업체를 운영하거나 대기업에서 지분을 보유한 경영진으로 활동했다. 이에 비해 후자는 '작업장 문화'에서 형성되는 인맥 네트워크를 구비하지 못한 채 대학에서 한층 전문적이고 세분화한 공학 교육을 받았지만 현실적으로는 대규모 공학 관련 조직에서 중하층 관리자나 상층 현장 작업자로 일했다.

1919년 젊은 대졸 엔지니어들이 주도적으로 결성해 수년간 활동한 미국 엔지니어 연대(American Association of Engineers, AAE)는 이른바 '엔지니어의 반란'을 대변하는 조직체로서 신진 엔지니어의 권익 보호를 추구했다. 공학 분야의 경계를 넘어 포괄적인 엔지니어 단체라는 성격을 갖고 있었음에도 불구하고 AAE 회원의 절반 이상은 19세기 전반기에 높은 사회적 지위를 누린 토목 엔지니어였다. 근본적으로는 이들이 수적으로 많기 때문이기도 했지만 새로운 분야인 전기공학이나 화학공학에서 엔지니어-사업가로 성공할 기회가 기존 토목공학에서보다 한층 넓게 열려 있기 때문이기도 했다. 이러한 인적 구성상의 한계로 인해 AAE의 활동은 1920년대의 호황기에 접어들면서 빠르게 쇠퇴했다. 독일이나 프랑스의 경우와 달리 모든 공학 분야를 포괄하는 엔지니어 단체를 결성하려는 시도는 이 이후로도 거의 성공하지 못했다.

3 엔지니어 집단의 사회 세력화

영국에서 엔지니어의 사회 세력화는 주로 협회 결성을 통해 이루어졌다. 특히 영국 엔지니어의 원조 격인 토목 엔지니어가 토목 엔지니어 협회를 통해 '신사-엔지니어'의 전형을 확립한 이래 다른 분야 엔지니어들이 그 선례를 따랐다. 전기공학의 경우, 전기 엔지니어 집단이 일정 규모로 성장한 뒤 전문 단체를 형성하는 통상적인 절차를 따르지 않았다. 대신 전신 엔지니어와의 주도권 경쟁 및 이들과 구별되는 독자적 위상 정립 노력을 통해 사회적으로 인정을 받았다. 영국은 다른 산업 국가와 달리 광대한 제국을 운영하기 위해 일찍부터 해저 전신망 사업에 대규모 투자를 했으며, 그 결과 20세기 초반까지도 이 분야에서 세계를 주도했기 때문이다.

1871년 전신 엔지니어 협회(Society of Telegraph Engineers)가 설립되었다. 1866년의 대서양 횡단 해저 전신망 성공 이후 전신 사업이 빠르게 성장했고, 그에 따라 전신 엔지니어의 수요와 위상이 빠르게 향상된 덕분이었다. 이 시기는 전기 조명이 등장해 사회적 관심을 받던 전기공학의 출발점이기도 했지만 급성장한 전신 엔지니어가 전신뿐 아니라 초창기 전기 산업을 주도했다. 1870년대에 전기 조명이 확산되면서 전신에서 출발했지만 점차 이로부터 벗어나 전기 산업에만 집중하는 엔지니어가 늘어났다. 이들 첫 세대 전기 엔지니어는 당시 이 분야의 유일한 전문 단체이던 전신 엔지니어 협회의 회원이었다. 하지만 절대 다수를 점한 전신 분야 원로(元老)들이 협회를 장악해 이들의 역할은 극히 제한적이었다. 이러한 상황에서 전기 엔지니어의 집단 세력화를 추동한 것은 다름 아닌 전기 산업의 성장이었다. 전신 엔지니어 협회 내에서 전기 엔지니어의 수가 빠르게 증가하면서 1887년에는 그 명칭도 전기 엔지니어 협회로 바뀌었다. 1900년대 이후 전차(電車)의 본격적 사용과 더불어 전기 엔지니어의 수는 더욱 늘어나 1911년에는 전체 협회 회원의 80퍼센트를 차지할 정도가 되었다.

화학공학은 전기 산업과는 다른 과정을 거쳐 집단화를 이루었다. 1880년대에 접어들어 독일의 도전이 거세지고 국내적으로 화학 산업의 한계가 드러나면서 이에 대응할 구심점이 필요했다. 그리고 마침내 1881년 잉글랜드 북서부 지역 화학 산업계를 중심으로 화학 산업회(Society of Chemical Industry)를 창설했다. 이러한 변화의 움직임 속에서 조지 E. 데이비스(George E. Davis) 같은 소수 선각자들이 화학공학의 씨앗을 심었으나, 화학공학의 독자성을 부각시키는 데 결정적으로 기여한 것은 제1차 세계대전이었다. 전쟁은 화학공학의 위상을 크게 높여주었다. 전쟁 수행에 필요한 폭약과 화학 물질을 대량 생산하기 위해 군수물자부(Ministry of Munitions)를 중심으로 정부가 적극 나서면서 화학공학 분야가 주목을 받았고, 이런 급격한 외적 변화는 이 분야 엔지니어들에게 호기로 작용했다.

전쟁 기간을 통해 수적 증대 및 위상 고양을 경험한 화학 엔지니어는 종전과 더불어 집단화를 모색하기 시작했다. 전쟁 중 군수물자부의 성공적인 임무 수행으로 고무된 분위기가 조직 결성 캠페인에 불을 붙였다. 1918년 기존 화학 산업회 산하에 화학공학 분과를 설치하는 데 성공한 존 W. 힌칠레이(John W. Hinchley)와 해럴드 탤보트(Harold Talbot)가 새로운 단체의 결성을 주도했다. 이들은 잉글랜드 북서부 화학 산업 종사자들의 적극적인 지지를 등에 업고 기존 전문가 단체들의 반대를 극복하면서 1922년 5월 화학 엔지니어 협회를 설립하는 데 성공했다. 화학공학이 갖고 있는 학문적 모호성(근본적으로 화학에 속하는지 아니면 기계공학에 속하는지 여부)과 더불어 화학 엔지니어의 불투명한 직업적 정체성이 화학공학의 조직화를 지연시켜왔으나 드디어 이를 극복한 것이다.

영국과 달리 프랑스 엔지니어는 중앙 집권적 교육 시스템 내에서 엔지니어 학위 교부를 제한하거나 자신이 졸업한 학교의 평판을 높이는 방식으로 정치적 및 사회적 영향력을 발휘해나갔다. 하지만 이들도 19세기 중반 이후 급성장한 노동 운동의 영향력에서 벗어날 수 없었다. 노사 갈등이 깊어지면서 엔지니어들의 지위는 고용주와 중급 기술자 사이에서 흔히 볼 수 있는 계급적 긴장 관계의 영향을 받았다. 이에 자본가와 노동자 사이에서 '중재자' 역할을 해오던 엔지니어는 노동조합주의의 계급투쟁 노선을 추종하지 않으면서도 그들 나름대로 공통적으로 직면하고 있던 문제들을 해결하려는 방향으로 역량을 집중했다.

이처럼 자본가와 노동자 사이에서 일종의 '제3의 길'을 추구한 엔지니어는 다양한 형태의 단체를 결성해 자신들의 사회적 위상을 확보하려 했다. 특히 제3공화국 때 등장한 신흥 학교 출신 엔지니어들의 기술적·사회적 역할은 중앙공예학교 출신을 주축으로 1848년 설립된 민간 엔지니어 협회의 목적에 부합했다. 1894년 3000명 넘는 회원을 보유할 정도로 성장한 이 협회의 보호막 아래 민간 엔지니어라는 직업은 빠르고 광범위하게 체계화되었다. 1880년대까지도 중앙공예학교 출신이 주를 이루던 회원 구성 또한 변화해 1914년에는 회원의 4분의 1이 다른 학교 출신의 화학·물리·전기 부문 엔지니어들로 채워졌다. 엔지니어 학교의 증가와 더불어 산업 엔지니어의 사회적·기술적 역할이 높아진 이면에는 다양한 동창회 및 협회의 탄생과 성장이 중요한 밑거름이 되었다.

제2차 산업혁명기인 1880년대부터 과학기술 관련 정보 및 지식 수집이나 자신들의 권익 보장 등 다양한 목적을 가진 전기 및 화학 산업 이익 단체들이 등장했다. 예컨대 전기 산업의 경우 1880년 전기 엔지니어 협회(Association d'Ingénieurs Electriciens), 1883년 국제 전기 엔지니어 협회(Société Internationale des Electriciens) 그리고 1918년 프랑스 전기 엔지니어 조합(Syndicat des Ingénieurs Electriciens)을 결성했다. 이러한 자신들의 조직 및 출신 학교 동창회를 배경으로 민간 엔지니어는 기존 국가 엔지니어 집단에 대응해 사회적으로 직업적 위상을 확립해나갔다.

프랑스 산업 및 엔지니어 직업군 형성에 중요한 영향을 미친 협회 중 특히 1857년 출범한 화학 협회는 아카데미 화학자와 산업 화학자 간의 가교 역할을 한 단체로 주목된다. 화학 협회 초기에는 아카데미 학자들이 대세를 이뤄 기업가나 제조업자 회원의 역할이 미약했다. 하지만 프랑스-프로이센 전쟁에서 패한 이후 과학과 산업 간의 협력을 강조하면서 협회의 활동도 이런 측면으로 모아졌다. 산업계와 연대를 강화하기 위해 1889년에는 화학 산업 분야의 세계박람회를 개최하고, 협회의 회보(會報)에서도 산업 화학의 비중을 높여나갔다. 이외에도 각종 제도를 통해 아카데미 화학자와 화학 엔지니어 간의 간격을 좁히는 활동으로 직업적 통합에 도움을 주었으며, 그 덕분에 회원 중 산업계 종사자의 비율이 점차 높아졌다. 프랑스 화학 협회는 독일이나 영국에 비해 상대적으로 회원 수나 재정 규모 면에서 취약했다. 하지만 프랑스 화학의 고등 교육 체제 개편, 과학계와 산업계 사이의 중재 그리고 탈중심화 정책에 따른 파리와 지방 간 교량 역할 등을 계속해서 적극 추진함으로써 프랑스 화학 및 산업계의 정체성 확보에 기여했다.

이처럼 엔지니어의 위계를 직접적으로 반영하는 출신 학교, 연구 단체 및 협회 활동을 통해 엔지니어는 다양한 이해관계로 얽혀 서로를 견제하기도 하고 협력을 도모하기도 했다. 하지만 엔지니어 집단이 단순한 친목 도모나 연구 단체 수준을 넘어서 진정한 정치 세력화의 길로 나아간 것은 제1차 세계대전 이후의 일이다. 이때 노사 갈등뿐 아니라 엔지니어 집단 내부의 알력까지 겹치면서 이들은 봉급이나 자격 등

처우 문제와 관련한 입법을 쟁취하기 위한 수단으로 조합을 설립했다. 1914년 등장한 엔지니어 조합을 필두로 산별 조합부터 엔지니어 학위자 연맹에 이르기까지 다양한 조직체가 나타났다. 결론적으로 볼 때, 1880년대 이후 활성화하기 시작한 엔지니어 집단의 사회 세력화는 무엇보다도 기업주와 노동자 집단 사이에서 독립적이고 자율적인 존재이자 단체로서 위상을 확립해나가는 과정이었다.

독일의 경우, 강전(强電) 산업이 발달하기 시작한 1879년 말에 전기 기술 협회 그리고 1893년에 독일 전기 기술자 연맹을 결성했다. 이 두 단체의 등장은 전기 엔지니어 집단의 사회 세력화를 의미하는 것이었다. 이들 협회에서는 초기에 관련 전문 지식의 교류를 강조하기도 했으나 점차 전기 엔지니어의 사회적 역할을 주장하기 시작했다. 특히 엔지니어는 독일 경제의 부흥을 견인하는 주체이자 산업 분야의 선도자라는 점을 강조했다. 이러한 엔지니어의 역할 변화에 맞춰 이들 협회는 엔지니어 양성을 위한 국가의 교육 개혁을 선도하기도 했다. 1908년 결성된 엔지니어 협회, 고등기술학교, 산업계 및 정부 대표로 이뤄진 기술학교에 관한 독일위원회(Datsch) 등이 이런 사례에 해당한다.

이들 전문 협회가 기술자와 디플롬 엔지니어 사이에 존재하는 차이를 고려하지 않고 전문 분야의 이해를 대변하는 동안 1900년 이후부터는 엔지니어와 기술자가 각기 자신들의 이해에 따라 새로운 단체를 결성하기 시작했다. 산업체 기술 인력의 대다수를 점하고 있던 중등기술학교 출신 기술자들은 기업이 고용한 기술자의 사회적·경제적 지위 향상을 목적으로 독일 기술자 연맹(Deutsche Techniker-Verband, DTV)과 기술 산업 공무원 연맹(Bund der technisch-industriellen Beamten, ButiB)을 연이어 결성했다. 디플롬 엔지니어와 다른 위상을 갖게 된 이들은 독일 산업 부흥이라는 국가적 과제보다는 자신의 직업 위상 제고 및 작업 환경 개선에 더 깊은 관심을 기울였다. 이와 대조적으로 전기 기술 협회와 독일 전기 기술자 연맹을 결성할 무렵, 일부 엔지니어는 고등 교육을 받지 않은 기술자와 고등기술학교 졸업자를 엄격히 구분하는 협회를 결성하기 시작했다. 1900년대 이후 전기 산업 분야를 중심으로 기술자와 엔지니어의 경쟁이 치열해지면서 1909년 고등기술학교 졸업자들이 독일 디플롬 엔지니어 연맹(Verband Deutscher Diplom-Ingenieure, VDDI)을 창립한 것이다. 연맹은 제도 교육 기관 졸업장을 회원의 주요 자격 요건으로 내세우면서 고등기술학교 졸업생만을 대상으로 한 독자적인 인력 시장을 구축해 자신들의 봉급과 지위를 높이려 했다. 하지만 이들의 노력은 기술자와 엔지니어를 구분하려 하지 않던 독일 기술자 연합(VDI)의 완고한 정책에 밀려 성공적인 결과를 얻지는 못했다.

화학 분야의 경우에는 1880년대까지 1867년 결성한 독일 화학 협회(Deutsche Chemische Gesellschaft)가 화학자들을 결속하는 단체로서 화학 분야의 이해를 대변하고 있었다. 하지만 곧 산업계에 종사하는 화학자들의 이익을 대변하는 일도 필요하다는 인식 아래 이들을 중심으로 별도의 화학자 협회가 태동했다. 공장에 고용된 화학자를 비롯한 산업계 화학자들은 1887년 기존 화학 협회와 별개로 독일 응용화학 협회(Deutsche Gesellschaft fur Angewandte Chemie)를 조직했다. 이 협회는 기존 화학 협회와 달리 대학과 고등기술학교 교수는 물론 화학업체 경영진 및 화학업체에서 일하는 화학자 등 모두의 이해를 반영하고자 했다. 약 237명의 회원으로 시작한 이 협회는 1888년 3692명에 달할 정도로 급성장했고,

그 여세를 몰아 1896년 단체의 이름을 독일 화학자 연합(Verein Deutscher Chemiker)으로 개칭했다. 이후 연합은 국가시험 도입을 통해 화학자들의 사회적 위상을 높이고, 산업계의 요구에 부합하는 화학자 양성 교육체제를 구축하는 데 주력했다. 한편, 화학 산업 분야 대기업이 빠르게 성장하고 조직 합리화가 이뤄지면서 이 분야의 기업에 취직해 일하는 화학자의 지위가 하락하자 그들의 이해를 대변해줄 새로운 직업 연맹이 출현하기 시작했다. 일례로 화학자들의 발명과 이에 대한 보상 문제를 주로 다룬 고용 화학자와 엔지니어 연맹(Bund der angestellen Chemiker und Ingenieure, Budaci)을 들 수 있다.

화학공학 엔지니어가 존재하지 않았던 독일에서는 1920년대에 이르러 사회 세력화를 위해서라기보다는 전문 연구를 위한 모임을 결성했다. 독일 화학자 연합 내에서 화학 생산의 공정 디자인에 관심을 가진 회원들이 모여 1918년 화학 설비 전문가 집단을 조직했다. 이 전문가 집단은 1920년대 초반 시작된 합리화 운동과 병행해 활동을 전개하던 중 1925년 전문 화학자가 아닌 사람들까지 포괄하면서 회원 수가 급증해 독일 화학설비 협회로 이름을 바꾸었다.

남북전쟁 이후 시작된 제2차 산업혁명을 통해 미국에서는 엔지니어의 수가 크게 증가했다. 대학 수준의 교육이 엔지니어가 될 수 있는 유일한 길은 아니었지만 1870년에는 21개 공과대학에서 866명이 학위를 받았고, 무엇보다도 1896년에 이르면 공과대학의 수가 110개로 급증했다. 일반적으로 미국에서 과학을 산업에 본격적으로 응용한 시기로 알려진 1880~1920년에 엔지니어로 분류할 수 있는 인원은 7000명에서 13만 6000명으로 거의 20배나 늘어났다. 이러한 양적 팽창은 엔지니어 인력의 부족으로 인해 산업계가 어려움을 겪던 영국이나 프랑스의 경우와 크게 대비되는 현상으로서 이후 미국 엔지니어의 정체성 형성에 중요한 영향을 끼쳤다.

이 같은 양적 팽창을 기반으로 새로운 유형의 엔지니어 전문 단체가 출현했다. 미국에서는 교육과 양성 과정의 전문화보다 엔지니어 단체의 집단화가 먼저 이루어졌다. 1880년에는 기계 엔지니어 협회를, 1884년에는 전기 엔지니어 협회를 그리고 1905년에는 화학 엔지니어 협회를 결성했다. 이들 새로운 분야의 엔지니어 협회는 기존 전문가 단체와 미묘한 갈등을 초래했다. 예컨대 화학 엔지니어 협회는 기존의 미국화학회(American Chemical Society)에 불만을 갖고 있던 화학 기업 관계자 및 관련 엔지니어들이 주도했다. 이러한 양적 팽창과 전문 분야별 분화는 넓게 볼 때 당시 미국 산업의 급속한 변화와 맞물려 있었다. 새롭게 출현한 전기 산업은 급속도로 대기업화했고, 화학 산업은 제1차 세계대전을 통해 새로운 도약기를 맞이할 정도로 발전했다. 이렇게 출현한 대기업 상층부에는 발명가-기업가(inventor-entrepreneur) 또는 엔지니어-기업가(engineer-entrepreneur) 출신 경영진들이 포진했다. 미국 역사에서 이른바 혁신주의 시대라 일컫는 이 시기에 대기업은 경제적·사회적으로 커다란 영향력을 발휘했다.

이러한 빠른 산업화와 대조적으로 미국의 경우에는 엔지니어들이 광범위하게 모여 하나의 집단으로 활동한 사례를 찾아보기 어렵다. 1904년에 미국 광산 엔지니어 협회(AIME), 미국 기계 엔지니어 협회(ASME) 그리고 미국 전기 엔지니어 협회(AIEE) 등의 세 단체가 공동으로 결성한 연합 공학 협회(United Engineering Society)를 미국 엔지니어를 대표하는 단체로 간주할 수도 있다. 처음에는 참여를 거부했던 미국 토목 엔지니어 협회(ASCE)마저 1910년대에 합류함으로써 연합 공학 협회는 미국에서 가장 강력한 세력을 가진 엔지니어 단체가 모두 가입한 조직이 되었다. '창립자 협회(Founder Society)'라고도 부르는 이 조직은 다른 엔지니어 단체들과 차별화된 명성을 누렸다. 하지만 그 활동의 실상은 자못 실망스러웠다. 참여 단체들이 뉴욕시티에 있는 회관 건물을 공유하고 자료실을 함께 운영하는 것 정도 말고는 여전히 자율적으로 활동했기 때문이다. 이 시기에 분립한 엔지니어 단체들은 개별 분야 엔지니어를 세력화하고 상층 엔지니어의 주도권을 강화하는 전위대 역할만 했을 뿐 엔지니어 집단 전체 또는 분야별 엔지니어의 이해를 포괄적으로 대변하는 일은 매우 드물었다.

4 엔지니어의 전문화

엔지니어의 전문화는 엔지니어 양성 시스템, 즉 공학 교육의 제도적 정착과 관련이 깊다. 1850년대부터 영국의 일부 대학에서 토목공학을 중심으로 공학 교육을 실시했으나, 이것이 본격적으로 대학 사회에 정착한 시기는 1890년대에 이르러서였다. 토목과 기계 등의 전통적 산업 분야는 이미 19세기 전반기에 전문화가 이루어졌음에도 도제 제도라는 전통이 지속되어 학문화가 느렸던 반면, 무엇보다도 상대적으로 신생 학문 분야였던 전기공학이 이러한 변화를 추동했다. 전기공학의 전문화를 주도한 것은 존 A. 플레밍(John A. Fleming)을 비롯한 이른바 '과학자-엔지니어들'이었다. 이들은 대학에서 물리학 등의 과학을 공부하면서 전기 현상을 이론적으로 이해했고, 전기업체에서 엔지니어 또는 자문가로 근무한 실제적 경험을 갖고 대학에서 전기공학을 가르쳤다. 이론과 현장 경험을 겸비한 첫 세대였던 그들은 비록 소수였지만 과학 교육에서 활용한 실험실 교육을 공학 교육에 도입해 대학의 이론 교육과 산업 현장을 연계했다.

1884년 유니버시티 칼리지 런던의 첫 전기공학 교수로 임명된 플레밍은 수학과 물리학을 포함해 과학, 기계 설계, 실험실 실습으로 이뤄진 교과 과정을 체계화했다. 1895년경에는 런던에서만 이와 비슷한 교과 과정을 가진 전기공학 교육이 킹스 칼리지, 센트럴 기술 칼리지(Central Technical College) 등으로 빠르게 확산했다. 그 결과 전기 엔지니어가 되기 위해서는 일정한 수준의 과학·수학 등 이론 교육과 실험실 교육을 통한 실습을 마친 후 짧은 도제 기간을 거치는 것이 일반적인 절차로 정착했다. 특히 1900년대에 전차를 위한 강전 발전 산업이 성장하고 전기 엔지니어의 수요가 증가하면서 과학 교육-실험실 실습-도제 경험은 전문적인 전기 엔지니어가 되기 위한 거의 표준적인 경로로 자리 잡았다.

19세기 후반기에 대두한 또 다른 분야는 화학 산업으로, 점차 그 규모가 커지면서 화학공학이라는 새로운 산업 분야 형성의 모체가 되었다. 1850년대 이후 화학제품에 대한 수요 증가와 더불어 기존 화학 산업의 기계화 및 대형화가 빠르게 이뤄졌고, 이로 인해 화학과 공학을 결합한 형태의 화학공학이란 용어가 통용되기 시작했다. 이런 분위기 아래 19세기 말~20세기 초반에 선각자들의 활동을 통해 산업계에서는 화학공학이 그리고 고등 교육 분야에서는 화학공학 교육 과정이 모습을 갖추어나갔다. 이들 선각자 중 화학공학 초기 역사에서 가장 대표적인 두 인물로 데이비스와 힌칠레이를 꼽을 수 있다. 데이비스는 화학공학의 학문적 독자성 확보에 기여한 '단위 조작(unit operations)' 개념을 제기했고, 힌칠레이는 화학공학의 대학 사회 내 정착과 화학공학 분야 전문가 단체의 설립 과정에서 주도적 역할을 했다.

화학공학이 대학에서 나름의 위상을 갖기 위해서는 무엇보다도 그 기본 원리를 정립할 필요가 있었다. 학문적으로 화학공학을 특징짓는 가장 기본적인 개념은 '단위 조작'이었다. 이는 처음 영국의 데이비스가 제기했지만 자국에서는 별다른 관심을 끌지 못했다. 이 개념을 적극 수용해 1910년대에 화학공학의 진정한 학문적 기반을 세운 것은 아서 D. 리틀(Arthur D. Little)을 위시한 MIT의 화학 교수들이었다. 이처럼 단위 조작은 미국 학자들에 의해 새롭게 주목을 받으면서 대학 사회에서 화학공학이 하나의 독립된 학문 분야로 자리매김하는 데 핵심 개념이 되었다. 이러한 학문적 기초 위에서 20세기 초반부터는 영국에서도 화학공학 교육 과정이 등장해 우여곡절 끝에 1920년대 초반 제국과학기술대학교(Imperial College of Science and Technology: 흔히 임페리얼 칼리지로 약칭)에서 힌칠레이를 중심으로 자리를 잡게 되었다.

1870~1914년 프랑스 고등 교육에서 나타난 많은 변화 중 중요한 것 하나를 꼽자면 크게 확장된 대학 학부 체제의 변혁을 들 수 있다. 탈중심화를 목표로 내세운 제3공화국의 정책 아래 프랑스 전역에 걸쳐 대학들이 자치권을 획득했고, 이에 따라 학부들은 다양한 기능을 수행했다. 이 시기 아카데미 과학자들은 교육과 연구의 기술적 응용에 전례 없는 관심을 보였으며, 제1차 세계대전 이전까지 대학은 과학과 공학

지식의 산업적 이용을 위한 수단으로 여겨졌다.

다른 나라들과 달리 전통적으로 국가 주도의 공학 교육 체제를 유지해온 프랑스에서는 제3공화국이 들어서면서 새로운 교육법—페리 법(Loi de Ferry, 1881년), 고블레 법(Loi de Goblet, 1886년)—을 제정해 공학 교육 모델에 변화를 꾀했다. 새로운 시대의 산업별 요구를 충족할 목적으로 다양한 공학 학교들—시립물리화학공업학교(Ecole Municipale de Physique et de Chimie Industrielles, 1882년), 고등전기학교(Ecole Supérieure d'Electricité, 1894년) 등—도 설립했다. 이들은 기존 공학학교와 차별화된 커리큘럼을 운영하면서 새로운 직종에 잘 적응할 수 있는 엔지니어를 양성했다. 새로운 산업적 요구는 엔지니어의 전문화 요구로 이어질 수밖에 없었고, 그 결과 공학 교육 체제의 확장 및 변화가 불가피했다. 이는 단순히 교육 환경뿐 아니라 기존 직업 구조의 변화까지 수반했다는 점에서 주목할 만하다.

산업 국가에서 공학 교육은 대학의 이공학부를 중심으로 이루어지는 것이 일반적인 현상이다. 하지만 제3공화국이 들어서기 전까지 프랑스의 공학 교육은 대학 중심이 아닌, 최고 권위의 고등 교육 기관인 에콜 폴리테크닉(Ecole Polytechnique)과 그 응용학교(Ecoles d'application)를 비롯한 그랑제콜(Grandes Ecoles)의 독점 체제로 이루어져 있었다. 이러한 구조에서 비롯된 복잡한 학교 서열 문제는 과학기술을 통한 국가 경쟁력 강화에 걸림돌로 인식되기 시작했다. 이러한 프랑스적 특수성에 대한 문제의식은 프랑스 자본주의의 급속한 성장과 산업 기술 발달이라는 외부 환경 변화에 직면해 공학 교육 체제의 개혁으로 이어졌다. 국가 경쟁력 강화, 과학기술 향상 그리고 공화국 엘리트 양성을 목적으로 프랑스 대학교 체제를 개편한 제3공화국의 대학교법(Loi sur l'Université, 1880년)을 대표적인 사례로 꼽을 수 있다.

전반적인 교육 개혁을 시도했던 제3공화국은 고등 공학 교육 체제의 혁신적 변화를 꾀했다. 특히 에콜 폴리테크닉의 성역에 도전하던 교육 개혁 지지자들은 과학 연구 및 산업 발달, 경제 성장을 방해하는 특권 집단의 보루를 개혁하기 위해 그랑제콜의 조직망 밖에서 생육(生育) 가능한 공학 교육 체제를 확립하고자 했다. 이를 위한 방편으로 당시 고등교육국장이던 루이 리아르(Louis Liard)는 프랑스 전역의 다양한 학부들에 자치권을 부여하고, 파리 중심 체제에서 벗어나는 탈중심화 정책을 추구했다.

무엇보다도 이러한 시도는 자본주의의 발전으로 인한 중소 자본가들의 성장, 고등 교육의 문제점에 대한 비판 확산 등과 맞물려 프랑스 엔지니어 집단의 지형도를 크게 변화시켰다. 학부가 대학으로 자리매김되었고, 과소평가해온 응용과학 교육을 위해 자치 단체나 기업·대학 등 다양한 행위자들이 각 지방에 광범위한 엔지니어 양성 기관을 설립했다. 그 덕분에 1880~1918년에 42개의 새로운 학교가 건립되었고, 그 후속으로 다수의 대학교 부설 공학 연구소가 등장했다. 대학이 자체적으로 학위를 수여하도록 허용한 1897년의 새로운 법은 각 지방에서 유수한 전문 엔지니어 학교들이 탄생하는 데 초석이 되었다. 이 시기 신설 학교들의 건립 및 새로운 유형의 엔지니어 등장에 정부 이외의 다양한 행위자들이 참여한 것은 엔지니어 양성을 국가가 전적으로 주도했던 이전 시기와는 다른 모습이었다.

제도권 교육을 통해 국가의 기술 관료로 양성되기 시작한 독일 엔지니어 집단은 산업 발달과 더불어 양적 팽창과 질적 변화를 경험했다. 질적인 변화는 당시 빠르게 성장하던 전기 산업 분야에서 두드러졌다. 토목이나 기계 분야와 달리 초반부터 민간 산업으로 성장한 전기 산업 분야에서는 기술 관료에 대한 수요보다 기업의 이윤 창출에 기여할 수 있는 산업 관련 전문 엔지니어가 필요했다. 산업 구조상으로도 약전 (弱電) 산업에서 강전 산업으로 전기 산업이 발전하면서 전문 엔지니어에 대한 수요가 꾸준히 증가했다. 그 결과 1880~1914년에 고등기술학교 출신자 중 정부 기술 관료 진출자(47명)와 민간 산업체 진출자(199명)의 수적 차이에서 엿볼 수 있듯 엔지니어 집단 내에서 고등기술학교 출신 산업 엔지니어가 차지하는 비중이 점차 높아졌다.

더구나 1900년을 전후로 산업 엔지니어로서 경력을 쌓기 위해서는 고등기술학교 같은 제도 교육을 필히 거쳐야만 하는 변화가 일어났다. 1880년대 초반만 해도 고등기술학교 출신 전기 엔지니어는 중등기술학교 출신이나 제도 교육을 전혀 받지 않은 채 현장 지식만을 익힌 기술자와 비교해 산업체에서 특별한 우대를 받지 않았다. 산업체 구직 공고에서 고등기술학교 출신을 고용한다는 별도의 문구가 포함된 경우도 거의 없었다. 더구나 중등기술학교 출신으로서 현장 경력을 쌓은 기술자 중 고위 관리로 승진한 사례도 적지 않았다. 하지만 1900년대로 접어들면서 이는 점차 예외적인 경우로 변해 제도 교육을 이수하지 않은 기술자를 전문직에 고용하는 사례가 매우 드물었다. 그 결과 고등기술학교를 졸업한 디플롬 엔지니어의 수가 늘어나 1883~1914년에는 약 2500명의 디플롬 전기 엔지니어가 민간 전기 산업 분야로 진출할 정도였다.

그러나 화학공학의 경우, 독일의 독특한 발전 경로로 인해 이 시기에 독자적인 화학공학 엔지니어의 양성은 이뤄지지 않았다. 독일에서는 화학 산업 초반부터 주로 전문 화학자와 기계 엔지니어가 협력해 영미권에서 화학 엔지니어가 담당한 역할을 대신했기 때문이다. 독일에서는 왜 이런 현상이 벌어졌을까? 독일에서 산업 화학자 집단의 성장은 대학의 화학 실험실을 활용한 교육에서 연유했다. 독일 대학 교육에서 화학 실험실 토대를 마련한 인물은 다름 아닌 유스투스 폰 리비히(Justus von Liebig)였다. 그는 실험 연구를 대학 교육에 체계적으로 접목시킴으로써 대학 출신 화학자들이 산업 현장에 쉽게 적응할 수 있는 교육 방식을 도입했다. 이러한 리비히의 실험 교육 정착에 이어 아우구스트 빌헬름 폰 호프만(August Wilhelm von Hofmann)의 실험실 제도화 노력이 이뤄지면서 독일 대학의 화학과에는 리비히식 화학 실험실이 정착했고, 여기서 배출한 졸업생들이 자연스럽게 화학 산업계로 진출한 것이다.

19세기 후반 독일 화학 산업 분야 기업에 고용된 화학자는 기업 내에서 훈련을 쌓은 화학 기술자가 아니라 외부에서 초빙된 '이론으로 무장한 화학자'였다. 당시에는 기업이 스스로 실용적인 화학 기술자를 양성하는 것보다 대학 등에서 학위를 마친 화학자를 구하는 것이 일반적 관행이었다. 실기 위주 화학자보다 연구하는 화학자를 선호하는 경향은 이후 기업이 실험실과 연구실을 확대하면서 더 강화됐다. 화학 산업 분야에서 국제 경쟁이 더욱 고조되던 20세기 초반까지도 독일 화학 기업은 화학자와 기계 엔지니어의 역할 분담이라는 전통적 방식으로 대응했다. 당시 독일 화학 산업의 지도급 인사로서 독일 엔지니어 협회 회장을 역임한 카를 뒤스베르크(Carl Duisberg)는 "프랑스에서 그런 것처럼 또한 영국에서 아주 종종 그런 것처럼 화학자를 화학공학 엔지니어로 만드는 것보다 더 어리석은 일은 없다"고 단언할 정도로 화학 산업의 선도적 역할은 화학자에게 있다는 믿음을 견지했다. 제1차 세계대전 직후 독일 화학자들은 영미식 화학공학 엔지니어를 대신할 새로운 방식을 모색했으나 이것 역시 성공하지 못했다. 결국, 독일에서는 화학자와 기계 엔지니어가 협력해 화학공학 엔지니어 역할을 대신하는 '독일적' 방식이 그 명맥을 유지했다.

미국의 경우, 세기 전환기에 이르러 교육 과정의 전문화가 확실하게 정착했다. 이 과정은 상대적으로 전국적 명성을 누리지 못한 주립대학 및 토지 공여 대학에서 먼저 이루어졌다. 토목 분야의 렌슬러 공대나 기계 분야의 스티븐스 공대처럼 이미 확고한 명성을 누리던 교육 기관들은 토목공학이나 기계공학이 모든 공학 관련 학문의 기초라는 관점에서 전문화한 학과 설치에 늦은 시점까지 부정적 입장을 취했다. 흥미로운 점은 교육 과정의 세분화 및 전문 교육 과정의 성립이 동시에 이뤄지지도 않았고, 당시 사회적으로 성공한 엔지니어들의 경우에도 교육받은 분야와 활동 분야가 서로 일치하지 않는 경우가 많았다는 사실이다.

전기공학의 경우, 19세기 말 찰스 스타인메츠(Charles Steinmetz)가 물리학 및 기계공학과 구별되는 독자적인 지식 체계 마련에 크게 공헌했으나 이것이 바로 대학 수준의 체계적인 전기공학 교육 과정으로 이어지지는 않았다. 미국에서 전기공학 교육 과정이 전력의 송배전을 중심으로 체계화한 이면에는 1908년부터 MIT 전기공학과를 이끈 더갤드 잭슨(Dugald Jackson)의 영향이 컸다. 응용화학자나 화학 산업에 종사하는 고위 엔지니어들이 화학 엔지니어 협회를 결성한 이후에야 비로소 화학도 기계공학도 아닌 독자적인 화학공학 교육 과정에 대한 관심이 공론화되었다. 앞에서 언급한 바와 같이 MIT의 리틀과 윌리엄 H. 워커(William H. Walker)가 1910년대 중반 단위 조작 개념에 기초한 미국식 화학공학을 정립했고, 이를 출발점으로 화학 엔지니어 협회의 공식적인 지지와 후원에 힘입어 1920년대 말 전국적으로 확대되었다.

이런 상황에서 신진 엔지니어의 롤 모델로 떠오른 성공한 엔지니어의 활동과 이들이 대학에서 받은 교육이 서로 일치하지 않는 경우가 많았던 점은 자연스러운 현상이었다. 프랭크 B. 쥬윗(Frank B. Jewett)처럼 전문 분야의 기업가나 경영자로 성공한 사례도 많았고, 전기공학과를 졸업한 후 자동차 회사 경영자가 된 앨프리드 슬론 2세(Alfred Sloan, Jr.) 같은 경우도 드물지 않았다. 공과대학 교수진들만큼은 교육 분야와 활동 분야가 일치하는 경우가 대부분이었다. 하지만 이들조차도 공학 교육과 공학 연구보다는 사기업과의 계약을 통한 자문과 연구 개발 활동이 학자로서 성공을 가늠하는 중요한 잣대로 작용했다. 이러한 측면에서 교육 과정의 전문화 및 세분화에도 불구하고 19세기 전반 형성된 엔지니어의 미국적 성공 모델은 20세기 전반기에조차도 여전히 강력한 영향력을 발휘하고 있었다.

5 엔지니어, 국가 그리고 기업

영국에서 전기 엔지니어의 성장과 전문화는 전신 엔지니어와의 경쟁 또는 전신 엔지니어와 구별되는 기술적 및 사회적 정체성 확립이라는 특징을 갖고 있었다. 이는 제국으로서 영국의 전신 분야 중 특히 해저 전신망 산업이 지닌 중요성에서 비롯되었다. 효과적인 제국 운영을 위해 빠른 통신망이 절실했던 영국 정부는 일찍부터 해저 전신 기술 개발에 많은 투자를 했으나 번번이 실패했다. 1858년 제1차 대서양 횡단 장거리 해저 전신망 설치에 실패하자 영국 정부는 국가 차원에서 기술과 인력을 총동원해 실패의 원인을 찾는 작업을 벌였다. 그 결과물로 발간된 기술 보고서는 1866년 대서양 횡단 전신망 설치 성공에 결정적으로 기여했다. 이후 계속 이어진 대규모 투자는 20세기 초까지 대외적으로 영국이 세계 해저 장거리 전신망을 주도하고, 국내적으로 전신 엔지니어가 높은 위상을 유지하는 계기를 만들어주었다.

전신의 경우와 대조적으로 영국 정부는 전력을 가스처럼 공공 자원 중 하나로 간주했다. 1882년 전기조명법(Electric Lighting Act)을 제정해 전기 공급 체계를 가스처럼 지역별 안배 방식으로 정하고, 민간 업자의 사업권도 21년이 지나면 공공 회사(municipal company)에 양도하는 것으로 규정했다. 이 법이 사업가와 엔지니어의 전기 사업 진출 열망을 약화시키지는 않았지만 사업 규모와 기간을 제한함으로써 전력 산업의 토대를 소규모 직류 발전 중심으로 국한시켰다. 이는 전기 기술 혁신의 동기를 낮추고 고압 교류 발전이나 대규모 투자를 억제하는 역효과를 초래했으며, 그 결과 전문적인 전기 엔지니어의 성장은 물론이고 전기 관련 제조업에서 대기업이 성장하는 데 부정적 영향을 끼쳤다. 해저 장거리 전신과 전력 산업은 전기 관련 산업이라는 점에서 비슷했으나 영국의 경우 국가 경영에서 해당 기술의 역할 그리고 이와 관련한 투자 및 법 제도 등이 매우 상이했고, 이러한 외적 여건이 전기 엔지니어의 성장에 중요한 영향을 미친 것이다.

그렇다면 화학공학의 경우는 어떠했을까? 영국의 경우, 논의는 맨 먼저 시작했으면서도 국가와 기업의 소극적 역할로 인해 독일이나 미국 같은 경쟁 산업 국가에 밀리는 처지가 되었다. 물론 19세기 후반 들어 정부가 과학기술의 중요성을 인식하고 학교 기관의 설립, 일련의 조사위원회 임명 및 보고서 발간 그리고 기술교육법 제정(1889년) 등의 조치를 취했지만, 화학공학에 관한 한 중앙 정부의 역할은 거의 무시해도 좋을 정도였다. 영국에서는 제도나 조직 또는 국가의 적극적 지원이 아니라 소수 개명된 인사들의 '개인적' 노력을 바탕으로 발전이 이루어졌음을 알 수 있다. 이는 근본적으로 집단보다는 개인의 자유와 개성을 중시하는 영국의 사회문화적 전통과 그 궤를 함께하는 현상이라고 볼 수 있다. 특히 영국 정부는 폭약의 대량 생산이 다급했던 제1차 세계대전 시기를 제외하고는 화학공학 분야의 발전에 별다른 관심을 기울이지 않았다.

제2차 산업혁명 시기에 프랑스 엔지니어는 전기와 화학 같은 당대 최첨단 산업 분야에서 전문가로 일하면서 기업의 신설 및 경영 측면에서도 핵심 역할을 했다. 무엇보다도 이 시기를 통해 엔지니어라는 전문직이 새로운 공학 교육을 받은 중하층 부르주아 계급에게도 개방되었고, 이와 더불어 광범위한 사회 이동의 기회를 제공했다. 세월이 흐르면서 엔지니어는 기업 내 최고 경영진으로 승진하거나, 경우에 따라서는 독립적인 창업을 통해 자본가 혹은 기업주로 변신하기 시작했다. 그뿐만 아니라 국가 공무원 지위를 누리던 일부 국가 엔지니어가 민간 기업으로 '이직하는' 현상은 '국가-엔지니어-기업', 즉 국가와 기업을 이어주는 연결 고리 역할을 했다.

제3공화국 기간 중 프랑스의 과학기술 연구 및 교육 체제는 국가 주도적 성격이 강했던 이전 시기와 달리 정부, 지방 자치 단체, 대학 그리고 기업 등 여러 집단의 노력을 통해 다양한 형태로 이루어졌다. 이 시기 프랑스 엔지니어 양성 체제에서는 다음과 같은 특징이 두드러졌다. 우선, 전통적으로 국가 주도적 성격이 강했던 프랑스 엔지니어 집단의 성격은 산업화 진전으로 다양한 부류의 민간 엔지니어가 배출되면서 한층 복잡하고 다양한 양상을 보였다. 다음으로, 이 시기에 설립된 새로운 엔지니어 양성 기관들은 프랑스 사회에서 민간 엔지니어의 위상과 정체성을 확립하는 데 핵심 역할을 했다. 마지막으로, 제3공화국 때 과학기술 연구 및 교육 정책을 다양한 방식으로 시도하고, 그 결과 주목할 만한 성과를 얻을 수 있었다는 점이다. 프랑스가 보여주는 이러한 특징을 통해 엔지니어라는 동일한 유형의 직업인이라도 다양한 사회적 · 역사적 상황에서 각기 다른 역할과 문화를 지닌다는 당연한 원리를 새삼 확인할 수 있다.

전기 분야 엔지니어 성장 과정에서 엿볼 수 있듯 독일에서는 연방 정부 및 주 정부가 초기 엔지니어 출현 과정에서처럼 엔지니어 양성 교육 제도 확립 및 교육 개혁을 선도했다. 관련 협회와의 긴밀한 협조를 통해 산업 현장에서 필요로 하는 교육 개혁을 단행한 다음 이를 법제화하고 재정적으로 지원했던 것이다. 1910년 이후 고등기술학교 졸업자들이 산업 현장에서 필요한 자질을 갖추지 못했다는 비판의 목소리가 나오자 고등기술학교와 산업계 그리고 정부 대표로 구성된 위원회에서 산업 경험 교수 임명을 제도화하기도 했다. 주 정부의 예산으로 운영하는 중등기술학교들은 국가적 차원에서 배출한 디플롬 엔지니어와 더불어 전기 산업 성장을 견인한 기술자 양성에 기여했다. 이러한 국가 차원의 적극적 지원을 바탕으로 독일 기업가들은 세계 전기 산업 분야를 선도하면서 자국을 제2차 산업혁명의 핵심 국가로 올라서게끔 만들었다. 산업 현장에 필요한 엔지니어 양성에는 정부뿐만 아니라 지멘스 같은 대기업들도 일정한 역할을 했다. 지멘스와 AEG(Allgemeine Elektricitäts-Gesellschaft)는 고등기술학교에 설치된 실험실, 시험장에 대한 재정 지원을 담당하기도 했다.

화학 분야의 경우, 1877년 연방 특허법 제정으로 대학과 기업 간의 산학 협동을 촉진할 수 있었고, 이는 나아가 기업 연구소 등장의 토대가 되었다. 이러한 산학 협동은 놀라운 성과를 보여 독일의 화학 산업이 19세기 후반부터 세계 시장을 주도하는 결과를 가져왔다. 주 정부와 산업계에서는 산학 협력의 성과를 높이기 위해 대학 출신 화학자들의 기술 능력을 높일 수 있는 방향으로 교육 개혁 및 디플롬 시험 제도의 도입 등을 추진했다. 인력 검증 체제를 통해 고등 교육 인력의 수준을 높이고, 이를 바탕으로 산학 연구의 질을 향상시키고자 했던 것이다. 이런 표준화된 고등 인력이 화학 산업의 기업 실험실로 진출하면서 산업에 필요한 화학 공정, 제품상의 혁신이 가능해졌다. 기계 기술 능력을 강화하는 방식의 화학 교육 개혁이 이뤄지고, 대학 내에서 화학과 기계공학 간에 긴밀한 협력이 가능해지면서 독일은 영미식 '화학 엔지니어' 양성을 배제한 채 화학공학을 발전시키는 '특수한 길'을 걸을 수 있었다.

프랑스나 독일이 엘리트 지향적인 소수의 엔지니어를 배출한 것과 달리, 미국의 경우는 상대적으로 너무 많은 공대에서 너무 많은 엔지니어를 양성한 탓에 전문가주의를 유지하기 곤란할 지경이었다. 더구나 절대 다수의 졸업생이 기업체에 취업하는 바람에 고용인 위치로 전락한 채 엔지니어로서 독립적 지위를 유지하기 어려웠다. 이에 따라 일명 '창립자 협회' 같은 공학 단체를 이끄는 일부 회원들이 나머지 엔지니어를 배제하고 소수의 엔지니어만이 기업 경영을 주도한다는 차원에서 나름의 전문가주의를 유지했을 뿐 나머지 대다수는 기업에 종속되는 현상이 나타났다. 결국, 미국의 엔지니어는 전문성은 인정받으면서도 전문직으로서 정체성은 확보하지 못한 이른바 '파편화한 전문직(fragmented profession)'이라는 특질을 갖게 되었다.

비록 성격상 직접적이라기보다는 대기업 또는 산업을 매개로 한 형태였지만 이 시기 미국에서 엔지니어와 국가는 통념과 달리 나름대로 밀접한 관계를 맺고 있었다. 상층 엔지니어는 개별적으로 또는 그들이 지배하는 복수의 대기업을 통해 정부 기구와 접촉했고, 관련 정부 기구를 이용해 자신들의 의도를 관철할 수 있었다. 엔지니어와 정부의 좀더 직접적인 교섭은 표준화와 관련해 이루어졌다. 각종 표준과 규격에 대한 제안은 1898년 순수한 민간단체로 설립된 미국 재료 검사 협회(American Society for Testing and Materials)를 통해 참여 산업체 및 엔지니어가 종사하는 분야에만 국한되었다. 재료 검사 협회에 참여한 유력 기업체 및 엔지니어는 주요 수요 대기업과 개별 정부 기구에서 자신들의 제안을 조달 규격으로 채택하도록 조치하는 방식을 통해 실질적인 표준 규격을 만들었다. 전체적으로 볼 때, 미국에서는 전쟁 기간과 무선전신 분야를 제외하고 산업과 엔지니어에 대한 국가의 직접 개입이 미약했다. 대부분의 경우 민간 기업이 주도하고 엔지니어 집단이 보조 역할을 하는 구도 아래 국가가 점차 영향력을 높이는 방향으로 엔지니어, 국가, 기업의 관계가 이뤄졌음을 알 수 있다.

6 맺음말

우리는 앞에서 1870~1930년대에 이르는 시기에 선진 산업 국가인 영국, 프랑스, 독일 그리고 미국에서 전기 엔지니어와 화학 엔지니어가 '근대 엔지니어'라는 새로운 전문직으로 탄생 및 성장한 과정을 크게 네 개의 키워드—엔지니어의 위계화, 엔지니어 집단의 사회 세력화, 엔지니어의 전문화, 엔지니어와 국가 및 기업과의 관계—를 중심으로 살펴보았다. 그 결과 각국 간에 유사점과 차이점을 발견할 수 있었다. 이를 분석적으로 정리해보면 다음과 같다.

먼저, 엔지니어의 위계화 측면에서 미국을 제외한 3개국—영국, 프랑스, 독일—의 경우 20세기 초반에 이르면 장인 성격의 기능공, 중급 기술자 그리고 맨 상층부에 전문 엔지니어라는 세 개의 층위가 있었음을 알 수 있다. 그리고 전문 엔지니어가 되기 위해서는 점차 제도 교육을 통한 이론 지식의 습득이 중요해졌다는 점도 발견할 수 있었다. 토목공학이나 기계공학과 달리 이 시기의 주산업인 전기와 화학이 그 성격상 과학을 떠나서는 존립할 수 없다는 본질적 특징이 미친 영향도 간과할 수는 없다. 다만 영국의 경우에는 도제 제도라는 강력한 유산의 영향을 받아 과감하게 이론 교육으로 나아가지 못한 채 여전히 현장 실습이라는 끈을 계속 부여잡고 있었다. 영국과 대조적으로 프랑스의 경우에는 이론 중심의 전통이 너무 강해 산업 현장의 목소리를 프랑스-프로이센 전쟁에서 참패한 국가적 위기 상황에 직면해서야 점차 반영했음을 알 수 있다. 그나마 독일의 경우가 상대적으로 이론 교육과 현장 실습 간의 협력이 이루어졌다고 볼 수 있다. 미국의 경우에는 제1차 세계대전이 끝난 1920년대에 이르기까지 제도 교육 이수 여부가 전문 엔지니어의 결정적 요건으로 작용하지 않았음을 엿볼 수 있다.

다음으로, 엔지니어 집단의 사회 세력화는 4개국 모두에서 관련 엔지니어의 단체 결성과 더불어 본격화했다. 다만 해당 전문가 단체의 설립 과정은 각국이 처한 경제적·사회적 상황에 따라 다양한 스펙트럼을 띠면서 결성 시점 및 응집력에서 차이가 있음을 알 수 있다. 영국은 제1차 산업혁명을 선도한 국가답게 출발은 빨랐으나 전문가 집단의 결성은 상대적으로 느렸다. 전기 엔지니어의 경우에는 일찍부터 세력을 굳히고 있던 전신 엔지니어의 위세에 눌려서 그리고 화학 엔지니어의 경우에는 순수화학과 기계공학의 틈바구니에서 씨름하느라 20세기 초반에 이르러서야 점차 사회 세력화를 이룰 수 있었다. 프랑스는 무엇보다도 에콜 폴리테크닉을 중심으로 한 기득권 교육 집단의 강고한 특권 의식을 극복해야만 했다. 이러한 극복 과정에서 프랑스-프로이센 전쟁 이후 탄생한 제3공화국의 교육 개혁 정책이 커다란 도움을 주었다. 특히 고등 교육의 탈중심화 정책에 힘입어 전국적으로 많은 공학 교육 기관을 설립하고, 이것이 신산업 분야에 필요한 전문 엔지니어 양성에 기여했다. 프랑스에서는 국내보다 국제적 연대에 관심을 기울인 전기 산업에 비해 전통적으로 강세였던 순수화학과 연계된 화학 산업에서 변화의 바람이 거세게 일어났음을 알 수 있다. 독일에서는 전기와 화학 분야 모두에서 해당 전문가 단체의 결성과 동시에 교육 기관과 직업 이해에 따라 분화한 다양한 연맹이 출현했다. 전문 협회를 발판으로 전문 엔지니어로서 사회 세력화와 더불어 위계화에 따른 직업 이해를 사회적으로 관철하고자 하는 노력이 이루어졌다. 독일의 경우, 다른 3개국과 달리 화학 엔지니어를 화학자와 기계 엔지니어가 대신함으로써 이들만의 전문가 협회는 존재하지 않았다. 미국의 경우에는 19세기 말 이래 급속한 대기업화의 회오리 속에서 전문 엔지니어들이 나름대로 사회적 위상을 확립하는 데 상대적으로 실패했다고 볼 수 있다. 왜냐하면 자본의 힘이 워낙 강해서 전문가 단체 결성에도 불구하고 기업 내에서 독자적 위치를 점하지 못하고 상당 기간 동안 단순 고용자로 만족해야만 했기 때문이다.

엔지니어 집단의 전문화는 해당 산업의 관련 과목이나 학과가 고등 교육 기관 내에 정착하는 과정과 연관이 있었다. 대체적으로 20세기 초반에 이르면 각국마다 전기와 화학 분야가 대학 사회에 뿌리를 내리기 시작했다. 다만 전기공학의 경우에는 독일이 그리고 화학공학의 경우에는 미국이 빨랐음을 알 수 있다. 물론 화학의 산업적 응용이라는 측면에서는 영국과 프랑스가 빨랐지만, 학문적 체계화라는 측면에서는 전통과 힘겨루기를 하는 바람에 상대적으로 늦게 이루어졌음을 알 수 있다. 독일 전기 산업의 경우는 일찍부터 강전 분야에 집중한 덕분에 기업의 규모를 키울 수 있었고, 이에 따라 상대적으로 많은 전기 엔지니어를 고용하는 시장 역량을 갖출 수 있었다. 이는 대학과 기업 간의 긴밀한 관계망 형성 및 유지로 이어져 독일 대학 사회 내에서 전기 공학이 자리매김하는 데 힘을 실어주었다. 화학공학의 경우, 그 기본 원리인 '단위 조작' 개념을 비롯한 학문적 맹아는 영국에서 시작되었지만 이것을 하나의 학문 체계로 정립한 것은 20세기 초반 미국의 MIT 에서였다. 독일의 경우에는 상당한 기간 동안 독립적인 화학공학이 부재한 채 기존 화학과와 기계공학과의 협업으로 이 문제를 해결했으나, 제2차 세계대전 이후에는 독립적인 화학공학의 존재를 수용할 수밖에 없었다.

마지막으로, 국가의 역할 및 기업과의 관계에 대해 알아보자. 19세기 후반 이래 국가의 역할이라는 측면에서 볼 때 프랑스, 독일, 미국 그리고 영국 순으로 중앙 정부의 역할이 강했다고 평가할 수 있다. 프랑스의 경우, 프랑스-프로이센 전쟁의 참패라는 특수한 상황을 계기로 제3공화국 정부가 강력한 교육 개혁을 단행해 공학 교육이 뿌리내릴 수 있는 기반을 마련했다. 독일의 경우에는 중앙 정부의 시책으로 1899년 공학 분야에서도 박사 학위를 수여할 수 있는 권한을 부여했고, 아울러 주 정부 차원에서도 기술 교육의 발전을 위해 제도적 · 재정적 지원을 했다. 미국과 영국의 경우에는 한 차례씩 중요한 법적 조치—미국의 모릴 법 제정(1862년), 영국의 기술교육법 제정(1889년)—를 취했으나 그 이후에는 전쟁 기간을 제외하고 정부는 가능한 한 직접적으로 개입하길 망설였다. 다만, 미국에서는 워낙 대기업화 속도가 빨라 중앙 정부가 별다른 조치를 취하지 않더라도 자유방임적 분위기 아래 대기업의 역할과 기여를 통해 전문 엔지니어를 양성한 반면, 영국에서는 기업의 대규모화가 늦어진 상황에서 국가마저 소극적 자세를 지속함으로써 신산업의 발전 및 관련 전문 인력의 양성이라는 측면에서 경쟁국들에 뒤떨어지게 되었다.

이처럼 선진 산업국인 네 국가의 역사적 경험을 통해 우리는—앞서 언급한 바와 같이—첨단 산업 분야일지라도 일명 '근대 엔지니어'의 탄생과 성장은 언뜻 단일한 색깔을 가진 것처럼 보이지만 이를 세밀하게 관찰하면 각국이 처한 정치경제적 상황에 따라, 무엇보다도 사회문화적 전통에 따라 다양한 스펙트럼으로 발현되었음을 발견할 수 있다. 다른 측면에서 이는 우리나라 근대 엔지니어의 탄생과 성장도 전체적인 그림은 서양의 것과 유사할지 모르지만, 이를 세밀하게 관찰하면 우리나라만의 특수한 상황과 전통이 나름대로 차별성을 갖게 하는 중요한 요소로 작용했음을 시사한다고 볼 수 있다. 그렇다면 과연 그 핵심 요소는 무엇인가라는 문제는 또 다른 연구의 주제가 아닐까 싶다.

영국: 전기 및 화학 엔지니어의 등장과 '지체된' 성장, 1870~1920년대

1 머리말

1870년 이래로 서유럽 국가들에서는 이른바 제2차 산업혁명이 일어났다. 석탄과 철을 주원료로 증기력에 의존해 이뤄진 제1차 산업혁명 때와 달리 1870년대 이후에는 석유와 전기 에너지를 주요 동력원으로 삼는 전기 및 화학 같은 새로운 산업이 대두했다. 더구나 이 시기에는 산업 구조상에도 변화가 일어나 금융과 산업이 결합하면서 엄청난 자본을 가진 거대 기업들이 등장했다. 아울러 열강들 간에 치열한 산업 경쟁이 벌어졌다. 또한 19세기 말은 정치적 · 군사적으로 유럽 열강들이 상품 판매 시장과 자원 공급처를 확보하기 위해 경쟁적으로 다른 대륙

■ 이 글은 다음의 두 논문을 토대로 완성한 것이다. 이은경, "제국을 위한 전신 vs. 공공재로서 전기: 1914년 이전 영국 전기 산업 발전에 미친 전신의 영향", 〈영국연구〉 제28호 (2012), 199-232쪽. 이내주, "영국 근대 화학공학의 탄생과 성장, 1870년대-1920년대", 〈사림〉 제43호 (2012), 35-63쪽.

을 침략하고 식민지를 확대해나간 시대이기도 했다. 자연히 세계 곳곳에서 서양 열강들 간의 갈등과 충돌이 빈번하게 일어났고, 타국과의 경쟁에서 이기기 위해 온갖 방법을 모색했다. 무엇보다도 군사력 증강의 토대인 자국의 산업 생산력을 향상시키기 위해 과학기술 분야의 발전에 깊은 관심을 기울였다. 이러한 시대적 환경에서 태동한 전기공학과 화학공학은 제1차 세계대전 이후 발전을 거듭해 오늘날 이 두 분야의 엔지니어는 영국에서 공학 계통을 대표하는 전문 직종으로 그 존재감을 드러내고 있다.

무엇보다도 신산업¹에는 새로운 유형의 산업 인력이 필요했다. 제1차 산업혁명 때처럼 소규모 작업장에서 잔뼈가 굵은 '경험 우선'의 인력으로는 해결할 수 없을 정도로 높은 고도의 과학 지식과 그에 대한 응용이 필요했기 때문이다. 또한 그 특성상 과학과 기술을 결합한 연구가 필수적이었기 때문에 초반부터 고등 교육을 받은 인력이 필요했다. 과학과 기술 간의 경계가 불분명해지면서 그 어느 때보다도 대학과 산업 간의 긴밀한 협력이 중요해졌다. 이 시기에 영국의 대표적 산업 경쟁국으로 부상한 미국과 독일이 1860년대 이래 빠른 산업화를 기반으로 영국을 바짝 추격하면서 전기 및 화학 같은 첨단 산업에 대한 각국의 관심은 더욱 높아질 수밖에 없었다.

제1차 세계대전 이전 영국의 전기 산업은 미국이나 독일 등 다른 경쟁국에 비해 뒤떨어진 것으로 평가되었다. 예를 들면, 20세기 초반 영국에는 미국의 제너럴 일렉트릭(General Electric)사나 독일의 AEG에 버금가는 규모의 대기업이 존재하지 않았다. 그 대신 웨스팅하우스(Westinghouse)나 톰슨-휴스턴(Thomson-Houston) 같은 외국 대기업의 자회사나 합자

회사가 전기 산업을 주도하고 있었다. 단적으로 1909~1913년 영국의 발전 설비 시장에서 영국 기업이 차지한 비중은 48퍼센트에 불과했으며, 영국의 대표적 기업이라 할 수 있는 지멘스가 그 절반에 해당하는 21퍼센트를 점하고 있는 형편이었다. 이는 발전 설비의 나머지 50퍼센트 이상을 외국계 회사 또는 수입에 의존하고 있음을 의미했다.[2] 또한 국가별 경제 규모를 기준으로 할 경우에도 영국의 발전 용량과 전기 사용량은 다른 산업 국가에 비해 상대적으로 적었다. 1890년대 이후 주요 산업 국가에서는 미국의 나이아가라 수력발전소처럼 이미 고압 발전-장거리 송배전 시스템이 정착하기 시작했으나 영국에서는 여전히 소규모 근거리 송배전 방식이 주류를 이루고 있었다.

산업혁명의 종주국을 자처하는 영국이 당대 첨단 분야인 전기 산업에서 뒤처진 원인을 놓고 그동안 다양한 견해가 제시되었다. 이와 관련한 논의는 넓게는 19세기 말 영국 산업의 상대적 쇠퇴에 대한 논쟁의 일부로서, 좁게는 전기 조명 및 전력 산업에 대한 미국과 독일 등 경쟁국과의 직접적인 비교를 통해 이루어졌다. 모험적인 기업가 정신의 부족, 정부의 법적 및 제도적 개입과 규제, 고등 공학 교육의 부재, 가스 산업과의 치열한 경쟁 그리고 구리 같은 관련 원자재 가격의 변동 등이 영국 전기 산업 발전을 지연시킨 요인으로 지적됐다.

그러나 좀더 정확한 요인을 찾기 위해서는 19세기 후반 영국의 경제, 사회 그리고 기술과 제도 등을 종합적으로 고찰해야만 한다. 무엇보다도 전기 산업을 기술, 전문 인력 그리고 정부 정책이라는 측면에서 상호 연관성이 깊은 당시 전신 산업의 실태와 비교해 살펴보아야 한다. 전기 산업의 다른 분야와 달리 19세기 후반 영국의 전신, 특히 해저 전신망 분야는 세계 최고 수준이었으며 전력이나 조명 분야는 그 그늘에서 벗어나지 못하고 있었다. 다음으로는, 전기 산업 발전에서 핵심적인 기술적 요인들—가스 조명에서 전기 조명으로의 전환, 고전압 고용량 발전과 장거리 송배전, 증기에서 전기로의 동력원 전환 등—의 중요성을 고려할 필요가 있다. 제국을 유지하는 데 절대적이었던 전신 산업을 중심으로 형성된 기존 틀을 벗어나 전기 산업이 도약하기는 매우 힘들었다. 새로운 변화를 위해서는 영국 사회를 통째로 흔들어놓은 제1차 세계대전을 기다려야만 했다. 대전 이후 영국의 전기 산업은 진정한 의미에서 발전 단계로 접어들었다.

당시 주목받은 또 다른 분야는 화학 산업이었다. 화학 산업은 점차 규모를 확대하면서 화학공학이라는 새로운 산업 분야 형성의 모태가 되었다. 물론 19세기 전반기에도 면직물의 생산 증가와 더불어 물감 및 표백제 등 염료 산업이 발전했으나 1850년대 이후 산업화가 확대되면서 알칼리, 비료, 합성염료 등 새로운 화학제품에 대한 수요가 꾸준히 늘었다. 인공 염료를 발견해 일약 유명 인사로 부상한 윌리엄 H. 퍼킨(William H. Perkin)의 사례가 보여주듯 학문적 발견을 실제 물품 생산으로 발전시키려는 시도도 활발해졌다. 이런 분위기 아래 1870년대 이후 기존 화학 산업의 기계화 및 대형화가 빠르게 이뤄지면서 화학과 공학을 결합한 '화학공학'이란 용어가 통용되기 시작했다. 화학적 발견을 화학제품의 대량 생산으로 발전시키기 위한 생산 공정의 설비 및 운영 관리가 필요해진 것이다. 1871년 공식적으로 국가 통일을 달성한 독일이 특히 화학제품의 산업적 생산 측면에서 일대 약진을 보이면서 영국의 경계심은 더욱 높아졌다.

이러한 시대적 환경에서 19세기 말~20세기 초반 일부 선각자들의 활동을 통해 산업계에서는 화학공학이 그리고 대학에서는 화학공학 교육 과정이 미흡하나마 그 모습을 드러냈다. 이들 중 화학공학 초기 역사에서 가장 대표적인 두 인물로는 데이비스와 힌칠레이를 꼽을 수 있다. 데이비스는 1880년대 초반 화학 산업회 설립을 논의할 당시 모임 명칭을 '화학 엔지니어 단체'로 할 것을 제안하고, 화학공학의 학문적 독자성 확보에 기여한 '단위 조작' 개념을 제기한 인물이었다. 한편, 힌칠레이는 1910~1920년대에 제1차 세계대전 발발로 화학공학의 위상이 고양된 분위기에 힘입어 화학공학의 대학 사회 내 정착과 1922년 화학 엔지니어 협회 설립에 주도적 역할을 했다.[3]

이처럼 출발은 빨랐음에도 불구하고 영국에서 신산업 분야, 대표적으로 전기공학 및 화학공학의 집단화 및 전문직화는 미국이나 독일 등 다른 경쟁 국가에 비해 느리고 순탄하지 않았다. 전기공학의 경우, 유사한 업종으로 19세기 중반 이래 철도 붐을 타고 발전해온 기존 전신 산업의 방해 공작과 소형 발전 전략이 갖는 한계로 인해 매우 느리게 그 위상을 찾을 수 있었다. 화학공학의 경우에는 근본적으로 화학에 속하는지 아니면 기계공학에 속하는지 불명확한 학문적 모호성과 여기에서 비롯된 화학 엔지니어의 불투명한 직업적 정체성이 끊임없이 논쟁을 초래했다. 19세기 말에 한 화학자는 "의문스럽고 무엇이라 정의할 수 없는 인간, 화학 엔지니어"라고 표현할 정도였다. 이런 맥락에서 이 분야의 대표적 연구자 중 한 명인 콜린 디발(Colin Divall)은 초창기 화학 엔지니어를 "정체가 모호한 직업(an elusive profession)"으로 규정한다.

두 분야는 공통적으로 관련 산업계 기존 전문가 단체들의 견제와 반대가 심했다. 특히 영국 정부는 폭약의 대량 생산이 긴급했던 제1차 세계대전 기간을 제외하곤 화학공학 분야의 발전에 거의 관심을 기울이지 않았다. 비록 전기 분야에 대해서는 일찍부터 일종의 '공공재'로 인식해 예외적으로 국가가 적극 개입했으나 중요한 사항을 주로 지방 정부에 일임한 채 경제적 고려보다는 사회 개혁적 차원에서 접근한 탓에 전기공학의 발전은 지체를 면치 못했다. 간혹 지방 정부의 과도한 요구가 민간 전기 회사의 개발 의욕을 약화시켰기 때문이다.

이런 맥락에서 이 글은 19세기 말부터 20세기 초에 영국에서 신산업 분야인 전기공학과 화학공학이 등장해 전기 및 화학 엔지니어가 독자적인 전문직으로 대두하고, 이들이 대학 사회에 정착하는 과정을 고찰한다. 다시 말해, 영국에서 전기공학과 화학공학이 언제, 어떻게 그리고 어떤 과정을 통해 사회적으로 전문직화하고 학문적으로 제도화했는지 그리고 이러한 과정이 왜 여타 경쟁국에 비해 느리게 진행됐는지를 살펴보려는 것이다. 이에 대한 답을 얻기 위해서는 영국에서 전기공학과 화학공학의 대두 및 성장에 영향을 준 관련 이해 집단—산업, 대학, 정부—내 주요 인물들의 반응과 역할을 중층적으로 고찰할 필요가 있다. 이 두 분야는 학문적 성격상 토목공학이나 기계공학과 달리 출발부터 대학 수준의 체계적 학습이 필요했기에 더욱 그러하다.

2 19세기 후반의 전기 및 화학 산업: 발전과 양상

18세기 중엽부터 산업혁명을 경험한 영국은 1850년경에 이르면 '세계의 공장'이라고 일컬을 정도로 놀라운 산업 발전을 이룩했다. 영국의 산업화는 생산 현장인 작업장에서 익힌 기술을 토대로 자수성가한 엔지니어들의 노력에 힘입은 바 크다. 하지만 실습 위주인 도제 제도와의 깊은 연관성으로 인해 영국에서 전문 엔지니어 양성을 위한 정규 공학 교육은 매우 더디고 불완전하게 이루어졌다. 대략적으로 전기와 화학 같은 신산업이 등장하고 대외적인 산업 경쟁이 가열된 1870~1880년대를 기점으로 변화의 움직임이 나타나 대학을 졸업한 전문 엔지니어를 소수이지만 배출하기 시작했다. 이처럼 1870년을 전후해 영국에서도 전기와 화학 같은 새로운 산업이 발전하기 시작했고, 이러한 변화는 기존 공학 계통의 전문직 세계에도 상당한 영향을 미쳤다.

전기와 화학 산업이 본격적으로 대두한 19세기 말의 영국 산업계 전체와 관련해 이른바 '영국 경제의 쇠퇴' 논쟁이 1970년대 이래 뜨겁게 달아올랐다. 제1차 산업혁명을 선도했던 영국 경제가 1870년대 이래 등장한 새로운 산업 환경에 제대로 대응하지 못함으로써 점차 활력을 잃고 후발 산업 국가인 독일과 미국에 추월당하기 시작했다는 논지이다. 일부 신경제사가들이 이 시기 영국 경제의 실상을 긍정적으로 파악하면서 '쇠퇴 논쟁'에 반대하는 주장을 펴기도 했으나 당시의 영국 경제가 상대적으로 뒤처지기 시작했다는 데는 어느 정도 합의가 이루어진 상태이다. 1870~1914년 경쟁 국가이던 독일과 미국은 전체적인 경제 면에서는 영국과 비슷했으나 산업 면에서는 2~3배 이상의 성장세를 이루고 있었다. 특히 강철, 전기, 화학 같은 첨단 산업 부문에서 독일과 미국의 성장률은 영국을 상당히 앞섰으며, 그 격차는 시간이 지날수록 더욱 커졌다.

영국 경제의 상대적 쇠퇴에 따른 결과들은 서로 상반된 내용을 담고 있다. 영국에서 국내의 노사관계는 민간산업의 혁신을 위해 필요한 투자 재원을 잠식할 정도로 노동 측에 과도하게 인센티브를 제공함으로써 경제 쇠퇴에 일조한 것으로 보인다. 또한 독일과의 경제적 및 군사적 경쟁을 위해 국내 자원의 상당 부분을 소진함으로써 물적 기반을 약화시켰다. 하지만 좀더 중요한 점은 경제적 측면의 구조적 결함을 해결하는 데 실패해 재차 활력을 불어넣지 못한 것이었다. 달리 말해, 영국의 쇠퇴 요인은 영국 내부에 배태되어 있었다. 예를 들어, 철강 산업의 경우 가족 경영으로 인한 기업가 정신의 실패는 중요한 문제점으로 평가되며, 비슷하게 전기 산업 부문에서도 영국은 소규모 회사들로 이루어져 대기업이 주도한 독일 및 미국과의 경쟁에서 밀렸다. 이러한 소규모 회사의 집합체적 산업 구조 아래에서는 19세기 말 이래 국제적으로 가속화한 기술 개발 경쟁에서 선두 유지에 필요한 대규모 연구 개발 프로젝트를 수행할 수 없었다. 결과적으로 "철강과 조선은 점점 더 낙후했고 화학과 전기 장비는 크게 뒤처져 있었다"는 당대인의 자조적인 한탄을 피할 수 없었다.

2.1 제국을 위한 전신 VS. 공공재로서 전기

18세기 후반 이후 전기에 대한 과학자들의 폭넓은 연구가 이루어졌는데, 이를 실용화한 첫 사례는 전신 분야였다. 런던 킹스 칼리지의 물리학자 찰스 휘트스톤 경(Sir Charles Wheatstone)과 발명가 윌리엄 F. 쿡 경(Sir William F. Cooke)이 1837년 공동으로 전기 신호를 이용한 전신 기술을 개발했을 때, 가장 큰 수요처는 철도 회사들이었다. 왜냐하면 영국에서는 18세기 말의 '운하 붐'을 이어서 1830년대부터 열광적인 '철도 붐'이 일어났기 때문이다. 얼마 지나지 않아 브리튼 섬의 주요 도시를 연결하는 전국적 철도 노선이 모습을 드러내기 시작했다. 꾸준히 늘어나는 철도망을 별다른 사고 없이 안전하게 운행하기 위해서는 무엇보다도 신속한 정보 전달이 중요했다. 이를 위해 철도 회사들은 철도 노선과 연계해 자체 전신망을 구축하기 시작했다. 이러한 본격적인 필요와 투자에 힘입어 10여 년이 지난 1840년대 중반 전신은 철도 운영에서 필수불가결한 핵심 기술로 자리 잡았다.

1840~1850년대를 지나면서 전신은 민간 철도 분야에 국한하지 않고 군대로까지 확대되었다. 특히 1846년 전기통신사(Electric Telegraph Company, ETC)를 설립한 이후 민간의 상업적 및 사적(私的) 전신 이용이 급증했다. 예를 들어, 산업화가 무르익으면서 전신을 통해 얻은 시세 정보를 주식 거래나 무역에서 긴요하게 활용했다. 1868년 영국 내에서만 2만 2036킬로미터의 전신망을 구축하고 전국에 걸쳐 4119개의 전신 사무국을 세울 정도로 영국민의 일상에서 전신이 차지하는 비중이 커졌다. 이러한 변화와 더불어 "전신은 편지 배달과 같은 정부의 기능", 즉 공공 서비스라는 인식이 확산하기 시작했다. 그러지 않아도 그 필요성을 느끼고 있던 정부는 이러한 여론의 동향을 반영해 1868년 전신법(Telegraph Act)을 제정했고, 이에 따라 1870년부터 영국 전역의 우체국에서 전신 서비스를 취급하기 시작했다.

철도 산업과 연계된 덕분에 급신장할 수 있었던 지상의 전신 사업과 달리 초창기에 해저 전신 사업은 실패의 늪에서 벗어나지 못하고 있었다. 가장 근본적인 난제는 바닷물로 인해 발생하는 합선 문제를 해결할 수 있는 절연 케이블의 개발이었다. 물론 1845년부터 구타페르카(gutta-percha)⁴를 이용한 해저용 케이블을 생산했으나 불완전한 절연, 불균등한 해저 지형 그리고 변화무쌍한 조류 등의 이유로 실제 케이블 설치는 실험 단계로만 남거나 실패한 상태에 있었다. 최초의 성공 사례는 토머스 크램프턴(Thomas Crampton)이 운영하는 해저전신회사(Submarine Telegraph Company)가 1851년 영불 해협에 설치한 케이블이었다. 크램프턴은 구리 축을 구타페르카로 1차 절연한 다음 여기에 다시 철선 외장(iron wire armor)을 입힌 신형 케이블을 발명함으로써 이 과업을 완수할 수 있었다. 이 케이블은 이후 37년 동안이나 애용될 정도로 대단한 성공을 거두었으며, 영국 해저 전신용 케이블 시장을 장기간 장악할 수 있었다. 예컨대 1907년 케이블이 전기 제조업에서 차지한 비중은 전체의 3분의 1을 넘었고, 당시 전기 기계류의 총생산액이 430만 파운드였던 데 비해 케이블 생산액은 580만 파운드에 달할 정도로 엄청난 규모를 자랑했다.

케이블과 관련한 기술적 문제를 해결하고 영불 해협에서 해저 전신망 설치를 성공적으로 완수하자 유럽 대륙의 각국 정부와 민간 업자들이 경쟁적으로 이 사업에 뛰어들었다. 민간에서는 영국 자본으로 설립한 대서양전신회사(Atlantic Telegraph Company)가 1857년 야심차게 대서양을 횡단하는 케이블 설치 작업에 도전했으나 아쉽게도 실패했다. 이때 해저에 설치한 케이블은 곧 유실됐고, 설상가상으로 1858년 새로 설치한 케이블마저 개통 후 신호 전달 속도가 점차 느려지더니 5주 만에 아예 작동을 멈추고 말았다. 당시에는 그 이유를 알 수 없었지만,

이후 밝혀진 바에 의하면 장거리 전송에서는 단거리 전송에서 발생하지 않는 전자기 효과가 나타나 신호 교란 작용이 일어났기 때문이다. 다시 말해, 장거리 해저 전신망은 단순히 케이블 길이를 연장하는 조치만으로는 충분하지 않았던 것이다.

이러한 실패 사례를 통해 장거리 해저 전신망을 위해서는 특별한 기술적 방안이 필요하다는 점이 분명하게 드러났다. 이 사업에 자문역으로 참여했던 물리학자 윌리엄 톰슨(William Thomson)은 이미 1855년에 전자기 효과에 의한 전송 지연 가능성을 예측하고 이를 방지하기 위해 케이블의 절연 폭을 확대할 필요가 있다는 의견을 제기했다. 하지만 이러한 톰슨의 주장은 묵살되었고, 당시 대서양전신회사의 엔지니어이던 의사 출신의 와일드먼 화이트하우스(Wildman Whitehouse)가 소규모 실험을 통해 얻은 성공 경험을 기초로 시스템을 설계했다. 이에 대한 톰슨의 문제 제기에도 불구하고 대서양전신회사는 비용을 절감할 수 있는 화이트하우스의 설계를 최종 채택했다. 물론 그 결과는 실패였으며, 이는 전신 산업에서 '과학적' 접근이 필요함을 각인시키는 계기가 되었다.

한편, 19세기 말에 이르러 영국 경제의 쇠퇴 징후가 나타나기 시작했으나, 영국의 국력은 여전히 세계 최강을 자랑하고 있었다. 세계 최대 식민지를 거느렸고, 해군은 어떠한 도전 세력도 확실하게 제압할 수 있는 막강한 해군력을 보유했으며, 여전히 세계를 선도하는 자본 수출국이었다. 런던의 금융 중심지인 시티(the City)는 세계 금융 시장에서 변치 않는 지배력을 유지하고 있었다.

이러한 국력에 걸맞게 영국 정부는 조지 필(George Peel)의 표현처럼

"제국의 신경망(nerves of empire)"[5] 구축이라는 정치적 및 군사적 목적 아래 해저 전신망 사업에 막대한 자본을 투자했다. 대서양 케이블의 심각한 실패 소식에도 불구하고, 특히 1857년 인도에서 일어난 세포이 반란과 관련해 식민지 인도와의 신속한 통신 수단 확보가 무엇보다도 절실했기 때문이다. 대표적인 예로 영국 정부는 이집트에서 홍해를 거쳐 인도까지 이어지는 해저 전신망 설치 권한을 얻은 홍해전신회사(Red Sea Telegraph Company)가 요구한 80만 파운드의 투자 금액에 대해 향후 50년 동안 4.5퍼센트의 배당금을 보장하는 조건으로 사업을 승인했다. 이는 실패할 경우 영국 재무성이 투자자인 주주들에게 50년 동안 매년 3만 6000파운드씩 지불해야만 하는 매우 껄끄러운 거래였다. 이 때 설치한 케이블은 홍해 해저의 불규칙한 지형 때문에 결국 단 한 건의 메시지도 송수신하지 못한 채 파손되고 말았다. 인도와의 통신은 이때로부터 10년이 지난 1870년 지중해-홍해 전신망을 개통할 때까지 기다려야만 했다.

직접적인 자본 투자와 더불어 영국 정부는 민간에서 시도하는 장거리 해저 전신망의 기술 문제를 해결하는 데도 적극 참여했다. 1859년 12월 상무부는 더글러스 골턴(Douglas Galton), 휘트스톤, 윌리엄 페어베른(William Fairbairn) 등과 같은 저명한 과학자 및 엔지니어로 정부위원회를 구성했다. 얼마 후 정부위원회는 대서양전신회사가 4명의 자체 전신 엔지니어로 구성한 민간위원회와 합동으로 이 문제를 조사한 후, 1861년 상세한 기술 보고서를 제출했다.

여기에는 해저 전신망과 관련한 문제들에 대한 이론적 논의 및 실험 결과가 수록되었다. 이는 당시까지 해저 전신망 설치와 관련한 모든 정보를 망라한 일종의 '종합 과학 보고서'에 해당했다.[6] 보고서는 크게 두 파트로 구성됐는데, 제1부에서는 당시까지의 해저 전신망 발전 과정 및 현황을 개관하고, 제2부에서는 전신망 설치와 관련한 제반 기술 관련 문제를 검토했다. 보고서 작성 작업에는 위의 두 위원회 위원들 외에 톰슨, 플레밍 젠킨(Fleming Jenkin), 화이트하우스, 윌리엄 지멘스〔William Siemens: 독일 전기 산업의 아버지로 일컫는 베르너 지멘스(Werner Siemens)의 동생으로 1840년대 말 영국으로 귀화함〕등 당시 영국을 대표하는 주요 전신 엔지니어 및 전기 전문가도 참여했다. 이들은 케이블 구리선의 농도와 두께, 절연 물질의 종류와 순도, 케이블의 구조와 피복, 케이블 보호·설치·유지 및 보수 등에 관해 논의한 후 사안 별로 해결 방안을 제안했다. 의도한 것은 아니지만 결과적으로 훗날 시도한 대서양 해저 전신망 사업에 필요한 기술적 기반을 마련한 셈이었다.

실제로 1865~1866년 두 번째로 시도한 대서양 해저 전신망 가설 사업은 이 보고서에서 제시한 톰슨의 주장을 채택한 덕분에 성공할 수 있었다. 이 사업의 주요 투자자인 맨체스터 방직업자 출신의 대부호 존 펜더(John Pender)가 이전 1차 사업 때 실패의 주원인 중 하나는 바로 케이블 설계에 있다는 톰슨의 주장을 신뢰하고 이를 수용한 덕분이었다. 이러한 점은 펜더가 대서양 해저 전신망 사업 시행을 위해 설립한 '전신 설치 및 유지(Telegraph Construction and Maintenance, TC&M)' 회사라는 명칭에 잘 반영되어 있다. 펜더의 회사는 톰슨의 주장에 따라 절연 폭을 넓게 만든 케이블을 설계·제작하고 이를 대서양에 설치했다. 프로젝트의 기술 부분을 담당한 톰슨의 활약에 힘입어 이 역사적 사업은 우여곡절 끝에 성공을 거둘 수 있었다. 이때 대양에서의 케이블 작업을 위해 당시 영국의 최첨단 장비가 총동원되었다. 한 예로 케이블의 엄청난 무게를 감당하기 위해 당시 세계 최대의 증기선이던 그레이트 이스턴호를 투입하기도 했다. 한마디로, 대서양 횡단 전신 가설 사업은 당시까지 개발된 영국의 기술, 자본 그리고 설치 및 관련 장비 노하우 등을 총동원한 대역사였던 것이다.

대서양 해저 케이블 사업이 성공하자 영국 기업들은 해저 전신망 확대에 막대한 투자를 감행했다. 원래 해저 전신망은 민간사업이었으나 광대한 제국을 효율적으로 경영하기 위해 빠른 연락 수단이 절실히 필요했던 영국 정부가 직간접적으로 폭넓은 지원을 했다. 그 덕분에 영국 기업들은 해군이 축적한 해저 지형 정보를 이용할 수 있었고, 정부의 외교적 조정을 통해 다른 국가의 영토를 경유하는 노선을 쉽게 구축할 수 있었다. 또한 전신망 설치 및 유지를 위해 세계 곳곳의 전략적 요충지에 있는 영국의 거점들을 이용함으로써 광대한 제국의 식민지를 통과하는 케이블 노선을 설계할 수 있었다.

이러한 노력의 결과, 19세기 말경 영국은 영국령으로만 연결된 전 세계의 국제 전신망(지상-해저 혼합)을 거의 독점적으로 구축할 수 있었다. 〈표 1〉과 〈표 2〉에서 엿볼 수 있듯 1892년 영국은 본토와 해외 영토에 걸쳐 전 세계 해저 케이블의 66퍼센트 이상을 점유했다. 이는 2위인 미국의 4배가 넘는 길이이다. 특히 기업 단위로 살펴볼 경우, 영국의 이스턴 & 어소시에이티드(Eastern & Associated)가 단일 기업으로서 전체 케이블의 절반에 가까운 45.5퍼센트를 소유했다. 이러한 압도적 우세에도 불구하고 영국은 당시 전신 산업을 주도하던 윌리엄 H. 프리스(William H. Preece)가 "아직 태평양 지역이 남아 있으며, 현재 북아메리

표 1 세계 통신망의 국가별 분포(1892년)

국가	회사		정부		총계	
	길이(km)	%	길이(km)	%	길이(km)	%
영국 본토와 해외 영토	155,814	63.1	7,804	3.2	163,618	66.3
미국	39,987	15.8	–	–	39,987	15.8
프랑스 본토와 해외 영토	13,427	5.5	8,432	3.4	21,859	8.9
덴마크	12,838	5.2	363	0.1	13,201	5.3
기타 국가들	78	–	9,129	3.7	9,207	3.7
총계	221,144	89.6	25,728	10.4	246,872	100.0

출처: Headrick & Griset (2001), p. 560, 〈표 1〉 재인용.

표 2 주요 통신망 회사(1892년)

회사명	길이(km)	세계 점유율(%)
이스턴 & 어소시에이티드(영국)	112,711	45.5
앵글로-아메리칸(영국)	19,261	7.8
웨스턴 유니온(미국)	14,340	5.8
커머셜 케이블스(미국)	12,849	5.2
그레이트 노던(덴마크)	12,838	5.2
센트럴 & 사우스 아메리칸(미국)	8,977	3.6
웨스트 인디아 & 파나마(영국)	8,440	3.4
DFTSM(프랑스)	6,952	2.8
DFT 파리-뉴욕(프랑스)	6,475	2.6
다이렉티드 유나이트 스테이츠(영국)	5,741	2.3

출처: Headrick & Griset (2001), p. 560, 〈표 2〉 재인용.

카와 오스트레일리아의 우리 영역을 서로 연결하기 위한 프로젝트를 논의하는 중이다"[7]라고 언급할 정도로 줄기차게 팽창을 추구했다. 이러한 사실은 결과적으로 영국에서 전기 산업이 태동하던 1880년대에 전신 산업은 이미 기술적으로 안정된 상태에서 막대한 자본과 제조업 능력 그리고 엔지니어 집단의 인적 자원을 광범위하게 활용하고 있었음을 의미한다.

전기 산업과 관련해 전신 분야를 이어서 산업화한 것은 전기 조명 분야였다. 관련 과학적 원리는 19세기 초반에 발견했으나 아크등을 상용화한 것은 그로부터 거의 반세기가 지난 1850년대 중반에 이르러서였다. 초창기에 만들어진 아크등은 가격이 비싸고 작동 방식도 까다로웠기 때문에 일반 민간 수요는 거의 없었고 주로 해안의 등대용으로 사용했다. 일반 상업 조명은 아크등을 개선하고 백열등을 발명한 1870년대에야 가능했다. 전기 조명은 지멘스가 "사치스러운 발광(light of luxury)"이라고 명명할 정도로 여전히 값비쌌으나 기존 가스등과는 비교할 수 없을 정도로 밝았기 때문에 기차역, 극장, 도심 거리 등을 비추기 위한 공공장소용으로 그리고 일부 부유층의 가정용으로 도입하기 시작했다. 예를 들어, 룩스 크롬프턴(Rookes Crompton)은 일찍이 1878년에 전기 조명과 관련한 일관 시스템을 수입해 개량·설치하는 사업에 뛰어든 상태였다. 1881년 열린 영국 과학 진흥 협회 모임 때 자유당 정부의 윌리엄 E. 글래드스턴(William E. Gladstone) 총리가 참석한 만찬회장에 전기 조명을 설치하기도 했다.

이처럼 일반 민간 및 개인 차원에서 전기 조명이 확산될 무렵 의회와 지방 자치 단체에서도 이에 깊은 관심을 기울이기 시작했다. 1879년 의회는 이 사안을 심도 있게 조사하기 위해 특별위원회를 구성했고, 비슷한 시기에 지방 자치 단체는 독자적으로 가로등 대용(代用) 전기 조명을 도입하는 방안을 심의하기도 했다. 예를 들어, 런던의 시티 소속 하수관위원회 산하 거리분과위원회에서는 가로등 전기 조명의 실효성 여부를 약 1년 동안이나 실험한 바 있다. 홀본 지구(Holborn Viaduct)를 대상으로 1881년 초반부터 12개월간 실시한 이 실험에는 당대의 대형 전기 조명업체 3개 회사가 각기 다른 전기 조명 시스템—브러시 시스템(Brush system), 론틴 시스템(Lontin system), 지멘스 시스템(Siemens system)—으로 무장해 참여했다. 1년간의 실험 결과 가스등 개수의 3분의 1에 해당하는 수만큼 아크등을 설치해 약 1.5배에 버금가는 밝기를 얻을 수 있었다. 이 실험이 끝난 후 위원회가 앵글로-아메리카 전기조명회사와 지멘스사에 각각 1년간 서비스 연장을 제안한 점으로 미루어 실험 결과에 만족했음을 짐작할 수 있다.

다른 한편으로 의회는 1882년 전기를 일종의 공공재로 인식하고 이에 대한 통제 대책을 담은 전기조명법을 제정했다. 물론 이러한 조치가 처음은 아니었다. 이미 영국에서는 가스 산업에서 법령을 통한 공공재 규제 정책을 도입한 적이 있었다. 특히 가스 사업의 시영화(市營化)는 맨체스터에서 시작해 1860년대 동안 맨체스터 인근으로 확산되었다. 이는 다른 산업 도시에도 영향을 주어 1870년대에는 조지프 체임벌린(Joseph Chamberlain)이 버밍엄의 가스 산업 시영화를 주도했다.

전신 역시 공공성을 이유로 우체국에서 서비스를 독점 운영한 전례가 있었다. 따라서 전기가 공공재라는 인식을 전제할 경우 이 정책 자체로는 새로운 것이 아니었다. 당시 사적인 전기 조명을 위한 발전 설비는 이미 개인 또는 기관이 설치 및 운영하고 있었기 때문에 이 시기에 공급된 전기는 주로 전기 조명 가로등과 자체용 발전 설비를 구비할 수 없는 일반 대중을 위한 것이었다. 가스 공급 사업에 대한 지방 자치 단체의 우선권과 통제권을 인정했던 전례에 입각해 동일한 방침이 전기 분야에도 적용되었다. 전기가 공공재라는 인식뿐만 아니라 실제적으로 전기 공급자들이 간선(mains)을 도로에 매립하기 위해서는 도로 사용에 대한 권리를 갖고 있던 지방 자치 단체의 개입이 불가피하게 필요했던 것이다.

따라서 전기조명법에서 정한 잠정 명령(provisional orders)에 입각해 전기 공급업자는 사업 신청을 한 후 해당 자치 단체의 승인을 받아 사업을 개시할 수 있었다. 다만 사업 연한은 최대 21년으로 제한되었으며, 그 기간이 지난 후에는 지방 자치 단체가 해당 설비를 인수할 수 있는 권리를 가졌다. 하지만 사업 연한이 민간 투자를 유인하기에는 너무 짧다는 문제점이 제기되자 1888년 전기조명법을 개정할 때 기존 기간의 2배인 42년으로 연장했다.

사실상 1882년에 제정한 전기조명법은 영국의 전기 산업을 경쟁국, 특히 미국에 뒤떨어지게 만든 가장 중요한 요인 중 하나로 지적되어왔다. 전기 공급에는 막대한 초기 투자가 필요한데 사업 허용 기간을 너무 짧게 제한함으로써 투자 회수 전망을 어둡게 했다는 것이 가장 중요한 문제로 인식됐다. 이러한 지적은 상당한 설득력을 갖고 있었다. 법 제정 직후부터 크롬프턴을 비롯한 전기 사업자들은 사업 연한 연장을 위한 법 개정 운동을 적극적으로 벌였고, 심지어는 전기 엔지니어 및 전기 산업의 대표자들도 문제점을 끊임없이 제기했기 때문이다. 예를 들어, 지멘스는 1894년 전기 엔지니어 협회 회장 취임 연설에서 전기조명법이 전력 산업에 미치는 부정적 결과에 대해 언급하면서 전차

산업에 대한 정부의 성급한 규제 정책을 반대했다.[8]

실제로 전기 공급 사업자 신청과 지방 자치 단체가 이를 승인한 사례는 1888년 전기조명법 개정을 전후해 분명하게 대비되는 경향을 보여 준다. 예를 들어, 1883년 지방 정부 당국에 제출된 14건의 지구(District) 별 사업 신청 중 단지 5건만 승인을 받아 설비를 가동했고, 나머지 9건은 대기 · 철회 또는 폐기됐음을 알 수 있다. 무엇보다 심각한 것은 같은 해 기업에서 제출한 19건의 사업 신청서가 모두 폐기되었다는 사실이다. 이후 1888년까지 총 12건의 사업 신청만 추가로 이루어졌는데, 그중에서도 단지 2건만 승인을 받았다. 이는 값비싼 전기 조명 사업을 시행할 의지를 갖춘 지구나 기업은 이미 1882~1883년에 대부분 시행 여부를 둘러싼 의사 결정을 마쳤기 때문으로 해석할 수 있다. 비싼 전기료뿐만 아니라 당시까지 초기 단계에 머물러 있던 전기 관련 기술에 대한 불안감도 사업 신청을 대거 폐기하는 데 일조한 것으로 짐작된다. 예를 들어, 햄스테드 교구의 경우 페란티-해몬드 전기조명회사(Ferranti-Hammond Electric Lighting Company)가 신청한 사업을 승인하지 않는 이유로 가격 외에도 화재 등의 사고 위험을 들면서 향후 관련 기술이 좀더 발전하길 기다리겠다는 입장을 표명했다. 이와 대조적으로 1888년 법 개정을 한 이후에는 1890년 한 해에만 지방 정부 당국의 사업 신청이 43개로 대폭 증가했으며, 그중 9개를 가동하고 12개를 건설에 착수할 정도로 활성화되었다. 기업의 경우에도 사업 신청 건수가 28개로 늘었고, 그중 15개를 가동하고 2개를 착공했다.

그러나 경제적 측면에서 전기 산업을 분석한 이언 바이어트(Ian. C. R. Byatt)는 이러한 1880년대의 상황을 다르게 해석한다. 바이어트는 당시 전기 조명을 공공 목적으로 이용하기에는 사용료가 너무 비쌌다고 주장한다. 그에 따르면 1890년 브리튼 섬 전역에 설치한 아크 가로등은 700개에 불과했다. 1880년대 초 1kWh당 9~10실링 하던 전기와 1피트에 9실링 하던 탄소 막대가 1890년대 후반에는 각각 2실링과 1실링 조금 넘는 가격으로까지 저렴해졌음에도 말이다. 전기 조명의 비용이 크게 하락했음에도 불구하고 가스 조명에 비해서는 여전히 비쌌기 때문이다. 금속 필라멘트 전구가 나온 이후에야 동일한 조도(照度)를 얻는 데 들어가는 비용 측면에서 전기와 가스가 비슷한 수준이 되었다. 같은 시기 미국 뉴욕시티의 경우에는 전기 가격에 비해 오히려 가스 가격이 많이 비쌌기 때문에 전기 조명이 빠르게 확산될 수 있었다. 따라서 '가스와 동일한 가격'으로 전기를 공급한다는 토머스 에디슨(Thomas Edison)의 방침이 통했던 뉴욕의 사례를 벤치마킹해 런던의 홀본 지구에서 가스 가격으로 전기를 공급하려던 메트로폴리탄 브러시사(Metropolitan Brush Company)는 큰 손실을 입고 말았다.

1882년 전기조명법이 전기 산업에 끼친 영향을 분석할 때, 앞에서 고찰한 대로 사업 연한 제한이 투자 의욕을 약화시킨 것은 사실이지만 반드시 이것 때문에만 전기 산업이 낙후했다고 단정할 수는 없다. 왜냐하면 당시 전기 산업은 이 법의 적용 범위를 벗어난 데서 이루어지고 있었기 때문이다. 전기조명법 제정에도 불구하고 배전선을 도로에 매설하지 않을 경우 기관이나 기업, 심지어는 일반 개인도 독자적으로 발전소를 건설할 수 있었으며 나아가 그 시설 규모에 아무런 제한도 없었다. 따라서 1880년대 영국에서 전기 관련 사업가들은 제약이 많은 공공 전기 조명 대신 부유한 개인이나 기관을 대상으로 개별적으로 사업을 추진했다. 이 경우 기업들은 전기 조명에 필요한 일체의 장비 제작 및 설치까지 일괄적으로 수주했다. 이러한 이유로 1888년 전기조명법을 개정하기 이전에 공공 전기 공급 분야가 정체했음에도 불구하고 전기 산업에 대한 전체 투자 규모는 지속적으로 증가했다.

좀더 세심한 검토가 필요한 분야는 건설하는 발전소의 규모와 특성이었다. 전기조명법에 따라 지방 자치 단체별로 사업자를 선정한 까닭에 근본적으로 발전 용량이 제한됐다. 이러한 점은 1888년 법을 개정한 이후에도 달라지지 않았다. 하지만 사적인 목적으로 일반 민간에서 설치하는 발전소의 경우에는 일정 규모 이상을 초과할 필요가 없었다. 이에 따라 발전 규모가 작고 송전 거리가 짧으면 송전 비용이 절약되는 직류 시스템을 주로 채택했다. 대표적인 경우는 철로를 따라 배전선을 설치할 수 있는 철도 회사였다. 이처럼 소규모 직류 발전 체계가 초기에 이미 런던의 주요 전력 수요처를 선점한 탓에 1888년 법 개정 이후 공공 발전소 건설이 증가했을 때에도 역시 동일한 방식으로 사업을 추진했다. 결과적으로 이 시기에 영국의 전기 산업 관련 기술의 개발은 소규모 직류 발전소의 효율과 기능을 향상시키는 방향으로 집중될 수밖에 없었다.

물론 이처럼 직류 발전이 대세를 이룬 상황에서도 고전압 교류 발전 시도가 없었던 것은 아니다. 대표적으로 런던의 뎁포드(Deptford) 발전소 건설을 꼽을 수 있다. 여기에서는 당대의 일반적 기준보다 훨씬 고압의 고용량 교류 발전소 건설을 시도해 기술상 규모의 문제에 부딪혔다. 1880년대 고전압 교류 발전에 관심을 가진 엔지니어들이 직면했던 문제는 당시까지 적정한 용량의 변압기가 없었다는 점이다. 다행히 이 문제는 곧 해결되었다. 지멘스사에서 직장 생활을 시작한 서배스천 Z. 드 페란티(Sebastian Z. de Ferranti)가 1885년 기존의 골라르 & 깁스(Gaulard & Gibbs) 변압기를 개량, 이를 발판으로 고전압 교류 송배전 시스템을 개발하고 특허를 획득한 것이다.

이때 페란티의 특허에 주목한 인물이 있었으니 바로 런던에서 선구적으로 교류 발전 사업을 추진하던 쿠츠 린제이 경(Lord Coutts Lindsay)이었다. 그는 일찌감치 본드 스트리트에 위치한 그로스버너 갤러리(Grosvenor Gallery)에 전기 조명을 도입하고, 1882년에는 전기 조명을 원하는 개인들에게 전기를 공급하기 위해 교류 발전을 채택했다. 이런 과감한 시도는 당시 적합한 변압기가 부재했다는 의외의 문제에 부딪혀 실패하고 말았다. 하지만 그는 1886년 초 페란티 시스템을 도입하기로 결정하고 개발 당사자인 페란티를 주임 엔지니어로 고용했다.

이러한 린제이의 모험은 대성공을 거두었다. 페란티는 1887년 여름까지 자신이 설계한 높이 9피트 6인치(약 290센티미터), 무게 33톤의 거대한 교류 발전기를 성공적으로 설치했다. 이 발전소는 2400볼트의 전기를 생산해 1만 개의 전기등을 가동할 수 있었다. 이곳으로부터 전기를 공급받는 고객 명단에는 그로스버너 갤러리 근처에 거주하는 저명인사와 호화 시설을 망라했다. 바야흐로 고전압 교류 발전의 가능성이 열린 것이다. 더구나 배전선을 지하에 매설하지 않고 인접한 건물들 옥상으로 연결해 개인 소비자에게 공급할 수 있었으므로 전기조명법의 제약도 받지 않았다. 1887년 린제이의 회사를 모태로 설립된 런던 전기공급회사(London Electricity Supply Company)는 템스 강변의 뎁포드에 1만 볼트 규모의 교류 발전소를 건설해 25만 개의 전기등을 밝히겠다는 야심찬 계획을 발표했다. 하지만 1888년 여름 착공한 이 거창한 건설 사업은 예상을 훌쩍 뛰어넘는 공사비와 그 밖의 예기치 않은 기술적 문제들에 부딪쳐 공기가 지연되다 결국에는 실패로 끝나고 말았다.

이러한 뎁포드 발전소의 시도에 대한 평가는 학자에 따라 다양하다. 토머스 휴즈(Thomas Hughes)는 "페란티가 당시의 주류 기술을 추구하는 듯했으나 실제로는 곧 다가올 기술 변화에서 밀려났다"고 평가한 반면, 레슬리 한나(Leslie Hannah)는 "시대를 너무 앞선 시도였고, 바로 런던 전기공급회사가 그 대가를 지불했다"고 평가했다. 하지만 어떤 평가를 하든 전기 산업의 이후 발전 경로를 염두에 두고 검토해볼 때, 뎁포드 발전소의 기술상 실패는 이후 영국에서 대규모 고전압 교류 발전의 도입 및 확산을 지연시키는 데 일조했음을 부인할 수 없다. 프리스나 지멘스 같은 전기 엔지니어는 테슬라 시스템의 고전압 교류 발전과 장거리 송전 시스템이 성공한 이후에도 이를 수용하는 데 여전히 회의적이었다. 직류 발전소에 주력했던 영국의 전기 엔지니어에게 고전압 교류 방식은 기술적으로 낯설었고, 예상되는 투자액에 비해 향후 얻을 수 있는 경제적 이득이 불확실했기 때문이다. 주로 직류 발전 그리고 직류든 교류든 소규모 발전소가 적합하다는 전기 엔지니어의 소극적 자세는 전기조명법에 의한 제도적 제약의 해소, 조명 외에 전차와 공장 동력이라는 새로운 전기 수요가 발생한 이후에도 지속되었다. 아울러 이는 결국 영국 전기 산업의 '상대적' 지체를 초래하고 말았다.

1890년대 이후에는 조명 외에 전차와 공장 전력 수요가 증가했다. 이에 따라 영국 전력 산업의 전체 규모는 커졌으나 미국이나 독일에 비해 '전기화' 정도는 더뎠다. 1897년 미국에서는 전체 전차 노선(tramway)

표 3 영국 전기 산업 분야별 투자액(1899년, 1909년)

	1899년(파운드)	1909년(파운드)
전신*	34,284,957	36,283,038
전화	7,729,626	22,132,641
민간 전력 회사	9,265,793	45,743,744
시영 전력 회사	8,531,167	51,796,604
전철	202,808,959	185,292,296
전기 제조업	16,799,152	42,486,269
전기화학 & 기타	8,558,065	12,252,622
총계	105,977,719	395,888,214

*정부 전신 제외.
출처: Garcke's Manual, "Inaugural Address of President: Gisbert Kapp," *Journal of the Institute of Electrical Engineers*, Vol. 38, p. 9 재인용.

의 88퍼센트를 전기로 가동한 데 비해, 영국에서는 이때에 이르러서야 비로소 미국에 훨씬 뒤지는 수준으로 마전차(horse tramway) 회사를 운영하던 시영 기업(municipal corporation)을 중심으로 전기화를 추진했다. 설상가상으로 전기 공급 시스템은 여전히 소규모에 분산적으로 이루어졌다. 독일이나 미국에서는 전차와 공장에 대한 전력 공급을 고압의 중앙 발전소 배전 시스템을 통해 시행한 데 비해, 영국에서는 해당 전차 회사나 공장에서 자체적으로 발전소를 운영했다. 이는 당시 전기 판매량을 통해서도 엿볼 수 있는데, 영국에서 발전한 전기의 최대 수요 분야는 1900년대 말까지도 조명이었고, 1908년에 이르러서야 공장 공급용 전기의 규모가 조명을 추월했다.

〈표 3〉에 제시된 19세기 말~20세기 초 영국의 전기 산업 분야별 투자액은 이러한 상황을 잘 보여준다. 주목할 만한 점은 20세기 초까지

의 전신 투자이다. 1899년과 1909년을 비교하면 전체 전기 산업 투자에서 전신의 상대적 비중은 감소했지만 절대적 규모에서는 비슷한 수준을 유지했다. 즉 20세기 초까지도 영국은 전신 산업에 일정한 정도로 투자를 했고 그 규모도 전기 제조업의 85퍼센트에 달했다. 또한 10년 동안 전력 공급에 4~5배의 투자 증가가 이루어졌고 전철 투자액도 크게 늘어난 데 비해 전기 제조업 투자는 겨우 2배 정도 증가하는 데 그쳤음도 주목해야 한다. 영국에는 전기 분야에서 미국의 웨스턴하우스와 GE, 독일의 AEG 같은 대기업이 없었던 점을 중요한 요인으로 꼽을 수 있다. 또한 신속한 투자가 이뤄지던 시기에 전철이나 전력 설비를 일괄 도입 방식으로 수입에 의존한 때문이기도 하다.

2.2 화학 산업: 빠른 출발, 느린 성장

영국에서 화학공학이란 용어가 일반화된 배경에는 19세기 후반 화학 산업의 기계화 증가라는 산업 환경의 변화가 있었다. 화학 공장에 증기 엔진, 회전식 용광로 등 신형 장비를 도입하면서 이를 운용할 능력을 지닌 화학과 기계공학적 소양을 겸비한 인재가 필요했던 것이다. 하지만 일반적으로 제1차 세계대전 이전까지 '화학 엔지니어'란 명칭은 여전히 생소했다. 예를 들어, 1882년 6월 화학 산업 분야 단체가 처음으로 전체 회합을 가졌을 때, 약 300명의 참석자 중 5퍼센트에 해당하는 15명만이 화학 엔지니어로 자처할 정도였다. 하지만 근본적으로 화학공학은 19세기 초부터 영국에서 대두해 발전하기 시작한 화학 산업에 기반을 두고 있으므로 우선 그 산업의 실상에 대해 이해할 필요가 있다.

영국에서는 19세기 중반까지 제1차 산업혁명의 선도 국가답게 화학 산업이 빠르게 발전했다. 18세기 말부터 본격화한 면방직업의 발전은 표백(bleaching)과 염색 산업의 성장을 촉진했고, 무엇보다 소다와 황산 같은 화학 성분 원료의 엄청난 수요를 유발했다. 퍼킨에 의한 인공 염료 개발은 이러한 화학 산업의 발전 추세를 더욱 촉진했다. 하지만 1870년대에 접어들어 제1차 산업혁명의 추동력이 약화하면서 영국의 전통적 화학 산업은 위축되었고, 상대적으로 새로운 차원의 화학 산업이라고 할 수 있는 화학공학 산업은 점차 독일 기업에 추월당하기 시작했다.

역사적으로 근대적 화학 산업은 18세기 중엽 북서 유럽에서 그 모습을 드러냈다. 이 시기 영국에서 시작된 산업혁명으로 인해 유리 및 비누 생산용 알칼리, 면직물용 물감 그리고 표백제 등 화학 물품에 대한 수요가 빠르게 늘어났다. 초창기 화학 산업을 대표한 작업 공정은 농촌 수공업으로 출발한 표백이었다. 당시 목면을 생산하기 위해서는 3개월, 리넨을 생산하기 위해서는 6개월이라는 긴 시간을 버터밀크로 산성화시켜야 했으므로 표백 작업은 주로 농촌 지방에서 이루어졌다. 면화 및 아마포 생산이 증가하면서 표백 작업을 수행할 인력과 작업장을 설치할 비교적 넓은 공터가 필요했다. 또한 면방직 공장에서는 면포 세탁용 비누 수요가 증가했다. 이처럼 영국에서 근대 화학 산업은 소규모 가내 수공업에서 벗어나 면직물 생산 과정을 기계화 및 대형화하는 과정에서 그 존재감을 드러냈다.

이처럼 급증하는 수요에 부응하기 위해 새로운 생산 방식의 도입이 절실했다. '필요는 발명의 어머니'라는 말에 어울리게 다행히 18세기 말 프랑스의 니콜라 르블랑(Nicholas Leblanc)이 고안한 방식—일반 소금을 탄산소다(sodium carbonate)로 전환시키는 생산 방식—을 채택해 생산량을 늘릴 수 있었다. 이러한 선진 생산 기술을 바탕으로 화학 산업은 영국에서 점점 더 중요한 위치를 점했다. 1864년의 한 조사에 따르면, 당시 영국에는 83개의 르블랑식 화학 물품 생산 공장이 있었고, 이들은 주로 랭커셔 및 잉글랜드 북동 지역에 위치했다. 이곳에서 연간 생산한 분말 표백제의 30~40퍼센트가 리버풀이나 글래스고 같은 큰 항구를 통해 미국으로 그리고 대부분의 다른 화학 물품은 동부 해안의 조그만 항구들을 경유해 북유럽 국가들로 수출되었다.

이러한 산업적 발전과 병행해 과학의 한 분야로서 화학의 개념적 기초 또한 확립됐다. 프랑스 화학자 앙투안 L. 라부아지에(Antoine L. Lavoisier)는 1789년 발간한 《화학의 기초》라는 책에서 질량 보존의 원리를 발표했고, 이어서 19세기 전반기에는 존 돌턴(John Dalton), 야코브 베르셀리우스(Jacob Berzerius) 등에 의해 원자 이론이 발전했다. 1850년에 이르면 화학자는 과학자로서 물질의 구조 및 관찰한 화학적 현상을 법칙으로 설명할 수 있는 추론이 가능한 사람으로 인식되었다. 상대적으로 신생 과학에 속하는 화학 분야의 새로운 발견은 인간 생활의 여러 분야에 필요한 화학 물질—인공 염료, 도료, 농업용 화학 비료, 화약, 의약품 등—의 생산으로 이어져 머지않아 막대한 이윤을 가져다줄 산업 분야로 기대를 모으고 있었다.

점차 부상하던 화학 분야는 1845년 런던에 왕립화학학교(Royal College of Chemistry)가 설립되면서 인적 양성의 기반까지 갖추었다. 이곳에서 채택한 교과 과정은 곧 화학자 양성에 필요한 교육 제도로 자리를 잡았고, 그 체계는 적어도 세계대전이 발발한 1914년까지 이어졌다. 이 학교의 초창기 교과 과정 편성에서 핵심 역할을 한 인물은 초대 화학 교수로 임명된 호프만이었다. 당대의 저명한 화학자 리비히의 수제자로 독일에서 초빙한 그는 독일의 화학 교육 방법론을 신생 왕립화학학교 교육에 적용했다. 일찍이 호프만의 스승 리비히는 1825년 독일의 기센(Giessen) 대학에서 화학 실험실을 개설해 연구와 교육을 결합한 새로운 화학 교육 방법으로 선풍을 일으키고 있었다. 1818년 4월 기센 태생으로 리비히의 명성을 익히 잘 알고 있던 호프만은 바로 고향의 학교에서 그로부터 첨단 화학 교육을 받았다. 그 스승에 그 제자라는 말처럼 1845년 가을 런던에 도착한 호프만은 유창한 영어와 발군의 전공 실력을 바탕으로 신생 왕립화학학교의 기틀을 다지는 데 크게 이바지했다.

호프만이 영국으로 올 무렵인 1840년대 중반 왕립화학학교에 대한 사회적 요구는 책상머리 연구자가 아니라 현장에서 필요한 화학자를 양성하는 것이었다. 이를 위해 교육 과정에는 유기화학은 물론이고 무기화학(inorganic chemistry) 분야도 망라되어 있었다. 이런 교육 덕분에 1856년에는 호프만의 영국인 조수이던 퍼킨이 끈질긴 실험 끝에 우연히 아닐린(aniline)에서 보라색 염료를 추출하는 방법을 발견해 19세기 후반에 화학 공업이 크게 발전하는 계기를 마련했다. 새로운 인공 염료를 '아닐린 퍼플'로 명명한 퍼킨은 1856년 특허를 얻고 이어서 인공 염료를 생산하는 공장을 설립해 사업에도 성공, 큰돈을 벌고 전국적으로 명성을 얻었다. 당시 모든 염료는 식물이나 곤충 등 자연에서 얻은 색소로 만들어졌기 때문에 매우 비쌌다. 그중에서도 특히 '모브(mauve)'라고 부르던 보라색 염료는 단 1그램을 얻기 위해 지중해산 조개 9000개가 필요할 정도로 매우 귀한 색소였기 때문에 퍼킨의 저렴한 인공 염료는 날개 돋친 듯 팔려나갔다.

그러나 엄밀한 의미에서 아직까지 화학공학으로 이어질 수 있는 산업의 기술적 측면에 대한 교육은 배제된 상태였다. 더군다나 1865년 5월 호프만이 베를린 대학교로부터 교수직을 제안받고 독일로 돌아가는 바람에 영국에서 화학의 산업적 응용은 점차 정체됐다. 이와 대조적으로, 귀국한 호프만이 베를린과 본 대학에서 최신 화학 실험실을 개설해 본격적으로 전문 인력을 양성하면서 1870년대부터는 독일이 화학 공업 분야의 강자로 떠올랐다. 공교롭게도 호프만이 영국을 떠난 1865년 이후 영국 화학 산업이 상대적 침체에 빠지기 시작해 특히 제1차 세계대전이 발발할 즈음 호프만이 영국을 떠난 이유에 대한 논쟁이 활발하게 전개되기도 했다. 물론 그가 왕립화학학교를 사임한 이유에 대해서는 분명하게 밝혀진 것이 없다.

1850년대에 영국 정부 일각에서 과학기술 교육에 대한 국가 지원을 주장하는 움직임이 일어났다. 과학기술 분야의 여러 교육 기관을 런던에 집중적으로 설립하고, 이를 재정적으로 지원하는 것이 국가 이익에 도움을 주는 길이라는 여론이 정부의 의지를 더욱 고무했다. 이러한 분위기에 힘입어 중앙 정부는 1851년 런던 수정궁 산업박람회 직후 과학기예부(Department of Science and Art)를 신설하고, 1853년에는 당시 재정 문제로 곤란을 겪고 있던 왕립화학학교를 재무부의 건의에 따라 왕립광산학교(Royal College of Mines) 산하의 화학 학과로 통합했다. 이로써 비록 순수화학 분야에 치중하긴 했으나 이제 영국에서도 미흡하나마 국가의 지원 아래 전문적인 화학 교육이 이루어졌다.

다른 한편, 1850년대와 1860년대 영국의 화학 산업은 다양한 도전에 직면했다. 당시 영국의 화학 공장들이 채택한 르블랑식 생산 방식의 기술적 한계로 인해 아황산가스로 인한 대기 오염 및 황산칼슘을 함유한 산업 폐기물 문제가 심각한 지경에 이르렀던 것이다. 이제 산업화와 관련한 환경 문제는 일반 대중의 관심과 구체적인 법적 대응으로 이어지는 중요하고 민감한 이슈로 떠올랐다. 1863년 알칼리 법(Alkali Act)을 제정함으로써 화학 물질을 생산할 때 부산물로 발생하는 염화수소를 최대 95퍼센트까지 제거해야만 했다. 이를 위해 1836년 윌리엄 고새지(William Gossage)가 개발한 방법—유해 가스를 공중으로 방출하기 전에 탑 내부에서 물과 혼합하는 방법—을 활용했으나 이로써 문제를 말끔하게 해결한 것은 아니었다. 분말 형태의 표백제를 생산하기 위해 염화수소를 과도하게 사용한 탓에 상당량의 산성 물질이 공장 인근의 수로로 흘러들어 이번에는 '하천 오염' 문제가 심각해졌기 때문이다.

이러한 외적 환경의 변화는 화학 분야 인력의 고용 증가로 이어졌다. 빠르게 성장하는 산업 도시에서 발생하는 제반 문제를 기술적으로 해결할 필요가 늘어났기 때문이다. 특히 1850년대부터는 정부 차원에서 '화학적'이라 평가할 수 있는 전문 기술을 습득한 현장 인력이 필요했다. 예를 들어, 알칼리 생산 공장의 현장 감독관, 의료 관련 공무원, 공공 분석가 및 정부 농업 분야 분석가 그리고 이들을 보좌하는 하급직 기술자 등 이 산업 분야의 응용화학과 관련한 일자리가 상당수 새롭게 등장했다. 이러한 제도상 및 기술상의 변화는 화학 산업의 발전을 촉진했다. 한 예로, 부식성 있는 염화수소 가스의 공중 방출을 금지한 알칼리 법 제정으로 생산 현장에서 특히 화학 물질 분석을 담당할 전문 인력의 수요가 늘어났다.

1860년대에 접어들어 영국 화학 산업은 인공 염료 분야를 주축으로 한층 활성화했다. 특히 이 분야의 성장은 대학의 화학 교육과 긴밀한 관련 아래 이루어졌다. 호프만 같은 당대의 대표적인 화학자도 새로운 인공 염료 연구 개발에 뛰어들었다. 오랜 연구 끝에 호프만은 값비싼 자연산 염료인 알리자린(alizarin)을 대체하는 산업용 인공 염료를 생산할 수 있었다. 이 시기에 벨기에에서는 젊은 화학자 에르네스트 솔베이(Ernest Solvay)가 자신의 동생과 함께 상업성 있는 암모니아소다 합성 기술을 개발한 상태였다. 1874년 독일 출신의 영국인 루트비히 몬드(Ludwig Mond)가 이 기술을 영국에 도입해 화학 산업의 구조적 변화에 영향을 미쳤다. 1860년대에는 향후 영국의 화학 산업을 이끌어갈 일단의 유대계 기업가들―루트비히 몬드, 이반 레빈스타인(Ivan Levinstein), 페터 그리스(Peter Griess)―이 독일로부터 영국으로 이주해왔다. 이들 중 특히 잉글랜드 중북부의 노스위치에서 화학 산업에 전념한 몬드는 존 브루너 경(Sir John Brunner)과 손잡고 1873년 브루너-몬드 화학회사(Brunner-Mond Company)를 설립해 새로운 생산 방식으로의 전환을 선도했다.

몬드는 이듬해부터 소다 재(soda ash)를 생산·판매하면서 단기간에 회사를 영국의 대표적 화학 기업으로 성장시켰다. 몬드가 화학 물질의 생산과 관련한 기술적인 측면을 거의 전담한 반면, 브루너는 생산한 화학 물질을 상업적으로 판매하는 데 탁월한 재능을 발휘했다. 특히

1870년대 중반 이곳에서 당시 최첨단이던 솔베이 제조 방식의 장점이 입증되면서 성공적으로 정착하고, 기존의 르블랑 제조 방식은 구식 기술로 인식되어 빠르게 밀려났다. 또한 한꺼번에 다량의 전기 생산이 가능한 대형 발전기를 개발하고, 이것을 알칼리 공장에 설치하면서 생산성이 늘어났다. 특히 중화학 산업 분야에서 복잡한 기계를 사용하는 빈도가 증가하면서 화학적 지식과 공학적 지식 간의 융합이 더욱 필요해졌다.

그러나 1880년대 이후로 화학 산업에 대한 주도권은 영국에서 유럽 대륙의 새로운 강자로 부상한 독일로 넘어갔다. 이는 교육적 및 기술적 문제와 관련이 있었다. 당시 영국에서 화학 산업 관련 지식의 발전은 체계적인 과학적 실험을 통해서가 아니라 과학의 별다른 뒷받침 없이 반복적인 현장 경험을 통해 축적한 것이었기에 본질적으로 한계를 내포하고 있었다. 화학 산업의 외적인 성장에도 불구하고 독일과 달리 영국에서는 과학기술 분야의 체계적인 교육 제도가 부재한 상황이었다. 1851년 수정궁 산업박람회 이후 저명한 화학자 라이언 플레이페어(Lyon Playfair) 같은 선각자가 이러한 문제를 지속적으로 제기해왔으나 여전히 조사위원회 임명 및 조사 보고서 발간 차원에 머물러 있었다. 다시 말해, 보고서에서 건의한 사항들은 잠깐 동안 조명을 받은 채 실행으로 옮겨지지 못하고 사장(死藏)되는 경우가 많았다.

영국 화학 산업은 생산 현장과 관련한 실질적인 면에서도 상대적 약점을 안고 있었다. 영국 화학 산업계는 자신 공장의 기술이 다른 공장으로 이전되는 것을 극도로 기피하는 경향이 심했다. 이러한 비밀주의는 화학 관련 지식의 확산을 제한했고, 이로 인해 대학 교육에서 산업 관련 화학 분야가 푸대접을 받는 데도 영향을 미쳤다. 아울러 이 시기 영국에서 화학 산업은 주로 무기화학 분야였고, 다양한 생산 과정은 거의 대부분 소형 제조용 가마에서 그것도 값싼 노동력에 의존해 이루어지고 있었다.

또한 독일의 부상에 대응해 전국적으로 흩어져 있던 48개에 달하는 소규모 소다 생산 회사들을 1890년 11월 단일 조직으로 통합(United Alkali Company)[9]하는 조치를 취했으나, 기술적으로는 여전히 전통적인 르블랑식 제조법에 집착했다. 특히 유기화학 분야에서 영국 산업의 구조적 문제와 그로 인한 쇠퇴는 1914년 8월 제1차 세계대전이 벌어졌을 때 분명하게 드러났다. 전쟁으로 인해 독일산 화학 물질의 수입이 멈추면서 그동안 전적으로 독일 제품에 의존하던 영국은 산업 분야는 물론이고 군대의 전쟁 수행마저 곤경에 처하는 심각한 지경에 이르렀다.

3 전기 및 화학 엔지니어의 대두와 집단화

영국에서 엔지니어의 사회 세력화는 주로 협회 결성을 통해 이루어졌다. 특히 영국 엔지니어의 원조 격인 토목 엔지니어들이 일찍이 독자적 모임인 토목 엔지니어 협회를 통해 '신사-엔지니어'의 전형적인 상을 확립했는데, 이후 다른 분야 엔지니어들은 그 선례를 답습하는 모양새를 띠었다.

전기공학의 경우, 다른 전문가 단체들과 달리 전기 엔지니어 집단이 일정 규모로 성장한 뒤 전문가 단체를 형성한 일반적인 절차를 따르지 않았다. 대신 전신 엔지니어와의 주도권 경쟁 및 전신 엔지니어와 구별되는 독자적 위상 정립 노력을 통해 나름의 사회적 위상을 얻었다. 영국은 다른 산업 국가와 달리 광대한 제국을 효율적으로 운영하기 위해 일찍부터 대규모로 해저 전신망 사업에 투자했고, 그 결과 20세기 초까지도 이 분야에서 세계를 주도했기 때문이다. 이는 영국의 전신 엔지니어가 다른 어떤 나라보다 높은 위상을 자랑하면서 오래 지속될 수 있었던 배경이다. 이러한 전신 엔지니어의 기득권을 극복하고 마침내 1887년 전기 엔지니어 협회가 그 모습을 드러내기에 이르렀다.

한편, 화학공학의 경우는 순수화학 및 기계공학과의 차별성을 드러내는 데 어려움을 겪으면서 제1차 세계대전이 끝난 1922년에 가서야 정식으로 협회를 설립할 수 있었다. 하지만 집단화를 위한 움직임은 이미 반세기 전에 시작됐음을 알 수 있다. 1880년대 들어 신산업 분야에서 미국—특히 독일—은 비약적인 발전을 이룩했다. 반면 영국은 국내적으로 화학 산업계의 문제점이 드러나면서 이를 해결하기 위해서는 돌파구가 필요하다는 공감대가 형성되었다. 마침내 1880년 잉글랜드 북서부 지역 화학 산업계 고위 인사들의 회동을 계기로 이듬해에 화학 엔지니어 협회의 모태가 된 화학 산업회를 창설했다. 이후 데이비스, 힌칠레이 등과 같은 선각자들의 활동과 노력을 통해 독자적인 협회 창설에 도달할 수 있었다.

3.1 전신의 그늘에서 벗어나다: 전기 엔지니어 협회 설립

영국에서 전기 산업 분야 발전 초기에는 전신 엔지니어 및 도제 방식을 통해 성장한 전기 엔지니어가 주도적 역할을 했다. 소규모 직류 발전 중심이라는 영국 전기 산업의 기술적 특징이 이러한 경향을 더욱 촉진했다. 특히 전력 산업이 본격화하기 이전에 해저 전신망 구축에 성공함으로써 전신 산업이 오랫동안 강세를 보였으며, 이에 따라 자연스럽게 전신 엔지니어가 전기 관련 산업 분야를 대표해왔다. 그런데 전신 관련 기술은 대서양 횡단 전신망 성공 이후 알려질 만한 것은 거의 알려진 상태였으며 전문적인 전신 엔지니어라 해도 전기 현상에 대한 지식과 경험은 제한적이었다. 대서양 해저 전신망 문제를 해결한 톰슨은 물리학과 공학에 모두 능통했는데, 당시로서는 예외적인 인물에 속했다.

전문적인 전기공학 교육은 1880년대에 이르러서야 제도화하기 시작했다. 그 결과 초창기 전기 엔지니어는 전신 또는 전신용 기계 장비를 생산하는 산업 분야에서 배출되었다. 따라서 본질적으로 전기 엔지니어는 독자적인 전문가 조직을 형성하기보다는 전신 엔지니어의 영향력 아래 놓여 있었다. 이런 미묘한 구조적 특이성으로 인해 영국 전기 산업에서 전기 엔지니어의 집단화는 상대적으로 느리게 이루어졌다. 다시 말해, 오늘날에는 영국에서 가장 큰 규모를 자랑하는 전문가 단체 중 하나로 손꼽히고 있지만 초기에 전기 엔지니어는 이미 한두 세대 이전부터 발전해온 전신 엔지니어의 짙은 그늘에 가려져 있었다.

전기 분야에서 최초로 등장한 단체는 1837년경 런던에서 설립된 전기 단체(Electrical Society)였다. 초기부터 이 단체를 이끈 인물은 구두 수선공 출신으로 각고의 노력을 통해 당대의 대표적 전기 관련 도구 발명가이자 열정적 실험가로 부상한 윌리엄 스터전(William Sturgeon)이었다.

다행스럽게도 이 단체는 초반부터 당시의 저명한 학자로 전기 분야에서 새로운 발견을 위해 적극적으로 노력하던 마이클 패러데이(Michael Faraday)를 비롯한 다른 여러 인사들의 도움을 받았다. 이 단체는 회원과 전기 분야 저명인사들의 연구물이나 그 요약본을 발간하는 사업에 야심차게 착수했다. 하지만 의도는 좋았으나 회원들의 호응을 얻는 데 실패해 적자만 쌓이다가 1843년 활동을 종결하고 말았다. 당시 이 단체의 사무국장으로 일했던 한 인사는 회원들의 무관심으로 인한 고질적인 활동상 제약을 이 단체가 해산된 주요인으로 꼽았다.

이러한 의욕적인 시도가 좌절되었음에도 불구하고, 19세기 중반은 전기를 응용하는 측면에서 놀라운 진전을 이룬 시기라고 볼 수 있다. 1800년 알레산드로 볼타(Alessandro Volta)가 전류의 흐름을 제어할 수 있다는 이론을 제시한 이후 점차 관련 지식을 축적하던 중 드디어 1831년 패러데이가 전기력을 기계력으로 전환할 수 있는 가능성을 여는 데 성공했다. 이를 바탕으로 쿡과 휘트스톤이 최초로 전신기(electrical telegraphy) 실험에 성공함으로써 상업적으로 활용할 수 있는 돌파구를 마련했다. 이잠바드 브루넬(Isambard Brunel)은 이 새로운 전신 기술을 곧바로 자신의 철도 회사—그레이트 이스턴 철도(Great Eastern Railway)—에 신호용 장비로 채택했다. 특히 신형 전신기를 이용해 1845년 현상 수배범을 체포하는 데 성공하고, 이것이 널리 알려지면서 전신 기술은 대중적 관심을 촉발했다. 이후 앞장에서 살펴본 것처럼 특히 철도 통신 및 해저 케이블 부문에서 전신 분야의 비약적 성장이 이루어졌다.

공학의 새로운 분야에서 놀라운 발전이 이루어지자 해당 분야 전문가들은 재차 조직화의 필요성을 제기하기에 이르렀다. 예를 들어,

1870년 영국의 전신 회사들은 약 2030명의 남성과 470명의 여성을 고용하고 있었다.[10] 1871년에는 전기 산업의 선구자라고 할 수 있는 전신 엔지니어 모임인 전신 엔지니어 단체를 설립했다. 이 조직은 "일반적으로는 전기 및 전신 기술의 발전을 도모하고 실질적 측면에서 회원들 간에 정보와 아이디어의 교환을 촉진하는 것"[11]을 설립 목적으로 내세웠다.

이 시기에 다른 나라에서는 전신 산업의 성장이 한계에 이르렀지만 영국에서는 1867년 대서양 횡단 전신망 설치에 성공함으로써 해저 전신망 산업이 급성장하고 있었다. 전신 엔지니어 단체는 그 설립 목적에서 "전기 과학과 전신 과학의 보편적 발전"을 도모할 것이라고 밝혔다. 무엇보다도 초대 회장으로 선출된 찰스 지멘스(Charles Siemens)는 "전신 엔지니어에게 흥미롭지 않은 전기 문제는 없으며 …… 전기만을 전문적으로 다루는 단체는 없다"[12]고 언급함으로써 이 새로운 단체가 전신에 국한하지 않고 전기와 관련한 제반 문제를 다룰 것임을 암시했다.

전신 엔지니어 단체의 주요 회원들은 전신 엔지니어, 전신 관료, 군 전신 엔지니어, 아마추어 전기 과학자 그리고 일반 과학자 등으로 다양했다. 1871년 5월 중순 이 단체를 설립하기 위해 런던 웨스트민스터 체임버스에 모인 총 66명의 주요 창립 멤버 중 새뮤얼 캐닝 경(Sir Samuel Canning), 라티머 클라크(Latimer Clark), 크롬웰 발리(Cromwel Varley), 윌러비 스미스(Willoughby Smith) 등은 모두 당시 명성을 떨치던 전신 엔지니어였다. 이 밖에 전신 관련 경험을 가진 전현직 육·해군 장교, 물리학자 그리고 전기 분야 학자이던 톰슨이 전문 과학자로서 참여했다. 이

표 4 IEE 회원 수 변화 추이(1872~1910년)

연도	명예 회원	해외 회원	정회원	준회원	예비 회원	학생 회원	총계
1872	3	38	169		241	5	456
1881	4	152	339		475	11	981
1891	2	177	535		1,079	183	1,976
1900	4	175	832	774	1,712	521	4,018
1910	7	104	1,172	2,628	939	1,368	6,218

출처: *Journal of the Institute of Electrical Engineers*, 해당 연도.

단체는 곧바로 운영위원회를 구성해 지멘스 회장을 필두로 2명의 부회장과 명예 사무국장 그리고 회계를 선출했다.

　이후 토목 엔지니어 협회의 시설을 무료로 이용하는 도움을 받으면서 초기의 어려움을 슬기롭게 극복하고, 〈표 4〉에서 엿볼 수 있듯이 설립 다음 해인 1872년 전체 회원 수가 456명에 이를 정도로 빠른 성장세를 보였다.

　이처럼 전기 산업에서 전신 분야의 발전과 조직화가 괄목할 만한 성장세를 보임에 따라 전기 산업의 또 다른 분야인 조명이나 전력 부문 전문가는 상대적으로 느리게 대두했다. 하지만 새로운 발전은 곧 가시화되어 1870년대 후반에 이르러서는 바야흐로 전기 기술자 또는 첫 세대 전기 엔지니어가 나타나기 시작했다. 제한적으로나마 아크등을 도입하기 시작하고, 특히 1881년 파리 박람회 개최 이후 전기 조명이 확산하면서 그 수가 증가했다. 이처럼 전기 엔지니어의 집단 세력화를 추동한 것은 다름 아닌 전기 산업의 성장이었다.

　이들 대부분은 전신 또는 전신 및 전기 관련 장비 산업에서 전통적인 도제 방식으로 훈련받은 엔지니어였다. 예를 들어, 지멘스의 경우 처음에는 전신 관련 장비를 제작했으나 1870년대에 발전기 개량 및 조명 시스템 개발 등으로 사업 영역을 크게 확장했다. 또한 페란티는 지멘스의 지도 아래 도제 훈련을 받았고, 초창기 전기 조명 사업에서 두각을 나타낸 크롬프턴은 차량용 증기 엔진 개발 분야에서 엔지니어 경력을 시작했다. 이들은 주로 전기 조명과 관련한 장치 및 기계를 제작·개량·판매·설치하는 사업을 운영했다. 바로 이들이 운영한 사업장에서 수많은 미래의 전기 엔지니어가 배출되었다.

이처럼 전기 조명을 중심으로 전신 엔지니어가 아닌 전기 관련 엔지니어가 등장했다. 무엇보다도 이들의 성장은 전문가 단체의 명칭 변화를 통해서도 엿볼 수 있다. 단체의 명칭 변경에 대해 처음에는 어느 누구도 관심을 기울이지 않았다. 왜냐하면 당시 전신 엔지니어 단체의 회원 대부분은 전신 엔지니어였고, 이들은 대체로 '전신(Telegraph)'이라는 단어가 들어간 현재의 명칭에 만족하고 있었기 때문이다. 당시 우체국의 책임 엔지니어로 있던 에드워드 그레이브스(Edward Graves)는 순수하게 전신 기술자(telegraphist)를 중심으로 이 조직을 운용하고자 했으며, 심지어는 '전기 기사(electrician)'라는 단어가 전신 엔지니어 단체의 가치와 위상을 저하시킬 것이라고 주장했다. 이에 대해 당시 저명한 엔지니어이던 라티머 클라크는 1880년 전신 엔지니어 단체가 전기 분야의 인력을 망라할 수 있는 명칭으로 이름을 바꾸지 않을 경우, 그 중요성이 빠르게 쇠퇴할 것이라고 경고했다. 아울러 조명 및 전력 산업에서 일하는 엔지니어는 물론이고 톰슨이나 존 홉킨슨(John Hopkinson) 같은 전기 분야의 저명한 학자들도 바로 전신 엔지니어가 주도하는 폐쇄적인 전신 엔지니어 단체라는 명칭 때문에 가입을 망설이고 있다고 지적했다.

완고하게 버티던 전신 엔지니어들도 더 이상 시대의 흐름을 거역할 수 없었다. 1880년대 초반 전기 조명 붐이 일어나면서 이에 대한 사회적 관심이 크게 높아졌기 때문이다. 마침내 1880년 12월 말 열린 전신 엔지니어 단체 총회에서 회원들은 기존 명칭을 '전신 엔지니어-전기 기사 단체(Society of Telegraph Engineers and Electricians)'로 변경하는 데 동의했다. 아직 절충적인 냄새를 풍기고는 있으나 전기 산업의 주도권이 전신에서 조명 및 전력으로 넘어갈 것임을 암시하는 사건이었다. 이 단체는 1883년 5월 회사법(1867년 제정) 규정 제23조에 따라 상무부에 '전신 엔지니어-전기 기사 단체'라는 명칭으로 정식 등록했다.

이러한 새로운 명칭은 거세게 대두하던 전기 엔지니어들의 욕구를 채워주기에 미흡했다. 1880년대를 거치면서 전기 엔지니어의 수가 점점 더 늘어나고 이들이 관련 산업에서 차지하는 비중이 한층 높아지면서 자신들의 이해관계를 대변할 통로가 필요하다는 목소리가 강하게 터져 나왔다. 전기 엔지니어는 자신들은 기존 전신 엔지니어와 다른 정체성을 가졌고, 기존 조직에서는 자신들의 위상을 공정하게 대표할 수 없다고 주장하기 시작했다. 윌리엄 프리스 같은 일부 '개명된' 전신 엔지니어는 현실적으로 점차 분명해지고 있던 전기 엔지니어와 전기 산업의 성장 잠재력을 솔직하게 인정하고 기존 협회의 명칭 변경을 제안했다.

전기 산업의 성장과 함께 전기 엔지니어의 입김이 강해지면서 마침내 1887년 '전신 엔지니어-전기 기사 단체'는 명칭을 전기 엔지니어 협회로 바꾸고 그 성장 모델로 토목 엔지니어 협회를 지향했다. 1887년 10월 개최된 협회 운영위원회 회의에서 프리스가 명칭 변경을 제안하고 크롬프턴이 이에 적극적으로 동의한 것이다. 아이러니하게도 과거 협회의 명칭 변경을 반대한 적이 있던 그레이브스가 의장으로 있었지만 대세를 막을 수는 없었다. 앞에서 언급한 클라크는 1889년 1월 증권 회사로부터 자격증을 발급받았는데, 거기엔 전기 엔지니어 협회라는 명칭이 기재되어 있었다.

그러나 명칭을 바꾸었다고 해서 기존 전통이 급격하게 무너지지는 않았다. 전기 엔지니어 협회로 명칭을 바꾼 뒤에도 오랫동안 실질적인 단체 운영이나 중요한 의사 결정은 전통적인 전신 엔지니어 또는 명망 있는 과학자를 중심으로 이루어졌다. 실제로 전기 엔지니어 협회에서 전기 엔지니어들이 운영위원회에 참여하거나 회장으로 선출된 것은 1890년대 중반이 지난 이후에나 가능했다. 예를 들어, 홉킨슨은 1892년에 그리고 크롬프턴은 1895년에야 전기 엔지니어 협회 회장으로 선출되었다.

전차 도입으로 전력 발전 산업이 빠르게 성장한 1900년대 이후 전기 엔지니어의 수가 급증했다. 1890년대 초반 협회 회원 중 40퍼센트는 여전히 전신 엔지니어였다. 하지만 명칭을 변경하고 20여 년이 지난 뒤인 1911년에는 전신 엔지니어가 전체 회원의 20퍼센트로 줄어든 반면 전기 엔지니어는 80퍼센트를 차지했다. 협회의 규모(특히 재정적 능력)도 크게 성장해 마침내 1909년 6월에는 사보이 호텔 근처에 있는 멋진 건물을 5만 파운드라는 거금을 들여 거의 반영구적으로 임대할 수 있었다. 1910년 11월 이 새로운 보금자리에서 협회 총회를 개최할 때

회원들은 전문직으로서 자신들의 위상을 새삼 실감했다. 이처럼 전기 엔지니어 집단은 상대적으로 늦게 출발했으나 전기 산업의 성장과 더불어 제1차 세계대전 종전 무렵에는 영국을 대표하는 전문 엔지니어 단체 중 하나로 우뚝 설 수 있었다.

3.2 화학과 기계의 틈바구니를 뚫다: 화학 엔지니어 협회 설립

1880년대에 접어들어 독일의 도전이 가시화하고 국내적으로는 화학 산업의 한계가 표면화되면서 타개책 마련이 시급해졌다. 무엇보다도 화학 산업의 당면 문제를 조직적으로 해결할 수 있는 구심점에 대한 필요성이 높아졌다. 마침내 1880년 맨체스터 대학의 헨리 E. 로스코(Henry E. Roscoe) 교수를 의장으로 잉글랜드 북서부 지역 화학 산업계 고위 인사들이 모임을 가졌고, 이를 계기로 이듬해에 화학 산업 분야 단체를 설립했다. 이때 초대 회장으로 로스코 교수를 그리고 실무를 담당할 사무국장으로 데이비스를 선출했다. 로스코 교수는 당시 영국의 대표적 공업 도시 중 하나인 맨체스터에 1851년 출범한 오웬스 칼리지를 기반으로 설립된 맨체스터 대학에서 자신이 독일 대학에서 경험한 실험적인 과학 연구를 적용하고 있었다. 또한 그는 독일에서 카를 쇼를레머(Carl Schorlemmer) 교수를 초빙해 영국 최초로 유기화학 강좌를 개설하기도 한 이 분야의 선구자 중 한 명이었다.

이처럼 명망 있는 인사였던 로스코의 영도 아래 미약하나마 집단화의 첫걸음을 내딛은 화학 산업회는 첫 모임에서 297명이 회원으로 가입했는데, 그중 14명이 입회 지원서에 스스로를 '화학 엔지니어'라고 적었다. 이러한 변화의 움직임 속에서 소수 선각자들의 활동을 통해 화학공학의 맹아가 움텄다. 이들 중 대표적인 인물은 1887년부터 맨체스터의 기술학교에서 화학공학 관련 강의를 하고 있던 데이비스였다. 데이비스의 선구적 역할은 1901년 《화학공학 편람(Handbook of Chemical Engineering)》을 발간하면서 본격적으로 외부 세계에 알려졌다.

1860~1870년대에 영국 화학 분야에서 교육 기관 소속 화학자와 산업체 종사 화학자 간의 차이는 그렇게 크지 않았다. 당시 화학 분야 엘리트들은 염료 산업체에서 컨설턴트 및 전문 기술자로 활동하며 수입을 올렸고, 화학 분야 산업가들도 별다른 거리낌 없이 대학에 있는 화학자에게 조언을 구했다. 산업체 종사 화학 기술자도 제한 없이 전문 화학자 협회에 가입할 수 있었고, 실제로 다수의 염료 및 알칼리 산업 분야에 종사하던 화학 분석사들도 협회 회원이었다. 물론 이들은 과다한 업무로 인해 협회 임원으로 활동하는 데 어려움이 있었지만, 대학에 있는 화학자들과의 교류에서 아무런 불편함을 느끼지 않았다.

또한 1860년대에는 화학 분야에서 산업 생산과 관련된 화학 관련 저널에 대한 관심이 매우 높아졌다. 주로 유기화학 분야에서 일어나던 발전 소식이 주목을 받았다. 이는 화학업계의 산업가들이 화학 연구의 가치를 좀더 긍정적으로 인식하기 시작한 것과 맥을 함께했다. 예를 들어, 당시 명성을 날리던 퍼킨도 1869년 자신의 알리자린 합성에 결정적 과정인 화학 합성 반응을 화학 관련 저널에 실린 정보의 도움으로 해결할 수 있었다. 이처럼 저널을 통해 최신 연구 정보를 얻을 수 있었기에 당시 합성염료업계 산업가들은 최신의 화학적 발견을 산업 생산에 응용할 수 있었다. 이러한 개방적인 분위기는 특허권을 둘러싸고 법정에서 벌어지던 당대의 또 다른 풍경과 묘한 대조를 이루었다.

 오히려 당시 화학 산업계의 분열은 근무처가 아니라 지역적인 차이로 인해 나타났다. 즉, 대립의 경계는 대학과 산업계가 아니라 런던 지역 근무 화학자와 잉글랜드 중북부 공업 지대에서 활동한 화학자 간에 놓여 있었다. 수도권에서 활동하는 엘리트라는 자부심이 높았던 전자가 전통적으로 후자를 무시해온 터라 갈등의 골은 이미 깊어져 있었다. 더구나 런던 지역 화학자들이 화학 협회 집행부를 거의 독점함으로써 이에 대한 지방 화학자들의 불만이 높아졌다. 실질적으로 협회 집행위원회 및 관련 학회를 주도한 것은 런던을 주 무대로 활동한 퍼킨이나 윌리엄 니콜슨(William Nicholson) 등 호프만 밑에서 공부한 왕립 화학학교 출신들이었다. 이들은 대부분 왕립학회 회원으로서 사회적으로도 신사 계층에 속했다. 예를 들어, 퍼킨은 1861~1862년 그리고 1868년에 집행위원회에서 활동했고 1869년에는 통합 사무국장(Joint Secretary)으로, 1883~1885년에는 회장으로 공헌했다. 이러한 공간적인 남북 간 분열은 보수당과 자유당의 대결 구도라는 당시 정치적 요인에 의해 더욱 심해졌다. 이런 와중에 시장 및 기술 변화에 능동적으로 대응하는 데 실패하면서 영국 염료 시장에는 독일 제품이 넘쳐났고, 산업가와 대학 근무 화학자 간의 이해관계는 서로 다른 방향으로 나아가게 되었다.

 더구나 런던 중심으로 구성된 기존 화학 협회마저 점차 산업화학 및 응용화학에 별다른 관심을 기울이지 않았다. 이런 연유로 1860년대를 기점으로 화학 산업의 중심지는 런던에서 맨체스터를 비롯한 북서부 지역으로 옮겨갔다. 만일 퍼킨이나 니콜슨 등 당대의 저명한 학자들이 화학 산업의 주도권 경쟁에 본격적으로 나섰더라면 런던이 영국 화학 산업의 중심지로 자리 잡을 수도 있었을 것이다.

이러한 외적 환경의 변화 속에서 새로운 집단화를 모색했고, 결국 이것이 1881년 잉글랜드 북동부 및 북서부 산업 지역 화학 인력이 주축을 이룬 화학 산업 분야 단체의 설립으로 이어졌다. 초창기 회원 대부분은 화학 공장에서 각종 기계적 공정 작업에 종사했는데, 주로 공학이 아니라 화학 분야의 학습 경험을 갖고 있었다. 이 단체의 창설 및 화학공학의 대두와 관련한 대표적 인물은 데이비스였다. 데이비스는 이튼에서 태어나 슬러그 기계공 강습소(Slough Mechanics' Institute) 및 왕립광산학교에서 수학하며 화학의 산업적 활용에 깊은 관심을 갖기 시작했다. 비록 화학 엔지니어 협회가 설립되기 한참 전에 세상을 떠났지만, 화학공학 초창기에 이 분야의 독자성을 확립하는 데 핵심 역할을 했다.

데이비스는 1871년부터 미들랜드에 있는 여러 화학 공장에서 화학분석사로 그리고 1878~1884년에는 알칼리 생산 공장 정부 감독관(Alkali Inspector)으로 다양한 경험을 쌓은 후 1884년부터 화학 분야 컨설턴트의 길로 들어섰다. 이후 컨설턴트로서 입지를 굳힌 데이비스는 화학공학의 전문화를 위해 적극 활동했다. 우선, 1887년 화학 산업 분야의 상업용 책자인 〈화학업계 저널(Chemical Trade Journal)〉을 창간했다. 아울러 이 저널에 자신의 업무를 광고하기 시작했는데, 이를 계기로 화학공학의 개념을 둘러싼 논쟁에 불을 붙였다. 이처럼 다양한 경험과 활동을 통해 명망을 얻은 데이비스는 창설 준비기인 1880년에 화학 산업회 총무이사로 발탁되었다. 그리고 비록 성공하지는 못했지만 임원회 모임 때마다 새로 결성할 단체명으로 '화학 엔지니어 단체'를 거듭 제안했다.

명칭을 둘러싼 논쟁 과정에서 데이비스는 기계 설치 및 공장 건축처럼 화학공학을 기계공학이나 토목공학의 한 형태로 간주하려는 개념을 배격했다. 그 대신 화학적 측면에서 공장 부지를 물색하고, 공장을 설계하고, 공장 완공 후에는 설비를 작동하는 일련의 과정을 총괄하는 것을 화학공학의 주요 임무로 보았다. 방법론에 관한 한 그의 주된 관심은 "화학 공장의 규모를 키우는(scaling up)" 일에 집중되어 있었다. 그는 단순히 개인적 경험을 언급하는 차원에서 벗어나 공장, 대규모 공정 작업 그리고 제품 생산으로 이어지는 과정에서 발생하는 문제들에 대한 조사와 해결을 체계화 및 일반화하려고 노력했다. 특히 중화학 산업 분야에서 복잡한 기계의 사용 및 설치가 증가하면서 실질적인 차원에서 화학적 지식과 공학적 지식 간의 결합이 더욱 긴요해졌다.

이후 데이비스는 맨체스터 기술학교에서 강의하며 화학공학의 학문적 기초를 다지는 일에 몰두했다. 이때 그는 화학공학의 임무를 생산 공정의 기계화 및 대형화 과정에서 발생하는 기술적 문제를 조사·해결하는 것으로 정의했다. 비록 교육 과정은 제반 요인으로 인해 단명했으나 화학공학에 대한 그의 주장은 화학 산업회 내에서 지속적으로 논쟁을 촉발했다. 이 조직의 리버풀 지역 회장이던 노먼 테이트(Norman Tate)는 "특별한 공정에 대한 교육 과정보다는 화학 공정의 전체상을 실제적으로 보여줄 수 있는 설명"을 요구했다. 1894년 요크서 사이언스 칼리지의 화학 교수이던 아서 스미셸스(Arthur Smithells)는 "화학 산업 인력에 대한 훈련은 순수화학자 양성을 목표로 해야 하며, 요즘 논의하고 있는 화학 엔지니어 양성에 대한 요구는 당장의 필요 때문에 산업가들이 요구한 것에 불과하다"고 주장했다. 화학공학의 정체성을 둘러싸고 이뤄진 이러한 논의에 답변이라도 하듯 20세기 초반에 데이비스가 쓴《화학공학 편람》초판(1901년) 및 개정판(1904년) 그리고 제이컵 그로스만(Jacob Grossmann)의《화학공학의 원리(The Elements of Chemical Engineering)》(1906년) 등 2권의 화학공학 관련 개설서가 발간되어 새로운 학문에 대한 세간의 관심을 자극했다.

이처럼 1900년대에 화학공학의 정체성에 대한 논의가 있었으나 이 분야는 여전히 학문적 성격이 모호하고 화학의 다른 분야와 논쟁 가능성을 내포하고 있었다. 이런 상황에서 화학공학의 독자성을 드러내는 데 결정적으로 기여한 것은 제1차 세계대전의 발발이었다. 1914년 8월 초 독일은 속전속결 작전인 슐리펜 계획(Schlieffen Plan)[13]에 따라 벨기에를 거쳐 곧장 프랑스 영토로 밀고 들어갔다. 승승장구하던 독일군의 진격은 9월 초 센 강의 지류인 마른 강에서 프랑스군의 완강한 저항에 부딪쳐 멈추고 말았다. 이때부터 전쟁이 종반전에 접어든 1917년 말까지 서부 전선에서는 참호전과 이를 돌파하기 위한 돌격전 및 포격전이 지루하게 이어졌다. 수많은 전사자가 속출하는 살육전과 엄청난 분량의 물자를 소비하는 소모전만 반복될 뿐이었다. 전쟁 전에 각국이 부설한 철도가 필요한 인원과 물자를 끊임없이 실어 나르면서 결과적으로 서부 전선의 희생자 수는 기하급수적으로 늘어났다.

따라서 제1차 세계대전 중에 사용한 무기들은 주로 이러한 교착 상태를 고수 및 타파하려는 방향으로 발전했다. 전쟁 양상이 참호전으로 전개된 데는 과학기술의 진보에 따른 방어용 무기의 개발이 커다란 영향을 미쳤다. 1914년 말경부터 서부 전선에서는 가시철조망과 기관총

(machine gun)이 전장을 압도했다. 양측은 일단 참호를 구축한 다음 전방에 철조망을 설치해 상대방의 진격을 봉쇄했다. 철조망을 통과하려는 적군의 어떠한 시도도 참호에 대기하고 있는 기관총 사수의 연속 사격에 여지없이 좌절되었다. 이러한 기관총의 방어망을 뚫고 돌파구를 열기 위해서는 공격을 개시하기 전에 적군의 진지를 향해 수백만 발의 포탄을 퍼부어야만 했다. 이로써 갑작스럽게 엄청난 분량의 폭약이 필요해졌다.

전쟁과 그로 인한 영향은 화학공학의 위상을 크게 높여주었다. 전쟁이 발발할 당시 영국군은 충분한 분량의 폭약을 비축하지 못한 상황이었다. 국영 병기창에서 고폭탄을 생산한 적도 없고, TNT의 경우에는 민간 분야의 생산 능력도 거의 전무한 형편이었다. 전쟁 수행에 필요한 폭약과 화학 물질을 대량 생산하기 위해 정부가 적극적으로 나서면서 화학공학 분야가 주목을 받기 시작했고, 이러한 외적인 변화는 화학 엔지니어에게 더없이 좋은 기회로 작용했다.

무엇보다도 폭약 공장 증설은 화학의 산업적 응용을 경험한 인력의 증가에 기여했다. 폭약 부족 사태를 예감한 정부로부터 이 문제를 해결할 임무를 부여받은 인물은 법률가로서 한때 정치에도 참여한 적이 있는 몰턴 경(Lord Moulton)이었다. 그는 남아프리카의 다이아몬드 광산에서 폭약 전문가로 명성을 날리고 있던 미국 출신의 케네스 B. 퀴넌(Kenneth B. Quinan)을 보좌관으로 채용해 그에게 폭약 공장 신설의 책임을 부여했다. 두 사람의 적극적인 노력과 군수물자부 산하 폭약공급국(Department of Explosives Supply)의 지원에 힘입어 정부는 폭약 부족 문제를 해소할 수 있었다. 예를 들어, 전쟁 발발 2년 만에 국영 폭약 생산 공장을 21개나 새로 건설했으며, 종전까지 총 32개의 폭약 생산 공장이 생겨났다. 이들 중 가장 규모가 큰 곳은 그레트나에 있는 무연 화약 생산 공장이었다. 면적이 무려 9000에이커에 달하는 이 공장에서는 총 1만 6000명의 노동자가 작업을 했다.

전쟁 중 신설된 군수물자부가 폭약과 포탄 등 군수 물자 생산이라는 임무를 원활히 수행하기 위해서는 무엇보다도 화학 엔지니어 같은 새로운 유형의 전문 인력이 필요했다. 군수물자부의 주문으로 인해 화학 물품에 대한 수요가 급증하고 군대에서 화학 분야 인력을 징집함에 따라 화학 엔지니어라는 용어가 자연스럽게 화학 공장을 가동하는 능력과 경험을 겸비한 인력으로 인식되었다. 이른바 "화학자의 전쟁"은 실제로 화학 및 기계 분야의 교육을 받은 고급 인력을 무려 2000명 넘게 동원한 것으로 집계되었다. 이들 대부분은 전쟁 이전까지 화약 생산에 대해 거의 아는 게 없었다. 요컨대 전쟁 발발이 이들의 처지를 크게 바꾸어놓은 것이다. 이제 많은 화학 분야 종사자들이 화학 엔지니어라고 자임할 수 있는 경험을 갖춤으로써 단순 작업만을 하던 화학자에서 공장을 설계하고 생산 공정을 관리하는 수준 높은 화학 분야 전문가로 격상되었다.

전쟁 기간을 통해 수적 증대 및 위상 고양을 경험한 화학 엔지니어들은 종전과 더불어 집단화를 모색하기 시작했다. 전쟁 중 군수물자부의 성공적인 임무 수행으로 고조된 긍정적 분위기가 이들의 조직 결성 캠페인에 촉진제 역할을 했다. 이때 새로운 조직의 등장에 토대가 된 것은 아이러니하게도 화학공학의 독립을 달갑지 않게 여겨온 화학 산업회였다. 제국과학기술대학교에서 화학공학을 가르치며 활발하게 학회 활동 및 화학공학의 학문화를 위해 노력하던 힌칠레이와 탤보트가 1918년 화학 산업회 산하 모임으로 화학공학 연구 그룹(Chemical Engineering Group)의 설치를 제안했는데, 이를 화학 산업회 집행부가 허락한 것이다. 아마도 제1차 세계대전의 영향으로 이들도 화학공학의 중요성을 실감한 것으로 여겨진다.

일단 공론장을 마련하는 데 성공한 이들은 얼마 후 열린 화학 분야 산업가들의 비공식 모임에서 지지를 호소했다. 회원들의 호의적 반응에 힘입어 종전 직전인 1918년 7월 런던에서 힌칠레이를 초대 위원장 그리고 탤보트를 명예 사무국장으로 선임해 단체를 결성할 수 있었다. 이 과정에서 화학 산업에 종사하는 컨설턴트들이 주도적 역할을 했는데, 적어도 10명의 위원회 위원 중 6명이 컨설턴트로 활동하고 있었다. 이들은 기존 화학 산업회와 별개의 조직이 필요하다는 것을 예전부터 관련 저널 등을 통해 피력해온 터였다. 그 덕분에 설립 직후 열린 화학 산업회 연례 모임에서 화학공학 연구 그룹은 약 400명의 회원을 확보하는 데 성공할 수 있었다.

이에 자신감을 얻은 두 사람은 한층 과감한 행보를 이어갔다. 힌칠레이는 1919년 3월 연구 그룹 모임에서 기존 화학 분야와 다른 노선을 취할 것임을 표명했고, 탤보트는 1920년 행한 연설에서 "화학공학은 화학의 한 분과도 그리고 기계공학의 한 분과도 아니다. 독자적인 전문직으로 교육 및 실행해야만 하는 과학의 한 분야이다"라고 주장했다. '기계적' 측면에 대한 강조는 화학공학이 전통적인 (순수) 화학과 구별된다는 점을 부각하는 데 도움을 주었다. 연구 그룹 내부에서 화학공학의 성격과 범위를 둘러싸고 논쟁이 이어졌다. 화학공학은 (순수

화학으로부터의 독립성을 강조하는 측면에서) 공장 설계 및 건설에 중점을 둬야 한다는 입장과 (기계공학으로부터의 독립성을 강조하는 측면에서) 특수한 화학 공정을 대규모로 실행하는 것이라는 입장 사이에 긴장 관계가 존재했다. 화학 산업회가 발행한 저널의 평가처럼 화학공학에 대한 논쟁은 본질상 필연적으로 견해 차이가 있을 수밖에 없는 '결말이 나지 않는 문제'였다.

1920년 동안 몰턴 경 및 잉글랜드 북서부 화학 산업 종사자들의 적극적인 지지를 얻은 힌칠레이는 한 걸음 더 나아갔다. 몰턴 경은 앞에서 살펴본 것처럼 제1차 세계대전 초반에 정부로부터 폭약 생산 책임자로 임명되어 화학 공장의 신설 및 폭약 생산 업무 일체를 총괄하는 막강한 권한을 행사한 인물이었다. 따라서 전쟁 후에도 화학 산업계에서 그의 명성과 영향력은 결코 무시할 수 없었다. 이러한 몰턴 경의 지지는 힌칠레이를 비롯한 전문가 협회 설립 추진자들에게 커다란 힘이 되었다. 1921년 열린 화학공학 연구 그룹의 연례 회의에서 힌칠레이는 연구 그룹을 기존 화학 산업회와 다른 독립된 조직으로 만들겠다는 생각을 피력하고, 이후 상무부의 법인 단체 승인을 받기 위해 필요한 규정 및 관련 서류 등을 준비할 임시위원회를 구성했다. 이때 그는 임시위원회 위원장으로 아서 더크햄(Arthur Duckham)을, 부위원장으로 윌리엄 울콕(William Woolcock)을 그리고 함께 활동할 위원으로 당시 제국과학기술대학교에서 화학공학을 가르치던 더들리 네윗(Dudley Newitt)과 저명 컨설턴트이던 헤론 로저스(Heron Rogers)를 영입하고 자신은 사무국장 직책을 맡았다.

이제 남은 문제는 기존 전문가 단체들의 반대를 극복하는 것이었다.

표 5 화학 엔지니어 협회 창립 멤버들의 자필(自筆) 직업 현황

직업	인원(명)
화학자	47
작업장 매니저	13
화학 엔지니어	10
제조업자	6
학자	5
엔지니어	4
컨설턴트	3
기타	5
총계	93

출처: J. F. Donnelly, "Chemical Engineering in England, 1880–1922," *Annals of Science*, Vol. 45 (1988), p. 586.

무엇보다도 공학 계통 전문가 단체의 대표 격에 해당하는 토목공학 협회 및 기계공학 협회 그리고 화학 협회가 이런 주장을 강력하게 반대했다. 비록 기존 전문가 단체들의 반대가 있었지만 이에 굴하지 않고 강행한 덕분에 마침내 1922년 5월 초 100여 명의 회원이 모인 첫 모임에서 화학 엔지니어 협회를 창립할 수 있었다. 위의 〈표 5〉가 보여주듯 아직은 창립 멤버 중에서도 여전히 스스로를 화학 엔지니어로 자처한 인원이 소수이기는 했지만 일단 시동을 걸었다는 점이 중요했다. 발빠르게 회칙을 제정하고 조직 구성을 완료한 협회는 같은 해 12월 말 상무부의 승인을 획득하고 공식적인 법인체로 출발했다. 이후 〈표 6〉에서 엿볼 수 있듯 회원 수가 점진적으로 증가했다.

1923년 6월 런던에서 법인화 후 첫 공식 연례 총회를 개최했고, 이때

표 6 화학 엔지니어 협회 회원 현황(1923~1925년)

구분	1923. 12. 31.	1924. 12. 31.	1925. 7. 1.
명예 회원	1	6	6
정회원	103	131	151
준회원	63	89	106
졸업생 회원	19	20	26
학생 회원	–	6	6
총계	186	252	295

출처: "Annual Report of the Council, July 1925," in *Transactions of the Institute of Chemical Engineers*, Vol. 3 (1925).

협회의 명예 임원과 집행부를 선출했다. 협회는 출발 초반부터 화학 엔지니어 양성을 위한 교육 문제에 지대한 관심을 기울였다. 특히 힌 칠레이와 휴 그리피스(Hugh Griffiths)의 적극적인 지원 아래 협회 내에 교육 문제를 의논하고 정책을 제기하는 교육위원회를 창립기 위원회 중 하나로 1923년에 설치했다. 위원회는 화학 엔지니어가 되기 위한 자격 조건을 제시하고, 이에 필요한 교육 및 특별 과목에 관한 제안서 를 발간했다. 이 제안서에 의하면, 협회 회원이 되기 위해 후보자들은 우선 당대 화학공학 분야의 핵심 주제들에 대한 필기시험을 치르고, 이어서 일종의 '홈 페이퍼'인 완벽한 '단위 화학 공정 계획도'를 2개월 내에 작성해 제출하는 2단계 평가 과정을 통과해야 했다.

물론 자격시험을 통과했다고 해서 곧바로 회원이 되는 것은 아니었 다. 후보자는 화학 엔지니어로서 책임 있는 직책에서 일하고 있으며, 산업 현장에서 감독관직 수행 후 해당 임무를 최소 2년 이상 수행하고 있음을 입증해야만 했다. 자격시험 과정은 화학공학 분야에서 학위를 받을 수 없는 처지에 있으나 화학 엔지니어로 일해야만 했던 후보자들이 협회 회원이 될 수 있는 유일한 길이었다. 1926년 최초로 시험을 실시했는데, 이때 시험 과정 전반을 관장한 그리피스는 "후보자는 물론이고 시험관에게도 매우 호기심 높은 고상한 경험"[14]이었다고 당시를 회상했다.

4 전기 및 화학 엔지니어 양성의 제도화

19세기 동안 영국의 제반 산업을 이끌던 각 분야 엔지니어들은 거의 대부분 전통적인 도제 제도를 통해 양성되었다. 이는 교육이 주로 작업장이나 공장 같은 현장의 일터에서 이루어졌으므로 그 내용상 이론보다는 실기 교육 위주였음을 의미한다. 그러다 보니 다른 무엇보다도 엔지니어 당사자의 '경험'이 기술을 습득하는 거의 유일한 수단이었다. 물론 개인적으로 수학이나 물리 등 과학적 지식을 학습한 사람도 있었지만 이는 극히 예외적인 경우에 해당했다. 하지만 1870년을 전후해 기존 도제 제도의 유용성에 의문이 제기되기 시작했다. 19세기 전반기를 풍미했던 토목이나 기계 산업과 달리 19세기 후반기에는 도제 제도 출신의 인력으로는 그 원활한 운용을 장담하기 어려운 전기나 화학 같은 새로운 유형의 산업이 대두하기 시작했기 때문이다. 후자의 산업들에는 성격상 수학, 물리, 화학 그리고 이와 연계된 실험 등에 대한 이론적 과학 지식이 필요했다. 물론 그렇다고 도제 제도의 전통이 하루아침에 사라진 것은 아니지만, 19세기 말에 이르러서는 정규 학교 교육을 받은 엔지니어가 그 시대의 대세였음은 분명하다.

엔지니어의 전문화는 엔지니어 양성 시스템, 즉 공학 교육의 제도적 정착과 깊은 관련이 있다. 영국의 경우 1850년대부터 킹스 칼리지를 비롯한 일부 대학에서 토목공학을 중심으로 공학 교육을 실시했다. 하지만 공학 교육이 본격적으로 대학 사회에 정착한 시기는 1890년대에 이르러서였다. 토목·기계 등의 전통적 산업 분야는 이미 19세기 전반에 전문화가 이루어졌지만, 도제 제도의 전통이 워낙 뿌리 깊어 학문화가 더뎠으므로 새로운 변화는 신생 학문 분야인 전기공학과 화학공학을 중심으로 일어났다.

특히 19세기 후반에 이르면 전기와 화학 등을 중심으로 과학과 기술 간의 융합이 본격화되었다. 이와 더불어 산업 생산 규모가 크게 늘어나면서 전자기학, 물리학, 화학 등 첨단 학문에 대한 연구 활동은 이제 대학 내의 소규모 실험실에서 충분히 수행하기 어려울 만큼 성장했다. 이처럼 이른바 '거대과학'의 시대가 도래하면서 국가, 특히 민간 기업 주도로 자체 연구소를 설립해 우수한 과학자나 기술자를 고용하고 이들로 하여금 연구 활동에 전념토록 했다. 이러한 변화는 대학에서 체계적으로 양성한 고급 인력을 필요로 했다.

4.1 과학자-엔지니어의 양성을 향하여: 전기공학 교육

앞에서 살펴본 것처럼 1870년대에 이르기까지 전기 산업의 주류는 전신 산업이었다. 이에 따라 인력 양성도 주로 전신 엔지니어 위주로 이루어졌다. 물론 전신은 토목이나 기계 같은 다른 전통적인 산업 분야에 비해 상대적으로 많은 과학적 이론 지식이 필요했다. 하지만 아직 그 수준이 높지 않아 도제 교육이나 적어도 초급 기술학교 교육으로도 해결할 수 있었다. 실제로 당시 전기 산업에서 명성을 날린 대부분의 엔지니어는 학교 교육이 아니라 현장에서 부단한 실습을 통해 관련 기술을 습득한 인물들로 분류할 수 있다. 그러다가 1880년대에 접어들면서 점차 전기 조명과 전력 분야가 전기 산업의 대세로 자리 잡으면서 바야흐로 대학 수준의 수학 및 과학 관련 이론 지식이 필요해졌다.

1880년대에는 전기 산업에서 그동안 전신 분야에 가려져 있던 전력 분야가 주목을 받기 시작하면서 전기 산업의 기존 구조에도 변화가 일어났다. 한 예로, 앞에서 고찰한 것처럼 전신 엔지니어 단체라는 명칭을 가졌던 전문가 조직이 그 범위를 확대해 1881년 단체명을 '전신 엔지니어-전기 기사 단체'로 변경했다. 이는 엔지니어 양성 과정에도 영향을 주었다. 왜냐하면 전신에 비해 전력 분야는 좀더 수준 높은 수학 및 과학 지식이 필요했기 때문이다. 그래서 런던을 비롯한 주요 도시에 있던 여러 기술 칼리지—런던 폴리테크닉 청소년학교, 브래드퍼드 기술 칼리지, 글래스고의 과학·기술 칼리지, 던디의 기술 칼리지, 런던 해먼드 회사의 전기공학 칼리지 등—에서 본격적인 전기 관련 이론 교육이 이루어졌다.

이를 바탕으로 대학 교육에서도 점차 전기공학을 채택하기에 이르렀다. 특히 1880년대에는 대학에서 실험실을 활용한 교육이 붐을 이루면서 실습을 위해 구태여 학교 울타리 밖으로 나가지 않아도 되었다. 물론 당시 전기 산업 분야의 저명한 엔지니어 대다수는 여전히 전기공학을 기계공학의 한 분과로 인식하며 대학에서의 이론 교육에도 불구하고 작업장 훈련의 역할을 여전히 중요하게 생각했지만 말이다.

1880년대를 통해 성장한 전기 엔지니어는 교육 훈련에 따라 두 부류로 나눌 수 있다. 우선적으로 크롬프턴이나 페란티처럼 전통적인 도제 방식으로 훈련을 받은 '작업장' 출신 전기 엔지니어이다. 길게는 중세의 길드에 뿌리를 둔 도제 제도 아래 이들은 적어도 5년 이상을 작업장에서 현장 실습을 통해 전기 산업에 필요한 지식과 특히 기술을 습득했다. 이들은 전기 현상을 과학적으로 깊게 이해하지는 못했지만 1880년대에 전기 산업 분야를 운영하는 데 별다른 어려움을 느끼지 않았다. 왜냐하면 1880년대에 영국의 전기 산업은 주로 공공과 사적 영역에서 분산된 여러 개의 소규모 직류 발전소와 전기 조명이 주류를 이루고 있었기 때문이다. 심지어 페란티의 사례에서 알 수 있듯 현장에서 활동한 전기 엔지니어는 규모가 큰 교류 발전 설비를 개발하는 과정에서도 어느 단계까지는 성공을 거두었다.

다음으로는, 칼리지나 대학을 졸업한 후 현장 경험을 쌓은 '과학자–엔지니어'를 꼽을 수 있다. 이들은 대학에서 물리학 등 과학을 공부하면서 전기 현상을 이론적으로 이해했고, 전기업체에서 엔지니어나 컨설턴트로 현장 경험을 쌓은 후 대학에서 전기공학을 가르쳤다는 공통점을 갖고 있다. 전기 산업에 대해 이론과 현장 경험을 겸비한 첫 세대인 이들은 비록 소수였지만 과학 교육에서 활용한 실험실 교육을 공학에 도입해 대학 교육과 산업 현장을 연계했다. 그리고 플레밍의 '페란티 효과' 문제 해결에서 엿볼 수 있듯 전기 산업의 숙제를 이론과 실험 연구 결과를 기초로 해결함으로써 전문 교육의 힘을 입증했다.

사실상 전기공학 분야는 토목이나 기계 같은 전통적인 업종에 비해 상대적으로 도제 제도와 작업장 전통이 약한 편이었다. 왜냐하면 업종의 특성상 전기 산업은 전기 및 자기 현상 등을 취급하는 수학적·과학적 접근 방식이 필요했기 때문이다. 이른바 수학 이론 및 정량적 실험과 측정에 기초한 '과학적 엔지니어링'으로 발전하는 데 산업 특성상 유리한 위치에 있었던 것이다.

이러한 새로운 유형의 전기 엔지니어 집단을 대표하는 인물로는 1884년 유니버시티 칼리지 런던에서 첫 전기공학 교수로 임명된 플레밍을 꼽을 수 있다. 그는 이곳에서 수학, 물리학을 포함한 과학, 기계 설계, 실험실 실습이라는 교과 과정을 체계화했다. 이러한 시도는 1890년대 초반 외부의 후원을 받아 전기 실험실을 대폭적으로 확장하면서 더욱 탄력을 받았다. 1895년경에는 런던에서만 비슷한 교과 과정을 가진 전기공학 교육이 킹스 칼리지, 센트럴 기술 칼리지 등으로 빠르게 퍼졌다. 그 결과 전기 엔지니어가 되기 위해서는 일정 수준의 과학, 수학 등 이론 교육과 실험실 교육을 통한 실습을 마친 후 짧은 도제 기간을 거치는 것이 일종의 정통 코스로 정착했다.[15] 학교 교육에 전통적인 도제 제도를 가미한 일종의 절충적 형태로 볼 수 있다. 물론 시간이 지나면서 도제 제도의 유산은 점차 미약해지고 전적으로 학교 교육을 통해 전기 산업에 필요한 인력을 양성했지만 말이다.

이들 과학자-전기 엔지니어는 일찍부터 전기와 기계의 결합이라는 전기공학의 특성을 이해하고 전기 엔지니어 교육에서 과학 이론 교육을 강조했다. 전기 조명이 뜨거운 관심사로 떠오른 1882년에 전신 엔지니어 단체에서는 "전기 엔지니어를 어떻게 교육할 것인가"에 대한 논의가 벌어졌다. 당시 핀스베리 칼리지에서 각각 응용물리학과 기계공학을 가르치던 윌리엄 에어튼(William Ayrton)과 존 페리(John Perry)는 전기공학 교육의 특성을 다음과 같이 세 가지로 정리했다. 첫째, 기계 지식과 전기 지식의 결합이 필요하다. 기계 엔지니어는 전기를 모르고 전기 기사는 기계를 모르는 것이 현실이기 때문이다. 둘째, 역학과 수학에 대한 기본 훈련을 하고 이를 문제 해결의 기본자세로 삼도록 가르쳐야 한다. 셋째, 실천적인 교육을 위해서는 실험실 교육과 실습을 병행하는 교육이 필요하다. 이 경우 실습은 순수과학을 위한 실험 실습과 달리 기술 문제와 연결해 이루어져야 한다.

전기공학 교육에 대한 이런 견해는 두 사람이 받은 이전 교육과 현장 경험 그리고 주로 유럽 대륙에서 독일 지역의 대학과 폴리테크닉을 시찰하고 난 후 얻은 생생한 교훈에 근거한 것이었다. 특히 에어튼은 유니버시티 칼리지 런던과 에든버러에서 공부하고 인도에서 전신 엔지니어, 일본 제국공과대학에서 자연철학-전신 교수를 역임했고, 1882년 당시에는 핀스베리에서 응용물리학을 가르치고 있었다. 이론과 응용의 결합을 강조한 점에서 두 사람 모두 톰슨의 영향을 받았다고 볼 수 있다.

이러한 공학 교육, 특히 전기 분야 교육에 대한 관심은 1880년대 후반부터 대학 수준의 공학 교육 확대로 이어졌다. 유니버시티 칼리지 런던에서는 1884년 전기공학 분야 교수직을 신설했다. 같은 해에 센트럴 기술 칼리지(훗날 임페리얼 칼리지의 모태가 됨)는 플레밍을 전기공학 교수직에 그리고 에어튼을 응용물리학 교수직에 임명했다. 킹스 칼리지는 1890년 홉킨슨을 전기공학 교수로 영입했다. 이러한 발전의 결과, 1890년대 중반에 이르면 전문적인 전기 엔지니어 양성을 위한 일종의 표준 교과 과정이 마련되었다. 즉 1~2년차에 토목·기계·전기 공학 관련 이론(수학, 도면, 실습을 포함한 실험물리학, 측량, 화학 등)을 공부하고, 마지막으로 3년차에는 전기공학에 집중한 이론 수업 및 실험 실습을 이수해야 했다.

그럼에도 불구하고 1914년 이전까지 실제로 영국의 전기 산업 현장과 전기 엔지니어 협회를 주도한 것은 작업장에서 잔뼈가 굵은 '현장' 엔지니어들이었다. 1888년 전기조명법을 개정한 이후 전체적으로 전기 산업의 규모는 증가했다. 하지만 특정 사업체가 공공의 전기 공급을 독점하는 방식은 개정법에서도 인정하지 않았기 때문에 신규 사업체들도 기존의 소규모 저압 직류 중심으로 나아갈 수밖에 없었다. 이는 전기 산업의 패턴이 1888년 이후에도 변함없이 지속되었음을 의미한다. 이에 따라 뎁포드 발전소의 사례처럼 전문 과학 지식이 필수적인 '규모의 문제'가 거의 발생하지 않았고, 전기 엔지니어가 되기 위해 전문 공학 교육을 이수할 필요도 없었다. 예를 들어, 전문 공학 교육이 확대됨에 따라 전기 엔지니어 협회의 회원 자격 요건에 필기시험을 포함하자는 안건을 논의하는 과정에서 "30년 경험으로 보건대 교육으로 엔지니어를 만들 수는 없다", "수학 문제를 풀 수 있다고 해서 새로운 발명을 하거나 기술 문제를 해결할 수 있다고 어떻게 알 수 있는가?" 등의 반론이 제기되기도 했다. 또한 1890년대에 독일이나 미국과 비교할 때 영국에도 고압 교류 방식의 중앙 발전소가 필요하다는 주장이 나왔을 때, 전기 엔지니어 협회를 주도하던 지도급 전기 엔지니어들은 전기 산업의 확대 필요성에 공감하면서도 직류와 교류를 선택하는 문제는 상업적 측면을 고려해야 한다는 미온적 입장을 취했다.

4.2 응용화학과 구별 짓기: 임페리얼 칼리지의 화학공학 교육

근대적 의미에서 화학은 18세기 말 프랑스의 대표적 화학자로서 애석하게도 프랑스 혁명 와중에 자코뱅에 의해 처형당한 라부아지에로부터 시작되었다. 그는 실제 실험을 통해 얻은 결과를 바탕으로 원소의 개념 및 물질 불변의 이론을 주창하고 화학의 방법론을 확립했다. 이후 19세기 접어들어 리비히나 로베르트 분젠(Robert Bunsen) 같은 독일 출신 화학자들이 분석 기법과 실험 장비를 개발하고 실험 연구실 제도를 도입함으로써 중세 이래의 긴 연금술 시대에서 벗어나 화학의 근대화 기반을 마련할 수 있었다.

이러한 신기술과 창의적 제도를 기초로 유기화학, 물리화학 등으로 학문의 세분화가 이루어졌다. 이와 더불어 무엇보다도 농업용 비료, 의약, 공업용 염료 등의 생산 분야로 화학의 응용이 빠르게 이루어져 혹자는 19세기를 "화학의 세기"라고 명명할 정도였다. 19세기 말에 이르면 유기화학, 무기화학, 물리화학 그리고 생물화학 등으로 더욱 세분화되어 오늘날과 같은 학문 체계가 성립되기에 이르렀다. 하지만 이러한 분화는 근본적으로 화학 분야 내부에서 일어난 것이었다. 이에 비해 화학과 다른 학문인 기계공학의 결합이라고 할 수 있는 화학공학이 새로운 학문 분야로 자리매김하는 과정은 결코 순탄치 않았다.

영국에서 화학공학은 어떻게 대학의 한 분과로 편입될 수 있었을까? 근본적으로 화학공학은 화학과 기계공학을 모태로 탄생했다. 그로 인해 출발부터 분명한 정체성을 갖기 힘들었다. 물론 1880년대 초반 선각자인 데이비스가 화학 엔지니어라는 용어를 공식적으로 제안하기도 했지만, 이러한 제안은 이후로도 장기간 외로운 '광야의 외침'으로 남아 있었다. 1880년대 이래로 화학공학은 '화학기술(chemical technology)', '응용화학(applied chemistry)', '기술화학(technical chemistry)' 등 여러 용어와 혼용되었다. 데이비스가 자신의 책에서 화학공학을 다른 용어와 구별하려고 시도했지만 그때까지도 독자적인 용어로 자리 잡지는 못했다.

화학공학이 대학에서 나름의 위상을 갖기 위해서는 무엇보다도 먼저 학문적으로 기본 원리를 정립할 필요가 있었다. 그렇다면 과학기술의 다른 학문 분야와 구별되는 화학공학의 독자적 개념은 무엇인가? 화학공학의 주요 개념으로는 단위 조작 이외에도 '단위 공정(unit processes)', '비용 산출(costing)', '공장 설계(plant design)', '이송(transport)' 등이 있었다. 이러한 제반 요소 중 학문적으로 화학공학을 특징짓는 가장 기본적 개념은 '단위 조작'이었다. 단위 조작 접근법은 주로 화학 산업 현장에서 활동한 컨설턴트 집단에 의해 발전했다. 이는 생산 공정 자체보다는 오히려 화학 공정과 연관된 공장 설비 측면에 좀더 비중을 두는 개념이었다. 이러한 접근 방식은 대학으로 진입한 20세기에도 화학공학을 대표하는 두드러진 특징으로 여겨졌다.

비록 정확하게 'unit operation'이라는 용어를 사용하지는 않았지만 단위 조작 개념을 맨 처음 제시한 인물은 화학 분야 컨설턴트로 활동하며 화학 엔지니어를 자처한 데이비스였다. 그는 앞에서 언급한 것처럼 1901년 최초로 《화학공학 편람》을 발간했고, 1904년에는 이를 대폭 보완한 개정판을 선보였다. 하지만 그의 주장은 국내외적으로 별다른 관심을 끌지 못했다. 전체적으로 화학공학에 대한 그의 접근법은 이론적인 측면보다는 여전히 실제 경험에 많은 비중을 두고 있었기 때문이다. 근본적으로 데이비스가 제시한 조작 개념은 실제적인 절차로서만 설명할 뿐 물리학적 기초 위에 근거하고 있지 않았다. 이는 화학공학과 관련한 물리학 법칙이 아직 알려지지 않은 당시 상황에서는 불가피한 접근이었다.

데이비스가 제시한 화학공학의 아이디어는 1907년 그의 사후 영국이 아닌 미국에서 꽃을 피웠다. 영국 화학계가 주춤하고 있는 상황에서 1910년대 접어들어 화학공학의 진정한 학문적 기반을 세운 것은 워런 루이스(Warren Lewis), 워커 그리고 리틀 같은 당시 MIT의 화학 교수들이었다. 독일에서 화학 분야 학위를 마치고 귀국한 이들은 19세기 말부터 MIT에서 화학공학 분야의 커리큘럼을 발전시켰다. 1910년대 들어서는 '단위 조작' 개념을 중심으로 화학공학의 학문적 토대를 마련하고 화학공학을 하나의 독립된 학문 분야 및 학과로 만들었다. 이처럼 '단위 조작'은 미국 학자들에 의해 새롭게 주목을 받으면서 대학 사회에서 화학공학이 하나의 독립된 학문 분야로 대두하는 데 핵심적 개념으로 기여했다.

물론 '단위 조작' 개념을 1915년 공식적으로 처음 사용한 인물은 미국 MIT의 리틀 교수였지만 이 개념을 창시한 사람이 영국인 데이비스라는 점은 널리 인정을 받았다. 특히 1923년 발간된 이후부터 1960년대에 '이송 현상(Transport Phenomena)'이라는 새로운 개념이 소개되기 전까지 화학공학 분야의 고전적 텍스트로 평가받은 《화학공학의 원리》에서 리틀은 데이비스를 단위 조작 개념 및 화학공학의 창시자로 분명하게 언급했으며, 이 점은 이후 루이스에 의해서도 재확인되었다.[16] 훗날 데이비스에 대한 긍정적 평가를 고수하려는 영국 측 학자들에 대응해 미국의 일부 연구자들이 화학공학의 학문적 발상지를 20세기 초반 미국의 MIT로 설정하려 했으나 '단위 조작' 개념에 관한 한 대부분 데이비스의 공로를 인정했다.

이러한 학문적 기초 위에서 20세기 초반부터 영국에서도 화학공학 교육 과정이 등장하기 시작했다. 물론 '화학 기술'이라는 명칭으로 산업에 응용할 수 있는 화학 교육 과정을 19세기 후반 맨체스터의 오웬스 칼리지, 유니버시티 칼리지 런던 그리고 시티 앤드 길즈 협회(City and Guilds Institute) 등의 교육 기관에서 실시하고 있었다. 하지만 이들 중 가장 주목할 만한 기관은 바로 제국과학기술대학교였다. 기존의 3개 교육 기관—왕립과학대학(Royal College of Science), 왕립광산학교, 시티 앤드 길즈 칼리지(City and Guilds College)—을 통합해 1907년 공식 출범한 이 고등 교육 기관은 독일 베를린의 샤를로텐부르크 기술대학교를 벤치마킹해 대영제국의 수도 런던에 '과학기술의 요람'을 마련한다는 야심찬 취지 아래 설립됐기 때문이다. 그리고 무엇보다도 이곳에서 화학공학은 초반부터 기존 학문 분야의 거센 반대에 부딪혔고, 이에 대응해 힌칠레이라는 선각자의 길고 외로운 투쟁을 통해서 하나의 학문 분야로 정착한 전형적인 사례에 해당하기 때문이다. 〈표 7〉에서 알 수 있듯 심지어 20세기 초반까지도 칼리지나 대학을 졸업하고 산업 현장에서 일하는 화학자의 수는 그렇게 많지 않았다.

물론 제국과학기술대학교 설립 이전에도 영국에서는 응용 형태의 화학 교육을 실시하고 있었다. 1880년대에 화학 교육과 관련해 가장 대표적 인물로는 시티 앤드 길즈 칼리지의 화학 교수이던 헨리 암스트롱(Henry Armstrong)을 꼽을 수 있다. 1865년 왕립화학학교에 입학해 에드워드 프랭크랜드(Edward Frankland)의 지도를 받은 그는 1867년 독일 라이프치히로 유학을 간 후 1870년 귀국했다. 그해에 핀스버러 교차로 부근의 런던 기계공 강습소에서 잠시 교편을 잡은 다음 1879년 런던 동업조합의 후원으로 설립한 센트럴 기술 칼리지의 화학 강사로 임명되었고, 얼마 지나지 않아서 학과장 자리에 앉았다. 칼리지는 1885년 사우스켄싱턴에서 새롭게 개교했는데 이때 기계공학, 전기공학 그리고 화학공학 등 세 학과의 학위 과정을 개설했다.

이때 개설한 학위 과정을 화학공학이라고 명명하기는 했으나 실질적으로 이는 진정한 의미의 화학공학이 아니라 기계공학과 일반화학의 혼합에 가까웠다. 요컨대 화학공학이 아니라 '공학화학'이라고 부르는 것이 좀더 정확했다. 물론 암스트롱은 기술 교육 분야에서 선구적인 존재임에는 분명했지만 그가 추구한 것은 일반화학으로 폭넓게 교육받은 현장용 화학자를 양성하는 것이었지 화학공학이라는 특수한 분야의 교육은 아니었다. 그는 근본적으로 화학공학의 핵심 원리인 단위 조작 개념을 갖고 있지 않았으며, 그가 교육한 학생들은 화학 엔지니어가 아니었다. 암스트롱은 당시 영국 화학계의 수장 격인 인물이었지만 화학공학의 특질을 진정으로 이해하지는 못했다고 평가할 수 있다.

2년 후인 1887년 런던 시티 앤드 길즈 협회 운영위원회는 칼리지가 수여하는 디플롬 종류에 화학을 포함하기로 결정하고, 그동안 사용해오던 화학공학이라는 용어를 학교 학사 일정표에서 삭제했다. 1888~1889년 이후 '화학공학'이란 명칭은 없어졌고, 암스트롱이 제시한 새로운 커리큘럼은 간단하게 '화학과'로만 언급되었다. 설상가상으로

표 7 화학 산업 종사 화학자의 학력에 대한 영국 과학 진흥 협회의 조사(1902년)

산업체	학위 소지자			학위 미소지자				총계
	영국	영국 & 외국	외국	대학교/칼리지	기술 칼리지	외국 대학교/기술 칼리지	야간 학교	
산성염, 알칼리염, 무기질염	9	3	5	20	19	2	20	78
금속	1	–	4	19	13	–	14	51
화학	6	–	1	4	28	1	6	46
염색, 프린팅	3	–	–	13	16	–	5	37
오일, 비누, 양초	2	1	3	11	9	1	5	32
그림물감, 니스	8	1	2	6	5	–	6	28
양조, 증류	3	–	4	8	12	–	1	28
고급 세라믹스, 제약	7	–	–	9	6	–	4	26
설탕, 전분, 포도당	3	2	1	2	8	–	3	19
시멘트, 타일 요업	–	1	1	5	10	–	1	18
아닐린 색소	2	3	7	2	2	1	–	17
타르 증류	–	–	–	5	8	–	3	16
종이	–	–	2	3	3	–	–	8
아교 물품	–	1	–	4	2	–	–	7
파라핀	–	–	–	3	4	–	–	7
목재 염료 추출, 제혁	–	–	–	5	2	–	–	7
시안화물, 페로시안산염	3	1	–	–	2	–	–	6
유리	2	–	–	2	1	–	1	6
석탄가스	–	1	–	–	3	–	2	6
기타	10	2	2	16	12	3	14	59
총계	59	16	32	137	165	8	85	502

출처: British Association for the Advancement of Science, "Statistics Concerning the Training of Chemists Employed in English Chemical Industries," *Report of the Seventy-Second Meeting* (1903), pp. 97–98.

암스트롱이 학과장을 역임한 화학과는 1912년 칼리지 전체가 공학만을 가르치는 대학으로 바뀌면서 폐지되었다.

이제 화학공학을 대학에 정착시키는 임무는 임페리얼 칼리지로 넘어갔다.[17] 하지만 이곳에서도 화학공학은 초반부터 여러모로 난관에 봉착했다. 새롭게 출범한 이곳의 화학 분야 교수로 1908년 왕립과학대학 화학과 책임자이던 윌리엄 틸든(William Tilden)을 임명했으나 그는 화학공학에 부정적인 견해를 갖고 있었다. 이듬해 그의 퇴임 후 부임한 토머스 소프(Thomas Thorpe)는 화학공학에 상대적으로 호의적이었다. 그는 1910년 비록 4년 교육 과정 중 마지막 해 1년으로 국한하기는 했으나 화학공학 강좌를 개설하기 위한 조직위원회의 임명을 건의했다. 이후 수차에 걸친 논의 끝에 조직위원회는 4년차 특별 과정으로 '화학 물질 생산용 공장 설계(Design of Plant Required for Chemical Manufacturing)'에 관한 교육 과정 설치에 동의했다. 이 특별 과정은 10월부터 그 이듬해 부활절까지 매주 화·목요일 양일간 오전 10시~오후 5시까지 하루 종일 수업하는 것으로 계획을 잡았다. 아울러 그해 말에는 소프와 화학 산업회의 에드워드 다이버즈(Edward Divers)가 화학공학 교육 과정 설치에 대한 기본 방향을 작성하는 임무를 담당했다.

이듬해 초반, 도출한 기본 방향을 바탕으로 학과 설치를 위한 소위원회가 화학공학 교육 과정의 개설을 건의했으나 그 내용은 매우 실망스러웠다. 즉 윌리엄 A. 본(William A. Bone) 교수와 힌칠레이가 이미 개설한 학과목에 전기화학 한 과목만을 추가한 채 화학공학 교육 과정을 독립시킨 것이 아니라 1912년에 화학기술이라는 이름으로 기존 화학 학과의 하부 분과로 포함시켰던 것이다. 분과 책임자로 임명된 본은 곧 칼리지 디플롬 수여로 이어질 수 있는 4년차 교육 과정안을 마련했다. 이는 처음 3년 동안은 일반적인 화학을 공부해 기초를 닦은 다음, 나머지 1년 동안 집중적으로 화학공학 관련 과목을 학습하는 내용으로 구성되었다.

3명의 분과 교수 중 중심인물은 시간 강사로서 화학공학 관련 강의를 전담하던 힌칠레이였다. 링컨 문법학교를 졸업한 후 과학학교에 입학해 1895년 학업을 마친 힌칠레이는 금속 분야의 도제 엔지니어 과정을 거쳐 잠시 동안 태국 방콕에서 야금 광산 관련 자문관으로 일한 적이 있었다. 귀국 후 컨설턴트로서 명성을 얻은 그는 1899년부터 배터시 칼리지(Battersea College: 오늘날 서리 대학교의 전신)에서 영국 고등 교육 역사상 처음으로 대학 수준의 화학공학 강의를 개설할 기회를 얻었다. 그리고 1910년 이후부터는 임페리얼 칼리지에서 비(非)전임으로 일반 화학 전공 학생들을 대상으로 '화학물질 생산용 공장 설계'라는 과목을 강의하고 있던 터라 임페리얼 칼리지로서는 적임자라고 판단한 것이다.

제1차 세계대전 동안 임페리얼 칼리지의 활동은 위축됐으나 오히려 화학공학의 위상은 상당히 높아졌다. 전쟁을 통해 산업계 및 일반 국민의 지지라는 측면에서 과학의 위상이 높아진 것이다. 1917년 패러데이 협회 컨퍼런스가 끝난 직후, 학과장 본은 임페리얼 칼리지 본부에 제출할 신설 화학기술 학과 구성에 관한 공한(公翰)을 준비했다. 애초 화학공학에 대한 그의 태도는 미온적이었지만 당시 전개된 외적인 상황으로 인해 다소 호의적으로 바뀌었다. 즉, 유니버시티 칼리지 런던에서 1916년 작고한 저명한 화학자 윌리엄 램지(William Ramsay)의 생전

업적을 추모하기 위해 화학공학 학과의 신설을 추진하고 있다는 소식이 1917년 5월 〈네이처〉에 실린 것이다. 이러한 유니버시티 칼리지 런던의 움직임에 자극을 받은 본은 화학공학에 대해 부정적이던 자신의 기존 입장을 바꾸어 임페리얼 칼리지 당국에 힌칠레이의 조교수 승진 및 수업 시간 연장 승인을 건의했다.

1918년 6월 대학 운영위원회는 화학기술 학과의 미래 발전 가능성에 대해 조사할 특별위원회를 구성했다. 여기서 공한 작성 책임을 맡은 본은 화학공학 과목 전담 교수의 임명 필요성을 제기했고, 이에 힘입어 힌칠레이는 1920년 조교수 자격을 얻었다. 하지만 이후에도 화학공학을 독립 학과로 만들려는 힌칠레이의 시도는 여전히 인내를 필요로 했다. 1920~1926년 본과 힌칠레이가 급료, 화학공학 분야에 대한 재정 지원, 후자의 재정상 독립 요구, 교내에서 '교수(Professor)'라는 직함 사용 등 제반 문제를 놓고 갈등을 빚었기 때문이다.

1921년 대학 당국에서 힌칠레이의 요구 사항을 수용하려는 움직임이 있었으나 본의 반대로 성사되지 못했다. 또한 1926년 대학 운영위원회가 개입해 화학공학 분야에 공식적으로 독자적 지위를 부여하고 동시에 힌칠레이를 담당 정교수로 임명하는 조치를 취했으나, 이것 역시 본의 거센 항의에 부딪혀 완전한 독립적 위상을 얻는 수준까지는 나아가지 못했다. 20년 넘게 함께 근무하면서 본과 힌칠레이는 지속적으로 갈등을 빚었다. 두 사람은 모두 잉글랜드 북부 시골 출신으로 순전히 자력으로 해당 분야에서 명성을 얻었기에 자존심도 강했다. 가장 근본적인 차이는 화학기술의 중심이 무엇인가에 대한 것이었다. 본은 그 핵심은 연료(fuel)이고 화학공학 및 다른 과목은 부수적인 것으로 간주한 반면, 힌칠레이는 오히려 그 반대로 생각했던 것이다.

이로 인해 임페리얼 칼리지에서 최초의 화학공학 분야 학부생 모집은 본이 사망한 1937년 이후에나 가능했다. 즉 임페리얼 칼리지에 화학공학 학사 과정을 개설한 것은 1937년 10월이었다.[18] 그해에 입학한 4명의 신입생은 1940년 화학공학 전공 학사 학위(B.Sc.)의 첫 수여자가 되었다. 영국에서 학부 과정 최초로 화학공학 전공 학사 학위를 수여한 교육 기관은 글래스고 대학이었다. 이곳에서는 1926년 화학공학 전공 신입생을 선발해 1928년 학사 학위를 수여한 적이 있었다. 이처럼 우여곡절 끝에 1920년대 중반에 이르러 화학공학은—비록 일종의 석사 과정 수준이고 화학 교육의 보조적 위치에 있었으나—대학 사회에 둥지를 틀게 되었다.

5 맺음말: '신사-엔지니어'에서 '전문직 엔지니어'로

영국에서 전기 산업은 출발부터 구조적인 제약을 받았다. 무엇보다도 철도 산업의 선진국이자 최대 식민지 보유국이라는 영국적 특성으로 인해 당시 독일이나 미국 같은 산업 경쟁국들의 경우와 달리 일반적으로 전기 산업의 주력으로 여겨지는 조명과 전력이 아니라 전신 분야가 형성 초기부터 산업의 주도권을 장악하고 있었기 때문이다. 당시 세계 각지에 식민지를 갖고 있던 영국 정부에 효율적인 제국 경영을 위한 해저 장거리 전신망 확보는 필수 과제였다. 그래서 소극적 입장을 보였던 다른 산업 분야와 다르게 중앙 정부 차원에서 해저 전신망 구축에 필요한 기술, 자본 그리고 정보 등을 직간접적으로 지원했다. 이는 1870년대 이후 다른 나라와 달리 영국에서 전신 산업이 전기 관련 주요 자본과 인력을 흡수하는 결과로 이어졌다. 세계적으로는 바로 이 시기에 전기 산업이 전기 조명 분야를 중심으로 형성되고 있었다. 하지만 특이하게도 영국에서만 전기 엔지니어가 아니라 전통적인 전신 엔지니어가 지속적으로 성장하고 높은 위상을 차지하는 현상이 나타났다.

반면 영국 정부는 전력을 가스 같은 국내 공공재 중 하나로 간주했다. 1882년의 전기조명법은 전기 공급 체계를 가스처럼 지역별로 안배하는 방식을 채택하고 민간 업자의 사업권도 21년이 지나면 자동적으로 공공 회사에 양도하도록 규정했다. 이러한 제약이 사업가와 엔지니어의 전기 사업 진출 열망을 좌절시키지는 않았지만 전력 산업의 토대가 소규모 직류 발전 중심으로 형성되는 계기로 작용했다. 상대적으로 단순한 기술이 필요한 저압 직류 발전 및 근거리 송배전에서는 현장 중심의 기술력으로 문제를 해결하는 데 별다른 어려움이 없었다. 이는 결과적으로 전기 기술 혁신의 동기를 낮추고 고압 교류 발전이나 대규모 투자를 억제하는 효과를 낳았다. 따라서 전문적인 전기 엔지니어의 성장 및 전기 관련 제조업에서 대기업이 성장하는 데도 부정적 영향을 끼쳤다. 이러한 현상은 1900년 이후 강전 산업이 본격화한 이후에야 겨우 해결되었다.

한편, 화학공학 분야에서 미국과 독일은 상대적으로 **빠른** 발전을 달성했다. 미국의 경우, 산업계의 적극적 지원과 개입에 힘입어 19세기 말 대학에 화학공학을 정규 교육 과정으로 설치해 전문 인력을 양성하기 시작했다. 그 결과 미국은 1908년 미국 화학 엔지니어 협회를 설립했고, 화학 엔지니어가 미국 사회에서 인기 있는 전문직으로 수월하게 자리매김할 수 있었다. 이런 상황은 독일도 마찬가지였다. 독일에서는 산업계와 대학이 긴밀한 관계를 유지하면서 화학 산업 분야에서 괄목할 만한 성과를 이뤘고, 그 과정에서 연방 정부가 중요한 촉매제 역할을 했다. 그 덕분에 독일은 19세기 말 유럽에서 신산업 분야의 선두 주자로 부상할 수 있었다.

그러나 영국의 경우 관련 이해 집단이 주어진 역할을 유기적으로 수행하지 못함으로써 화학공학의 필요성 제기 및 논의는 빨리 이뤄졌으나 독일이나 미국 같은 경쟁 산업 국가에 밀리고 말았다. 특히 제1차 세계대전이라는 국가적 위기 상황을 제외하고 정부의 역할은 매우 미흡했다. 물론 19세기 후반 들어 정부도 과학기술의 중요성을 인식하고 왕립광산학교 설립, 일련의 조사위원회 임명 및 보고서 발간 그리고 기술교육법 제정(1889년) 등의 조치를 취했으나 화학공학에 관한 한 중앙 정부의 역할은 거의 무시해도 좋을 정도였다. 그리고 화학공학의 대학 내 정착이나 전문가 단체 설립 과정에서 엿볼 수 있듯 화학공학의 대두 및 발전 과정에서 소수의 예외를 제외하고 이해 당사자 대부분은 무관심하거나 일종의 '시비 걸기'를 시도했다.

단적으로 말하면 화학공학의 전문직화 및 제도화에 대한 고찰을 통해, 각 시기마다 해당 이슈에 대한 논의와 조사 활동은 왕성했지만 실행 측면에서는 상대적으로 더디고 미온적이었던 영국적 특질을 재확인할 수 있다. 더불어 데이비스나 힌칠레이 등 화학 컨설턴트로서 산업 현장을 경험한 화학공학 분야 선구자들의 열정적인 역할을 통해 엿볼 수 있듯 특히 영국의 경우에는 제도나 조직 또는 국가의 적극적 지원이 아니라 (산업가나 교육자 같은) 소수 개명된 인사들의 '개인적' 노력을 바탕으로 해당 분야의 발전이 이루어졌음을 알 수 있다. 전체적으로 볼 때 이 시기 영국에서 화학공학은 학문적으로나 산업적으로 독립적인 지위를 얻기 위해 점차 영역을 넓혀가는 '맹아기'였다고 평가할 수 있다.

해저 장거리 전신과 전력 산업은 전기 관련 산업이라는 점에서 비슷했다. 그러나 영국의 경우 국가 경영에서 해당 기술의 역할 그리고 이와 관련한 투자와 법 제도 등이 매우 상이했다. 제국을 효과적으로 운영하는 데 기여하는 전신과 공공재로서 전기의 특성은 영국 전기 엔지니어로 하여금 전신 엔지니어와의 경쟁 및 차별화를 통해 위상을 정립하는 방식으로 성장하게끔 유도했다. 출발부터 이러한 구조적 장애를 극복하면서 발전하려다 보니 전기나 화학 같은 새로운 산업 분야에서 독일이나 미국 같은 경쟁국에 비해 상대적으로 느리게 발전했다. 더구나 기존의 비효율적 전통이나 구조적 요인을 타파하고 새로운 발전을 이룰 수 있는 제반 여건을 마련하는 것이 국가의 역할이건만, 이러한 측면에서도 영국 정부는 기껏해야 조사 보고서를 발간하고 드물게 관련법을 제정하는 선에서 머물렀다. 특히 예산 문제와 관련이 있을 경우에는 재무부의 통제 아래 있던 중앙 정부의 소극적 태도가 더욱 분명하게 드러났다.

끝으로, 전기 및 화학 분야마저 전문직화하면서 18세기 말 이래 영국 엔지니어들의 지향점이던 '신사-엔지니어'의 이상(理想)이 종말을 고했다. 토목과 기계 같은 전통적 산업 분야를 이끈 인사들은 대부분

도제 제도를 거쳐 초보 기술을 습득한 후 끈질긴 노력을 통해 사업에 성공함으로써 이른바 영국 사회의 전통적 지배 계층이랄 수 있는 '신사 계층'에 진입하고, 영국 사회의 명사(名士)로서 전문 분야 단체의 지도부에서 활동했다. 스미턴에서 시작된 이러한 경향은 이후 텔퍼드 및 브루넬 부자(父子)를 거쳐 영국 엔지니어들 사이에서 하나의 경향으로 뿌리내렸다. 물론 전기 분야에서 패러데이 그리고 화학 분야에서 퍼킨 등은 이들과 유사한 길을 밟은 '신사-엔지니어'에 속한다고 볼 수 있다. 하지만 전기나 화학은 그 속성상 도제 교육만으로는 고도의 전문직 엔지니어가 되는 것이 거의 불가능하고 정규 공학 교육을 통해 풍부한 과학적 지식을 습득해야만 했다. 그리고 전기 및 화학은 산업 특징상 대규모 자본 투자가 필요했으므로 엔지니어 개인이 독자적으로 사업을 일으키기 어려웠다. 이제 엔지니어들은 고용된 회사의 일원으로서 자신의 전문 지식을 갖고 맡은 일을 처리하는 상대적으로 평범한 존재가 되어버렸다. 한마디로, 전기 및 화학 산업의 도래와 더불어 '신사-엔지니어'의 시대는 지나가고 진정한 의미의 '전문직 엔지니어' 시대가 왔다고 볼 수 있다.

주

1. 영국 역사에서 제1차 산업혁명 시기에 번성했던 면방직, 석탄 및 철, 조선업 등 이른바 전통 산업(old industries)과 비교해 제2차 산업혁명기인 1870년대 이래 대두한 강철, 화학, 전기, 석유 산업 등을 흔히 '신산업'이라고 부른다.
2. I. C. R. Byatt, *The British Electrical Industry 1875-1914: The Economic Returns of a*

New Technology (Oxford: Clarendon Press, 1979), p. 138, 〈표 29〉.

3. 화학 엔지니어 협회의 설립 과정과 그 활동에 대한 자세한 내용은 C. Divall, S. F. Johnston, *Scaling Up: The Institution of Chemical Engineers and the Rise of a New Profession* (Dordrecht, Kluwer Academic Publishers, 2010)을 참고할 것. 그리고 데이비스의 생애와 활동에 대해서는 그의 수제자였던 노먼 스윈딘이 1953년 화학 엔지니어 협회에서 행한 추모 강연(Norman Swindin, "The George E. Davis Memorial Lecture," *Transactions of the Institution of Chemical Engineers*, Vol. 31, 1953, pp. 187-200), 힌칠레이의 생애 및 업적에 대해서는 사후에 그의 부인이 집필한 회상록〔Edith M. Hinchley, *John William Hinchley, Chemical Engineer: A Memoir* (London: Lamley & Co., 1935)〕이 유용하다.

4. 말레이시아산 나무에서 나오는 수지로, 서구에는 1842년에 알려졌다. 구타페르카는 강유전체이고 해저 동식물의 공격을 받지 않아 해저 케이블 절연체로서 좋은 특성을 갖고 있으며 1845년 케이블 절연체 생산에 활용되었다.

5. George Peel, "The Nerves of Empire," in *The Empire and the Century: A Series of Essays on Imperial Problems and Possibilities* (London: Murray, 1905), pp. 247-289.

6. Report of the Joint Committee appointed by the Lords of the Committee of the Privy Council for Trade and the Atlantic Telegraph Company (1861).

7. William H. Preece, "Inaugural Address," *Journal of the Institute of Electrical Engineers*, Vol. 22 (1893), p. 44.

8. W. Siemens, "Inaugural Address," *Journal of the Institution of Electrical Engineers*, Vol. 23 (1893), pp. 2-37 중에서 특히 pp. 7-10을 볼 것.

9. 이 회사는 1926년 브루너-몬드 화학회사, 노벨폭약회사(Nobel Explosives), 영국염료주식회사(British Dyestuffs Corporation) 등과 합병되어 오늘날 영국의 대표적 화학 계통 회사인 제국종합화학회사(Imperial Chemical Industries, ICI)를 형성했다.

10. W. J. Reader, *A History of the Institution of Electrical Engineers, 1871-1971* (London: Institution of Electrical Engineers, 1987), p. 7.

11. R. Appleyard, *The History of the Institution of Electrical Engineers, 1871-1931* (London: Institution of Electrical Engineers, 1939), p. 29.

12. William Siemens, "Inaugural Address," *Journal of the Society of Telegraph Engineers*, vol. 1 (1871), p. 29.

13. 1894년 프랑스와 러시아가 손을 잡자 서부 및 동부의 두 전선에서 적과 싸워야만 했던 독일에서 1891~1905년에 육군참모총장을 지낸 알프레트 폰 슐리펜(Alfred von Schlieffen) 장군의 주도로 작성된 작전 계획. 단기간에 먼저 서부 전선에서 프랑스군을 격파하고 이어서 동부 전선에서 러시아군에 대응한다는 내용이 골자였다.

14. D. Freshwater, *People, Pipes and Processes: A Short History of Chemical Engineering and the Institution of Chemical Engineers* (Rugby: Institution of Chemical Engineers, 1997), p. 22. 시험을 실시한 처음 4년 동안 26명의 후보자가 응시했는데, 그중 단 11명만이 통과했다. 20년이 지난 후에는 118명의 지원자 중 77명이 통과하는 양적인 팽창이 있었다.

15. 이 두 집단의 긴장과 갈등에 대해서는 홍성욱, "과학과 도제(徒弟) 사이에서: 19세기 영국의 공학 교육: 전기공학에서 실험실 교육을 중심으로," 〈한국과학사학회지〉 27권 1호 (2005), 1-32쪽을 볼 것.

16. Warren K. Lewis, "Evolution of the Unit Operations," *Institute of Chemical Engineers Symposium Series*, vol. 55 (1959), pp. 1-8.

17. 임페리얼 칼리지에서 화학공학이 정착하는 과정에 대해서는 임페리얼 칼리지 문서보관소에 소장된 D. Newitt, *History of the Department of Chemical Engineering and Chemical Technology, 1912-1952* (1963)를 참고할 것.

18. 학과의 명칭이 정식으로 화학공학이 되기까지는 좀더 시간이 필요했다. 즉 1912년 화학기술로 시작했다가 1942년 '화학공학 및 응용화학'으로, 마침내 1954년 화학공학으로 바뀌었기 때문이다.

참고문헌

홍성욱, "과학과 도제(徒弟) 사이에서: 19세기 영국의 공학 교육: 전기공학에서 실험실 교육을 중심으로", 〈한국과학사학회지〉 27권 1호, pp. 1-32.

Bud, R. F. and G. K. Roberts, *Science versus Practice: Chemistry in Victorian Britain* (Manchester: Manchester Univ. Press, 1984).

Byatt, I. C. R., *The British Electrical Industry 1875-1914: The Economic Returns of a*

New Technology (Oxford: Clarendon Press, 1979).

Cookson, G. and Heampstead, Colin A., *A Victorian Scientist and Engineer: Fleeming Jenkin and the Birth of Electrical Engineering* (London: Ashgate, 2000).

Divall, C. and Sean F. Johnston, *Scaling Up: The Institution of Chemical Engineers and the Rise of a New Profession* (Dordrecht, the Netherlands: Kluwer Academic Publishers, 2000).

Donnelly, J. F., "Chemical Engineering in England, 1880-1922", *Annals of Science*, XLV (1988), pp. 555-590.

Hardie, D. W. F. and J. d. Pratt, *A History of the Modern British Chemical Industry* (Oxford, 1966).

Headrick, Daniel R. and Pascal Griset, "Submarine Telegraph Cables: Business and Politics, 1838-1939," *Business History Review*, 75(2001), pp. 543-578.

Homburg, E. et al. (eds.), *The Chemical Industry in Europe, 1850-1914: Industrial Growth, Pollution and Professionalization* (Dordrecht, the Netherlands: Kluwer Academic Publishers, 1998).

Hughes, Thomas P., *Networks of Power: Electrification in Western Society 1889-1930* (Baltimore: Johns Hopkins Univ. Press, 1983).

MacLeod, R. and J. A. Johnson (eds.), *Frontline and Factory: Comparative Perspectives on the Chemical Industry at War, 1914-1924* (Dordrecht: Springer, 2006).

Reader, W. J., *A History of the Institution of Electrical Engineers 1871-1971* (London: Peter Peregrinus Ltd. on behalf of the IEE, 1987).

Sanderson, M., *The Universities and British Industry, 1850-1970* (London: RKP, 1972).

Wilson, J. F., *Ferranti and the British Electrical Industry, 1864-1930* (Manchester: Manchester Univ. Press, 1988).

프랑스: 공학 교육 체제의 혁신과 엔지니어 위상의 변모, 1880~1914

1 머리말

현재 한국 사회가 당면한 이공계 기피 현상으로 인한 과학기술 인재 부족 문제나 엔지니어 및 공학 관련 문제를 해결하기 위해서는 우리 사회의 엔지니어 집단이 지니고 있는 일반적 특성과 엔지니어 문화에 대한 이해를 높이는 일이 중요하다. 근대 이후 서양의 과학기술이 국가 경쟁력 제고를 위한 주요 요소로서 비중 있는 역할을 해왔음에도 불구하고 정작 이를 담당하는 엔지니어의 구체적인 기능과 역할, 양성 과정, 또 이들의 사회적 정체성을 어떻게 규정했는지에 관한 국내 학계의 연구는 근래 들어서야 본격적으로 시작되었다.[1] 근대 공학과 엔

■ 이 글은 다음의 두 논문을 토대로 작성한 것이다. 이정희, "프랑스 민간 엔지니어의 성장: 1880~1914년 화학 엔지니어를 중심으로", 〈역사학연구〉 제51호 (2013), 159-180쪽. 문지영, "파리 고등전기학교의 설립과 전기공학 교육, 1894-1934", 〈사림〉 제43호 (2012), 35-63쪽.

지니어의 효시를 이룬 서구 국가들에 대한 사례 연구는 현재 표류하고 있는 우리나라 과학기술 분야의 여러 문제점을 해결하는 데 적절한 대안을 제시함과 동시에 반면교사가 될 수 있을 것이다.

서구 국가 가운데 특히 프랑스는 18세기 계몽주의 시대 이래 과학기술 분야에서 괄목할 만한 발전을 이뤄왔으며, 정부의 강력한 주도 아래 국가 조직과 민간 분야의 다양한 직무에 종사하는 새로운 인간형으로서 근대 엔지니어를 양성하는 데 선도적 역할을 해왔다. 초기 프랑스 엔지니어 학교들은 18세기에 왕정 치하의 관료로 고용한 토목 엔지니어와 군사 엔지니어를 훈련하기 위해 설립되었다. 이는 프랑스만의 고유한 패턴은 아니었다. 요컨대 같은 시기 영국, 에스파냐, 독일공국, 스웨덴 등 다른 유럽 군주 국가에서 볼 수 있는 학교들과 기능이나 형태 면에서 대체로 유사했다.

프랑스의 엔지니어 양성 체제에서 큰 변화가 시작된 것은 혁명 직후부터였다. 1794년 국민공회는 상급 국가 기술 서비스를 준비하며 에콜 폴리테크닉을 창설했다. 이미 존재하던 엔지니어 학교들(광산학교, 토목학교, 조선공학학교)은 응용학교로서 에콜 폴리테크닉과 연계해 개별 공학 분야에서 실습 훈련을 제공하는 역할을 맡았다. 기술 관료라는 엘리트 조직을 위해 설립한 에콜 폴리테크닉과 응용학교 체제에 더해 차츰 중급 기술자 양성을 위한 다양한 학교를 창설했고, 이러한 형태의 발전은 본질적으로 안정된 구조 속에서 성장하며 19세기 후반까지 프랑스 과학기술의 교육과 연구의 질서정연한 패턴으로 자리 잡았다.

그러나 제2차 산업혁명기 프랑스 과학기술과 산업의 발전은 유럽 내의 경쟁 국가들에 비해 그리고 이전 시기에 비해 전반적으로 쇠퇴했다는 동시대의 자성과 역사적 평가가 잇따랐다. 이 시기 프랑스 과학기술 교육과 관련해 나타난 부정적 반응의 핵심은 중급 엔지니어 양성에 실패했다는 점이었다. 이러한 평가는 기술학교의 그랑제콜 시스템이 대중 서비스와 최고 수준의 산업을 제공하고 소수 엘리트를 배출하는 효과적인 수단이었지만, 중간 단계의 엔지니어를 요구하는 산업계에 인력을 공급하는 데 실패했다는 측면에 무게중심을 둔 것이었다. 즉 프랑스 기술 교육은 과학에 기초한 새로운 전문 산업 분야에서 특히 중요한 역할을 하는, 기술적으로 훈련받은 십장·고급 기술자·관리자를 배출하지 못했다는 것이다. 이러한 목소리는 프랑스 과학기술 및 산업 형태의 변화하는 특성과 새로운 적응 방식을 고려한 분석이라기보다 당시 유럽 경쟁 국가들과 비교해 상대적으로 부진한 경제 문제와 연관해 기술 교육의 부진함을 강조한 평가였다.

1970년대 초까지 역사가들은 일반적으로 제2차 산업혁명기 과학기술 연구와 교육 그리고 산업에서 프랑스의 성과를 낮게 평가하며 그 이유 가운데 하나로 프랑스 과학기술의 연구와 교육 체제의 문제점을 지적해왔다. 예컨대 장–프랑수아 피카르(Jean-François Picard)는 당시 정부를 비롯한 각계의 대학 개혁 의지에도 불구하고 대학의 자생력이 부족해 개혁에 한계가 있었고, 학부가 대학으로 명칭만 바뀐 데 불과했다고 비판한다. 게다가 지방 대학의 응용과학 연구소들은 재정적 어려움을 겪으며 제1차 세계대전 이후 유명무실해졌다고 평가한다. 나아가 피카르는 이 시기 프랑스 과학기술이 쇠퇴한 이유를 영국이나 독일에 비해 과학과 산업 사이의 연계가 상대적으로 저조했던 것에서 찾는다.

전통적으로 프랑스의 공학 교육은 독일 모델과 달리 수학과 이론과학 위주의 추상적이고 연역적인 성격이 강했고 경험적 연구를 도외시하는 경향을 보였다. 이런 점에 비추어 프랑스의 산학 협동 연구가 다른 유럽 국가들에 비해 상대적으로 부진했다는 피카르의 견해는 일면 타당성이 있다. 하지만 제3공화국의 교육 개혁이 무르익던 1880년대부터 프랑스 역시 전문화한 공학 교육 기관을 확대하고 교육계와 산업계 사이의 제휴를 위해 지속적으로 노력해왔다. 이 시기 프랑스 공학 교육에서 나타난 두드러진 변화 양상 가운데 하나는 정부의 직접적인 재정 지원에 의존하던 이전 시기에 비해 지방 자치 단체나 민간 기업에 대한 의존도가 비약적으로 높아졌다는 점이다. 이는—물론 대규모 연구와 특허에 중점을 둔 독일이나 미국의 스타일과는 차이가 있지만—프랑스 역시 나름대로의 사회문화적 여건 속에서 산학 협동 연구의 기반을 구축해나가고 있었다는 사실을 뒷받침해준다.

그럼에도 경제학자 루이 브뤼노(Louis Bruneau)의 지적처럼 "과학과 산업의 풍성한 결합으로 축복을 받고, 공장인 실험실과 실험실인 공장으로 뒤덮인 독일"과 비교할 때 프랑스의 공학 교육 기관들은 실습을 경시하고 경제적 문제에 둔감한 이미지로 그려졌다는 것 또한 사실이다. 이러한 이미지는 19~20세기 프랑스 과학기술이 영국, 독일 그리고 미국과 비교해 공학 교육의 중앙 집중화 및 경직성으로 인해 퇴보했다는 주장을 내세운 일부 학자들에 의해 강화되었다.

그러나 최근 30~40년 사이 일군의 학자들은 이와 같이 퇴조를 강조한 문헌들에 신랄한 비판을 제기하고 있다. 로버트 폭스(Robert Fox)와 조지 바이츠(George Weisz)는 프랑스 과학기술을 내적 역사의 관점에서 성급히 결론 내리기를 피하면서 19세기 후반 프랑스 제도의 특성으로 지목해온 중앙 집권, 기능적 분열, 경직성, 제도적 빈곤 등의 문제가 일반적으로 알려진 것보다 그리 심각하지 않았다는 점을 보여주었다. 테리 신(Terry Shinn)은 제2차 산업혁명기 프랑스에서 다양한 수준의 공학 교육과 연구가 이루어진 점을 강조함으로써 프랑스 과학기술의 쇠퇴론과 공학 교육의 성과에 대한 회의론을 일축했다. 비판자들은 퇴조를 강조한 역사가들의 연구가 위대한 학자나 유명한 파리 연구소들에 집중되어 있으며, 혁신과 효과적인 활동을 가능케 한 제3공화국 치하의 프랑스 과학기술 연구 및 교육 체제의 다양성을 과소평가하고 지나치게 좁은 시각을 견지해왔다고 역설한다. 바이츠가 지적하듯 개혁이란 일부 영역에서의 성공과 다른 측면에서의 실패라는 양면성을 지니므로 단순 명료하게 성패를 가늠하기는 어려우며, 과학기술과 산업의 각 분야에 따라 면밀한 검토를 해야 할 것이다.

다양한 평가에도 불구하고 분명한 점은 제2차 산업혁명기라 일컫는 1880~1914년 프랑스 산업체에 종사한 엔지니어들이 기술적 임무를 띤 훌륭하고 존경할 만한 직업을 가진 전문가 집단으로 인식되면서 이후 프랑스 엔지니어 집단의 다양한 정체성을 새롭게 형성해나가는 데 일조했으며, 이러한 변화가 과학 지식을 토대로 한 프랑스 산업의 급속한 발전과 맞물려 있었다는 사실이다.

물론 산업혁명기부터 오늘날에 이르기까지 미국과 유럽 여러 나라들이 자국의 경제 발전을 도모하면서 과학기술과 산업의 발전을 위해 경쟁적으로 노력해왔다는 데는 이견의 여지가 없다. 하지만 그 성과를 단지 단선적인 경제적 지표를 통해 서열화하는 것은 문제가 있다. 과학기술과 산업 그리고 엔지니어 집단은 그 탄생부터 오늘에 이르기까지 각국마다 정치, 경제, 지리적 환경, 사회적 · 역사적 조건에 따라 나름대로 독특한 문화를 형성해왔기 때문이다.

사실 엔지니어 집단은 국가별로 또한 업종별로도 상당히 다른 사회적 위상을 지니고 있다. 이들은 어떤 경우에는 노동자 계급에 가깝고 또 다른 경우에는 경영자 집단에 가깝다. 게다가 최근에는 일부 역사가들의 연구에 힘입어 테크놀로지를 기반으로 하는 산업의 진보와 사회 복지의 함수 관계가 정비례한다는 오랜 이데올로기적 토대가 차츰 그 의미를 상실해가고 있는 상황이다. 따라서 사회적으로 유용한 성취들에 집중하던 공학사 연구는 이제 좀더 구체적으로 특정 시대와 장소에서 엔지니어 집단의 특징을 어떻게 구현해왔는지, 특정 패턴과 모델이 한 양상에서 다른 양상으로 어떻게 변화해왔는지에 주목할 것을 요구한다.

이 지점에서 우리는 엔지니어 문화에 대한 국지적 탐색의 중요성을 확인할 수 있다. 이러한 탐색은 엔지니어를 시대와 장소를 망라하는 하나의 집합 명사로 다루거나 그들의 활동을 단지 경제적 성과의 지표만으로 환원해 평가할 경우 간과할 수 있는 일부 양상을 다양한 방식으로 드러내 보여줄 것이다.

여기서는 제2차 산업혁명기 프랑스 엔지니어 사회에 나타난 일부 양상을 당시 프랑스의 산업적 상황, 교육 정책, 교육 기관 그리고 엔지니어의 사회적 위상이라는 네 가지 키워드를 중심으로 살펴볼 것이다. 고도의 과학 지식이 필요한 전기나 화학 분야 같은 새로운 산업의 급격한 팽창을 수반한 제2차 산업화의 물결은 프로이센과의 전쟁에서

패했다는 특수한 상황과 맞물려 프랑스 사회 전반에 숨 가쁜 긴장을 고조시켰으며, 제3공화국은 이에 대응해 교육 정책의 혁신적인 변화를 꾀했다. 이는 지도력을 갖춘 국가 관료 양성이 목적이던 그랑제콜 중심의 전통적 엔지니어 양성 체제에 큰 변화의 바람을 불러일으켰다. 전문 산업 인력 양성이 절실한 상황에서 결국 프랑스 전역에 걸쳐 많은 엔지니어 양성 기관을 신설했고, 이로 인해 새로운 유형의 전문 엔지니어가 대거 출현했다. 이런 상황은 프랑스 엔지니어의 사회적 위계를 재편성하는 계기로 작용했으며, 그 과정을 고찰하는 일은 이 시기 프랑스 엔지니어 사회의 특징을 이해하는 중요한 단서가 될 것이다.

2 제2차 산업화의 물결

제2차 산업혁명기 프랑스의 산업 구조는 이중적 성격을 갖고 있었다. 과학 지식에 기초한 첨단 기술의 혁신과 사회적 확산에도 불구하고 당시 프랑스 산업에서 소규모 생산이 차지한 비중은 압도적이었다. 산업 노동력의 60퍼센트 이상이 소규모 소비재 생산업에 종사했기 때문이다. 이 점은 19세기 후반 프랑스 산업의 특성으로 지목할 수 있다. 하지만 당시 프랑스 산업의 성장을 주도한 분야는 전기와 화학을 비롯한 생산재 산업이었다. 전통적 수공업이나 초기 기계화 산업 단계를 거쳐 제2차 산업혁명기의 프랑스 산업은 고도의 과학 지식에 기초한 전기와 화학 분야에서 급격한 팽창을 이루었다. 프랑스 산업의 현대화와 진보를 말할 때 1880년대 후반 이루어진 전기의 개발과 보급을 빼놓을 수 없다. 전기의 대중적 확산은 새로운 동력 시대의 개막을 의미한다. 1880년대를 기점으로 이전까지 철도 산업에 주력했던 산업 자본은 이후 산업 설비의 기계화와 근대화의 지표로 상징되는 전력 근간의 동력 산업에 눈을 돌렸으며 나아가 유리, 제약, 제지, 섬유를 포함한 화학 분야의 산업을 크게 확충시켰다.

2.1 전기의 대중화

17세기에 전기 기계를 발명하고 18세기에 전기학 연구를 시작했지만, 프랑스 산업사에서 전기 산업은 줄곧 부차적인 수준에 머물러 있었다. 전기를 순수과학의 실험 연구 차원에서 탈피해 대중적으로 확산시킴으로써 전기의 위치와 역할에 전환의 계기를 마련해준 사건은 1881년 파리 국제전기박람회(Exposition Universelle d'Electricité)였다. 프랑수아 카롱(François Caron)의 지적대로 "1881년 파리 국제전기박람회는 전기가 공상과학의 영역에서 벗어날 수 있게끔 한 역사적 행운의 순간"이었다. 요컨대 전기가 연극 무대나 축제용 조명 같은 장식 수단으로만 사용되던 단계에서 벗어나 정식으로 산업화 과정으로 전환하는 데 결정적 계기를 제공했다.

초기의 전기 산업은 노동 분화에 따라 크게 전구나 전등, 전기선 등의 부속품과 중장비 전기 기계를 제작하는 전기 기구 제조업, 전기 장비의 가설과 수리를 담당하는 가설 수리업, 전력의 생산과 배전을 담당하는 생산-배전업의 세 분야로 나뉘었다. 1914년 이전까지 혼합 양상을 보이던 이 세 분야는 새로운 기술 도입과 직업 전문화에 따라 점차 확연히 구별되기 시작했다.

초기 전기 산업의 대중화는 기존의 가스 산업에 비해 많은 어려움이 있었다. 파리의 경우 1889년 시작된 전기 개발 및 보급은 조명과 난방, 가사용 부문에서 우위를 점하던 가스와 비교해볼 때 경쟁력 면에서 크게 뒤질 수밖에 없었다. 그 이유는 1880년대만 해도 전기 조명이 가스에 비해 사용료가 비싼 유행품인 데다 기술력이 불완전하고 감전의 위험도 있었기 때문이다. 또한 전기의 초기 산업화 과정에서는 거대한 발전소 중심의 생산 체계보다 오히려 민간 회사에 의해 영세 규모로 자체 공급하던 배전 문제에 관심이 집중되었다. 1855년부터 파리 시가 직접 경영에 참가한 파리 가스회사(Société du Gaz de Paris) 체제와 달리 발전, 송전, 배전을 위한 발전소 및 변전소 건설은 파리보다 오히려 지방 도시들에서 먼저 이루어졌다. 1887년 파리 시의회는 파리 시내의 배전 조직 형태를 둘러싼 논의를 진행하면서, 파리 시가 직접 경영에 참가하는 데알 시립 발전소(Centrale municipale des Halles) 같은 직접 공영 체제와 파리 시가 몇몇 민간 전기 회사에 배전권을 양도하는 대신 일정한 수익을 배분받는 독점적 양도 또는 비독점적 양도 체제의 두 가지 방안을 제시했다. 이것은 자유 경제 체제를 유지하면서도 공익을 위해 국가나 지방 자치 단체가 경영에 개입함으로써 경쟁을 통한 생산력 증대와 서비스 질의 향상을 도모하는 혼합 체제의 성격을 보여준다. 1889~1890년 파리 시의회가 파리를 6개 배전 구역으로 나누고 6개 민간 전기 회사에 배전권을 부여함으로써 1907~1908년에 각 회사는 양도권을 행사할 수 있었다.

다른 한편, 1904년부터는 파리의 전기 공급을 더욱 원활히 하고 새로운 기술적 · 행정적 단일 체제로 전환하려는 계획을 추진하고, 1907년에 새로운 양도 회사인 파리 배전회사(Compagnie Parisienne de Distribution d'Electricité)²를 설립했다. 이어 1910~1911년에 파리 시는 파리 북부의 생투앙(St-Ouen)과 남부의 이시레물리노(Issy-les-Moulineaux)에 화력 발전소를 건설함으로써 유럽에서 가장 강력한 두 발전소를 갖추었다. 이와 동시에 배전을 위해 15개 변전소와 송전소를 가동하는 등 발전 및 배전 조직을 통합하기 위한 작업을 착착 진행해나갔다.

그 결과 6개 민간 회사의 양도 기한이 끝나는 1907년부터 파리 배전망의 합리적 조직화를 위해 파리 6개 구역과 6개 민간 회사를 통합했다. 그리고 1914년에 이르면 파리 배전회사가 정식으로 발전과 배전 업무의 기능을 발휘하기 시작했다. 이후 프랑스의 발전 및 배전 체계는 이원적 형태, 즉 정부나 지방 자치 단체가 직접 출자하고 경영하면서 공공의 복지와 밀접한 관련을 가진 공영 회사와 시 또는 지방 자치 단체로부터 양도권을 획득한 민간 양도 회사들이 운영했다.

1914년 이래 파리 배전회사가 파리 시의 전기 공급을 담당했던 데 비해 파리 교외 지역의 배전망 조직은 한층 복잡하고 덜 조직화되어 있었을 뿐만 아니라 수도권 전체 지역에서 사용하는 전기 시스템의 규격도 각양각색이었다. 이에 파리 시의회는 비규격 배전망의 구조와 파리를 비롯한 교외 지역의 배전망을 단일 체제로 개편하고, 점차 증가하던 전기 수요를 충족하기 위한 집중화, 규격화, 합리화 정책을 추구했다. 게다가 제1차 세계대전을 계기로 전기 산업의 현대화가 국가적 과업으로 부상하면서 1920~1921년 파리 지역 및 프랑스 전체를 아우르는 고성능 화력 발전소 건설, 수력 개발, 8000킬로미터에 달하는 철도의 전기화 등 대규모 '전기 산업 정비 프로그램'을 본격적으로 추진했다. 이 현대화 프로그램의 성공 이면에는 프랑스 정부 주도로 제정한 1906년의 양도법, 1919년의 수력이용법, 1922년의 전력수송법 등 강제적 입법과 메르시에(Mercier), 뒤랑(Durand), 앙팽(Empain), 톰슨-휴스턴 같은 전기 산업계 대기업 그룹의 산업 및 재정 집중을 통한 견인차 역할이 크게 작용했다. 이들 그룹은 발전과 배전 부문뿐만 아니라 전기 기계 및 중장비의 제조와 설비 부문까지 포함하는 대규모 기술 '시스템'을 갖춘 다국적기업을 형성했다. 메르시에 그룹은 주로 파리 지역을 중심으로 화력에 의존한 발전과 배전을, 뒤랑 그룹은 리옹 지역과 서남부의 수력을 이용한 발전과 배전을, 앙팽 그룹은 파리 지하철 회사와 파리 전기회사를 설립해 철도·지하철·전차 부문에 전기를 공급했다. 이와 같이 전기 산업이 범사회적으로 확산하면서 전기 분야의 전문 엔지니어가 대거 필요해졌고, 전기 엔지니어 양성이 당면 과제로 떠올랐다.

2.2 화학 산업의 성장

19세기 프랑스에서 화학은 특별한 권위를 자랑했다. 이 특별한 권위의 배후에는 에콜 폴리테크닉과 더불어 과학 아카데미(Académie des sciences)의 역할이 있었다. 이 두 기관을 통해 화학은 과학 가운데 가장 중요한 분야로 인식될 수 있었다. 19세기 후반 지나치게 많은 화학자들이 아카데미를 주도하면서 입회와 운영을 좌지우지한 것에 대한 비판으로 "과학 아카데미가 화학 아카데미로 전환되었다"는 주장이 나올 정도였다. 19세기 말의 새로운 산업에서 테크놀로지의 출현이 기초 과학 발전에 전적으로 종속되어 있었다고 보기는 어렵지만, 산업과 과학의 밀접한 상호 접근이 이루어진 이 시기 산업에서 화학의 역할은 중요하게 여겨졌다.

초기 화학 산업에서 프랑스가 기여한 기술적 측면으로는 르블랑의 탄산소다 제조법, 클로드 루이 베르톨레(Claude Louis Berthollet)의 클로린을 이용한 표백법, 사탕무로부터 설탕 제조 등이 주로 거론된다. 이러한 기술은 제2차 산업혁명기 유럽 여러 나라에서 진전된 다양한 분야의 화학 산업을 확장하는 밑거름으로 작용했다. 그렇다면 화학 산업에서 프랑스만이 지닌 고유의 문화적 정체성은 어디서 찾을 수 있을까?

한 예로 모리스 크로슬랜드(Maurice Crosland)는 화학 산업에서 프랑스가 차지하는 선도적 위상을 화학 물질로 인한 오염이 문제를 일으킨 지역에서 프랑스가 취한 대응 방식을 통해 찾는다. 일찍이 화학 산업이 번창한 루앙과 마르세유의 화학 공장에서 뿜어내는 연기로 인해 많은 국지적 소송이 벌어지자 1809년 두 도시의 도지사들은 이미 존재하는 공장을 규제하는 대신 더 이상 화학 공장을 건립하지 못하도록 했다. 파리에서도 유사한 소송이 잇따랐고, 시 당국은 학사원 소속 일급 화학자들에게 자문을 요청했다. 특히 탄산소다 공장의 규모가 커지면서 대기 오염이 늘어나자 국가적 차원의 조처를 단행했다.

1810년 제국 법령은 불쾌한 냄새를 유발하는 모든 공장 시설을 그 유발 정도의 심각성에 따라 분류했다. 이때 탄산소다 공장은 최악의 시설로 분류되었고, 새로운 공장 부지를 마련하려면 특별한 허가를 받아야 했다. 학사원의 조언에 따라 내린 특단의 조치는 사람이 거주하는 곳에서 일정 거리 이상 떨어진 지역에만 공장을 지을 수 있도록 하는 것이었다. 이 방법은 르블랑식으로 탄산소다를 제조할 때 방출되는 다량의 유해 가스 문제를 해결하기 위한 프랑스만의 해법이기도 했다. 화학 산업의 지속적인 성장은 화학 물질로 인한 대기 오염 증가를 수반했으며 이와 관련한 판결이 빈번히 필요해짐에 따라 화학자의 전문 감정 수요가 늘어났고, 법규나 특허제와 관련해서도 감정 요청이 증가했다. 19세기 초부터 이론적 토대를 견고하게 갖춘 화학 영역은 이미 명예로운 직업군을 형성했고, 제2차 산업화가 진전되면서 화학자들은 사회적 기여를 통해 더욱 존경받는 지위를 차지했다.

　1880년대 이후 화학 산업에서는 에르네스트 솔베이의 알칼리 제조 방식이 급속히 퍼지고, 1905년까지 거의 모든 알칼리를 암모니아 과정으로 제조했다. 1884년 일레르 드 샤르도네(Hilaire de Chardonnet)는 인공 견사를 발명하고 1891년 비스코스 생산 공장을 설립했다. 1892년 드 샤르도네는 중국과 일본에서 들어온 값비싼 자연 견사에 맞서 브장송에 인공 견사 공장을 세움으로써 새로운 산업을 부흥시켰다. 그 결과 1919년 프랑스 과학 아카데미에서 '과학의 산업적 응용 섹션' 회원 자격을 얻을 수 있었다. 이처럼 섬유 산업은 학계와 산업계의 연계를 통해 번성했다.

　그러나 19세기 후반 프랑스 섬유 산업계가 위기에 직면해 있었다는 사실을 간과할 수는 없다. 한 예로 프랑스 섬유 산업의 중심지이던 리옹이 제2차 산업혁명기의 국가 간 경쟁과 합성 견사의 도입 등으로 인해 어떻게 쇠퇴에 직면했는지 살펴보자. 리옹은 1870년부터 독일이 장악한 섬유와 염료 관련 산업 및 무역이 크게 번성했던 곳이다. 르나르

형제(Renard Frères)가 1859년 발견한 자홍색 염료 트리페닐메탄을 판매하기 시작한 곳도 리옹이었다. 하지만 1864년 한층 효율적인 공정을 통해 염료를 생산하면서 다른 프랑스 회사의 설립을 방해했고, 이는 1864년 르나르 소송으로 이어졌다. 이 소송은 독일과 스위스의 염료와 제약, 폭약 산업을 기술적 및 상업적 선두 주자로 만드는 데 큰 도움을 주었다. 예컨대 이 시기 프랑스 일부 기업인은 스위스로 이주해 스위스의 거대 화학 기업 가이기(Geigy), 시바(CIBA), 뒤랑-위게냉(Durand-Huguenin)을 창설했다. 모네(Monnet) 일가는 스위스로 이주했다가 다시 프랑스로 귀국해 리옹에 론 & 론-풀랭크(Rhône & Rhône-Poulenc) 공장을 세웠다.

위기에 처했던 리옹 산업이 새로운 돌파구를 찾기까지는 여러 가지 노력이 있었지만, 특히 리옹 견사 공장 직공들의 자구책과 더불어 일본과의 교역이 큰 역할을 했다. 1877년 위기를 맞아 리옹 견사 공장 직공들은 자신들의 능력에 기대어 제조를 시도했고, 영국의 찰스 F. 워스(Charles F. Worth)가 시작한 고급 양재업의 출현이 리옹의 산업에 새로운 활기를 더해주었다. 또한 누에의 감염으로 양잠업에 타격을 입은 프랑스는 에도 시대 일본으로부터 누에를 공급받아 손실을 만회할 수 있었다. 루이 파스퇴르(Louis Pasteur)와 동료들은 누에의 감염 문제를 간파해 대책을 찾아냈고, 이러한 양잠 기술 혁신은 메이지 시대의 일본으로도 도입되었다. 오늘날에도 누에는 프랑스-일본 간 과학기술의 협력 대상이다. 이처럼 메이지 시대 프랑스-일본 간 교역을 통해 다양한 상행위가 번창했으며, 이는 두 나라 사이에 밀접한 경제 관계가 시작되었음을 시사한다. 1918년 레옹 베르몽(Léon Bermont), 조엘 레노(Joël

Reynaud), 샤를 에마르(Charles Eymard) 같은 기업가들은 일본에 프랑스 상공회의소를 개설하기도 했다.

또한 1885~1894년 프랑스에서 천연 고무 생산량은 매년 10.9퍼센트씩 증가했으며 화학 산업의 생산량은 매년 5.5퍼센트의 증가율을 보였다. 합성 물질 영역의 다양한 산업 분야는 1905~1914년 23.7퍼센트 증가했다. 화학적 촉매 작용과 합성을 통해 이뤄낸 화학적 발견은 제약 산업 및 전통적인 중화학 산업과 섬유 산업의 확장에 일조했다.

이러한 산업의 발전에 따라 프랑스 사회는 특히 전기와 화학 분야의 전문화한 엔지니어라는 새로운 유형의 엔지니어를 대거 요구했다. 이 무렵 그랑제콜을 비롯해 이미 존재하던 공학학교에서 배출한 엔지니어의 수는 계속 증가했다. 하지만 새로운 산업이 요구하는 노동 시장의 수요를 충당하기에는 양적으로나 질적으로 턱없이 부족했다. 이처럼 부족한 인적 자원을 메우기 위해 기존 공학 교육 체제의 개편과 새로운 교육 기관의 설립이 절실히 필요했다. 이러한 시대적 요구를 반영해 파리와 지방에 여러 고등공학학교를 비롯해 지역 산업의 활성화와 산학 협동을 위한 대학교 부설 전문 공학 연구소를 설립하면서 새로운 공학 교육 체제가 형성되었다. 그 결과 제2차 산업혁명기에만 약 88개의 공학 교육 기관이 신설되었다.[3]

3 새로운 공학 교육 체제와 신설 학교

프랑스에서 근대 엔지니어가 탄생하고 성장하는 과정은 '혁명'과 '전쟁'이라는 두 가지 키워드로 대변되는 정치적·경제적 변화와 밀접하게 맞물려 있었다. 특히 제2차 산업혁명기는 산업화의 결과가 공학 교육 체제의 변화로 이어지고, 그것이 다시 엔지니어의 전반적 지위와 위상의 변화를 수반했다는 점에서 다른 국가들과 비교해 프랑스적 특수성을 가장 잘 드러내주는 시기이다. 유럽 각국에서 산업화가 한창 이뤄지던 무렵, 프랑스 공학의 성장 및 엔지니어 양성 과정에서 변화의 모멘텀은 1870년 프랑스-프로이센 전쟁에서 프랑스가 패배하고 제3공화국이 들어선 시기를 전후한 20여 년 사이의 격동기에 형성되었다. 이 시기는 국가의 위력을 재건할 필요성과 제2차 산업혁명기 산업계의 요구가 맞물려 훈련받은 엔지니어 양산이 범국가적 관심의 주제로 떠올랐다. 다른 국가들과 달리 전통적으로 국가 주도의 공학 교육 체제를 가진 프랑스는 제3공화국이 들어서면서 새로운 교육법—1881년의 '페리 법', 1886년의 '고블레 법'—의 제정으로 공학 교육 모델에도 변화가 생겼다.

이 시기에 신설된 공학학교들은 기존 공학학교와 차별적인 커리큘럼을 운영하면서 새로운 직종에 적응할 수 있는 전문 엔지니어를 양성하는 데 주력했다. 이처럼 새로운 시대의 다양한 산업적 요구에 부응해 1880~1914년 시립물리화학공업학교(1882년)와 고등전기학교(1894년)를 비롯한 여러 공학학교를 설립하고, 각 지방의 산업과 맞물려 지방 대학의 공학 교육을 활성화하기 위해 프랑스 전역에 16개 대학을 신설하면서 대학의 공학부가 자리 잡는 등 공학 교육의 근본적인 구조 조정이 이루어졌다. 새로운 성격의 엔지니어 양성 체제와 신설 기관의 설립 배경, 재정 지원 그리고 특징 등을 살펴보자.

3.1 제3공화국의 새로운 공학 교육 정책

1870년대 프랑스 과학기술계에 큰 변화를 일으킨 전환적 계기로 작용한 일련의 정치적 사건 가운데서도 특히 프랑스-프로이센 전쟁은 그 정점에 놓여 있었다. 전쟁 중 과학자들은 파리 수호에 능동적으로 관여했고 대중은 과학자들에게 큰 기대를 걸었다. 그리고 패전 이후, 프랑스 과학기술계에는 본격적인 변화의 바람이 불기 시작했다. 즉 프랑스 과학기술계의 연구와 교육 체제가 바뀐 데는 프랑스-프로이센 전쟁 패전으로 말미암은 독일과의 경쟁이라는 국가적 위기감이 자리하고 있었다.

전쟁 결과 독일이 뮐루즈 지방을 병합하면서 프랑스 산업과학이 독일에 비해 상대적으로 낙후한 데 대한 자성의 목소리가 커졌으며, 일부 기업가들은 전문 산업 분야에서 엔지니어의 부재를 아쉬워했다. 과학을 토대로 한 산업에서 독일과 미국의 우위는 프랑스에서 '도제 제도의 위기'만큼이나 고등 공학 교육 체제에 대한 위기의식을 고조시켰다. 그 결과 1880년대에 접어들면서 파리를 비롯한 지방 각지에 여러 산업과학 연구 및 교육 기관이 설립되었다. 이 기관들을 통해 배출된 새로운 유형의 산업 엔지니어는 19세기 중반까지 사회적 특권을 독점하던 국가 엔지니어에 대항하면서 당시의 산업적 요구와 맞물려 자신들의 직업적 위상을 획득하고 사회적으로 인정받기 위해 부단히 노력했다. 아울러 이들의 이러한 노력은 차츰 가시적인 결실을 맺기 시작했다.

새로운 엔지니어 집단의 출현은 국가 경제의 미래를 산업화에 두었던 정부, 교육 민주화를 통해 사회 민주화라는 이상을 실현하고자 했던 제3공화국의 개혁가, 이러한 정부의 정책에 발맞춰 엔지니어 학위를 통해 사회적 상승의 꿈을 이루고자 했던 중·하층 부르주아 계급이라는 세 가지 요소가 어우러져 만들어낸 결과였다. 특히 제철업이나 화학 같은 기존 산업에 새로운 테크놀로지를 적용하고 전기와 알루미늄 같은 새로운 첨단 산업이 발달하면서, 제2의 산업화 물결은 기술 혁신과 산업 생산 문제에 관해 풍부한 지식과 경험을 겸비한 전문 인력을 필요로 했다.

무릇 기술 혁신은 발명가나 기업가의 몫이기도 하지만 새로운 방식을 장려하고 이행하는 자들의 몫이기도 하다는 점에서 당시 산업 부문에서 활동할 새로운 유형의 엔지니어를 양성할 고등 공학 교육 체제 개편 문제는 당위성을 갖고 있었다. 한 국가의 산업 발달에서 기업 내 기술 도입과 혁신의 중추적 역할을 담당하는 엔지니어의 수준과 능력은 매우 중요하기 때문이다. 더불어 중급 기술자나 숙련 노동자 양성도 시급한 과제로 떠올랐다.

프랑스 엔지니어 양성에서 가장 중요한 역할을 한 것은 정부였다. 영국과 반대로 프랑스는 정부가 모든 교육 형태에 관여하는 오랜 전통을 갖고 있었다. 많은 정부 부서 중 특히 상공부·산자부·농림부가 19세기부터 1920년까지 대부분의 기술 훈련을 담당했고, 제3공화국에서는 공교육부 역시 중요한 역할을 했다.

또한 국가 이외의 여타 정치적, 경제적, 사회적 행위자들이 엔지니어 훈련에 관여했다. 특히 여러 지방 당국이 제3공화국 초기부터 국가 교육 서비스에 적극적으로 협력했다. 이는 영국 지방 의회의 결정적 역할에 힘입어 (근대에 창설한) 이른바 '붉은 벽돌(red brick)' 대학을 건립한 것과 스타일이나 연대기 면에서 유사하다. 국가 고용주 연맹과 개인 기업가 모두 중요한 역할을 했지만, 산업은 일반적으로 기업가의 관점을 드러내는 지방 협회들과 관련이 있었다. 고용주 조직은 늘 실용적 관점 선호했고, 대학 사회는 그 과정에서 단연 중심 역할을 했다.

사실 산업 국가에서 공학 교육은 대학의 이공학부를 중심으로 이루어지는 것이 일반적이다. 하지만 제3공화국이 들어서기 전까지 프랑스의 공학 교육은 대학 중심이 아니라 최고 권위를 자랑하는 고등 교육 기관인 에콜 폴리테크닉과 그 응용학교를 비롯한 그랑제콜의 독점 체제로 이루어져 있었다. 이런 체제 아래서 나타난 복잡한 학교 서열 문제는 과학기술을 통한 국가 경쟁력 강화에 걸림돌로 작용할 수도 있었다. 이러한 프랑스적 특수성에 대한 문제의식은 프랑스 자본주의의 급속한 성장과 산업 기술의 발달이라는 새로운 사회적·정치적 조건에 적응하는 데 전제해야 할 공교육, 더 나아가 공학 교육 체제의 개혁으로 이어졌다. 제3공화국의 이념은 공교육부 장관 쥘 페리(Jules Ferry)가 경제 및 사회 민주화의 전제 조건이라고 할 수 있는 교육 민주화와 관련한 일련의 입법을 주도함으로써 구체화되었다. 국가 경쟁력 강화, 과학기술 향상 그리고 공화국 엘리트 양성을 목적으로 프랑스 대학교 체제의 개편 내용을 담은 1880년 2월 27일의 '대학교법', 초등학생을 대상으로 무상·세속·의무 교육 실시를 규정한 1881년 6월 6일 법과 1882년 3월 28일 법이 그 대표적인 사례다.

이처럼 전반적인 교육 개혁을 시도했던 제3공화국은 고등 공학 교육 체제의 혁신적 변화를 꾀했다. 특히 에콜 폴리테크닉의 성역에 도

표 1 1880~1918년 프랑스에서 새로 건립한 엔지니어 학교 수

산업 분야	학교 수
종합 엔지니어	5
기계, 금속	2
전기	9
물리/화학	12
항공공학	1
건축, 공공 산업, 광산, 지질학	2
섬유	3
농업, 식품	5
기타	3

출처: Robert Fox & Anna Guagnini(Eds.), *Education, technology and industrial performance in Europe 1850-1939*, NY, Cambridge University Press, 1993, p. 44.

전하던 교육 개혁 지지자들은 과학 연구, 산업 발달, 경제 성장에 유해하리라 여겼던 특권 집단에 저항하며 그랑제콜의 조직망 밖에서 생육(生育) 가능한 공학 교육 체제를 확립하고자 했다. 이를 위해서는 사회 진보에 유용한 공학 교육을 민주화하기 위한 다양한 교육 프로그램 및 방법론을 개발하고, 공학 단체를 육성하고, 이공학부의 발전에 초점을 맞춘 새로운 공학 교육 기관을 설립해 교육의 질을 높이는 것이 관건이었다.

당시 고등교육국장이던 리아르는 프랑스 전역의 다양한 학부에 자치권을 부여하면서 파리 중심 체제에서 탈중심화로의 전환을 추구했다. 탈중심화 정책에 대한 평가는 분분하다. 벤 다비드(Ben David)는 제3공화국의 탈중심화 정책이 프랑스 대학 체제의 고질적인 중심화 양

상을 실질적으로 변화시키지 못했다고 주장하면서 이를 프랑스 과학기술의 실패 요인으로 간주했다. 다비드의 견해를 비판하면서 테리 신은 중심화 정책이나 탈중심화 정책이 과학기술적 생산성과 무관하다고 주장한다. 또한 제3공화국 시기 정부의 실질적 지원에 비해 지방 대학 수가 과도하게 팽창하고 1890년대 정부 지원이 감소했다는 부정적인 평가도 없지 않지만, 그럼에도 불구하고 당시 프랑스 지방 대학의 연구 활동이 크게 촉진되었음을 면밀히 추적해 보여준 데이비드 나이(David Nye)의 연구는 지방 대학 연구소들의 성과에 대해 새롭게 주목하는 계기가 되었다.

이러한 제3공화국의 탈중심화 정책은 자본주의의 급속한 확산으로 인한 중소 자본가들의 성장, 고등 교육의 문제점에 대한 비판의 확산 등과 맞물려 프랑스 엔지니어 집단의 지형도를 크게 변화시켰다. 학부가 대학으로 자리매김하고, 과소평가되던 응용과학 교육을 위해 각 지방에 자치 단체나 기업·대학 등 다양한 행위자들이 광범위한 엔지니어 훈련 기관을 설립했다. 이러한 변혁에는 정부 기관 외에도 대학, 기업, 협회 등 다양한 행위자가 깊이 관여했다. 이들의 역할을 살펴보기 전에 먼저 전통적으로 프랑스 엔지니어 훈련을 주도한 유서 깊은 국립 엔지니어 학교들의 당시 상황을 살펴볼 필요가 있다.

1880년대까지 프랑스에서 엔지니어 훈련의 주도권을 지녔던 이른바 '에콜 폴리테크닉 체제'를 이룬 에콜 폴리테크닉과 그 응용학교들 그리고 민간 엔지니어를 양성한 중앙공예학교(Ecole Centrale des Arts et Manufactures)와 기술직업학교(Ecole des Arts et Métiers)는 전문 엔지니어 양성이라는 새로운 산업적 요구에 대응해 어떤 태도를 취했을까? 한마디로 그랑제콜은 '엔지니어의 전문화'라는 새로운 산업적 요구에 순순히 응하지 않았다.

이유는 무엇이었을까? 전문화는 지도자를 배출하지 못한다는 신조가 그 배경에 자리 잡고 있었다. 이러한 신조는 그랑제콜 출신들로 이뤄져 있던 당시 프랑스 국가 엔지니어의 이상과도 직결되어 있었다. 대부분의 민간 엔지니어가 고위 지도자로서 재능을 발휘할 기회를 얻지 못한 반면, 국가 엔지니어는 고위직에 포진해 있었다. 국가 엔지니어에게 깊이 각인되어 있던 것은 공익과 지도력의 이데올로기였다. 그들은 공학 지식, 설계, 실천의 특정한 스타일을 만들어내기 위해 공익과 지도력의 이데올로기를 사용했다. 훌륭한 지도력은 다양한 종류의 지식을 요구했다. 따라서 그들은 전문가인 동시에 또한 제너럴리스트로서 존재해야 했다. 이런 점은 에콜 폴리테크닉의 이론적이고 추상적인 커리큘럼을 정당화해주었다. 이론은 졸업생들이 사회의 지도자로서 활동하는 데 필요한 광범위한 시각을 제공한다고 여겨졌기 때문이다. 국가 엔지니어에게 요구된 도덕성과 논리적 사고 방식은 그들에게 높은 권위를 제공해주었고, 제1차 세계대전 이후에는 국가 엔지니어의 영웅적인 업적이 특별한 힘을 발휘했다. 결국 이 무렵부터 그랑제콜은 '종합학교(écoles généralistes)'로 자리매김하기 시작했다.

전문화에 대한 이런 거부는 입학생 증원 요구에 대한 거부로 이어졌다. 당시 5개의 대표적 그랑제콜이던 중앙공예학교, 에콜 폴리테크닉, 토목학교, 광산학교, 해양학교의 입학생 수는 제2제정기의 평균 320명에서 1872~1891년에 440명으로 늘어난 데 불과했다. 이들 학교는 여전히 매우 까다로운 시험을 거친 극소수의 엘리트 학생만을 입학시켰고 정부 기관이나 민간 영역에서 최고 직위에 다다를 수 있는, 보편적 기술 문화를 겸비한 엔지니어를 배출했다. 이 시기 그랑제콜 체제에 약간의 변화가 있었다면 경제적·기술적 발전과 관련한 수업 내용을 약간 확장했다는 점을 들 수 있다.

국가 엔지니어 양성이 목적인 에콜 폴리테크닉 졸업생 중 민간 산업 종사자의 수가 이 무렵부터 차츰 늘어난 것은 사실이다. 이들은 민간 엔지니어 양성을 염두에 두고 설립한 중앙공예학교 출신과 더불어 다양한 민간 산업에 종사했다. 하지만 그 수는 매우 제한적이었다. 게다가 에콜 폴리테크닉이나 중앙공예학교의 수업 과정 및 이후의 경험들로는 산업적 기능을 담당할 준비가 부족했고, 국가 기관에서 선별한 일부 엔지니어는 기업가들의 요구에 부응하지 못했다. 이들 학교의 디플롬 수가 조금씩 증가하긴 했지만 프랑스 경제의 부흥과 재건을 위한 노동 시장의 요구를 충당하지는 못했다. 이는 결국 새로운 엔지니어 학교의 설립을 유도했다.

따라서 프랑스 엔지니어를 대표하는 오랜 전통의 그랑제콜을 새로운 엔지니어 학교 건립에 직접적으로 참여한 행위자로 간주하기는 어렵지만, 이들이 새로운 산업적 환경에 대처한 방식은 결과적으로 새로운 학교의 건립을 유도한 셈이다. 뒤에서 살펴보겠지만 이들은 이후 신설 학교에 적의를 드러내며 신랄한 공격을 퍼부었다.

새로운 엔지니어의 창출을 요구하던 이 무렵, 전통적으로 엔지니어 양성을 담당한 정부의 대응은 이전 시기와 달랐다. 제3공화국 정부는 1880~1895년 경제 불황에도 '페리 법'으로 상징되는 세속화와 무상 의무교육을 골자로 하는 야심찬 대중 교육 정책을 진전시키는 데 막대한 예산을 지원했다. 하지만 고등 공학 교육에서는 정부의 직접적인 관여를 회피하고 인센티브 정책을 펼쳤다. 프랑스 정부는 이미 존재하던 교육 기관을 확장하기 힘든 상황에서 새로운 학교를 건립하는 방식을 채택했고 지방 자치 단체나 기업, 대학 등 다양한 행위자가 새 학교 건립에 관여했다. 그 결과 1880~1918년에 42개의 새로운 학교를 건립했다. 대학이 자체적으로 디플롬을 수여하도록 허용한 1897년 새 법[4]의 등장은 각 지방의 유수한 전문 엔지니어 학교의 건립에 초석이 되었다. 이 시기 새 학교를 건립하고 새로운 유형의 엔지니어가 등장하는 데 정부 이외에 다양한 행위자가 관여했다는 점은 엔지니어 양성을 국가가 전적으로 주도했던 이전 시기와 큰 차이를 보인다.

이 무렵부터 프랑스 엔지니어 양성 체제는 극도로 세분화하기 시작했고, 이러한 세분화로 인한 문제점도 나타났다. 신설 학교 건립에 관여한 행위자들의 다양성이 학교 창립 당시 수립한 노선을 전환하거나 체제를 재편하기 위한 합의에 도달하는 데 큰 장애로 작용한 것이다. 이러한 세분화 체제는 다양한 엔지니어 집단 사이의 갈등과 위계를 심화시켰고, 이는 프랑스 엔지니어 사회의 한 가지 특성으로 오늘날까지 이어지고 있다.

한편, 이 시기 프랑스의 학교 관리를 주로 담당한 정부 부처들은 서로 적잖은 긴장 관계에 놓여 있었다. 상공부와 기업인은 노동력의 전문화를 장려하면서 전문 엔지니어 양성에 큰 비중을 둔 반면, 공교육부는 종합 교육을 강조했기 때문이다. 1895년 상공부 산하 기관에서 기획한 기술 교육 체제는 광범위한 기술학교의 창설로 상공부의 권력과 입지를 크게 강화했다.

그렇다면 물리화학 분야를 포함해 일부 산업 영역의 엔지니어가 절대적으로 부족했던 이 시기 기업의 태도는 어떠했는가? 기업 입장에서 에콜 폴리테크닉 출신을 포함한 국가 기관 출신 일부 엔지니어를 채용하는 데는 유리한 측면도 있었지만 이들은 산업적 기능을 완수하기에 적합하지 않았으며, 중앙공예학교 출신들 역시 전문화한 기술적 임무 수행에 효율적이지 못했다.

전문 엔지니어에 대한 절박한 요구에 따라 1883~1909년 새로운 엔지니어 학교들을 창립하는 데는 낭시(Nancy) 화학학교 건립에 재정을 지원한 솔베이사를 비롯해 많은 기업이 관여했다. 리옹, 낭시, 그르노블(Grenoble), 파리, 릴(Lille), 툴루즈(Toulouse) 등의 전기화학 및 물리화학 실험실뿐만 아니라 산업화학 연구에 주력한 화학 협회도 여러 기업의 재정 지원을 받았다. 또한 1888년 2월 9일 국제 전기 엔지니어 협회의 지원을 받은 엘뢰테르 마스카르(Eleuthère Mascart)가 전기중앙연구소(Laboratoire Central d'Electricité, LCE)를 설립해 68명의 학생-실습생을 받아들일 당시 14개 기업에서 10만 프랑의 기부금을 받았고[5], 파리 고등전기학교 역시 기업가들의 보조금과 장학금을 적극 유치했다. 예를 들어, 1920년에 프랑스 톰슨-휴스턴 기술개발회사는 파리 고등전기학교 졸업생 2명에게 미국으로 수학여행을 갈 수 있는 장학금을 지급했다. 이어 프랑스 톰슨-휴스턴 기술개발회사와 인터내셔널 제너럴 일렉트릭사는 4명의 프랑스 엔지니어가 미국으로 1년 동안 연수나 수학여행을 다녀올 수 있도록 장학금을 지급하기 위해 공동 기금을 조성할 것을 결정했다. 이때 파리 고등전기학교 학생 2명을 포함한 4명의 프랑스 엔지니어가 혜택을 받았다.

한편, 1870~1914년 프랑스 고등 교육에 나타난 많은 변화 가운데 중요한 점 하나는 이 시기 엄청나게 확장한 대학 학부 체제의 변혁이었다. 제3공화국의 탈중심화 이상 아래 프랑스 전역에 걸쳐 대학은 자치권을 획득했고, 학부는 다양한 기능을 수행했다. 이 시기 아카데미 과학자들은 교육과 연구의 기술적 응용에 전례 없는 관심을 보였다. 아울러 제1차 세계대전 이전까지 대학은 과학과 공학 지식의 산업적 이용을 위한 수단으로 여겨졌다.

대학의 변화는 이미 1860년대부터 예고되었다. 프랑스 고등 교육의 단점, 즉 취약한 재정과 극소수 학생을 받아들이기 위해 너무 많은 기관이 경쟁하는 체제에 대한 각성이 가장 적은 혜택을 받는 비주류 학부의 일부 진영에서 불거졌고, 고등 교육 체제 전반에 대한 비판의 목소리도 높았다. 중앙 집권적 교육 체제에도 불구하고 제도적 지원은 입학생 유치와 재정적 뒷받침에 의존했기 때문에 학부들은 입지 개선을 위해 지속적으로 경쟁했다. 이런 방식의 경쟁은 제3공화국 때 절정에 달했다. 이 시기에 기술이나 산업적 훈련에 새로운 프로그램을 도입해 교육하는 기관들의 경쟁이 심화하면서 에콜 폴리테크닉을 비롯한 국립 공학학교는 대학으로부터 공격받았다.

이 무렵 교수들 사이에는 과격한 아카데미 개혁주의가 널리 퍼졌다. 더 나은 작업 조건과 높은 임금, 학문적 자유, 명성을 획득한 학부 교수들은 고등 교육의 근본적 변화를 요구하면서 자신들의 분야를 확장하기 위해 애썼다. 이들의 전문 직업화와 맞물려 학부는 5개 학부로 분산되었고 영역과 위계로 더 세분화해서 연합을 방해했다. 에밀 부트미(Emile Boutmy), 에른스트 라비스(Ernst Lavisse), 파스퇴르, 폴 베르(Paul Bert),

마르셀랭 베르텔로(Marcellin Berthelot)를 포함한 대학 세력은 1878년 창립한 고등교육 협회(Société de l'Enseignement Supérieur) 내에 전문가 협회를 결성했다. 이 그룹은 행정가 및 정치가와 긴밀한 관계를 맺고 아카데미 단체의 주요 목소리를 반영해 정기적으로 정부 부처, 입법부, 각료 회의에 전달했다. 1878~1885년 대부분의 학부 교수, 특히 파리 이외 지역의 교수들은 개혁 운동에 가담하거나 적어도 고등교육 협회에 가입해 1880년경에는 회원 수가 500명을 넘어섰다. 하지만 이러한 확산에 따라 개혁 의지는 차츰 희석되고 국지적 이익을 추구하는 다양한 그룹을 양산하면서 제도 개혁을 위한 구체적인 제시보다는 피상적인 외침이 주를 이루었다. 그럼에도 대학 개혁 운동은 결실을 거두어 프랑스 전역에 걸쳐 각 지방의 산업과 연계한 이학부와 공학 연구소가 광범위하게 활성화하는 성과를 얻었다.

여기에는 1877년 선거 이후 고등 교육에 관한 새로운 정치적 관심이 중요하게 작용했다. 공화국의 엘리트들은 두 가지 이유로 대학 개혁을 요구했다. 첫째, 엘리트는 다양한 사회 계급과 그룹에 관심을 표명했다. 하지만 특히 학부 시스템 문제에 민감하게 반응하며 아카데미에서 교육받은 중간 계층의 규모 비율에 큰 관심을 보였다. 둘째, 전략상 동참시킨 페리, 르네 고블로(René Gobleau), 레옹 부르주아(Léon Bourgeois) 같은 정치인들은 개혁의 좀더 광범위한 이데올로기적 의미를 확신했다. 특히 이들은 대학이 정치적·사회적 합의를 촉진하는 데 도움이 될 것으로 보았다. 대학교수들은 '과학적' 과정을 토대로 한 정치적·윤리적 원리의 시스템을 발전시켰다. 이들의 임무는 충성스러운 교사와 행정가, 혹은 애국적 시민을 훈련하는 일이었다. 새로운 비전을 추구한 공화국 지도자들은 특히 리아르 같은 신세대 행정가를 지목해 시스템을 개선할 수 있는 막중한 권한을 부여했다. 가장 과격한 개혁은 리아르가 공교육부에서 고등교육부 장관으로 임명된 1884년부터 시작되었다. 리아르는 일부 큰 대학들 및 자기 측근과 함께 19세기 후반에서 20세기 초에 걸친 4반세기 동안 프랑스 고등 교육을 지배했다.

오랫동안 과소평가해왔지만 1900년경 프랑스는 응용과학 교육을 위한 준비를 하고 있었다. 일반적인 믿음과 달리 응용과학 교육의 강조는 이론수학으로 꽉 찬 커리큘럼을 요하는 엘리트주의 에콜 폴리테크닉 체제를 비롯한 그랑제콜에만 관련된 것이 아니었다. 찰스 데이(Charles Day)가 선명하게 보여주었듯 이미 제2제정기에도 산업적인 방향에서 모든 레벨의 강의를 제공하는 많은 전문 교육 기관이 프랑스 도처에 존재하고 있었다. 새로운 학교들이 제3공화국 치하에 설립되었고 1890년경부터 많은 과학 분야와 접목한 기술 연구소들이 생겨났다. 뒤에서 살펴보겠지만 이 기관들이 서로의 역할을 비방하고 상대의 영향력이 확장하는 것을 방해하기 위해 갖가지 수단을 동원하며 신경전을 벌인 것은 사실이다. 하지만 1880년대와 1914년 사이 국가, 지방 권력, 민간 협회 등이 당시 경제적 변화의 요구에 따른 적절한 교육적 편의를 제공하기 위해 부단히 노력한 점을 간과할 수는 없다. 광범위한 분야의 기술 교육을 제공한 이 기관들은 장차 산업 역군이 될 많은 학생을 배출했다.

3.2 대학교 부설 공학 연구소의 확산

1890년대를 시작으로 그르노블, 릴, 리옹, 낭시, 툴루즈 대학 이학부에서는 응용과학 연구소를 설립하고 산업적 요구를 충당할 물리학, 화학, 기계 및 전기 엔지니어 양성을 위한 프로그램을 개설했다. 프랑스 전역에서 그 지방의 산업과 연계해 활성화한 이학부와 연구소의 전문성은 지역 산업에서 각 지방의 주류 경제 활동과 테크놀로지의 수준에 따른 다양한 교육 수준에 의존하고 있었다. 기업과 밀접하게 연계된 이 기관들은 고도로 전문화한 실습 교육에 주력했다.

응용과학 연구소들에 대한 재정 지원은 정부 각 부처, 지방청, 대학, 민간 자본의 합자로 이루어졌다. 1885~1900년 지방 정부와 기업은 지방 대학 이학부의 건립과 혁신을 위해 그에 소요되는 총 예산의 75퍼센트에 달하는 3000만 프랑을 할당했다. 예컨대 응용과학 교육의 오랜 전통을 지닌 낭시에서는 1887년 독일과의 경쟁을 염두에 둔 화학 연구소 건립을 인가했는데 연구소를 개소하기 2년 전 공교육부, 낭시 시청, 뫼르트와 모젤, 보쥬에서 각각 50만 프랑을 약속했고, 1907년 낭시의 후원자 솔베이가 32만 프랑을 기부했다. 리옹, 그르노블, 파리, 릴, 툴루즈 등지에서도 유사한 형태의 재정 지원이 이루어졌고, 기업체들은 전기화학 및 물리화학 실험실의 거대 프로젝트 재정을 지원했다.

연구소 유형은 약간씩 차이가 있었고 시간이 흐르면서 유동적으로 전환하기도 했다. 화학 분야의 경우, 일부는 대학에서 연구소를 건립하고 응용화학 강좌를 개설했다. 먼저 1894년 릴 대학 이학부에 건립한 화학연구소는 1903년 응용화학연구소로 개명했는데,[6] 이 연구소에서는 1904년부터 일반화학과 응용화학을 전공한 학생들에게 대학의 화학 디플롬을 수여하다가 1911년부터는 화학 엔지니어 디플롬을 수여했다. 1906년 툴루즈 대학 이학부에서 건립한 화학연구소는 3년 수업 후 대학의 화학 엔지니어 디플롬을 수여했다. 브장송의 경우 1914년부터 화학 엔지니어 디플롬을 수여했다. 두 번째 유형인 낭시 화학연구소는 대학 소속이긴 해도 자체적으로 건립한 경우이다. 이학부와 연구소 겸직 교수들은 연구소와 학부 학생들에게 동일한 수업을 제공했고 1902년부터 화학 엔지니어 학위를 수여했다. 세 번째 유형은 리옹 산업화학 학교의 경우처럼 대학의 재정을 지원받기 위해 연구소가 이학부에 소속된 경우이다. 1883년 파스퇴르의 제자 롤랭이 12명의 학생과 생-피에르 궁에서 시작한 이 학교는 1894년 리옹 대학 이학부와 의학부의 화학 연구를 담당하는 화학연구소 자격을 얻었다.

사실 리옹의 산업가들은 1860년대부터 이미 화학 교육과 실습 훈련을 위한 시립 공학 교육 기관을 세우기 위해 다각도로 로비를 펼치고 있었다. 리옹 과학부와 시의 지원을 받은 화학 학교는 1850년대부터 기초화학과 응용화학을 교육했다. 유기화학이 공학의 새로운 분야로 떠오르면서 1912년 리옹에서 박사 학위를 받은 빅토르 그리나르(Victor Grinard)는 1912년 노벨 화학상 수상 이후 리옹 과학부에서 가르치기도 했다.

파리와 지방 학교들의 엔지니어 수업은 3년 과정으로 유사한 형태의 귀납적이고 실용적인 프로그램들로 이루어졌다. 초반 18개월은 일반물리학과 일반화학 그리고 이 두 분야의 토대가 되는 수학 지식을 습득하도록 했다. 학생들은 하루 3분의 1을 실험실에서 보냈다. 후반기에는 유기화학·무기화학 그리고 정성분석과 정량분석 같은 다양한 분과들 가운데 전공을 정해 공부했고, 하루 70퍼센트를 실험실에서 보냈다.

전기 분야에서는 1900년 낭시와 릴, 1901년 그르노블, 1908년 툴루즈에 각각 전기공학연구소(Instituts électrotechniques)를 설립했다. 한 예로 에콜 폴리테크닉과 파리 고등전기학교 졸업생이던 알렉상드르 모뒤(Alexandre Mauduit)는 낭시 전기공학연구소를 설립하면서 파리 고등전기학교를 교육 모델로 삼았다. 낭시 전기공학연구소의 학업 과정은 3년으로 대학 입학 자격이나 상급 초등 교육 자격증을 가진 학생들에게 입학을 허용했다. 전기공학연구소 학생들은 에콜 폴리테크닉과 중앙공예학교, 파리 고등전기학교 입학을 목표로 1년 정도 준비반에서 수학, 물리학, 기술과학을 공부했다. 위의 4개 대학교 전기공학연구소는 기존의 물리학 강의나 대학교의 확대 교육 과정을 포함해 실험실 과목 및 강의를 보충했다. 그것은 당시 응용과학, 경제적 이익, 공화민주주의 사이의 연대를 강조하는 시대적 요구를 반영한 것이기도 했다. 실용주의 교육의 필요성을 강조하던 이 같은 풍토는 "외국에서와 마찬가지로 프랑스 전역에서 응용과학 교육 쪽으로 이끌려가는 경향이 존재한다. 그것은 유행이나 변덕이 아닌, 민주주의 정신의 발달과 일치하는 요구"라는 1898~1899년 릴 대학교 연감에서도 잘 나타난다.

한편, 대학교 부설 전기공학연구소 설립과 별도로 파리 고등전기학교를 모델로 전기 엔지니어 양성을 위해 준비반 기능을 담당할 사립학교들이 파리 근교에 설립되었다. 샤를리아 학교(Ecole Charliat), 브레게 학교(Ecole Breguet), 수드리아 학교(Ecole Sudria)처럼 창설자의 이름을 딴

이 학교 학생들은 1~3년의 준비 과정을 마치고 2~3년의 과정을 끝내면 19~21세에 전기 엔지니어 졸업증서를 받았다. 그러나 전기 산업의 성장과 고용 확대를 증명하는 명백한 표시나 다름없던 이러한 현상 이면에는 전기 엔지니어의 수요와 공급의 불균형 문제가 내재해 있었다. 1908년 마르세유에서 열린 국제전기박람회와 국제전기응용대회에서 토목 엔지니어 앙드레 블롱델(André Blondel)은 한 보고서를 통해 전기 산업 부문 엔지니어의 임금이 감소한 점을 들어 인력 과잉의 위험 요소를 지적한 바 있다.[7] 제1차 세계대전 이전 10년 사이 이와 같은 신설 공학 교육 기관에서 배출한 엔지니어 수는 연간 120명가량이었으며, 1913년에는 프랑스 전체 엔지니어의 4분의 1을 배출할 만큼 증가했다.

제2차 산업혁명기에 전기와 화학 분야가 새로운 산업으로 각광을 받으면서 전기 엔지니어와 화학 엔지니어 양성을 위해 신설한 여러 공학학교 가운데 파리 시립물리화학공업학교와 파리 고등전기학교의 사례를 중심으로 이 시기 고등 공학 교육 체제의 상황과 변모를 좀더 구체적으로 살펴보자.

3.3 파리 시립물리화학공업학교

파리 시립물리화학공업학교의 설립은 유기화학, 전기공학, 터빈의 발달 등과 연관되어 있던 제2차 산업혁명 기간에 이루어졌다. 산업과 과학의 밀접한 상호 접근이 이루어진 당시 산업에서는 과학의 역할을 중시했는데, 특히 화학 산업과 유기화학의 관계가 그러했다. 1856년 퍼킨이 우연히 발견한 모브가 자연물을 대체하는 합성화학의 토대로 이어지면서 염색화학 혁명을 유발한 지 4반세기가 지나서였다. 이 학교는 프랑스 혁명기부터 시작된 에콜 폴리테크닉, 국립기술공예원 등 전반적인 19세기 프랑스 고등 교육 체제의 역동성과 맞닿아 있다. 하지만 그 설립 시기는 유럽 내 산업화 경쟁이 본격적으로 이뤄지고 특히 독일과의 경쟁에서 프랑스의 국가 경제 발전에 대한 위기의식이 확산하면서 긴장이 고조되던 무렵이었다. 당시 이 학교를 설립하는 데 독일과 프랑스의 경계에 위치한 알자스 출신 학자들의 인맥과 독일의 영향이 매우 강했다는 사실이 시사해주듯 이 학교의 설립 배경에는 프랑스-프로이센 전쟁의 패전 이후 독일과의 경쟁이라는 과제가 그 중심에 놓여 있었다. 화학 산업 발전에 따른 독일의 경제력 강화에 대항해 리비히 실험실을 비롯한 독일의 고등 교육 및 연구 시스템을 모델로 수용한 이 학교 건립위원회의 이슈는 과학과 산업의 결합이었다.

샤를 로스(Charles Lauth), 샤를 뷔르츠(Charles Wurtz), 샤를 프리델(Charles Friedel), 알뱅 알레(Albin Haller), 폴 쉬첸베르제(Paul Schützenberger)는 과학과 실천 그리고 과학과 산업 관계의 중요성을 일깨우는 데 직접적인 영향을 주었다. 이 학자들은 다니엘 포크(Danielle Fauque)와 게오르그 브람(George Bram)과 더불어 일명 '알자스 인맥'의 중추를 이루고 있었다. 이들은 화학 산업 분야에서 일찍이 성공한 독일 모델을 프랑스 대중에게 널리 알리는 데 기여했다. 이를 위해 뷔르츠와 프리델이 주축을 이루어 1872년 설립한 프랑스 과학 발전 협회(Association française pour l'avancement des sciences)를 후원했고, 매년 여러 지방에서 학회를 개최해 자신들의 생각을 효율적으로 확산하기 위해 노력했다. 여느 알자스 인맥 학자들과 마찬가지로 로스는 독일 산업의 놀라운 성장이 기업, 연구, 교육 사이의 긴밀한 연계 속에서 가능했다고 확신했다. 실제로 독일이 체계적으로 조직화하고 탄탄한 재정을 확보한 자율적인 대학 네트워크를 훌륭하게 구축했다는 점은 널리 인정받고 있었다.

일부 알자스 출신 학자들은 독일의 산업화학 발전에 따른 경제력 강화에 자극을 받아 독일의 고등 교육 및 연구 시스템, 그중에서도 특히 과학과 산업을 접합한 리비히 실험실을 모델로 수용하기로 결정했다. 리비히는 1825년부터 이미 실험실이 구체적인 기술을 습득한 화학자를 배출하는 데 필수적임을 깨달았으며, 기센의 리비히 실험실은 독일 화학의 중심이 되었다. 독일의 대학과 고등기술학교는 주로 졸업생들이 지도하는 훌륭한 실험실을 갖추고 있었다. 탄탄한 재정과 조직화한 연구 여건, 탈중심화하고 자율적인 대학, 실용주의, 독일 대학의 강점인 순수과학의 자율성, 고등 교육에서의 강도 높은 연구와 실천적 응용은 독일 모델을 구성하는 중요한 요소로 인식되었으며 프랑스 과학 발전 협회의 알자스 학자들은 프랑스에서 그런 요소들을 찾을 수 없음을 안타까워했다.

"부족한 것은 교사도 학생도 아닌 학교입니다." 로스가 파리 시의원으로 재직하던 1878년 만국박람회에서 화학 생산물 부문 보고를 맡았을 때 상공부 장관에게 보낸 편지의 일부이다. 로스는 이 편지에서 고등 교육의 개선이 수년 전부터 이미 시작되었음을 알렸다. 경쟁 국가들에 비해 화학 산업이 저조한 데서 비롯된 손상 받은 애국심의 표출이었다. 이 편지에서 로스는 무엇보다 생화학을 습득할 능력이 있는 학생들을 모집하고 연구와 교육 그리고 산업적 응용에 기여할 수 있는 화학 교육을 위한 실험실 설립의 필요성을 주장했다.

당시 명성을 자랑하던 프랑스 화학자 대부분은 제약학교(Ecole Pharmacie) 출신이거나 이학부 출신이었다. 장-바티스트 뒤마(Jean-Baptiste Dumas), 알레, 로스가 제약학교 출신이었고 앙리 드빌(Henri Deville), 뷔르츠, 쉬첸베르제가 이학부 출신이었다. 일찍이 1822년 건립한 뮐루즈 고등화학학교(Ecole supérieure de Chimie de la Ville de Mulhouse)는 프랑스-프로이센 전쟁 이후 독일로 넘어갔고, 1872년 건립한 프레미 학교(Ecole de Fremy)는 프레미와 베르텔로 사이의 적대적 관계로 인해 재정적 곤경에 처하면서 1892년 폐교했다. 1878년 파리에는 25개의 화학 실험실이 존재했지만 연구 중심이고 교육적인 면에서는 부실한 상황이었다.

로스는 이후 전문 화학 엔지니어 양성을 위한 훌륭한 교육 모델을 갖춘 3년제 '국립화학학교(Ecole Nationale de Chimie)'를 기획했다. 미래를 위해 로스가 구상한 교육 프로그램은 자신의 화학 교육 이념을 반영한 것이었다. 로스는 이 학교를 수업과 컨퍼런스 형식으로 이루어진 이론 교육과 동시에 실험실에서 이루어지는 실습 교육을 포함한 3년 연속 과정으로 구상했다. 1학년에서는 광물의 질적·양적 분석과 기초 준비 과정을, 2학년에서는 유기 분석·산업적 분석 외에 어렵고 복잡한 준비 과정을 교육하고자 했다. 컨퍼런스 주제는 화학 산업에 관한 발표로 기획했다. 3학년에서는 학생들로 하여금 다양한 프랑스 산업 문제의 결함에 대한 방법론적 연구를 통해 제반 산업 문제를 해결할 능력을 배양하도록 훈련하려 했다. 아울러 컨퍼런스는 학생들에게 최신 과학과 산업의 흐름을 보여주는 것으로 기획했다. 그리고 3년 수료 후 시험을 통해 우수한 학생들에게 화학 엔지니어 디플롬이라는 전문 디플롬을 수여하도록 했다.

로스는 다른 알자스 인맥 학자나 그들과 생각을 공유하는 파스퇴르나 베르텔로 같은 학자와 마찬가지로 폴리테크닉 학교 고유의 특성인 과도한 추상적 교육이나 기술직업학교 프로그램의 사례에서 나타나는 단순한 경험적 교육이라는 이중의 장애물을 벗어나야 한다고 생각했다. 과학의 실험적 접근과 실험실 연구를 강조한 새로운 교육은 학생들에게 진정한 응용 연구 능력을 발전시키고 수준 높은 과학적 역량을 인접 분야의 산업적 응용에 적용해 새로운 화학 산업을 부흥시킬 능력을 지닌 화학 엔지니어를 배출하는 것을 목적으로 했다.

그러나 상공부 장관은 로스의 청원을 받아들이지 않았다. 앙드레 그렐롱(André Grelon)은 당시 로스의 기획이 거부된 이유를 비판을 흐리게 만든 그랑제콜과 파리 대학 옹호자들의 압력 때문이었다고 평가한다. 로스의 기획은 결국 실현되지 못했지만, 1882년 창립한 파리 시립물리화학공업학교를 비롯해 소르본 응용화학실험실(1896년) 등 이후의 여러 화학 엔지니어 양성 기관을 설립하는 데 지대한 영향을 미쳤다.

파리 시의회 의원이던 로스는 파리로 방향을 돌렸다. 그는 학교 창설 문제를 1880년 12월 의회 안건으로 제시했다. 아울러 이 문제를 관장하는 위원회를 만들고 그에 필요한 경비를 충당하기 위해 1만 프랑의 자금을 조달하기로 결정했다. 그 결과 1882년 8월 샤를 플로케(Charles Floquet)는 파리 기업인들의 지속적인 요청과 더불어 파리 시의회가 여러 민간단체와 함께 기획한 파리 시립물리화학공업학교[8] 창설 법령을 선포했다.

초기 1~3대 학장은 창립 멤버인 쉬첸베르제, 로스 그리고 알레였다. 알자스 인맥을 통해 발전하고 지원받은 이념의 영향으로 설립한 이 학교는 알자스 학자들이 칭송하던 독일 실용주의를 수용하고 계승함으로써 실천적 양상과 실험적 연구를 강조한 교육을 수행했다. 이 학교의 수업 과정을 보면, 순수 이론 수업은 4분의 1에 불과하고 나머지는 산업적 응용을 위한 과학 수업으로 이루어져 있었다. 여기에는 실험실의 실습 훈련, 산업 제도(dessin), 기술적 문제를 포함하고 이론적 컨퍼런스는 거의 없었다. 이는 이 학교가 산업계에 뿌리내리고자 했던 의도를 잘 보여준다. 이 학교는 점차 산업계와 매우 친밀해졌다. 이러한 밀착성은 여러 기업가들이 학교 행정위원회 내부에 참여하는 한편, 학교 교수협회 구성원들이 산업 프로젝트에 활발히 참여함으로써 이루어졌다. 이 학교의 관리에서 산업체가 차지한 위상은 "……행정 고문을 파리 기업가들로 구성했고, 일부 수업을 기업에서 일하던 과학자들에게 위임했으며, 학교 조직은 기업가들의 기술적 전략과 조화를 이루고 있었다"는 테리 신의 설명에서도 잘 드러난다.

과학 활동을 산업과 연결하고자 했던 이 학교의 창립 정신이 앞에서 설명한 로스의 초기 프로젝트에 담긴 이념과 정확히 일치한 것은 아니지만 어느 정도 유사한 점은 있었다. 로스는 고등 교육의 현실을 비판하면서, 특히 파리의 실험실은 지식 있는 이들에게는 충분하지만 지식 습득을 원하는 이들에게는 불충분하다고 안타까워했다. 새로운 산업을 부흥시키고 과학 연구를 실천적 결과로 전환하는 연구를 가능케 할 학생들을 양성하는 기능이 부족하다고 생각했기 때문이다. 따라서 로스는 과학 활동과 산업을 연결하고자 했으며, 이 학교를 창설할 무렵에도 이러한 의도를 유지하고 있었다.

초기 파리 시립물리화학공업학교에서 로스의 원래 의도는 세 가지로 나뉘어 수용되었다. 첫 번째는 교육 목적을 기술적 측면으로 제한하는 것이었다. 실천적 연구의 지적 성취에 필요한 최소한의 지식 이외에 순수과학이나 그 발전에 대한 내용은 거론하지 않았다. 두 번째로, 초기 단계의 연구는 응용 연구라 하더라도 가치를 인정받지 못했다. 교육에 비해 연구 시간의 비중이 매우 낮았다. 마지막으로, 학교의 산업적 소명에 직접적 영향을 주지 않는 연구 결과는 배제했다. 교수 준비생들은 학교에서 하루 종일 보내야 했고, 엄격한 규칙이 정해져 있었으며, 개인적 연구 기회는 거의 주어지지 않았다. 아울러 이들은 차후 연구소장이 되거나 실험실에서 학생을 가르쳤다.

쉬첸베르제, 로스, 알레의 견해는 각각 약간씩 차이를 보였지만 이들 3명의 초기 학장은 모두 학교의 산업적 소임과 과학 활동의 역할을 균등하게 유지하기 위해 노력했고, 이 학교 졸업생들은 프랑스 화학 및 관련 산업에서 중요한 역할을 했다. 1903~1935년에 3명의 물리학 혹은 화학 분야 노벨상 수상자를 배출했고, 그중 우리에게 잘 알려진 퀴리 부부도 이 학교 출신이었다.

3.4 파리 고등전기학교

제2차 산업혁명기에 신설한 학교 중 전기 분야에서 가장 명성이 높았던 파리 고등전기학교의 설립 배경과 전기 엔지니어 양성을 위한 이 학교의 교육 프로그램을 살펴보자. 19세기 후반 새로운 전기 산업의 발달은 기존에 확립된 사물의 질서뿐만 아니라 사회적·직업적 질서의 변화까지 초래했다. 전기 산업의 대중화 이전에 먼저 전신이 발달하면서 에콜 폴리테크닉 출신들로 구성된 전신 엔지니어 단체를 설립했다. 이 단체는 일찍이 1845년부터 새로운 전신 기술에 종사할 수 있는 응용학교의 설립을 요구해왔다. 그 결과 1878년 7월 12일 재무부 정무차관이던 아돌프 코슈리(Adolphe Cochery) 주도로 고등전신학교(Ecole Supérieure de Télégraphie)를 신설했다. 에콜 폴리테크닉의 응용학교 중 하나인 이 국립학교는 에콜 폴리테크닉 졸업생·민간 엔지니어·대학교 이학사 출신에게 개방되었고, 국가 전신 업무를 담당할 전신 엔지니어를 양성하기 위해 프랑스에서 최초로 전기공학 교육 프로그램을 실시한 것으로 알려졌다. 그러나 전신 엔지니어들의 성공은 길지 않았다.

1875년 알레 다로스(Hallez d'Arros) 백작이 국제전기박람회 개최를 제안하면서 전기에 대한 관심은 더욱 증폭되었다. 마침내 1878년 파리 세계박람회가 열렸을 때 전기는 새로운 산업 단계로 부각된 반면 전신은 부차적인 지위로 밀려났다. 이런 분위기에서 1879년 일부 금융가를 중심으로 새로운 전기 산업의 진흥을 위한 국제전기박람회 및 전기 엔지니어 대회(Congrès International des Electriciens)[9]의 조직화가 이루어졌다. 1881년 열린 파리 국제전기박람회는 토머스 에디슨같이 전기 제조업의 상업적 이익에 관심이 많던 발명가들의 상품 전시장이었을 뿐 아니라 전기의 근대성과 신생 공화국의 근대성을 결합시킨 역사적 무대로 평가받곤 한다.

이 박람회의 폐막식에서 화학자이자 정치가이던 뒤마는 "19세기는 전기의 세기가 될 것이다!"고 선언하며 "전기학 또는 그 응용 발전과 미래에 관심을 가진 모든 사람을 발견할 수 있는" 전기 전문 도서관,

연구실과 실험실, 대형 강의실을 갖춘 전기중앙학교(Insti-tution centrale d'Electricité)의 설립을 촉구했다. 그는 필요한 자본을 확보하기 위해 정부보다는 기업가들에게 호소하면서 300만 프랑의 자본금을 가진 협회의 설립을 제안했다. 하지만 정부보다 민간 기업에 지원을 호소한 뒤마의 전략은 당시의 정치적 상황으로 인해 큰 호응을 끌어내지 못했다. 화학계의 거장이던 뒤마는 중앙공예학교의 설립자, 제2제정 시기의 장관과 상원의원, 고등공교육위원회 위원장, 파리 시의회 의장, 과학 아카데미 사무국장 등 여러 요직을 두루 거친 인물이었지만 제3공화국의 권력과는 이렇다 할 인연이 없었다. 이런 뒤마의 계획을 구체화한 인물은 당시 초대 우편전신부 장관을 지낸 물리학자 마스카르였다. 그는 국제전기박람회의 수익 일부로 연구소를 설립한 후 그것을 우편전신부 산하에 두는 1882년 2월 24일 법 제정을 주도했다.

그 첫 결실은 1883년 8월 25일 설립한 국제 전기 엔지니어 협회(SIE)[10]였다. 연구소장직을 맡은 마스카르에게 이 새로운 단체는 공권력에 대한 자율성의 확대를 의미했다. 표준치를 정하는 업무 및 실험실 테스트와 차별적인 응용학교의 필요성을 인식한 국제 전기 엔지니어 협회 회원들은 1894년 12월 3일 전기 산업에서 요구하는 실용 지식을 엔지니어들에게 제공하기 위해 전기중앙연구소 응용학교(Ecole d'Application du Laboratoire Central d'Electricité)를 설립하고 마스카르에게 교장직을 맡겼다. 이 학교는 졸업장을 가진 엔지니어나 또는 선발 시험을 통해 그들과 동등한 수준을 가진 학생에게 개방되었으며, 1년의 학업 과정에 200프랑의 수업료를 받았다.

또 학업 프로그램은 산업 전기 강좌(30~35시간), 전기 계측 강좌(20~25시간), 전문적인 문제에 대한 일련의 강연(전신·전화·발전기, 제작·철도·기계 분야, 전기 응용·전기 배선·전기화학), 전기 실습, 작업장 실습, 산업 설비 프로젝트 건설, 공장 방문 등을 포함했다. 수학이나 응용수학, 재료 구조, 설계 등에 대한 엄격한 선정 과정을 거쳐 첫 해에 입학한 학생 수는 12명으로 그중 8명이 최초로 전기 엔지니어 졸업증서를 취득했다. 1896년 12월 30일 전기중앙연구소 응용학교는 교명을 파리 고등전기학교로 바꿈으로써 전기중앙연구소와 분리되었다.

주지하다시피 20세기 초 산업 기술 시스템의 변화에 직면해 기존의 여러 공학학교가 훨씬 전문화한 교육을 조직화하려 했다. 파리 고등전기학교는 전기 응용 교육 확대를 위해 새로운 주제들을 교육 프로그램에 담았다. 학생들은 특별 수업을 통해 증기 기관에 대한 간략한 개념을 공부하고, 전기 기계 부문에 해당하는 터빈 교류 발전기·변압기에 대한 공부와 다양한 주제의 강연을 들었다. 그럼으로써 한편으로는 일반 전기와 전기공학, 또 한편으로는 전기 계측이라는 두 가지 교육이 유기적으로 결합된 구조를 갖추어갔다.

1908년 파리 고등사범학교 출신의 물리학자 폴 자네(Paul Janet)가 신임 교장으로 부임하면서 파리 고등전기학교와 산업계의 관계도 매우 긴밀해졌다. "전기가 물리학자들의 품으로 들어갔다"는 테오도즈 뒤 몽셀(Théodose du Moncel)의 우려에도 불구하고 파리 고등전기학교는 전기 산업의 발전 과정에 잘 적응했으며, 다양한 배경을 지닌 학생을 모집함으로써 '전기공학 교육의 메카'로서 유리한 조건을 과시했다. 1911년 6월 29일 자네는 정규 강좌 외에 '무선전신(radiotélégraphie)' 특별 교육 프로그램을 신설하고 전쟁부, 해군부, 식민지부, 상업부로부터 보조금을 지원받았다.

1912년 2월 5일부터 시작된 무선전신 강좌에는 전쟁부에서 파견한 9명의 공병 및 포병 장교, 해군부에서 파견한 4명의 해군 중위, 식민지부에서 파견한 2명의 포병 및 보병 장교, 4명의 민간인 학생 그리고 1명의 청강생을 포함해 20명이 수강했다. 무선전신 강좌는 6개 분야—무선전신 실무 강좌(20개), 무선전신 이론 강좌(10개), 무선전신 실습, (기계 발동기, 전기와 전기공학, 전기 계측 관련) 예비 연속 강연, (상용 계측과 기계 시험 관련) 예비 실습, 특별 주제(무선전신, 무선전신 관련 행정 명령, 건물과 전신주, 해군에서의 무선전신 응용, 가스 부문에서의 전기 방출, 기상학의 일반 개념)—의 연속 강연 형태로 3개월 동안 진행되었다. 이 특별 교육 프로그램의 인기가 높아지면서 학생 수가 20명에서 26명으로 증가했고, 외국인 학생들에게도 수강 기회가 주어졌다.

이처럼 여러 행정부의 대표자, 국가 엔지니어단 및 공병 엔지니어단에게 우선권을 준 무선전신 특별 교육 프로그램 시행은 공익을 우선시하는 파리 고등전기학교의 입장 변화를 잘 보여준다. 1914년 2월 26일 특별 교육 프로그램을 이수한 학생들에게 두 가지 종류의 증서—무선전신 교육 자격증(brevet d'études de radiotélégraphie)과 무선전신 교육 수료증(certificat d'études de radiotélégraphie)—를 교부했다. 첫 번째 증서는 평균 점수인 14점 이상을 획득한 학생들에게, 두 번째 증서는 11~14점을 획득한 학생들에게 주었다.

새로운 통신 수단으로 인식된 무선전신 분야의 성장으로 1918~1919년 35명에 불과하던 파리 고등전기학교의 학생 수는 1919~1920년 196명으로 대폭 증가했다. 전쟁으로 멈췄던 무선전신 강좌를 재개하자 통신단 소속 미군 장교(36명)와 하사관 및 병사(16명), 프랑스 장교(13명)가 수강했다. 1919년 11월부터는 처음으로 이학사 출신 여학생이 수강했다. 1920~1921년 군 복무 기간의 축소로 통신병 양성이 필요해지자 무선전신 교육 자격증을 '무선전신 엔지니어 졸업증서(diplôme d'ingénieur radiotélégraphiste)'로 변경하자는 제안을 받아들였다. 이 자격증을 취득하기 위한 조건은 평균 14점 이상을 획득해야 하는 전기공학 졸업증서와 유사했다. 단 평균 13점일 경우 교육 수료증을 교부했다.

다양한 강좌를 개설하고 학생 수가 증가하자 파리 고등전기학교는 신축 교사로 이전하는 계획을 세웠다. 이를 위해 1924년 3월 15일 1200만 프랑의 자본금을 프랑스 전기 엔지니어 협회에 1.5퍼센트의 이자율로 빌려주고 99년 뒤 상환토록 하는 조건으로 프랑스 고등전기공학교육 발전육성주식회사(Société pour Favoriser le Dévelopment du haut Enseignement de l'Electrotechnique en France, SFDEEF)를 설립했다.

자본금을 모으기 위해 기업가들은 전기 산업계의 유력 인사들에게 회람장을 돌렸을 뿐 아니라 전기 엔지니어 양성을 위해 실험실의 설비를 새것으로 바꿔야 하고 교육을 위해 필요한 건물을 지어야 한다는 구호를 앞세워 정치가와 행정가를 공략하고 언론 캠페인을 조직했다. 이에 '전기 왕' 에르네스트 메르시에(Ernest Mercier)가 이끌던 전기연합그룹이 43만 프랑, 전기공학회사(Compagnie électromécanique)·전기종합회사·파리 배전회사 등이 각각 30만 프랑을 출자했다. 더 나아가 SFDEEF는 정부에 400만 프랑의 보조금을 요청했다. 1924년 7월 응용 교육 관련 법이 통과되자 파리 시가 195만 프랑, 센(Seine) 지방의회가 65만 프랑을 보조하기로 결정했다. 1925년 5월 12일 SFDEEF가 모집한 자본금은

약 1000만 프랑에 달했다.

1925년 11월 9일 가스통 두메르그(Gaston Doumergue) 대통령이 참석한 가운데 말라코프(Malakoff) 신축 교사 기공식이 열렸고, 진보·과학·기술을 찬양하는 축사가 줄을 이었다. 2년 뒤인 1927년 11월 10일에는 마침내 완공식이 열렸고, 이후 말라코프 교사는 파리 고등전기학교의 도약과 동의어가 되었다.

1930년대 들어서면서 파리 고등전기학교의 학업 조직과 전기 엔지니어 자격에 몇 가지 변화가 생겼다. 가장 중요한 변화는 '무선공학' 부문을 새로 추가하면서 기존의 무선전신 엔지니어 졸업증서가 '무선공학 엔지니어 졸업증서'로 바뀐 것이다. 조명 부문 관련 강좌에서 조명과 건축과의 관계, 가내 전기 응용 및 접속과 관련한 강연이 새로 추가되었고, 외국인 엔지니어들도 파리 고등전기학교에서 강연할 수 있는 기회가 주어졌다. 또 새로운 과학 연구 기금에서 나오는 보조금 덕분에 파리 고등전기학교에서도 전기중앙연구소에서 하던 연구를 할 수 있게 됨으로써 파리 고등전기학교와 전기중앙연구소의 자율성이 강화되었다.

파리 고등전기학교 교육 과정의 중심은 설립 초기의 전신에서 1920년대 무선전신과 전기 조명 그리고 1930년대 들어서는 무선공학 분야로 변화를 거듭했고, 그에 따른 교육 프로그램의 조정도 불가피했다. 또 1900년대 초 지방의 대학교 부설 전기공학 연구소들이 설립됨에 따라 파리 고등전기학교는 산업계의 요구에 부응하기 위해 한편으로는 산학 협동을 위한 전기중앙연구소를 활성화하고, 또 한편으로는 기존의 그랑제콜과 함께 지방의 전기공학 연구소들과 공동 협력 시대를 열어갔다. 더 나아가 외국인과 여성 그리고 청강생에게도 문호를 개방함으로써 명실상부한 고등 전기공학 교육 기관의 메카로 거듭날 수 있었다.

4 엔지니어의 사회적 위상과 새로운 엔지니어 문화

새로운 산업적 요구는 엔지니어의 전문화 요구로 이어질 수밖에 없었고, 그 결과 공학 교육 체제의 확장과 변화도 불가피했다. 20세기 초에 이르면 엔지니어 학위의 양산으로 인한 엔지니어의 질과 위상 하락이라는 우려를 불러일으켰고, 이에 다양한 엔지니어 단체의 압력 때문에 1930년대 들어서는 엔지니어 학위의 사용과 교부 조건에 관한 법을 제정하기에 이르렀다. 이러한 변화는 교육 환경뿐 아니라 기존 직업 구조의 변화까지 초래했다는 점에서 주목할 만하다. 즉 산업화의 결과가 공학 교육 체제의 변화로 이어졌고, 그것이 다시 엔지니어의 전반적 지위와 위상의 변화를 수반한 것이다. 화학, 전기, 알루미늄, 자동차, 석유 산업 등이 성장한 제2차 산업혁명기의 프랑스 엔지니어는 당시의 최첨단 산업에서 선도적 역할을 담당했고, 새로운 기업을 설립하고 경영하는 데도 주도적으로 활동했다.

무엇보다도 이 시기를 통해 엔지니어라는 전문 직업은 다른 직업들과 비교해 새로운 공학 교육을 받은 중·하층 부르주아 계급에게도 개방되어 광범위한 사회 이동의 기회를 제공했다. 엔지니어들은 점차 기업 내 최고 경영 직책에 오르거나, 스스로 창업하면서 자본가 혹은 기업주로 탈바꿈하기 시작했다. 1880년 이후 엔지니어의 위계화는 이전 시기에 비해 훨씬 복잡하고 다양한 스펙트럼을 보여준다. 엄격한 위계에 따른 프랑스의 엔지니어 문화는 사회적 유동성에서도 다소 배타적인 성격을 띠며, 이러한 현상은 다른 국가와 차별화되는 프랑스 공학 문화의 특징으로 나타난다.

4.1 공학 교육 네트워크의 형성

제3공화국 시기 전통적 그랑제콜과 신설 학교 사이에는 묘한 긴장 관계와 동시에 활발한 협력 관계가 이뤄지기도 했다. 긴장 관계는 전통적 그랑제콜 출신들의 헤게모니 수호를 위한 노력과 신설 학교 출신들의 헤게모니 쟁취를 위한 투쟁으로 요약할 수 있는데, 이 문제는 뒤에서 검토하기로 하고 이 절에서는 먼저 협력 관계를 살펴보기로 하자.

전통적 그랑제콜과 신설 학교 사이에는 입학 문호의 제한과 개방 그리고 교육 프로그램의 상호 교류 혹은 일방적 개방 등을 통한 협력 관계가 형성되었다. 여기서는 파리 고등전기학교와 전통적 그랑제콜 및 대학교 신설 연구소 사이의 협력 관계를 살펴봄으로써 당시 전기공학 교육 네트워크가 어떤 방식으로 형성되었는지 살펴볼 것이다.

먼저 파리 고등전기학교 진학생 중에는 중앙공예학교 졸업생이 많았다. 파리 고등전기학교는 국가 전기 엔지니어단과 별개의 독립적이고 자율적인 교육 기관임을 내세우면서 개교 초부터 민간 엔지니어 양성 기관인 중앙공예학교와 특별히 돈독한 관계를 유지하고 있었다. 파리 고등전기학교는 에콜 폴리테크닉의 응용학교를 모델로 삼은 전기 전문 응용학교로 출발했지만, 학생 모집과 관련해서는 국가 엔지니어 양성 학교와 민간 엔지니어 양성 학교 사이에 위치하며 그랑제콜 출신 외에 다양한 학생을 받아들였다. 그뿐만 아니라 파리 고등전기학교의 강좌를 유일하게 중앙공예학교 학생들에게도 개방했는데, 이 점은 파리 고등전기학교와 중앙공예학교 사이의 각별한 관계를 잘 보여준다.

그러나 파리 고등전기학교의 자율성을 중시한 마스카르는 정부의 개입에 대해서는 매우 단호한 거부 의사를 밝혔다. 마스카르가 보조금을 요청했을 때 파리 시의회는 파리 고등전기학교에 보조금을 지급하는 대신 파리 시가 설립한 시립물리화학공업학교의 학생들도 중앙공예학교 학생들과 동등한 조건으로 파리 고등전기학교의 강좌를 수강할 수 있는 권리를 요구했다. 그러나 마스카르는 정부의 요구를 받아들일 경우 파리 고등전기학교가 국가 엔지니어 양성 학교로 바뀔 우려가 있고, 또한 프랑스 정규 엔지니어 교육의 틀 안으로 통합될 우려가 있어 이를 단호히 거절했다.

또한 기술직업학교와 관련해 1898년 10월 파리 고등전기학교 학업 개선위원회는 "졸업 시험 때 세 과목―수학, 기계, 전기―에서 적어도 평균 14점을 획득한다는 조건으로 공석이 생겼을 때에 한해 시험 없이 졸업생을 받아들이기로 결정했다". 이에 지방 학생들이 몰려들었다. 한 예로 1899년 생테티엔 광업학교(Ecole des Mines de Saint-Etienne) 동창회가 파리 고등전기학교의 입학시험 면제를 요구하자 학업개선위원회는 이 학교 출신 엔지니어들이 파리 광업학교 출신 엔지니어들과 동일한 수준의 교육을 받은 것으로 간주해 만장일치로 입학시험 면제를 허용했다.

한편, 1902년 전쟁부 및 우편전신부 장관은 학교의 자율성을 지키기 위해 정부의 요청에 단호한 태도를 취하던 마스카르에게 국가 엔지니어단 소속 엔지니어들에 대한 입학 허가를 공식적으로 요구했다. 개교 당시 학교의 자율성을 강조하던 마스카르는 태도를 바꿔 전쟁부 소속 장교 2명, 우편전신부 정무차관이 추천한 고등우편전신전문학교 학생 2명의 입학을 허용했다. 당시 파리 고등전기학교의 수업료는 700프랑이었는데, 이들은 등록금 50퍼센트 면제라는 특권을 받기도 했다.

1908년 자네가 교장으로 부임한 이후 파리 고등전기학교 입학이 가능한 학교의 범주를 중앙공예학교, 토목학교, 해군공병학교, 에콜 폴리테크닉, 우편전신학교 엔지니어, 화약초석연구소 엔지니어, 이학사, 기술직업학교 표창자, 해군 장교, 전쟁부 파견 장교, 선발 시험 합격자, 외국인 학생, 재입학 졸업생을 포함한 '특별한' 경우 등 13개로 늘렸다. 그랑제콜, 기술직업학교, 대학교 출신 등이 한데 모여 교육받을 기회가 생겼지만 입학생들의 교육 수준은 차이가 컸다. 예컨대 이학사들은 도면을 그리지 못하고, 기술직업학교 학생들은 수학에 약하다는 통념이 어느 정도 현실을 반영하고 있었다. 따라서 학생들 사이의 격차를 없애고 균질한 수준을 유지하기 위해서는 학업 조직화가 불가피했다. 학업 조직화 요구를 둘러싸고 학업개선위원회 내에 여러 의견 차이가 있었는데, 산업 응용 부문의 전기 엔지니어를 양성하기 위한 실용적 교육 방식은 이론 중심 엔지니어 학교들의 강좌보다는 물리 기술 강좌나 대학교 부설 전기공학 연구소 강좌를 모델로 삼았다.

이와 같이 다양한 공학학교와 네트워크를 지향하면서 새롭게 고안한 교육 방식은 파리 고등전기학교 학업 조직화에 중대한 영향을 미쳤다. 학생들은 조별 실습[11]이 끝난 후 보통 스위스 연수나 파리 조명 분

표 2 1894~1925년 파리 고등전기학교 입학생의 출신과 학생 수

출신	학생 수(명)
기술직업학교	408
국가 엔지니어(문관, 무관)	407
이학부	361
중앙공예학교	196
에콜 폴리테크닉	194
대학교 연구소 및 기타 기술학교	114
토목학교, 광업학교	32
입학 선발 시험 합격자	937
외국인	155
총계	**2,804**

출처: Charles R. Day, *Les Ecoles d'Arts et Métiers. L'enseignement technique en France XIXe–XXe siécle* (Paris, Belin, 1991), p. 170.

야, 특히 샹젤리제와 센 강 좌안 지구의 공장이나 전차 회사에서 연수함으로써 교육 과정을 마쳤다. 실험실 실습 시간은 늘 수업 시간을 상회했는데, 제1차 세계대전 직전의 수업 및 강연 시간은 1년에 300시간, 실습 시간은 총 492시간이었다. 또 졸업증서를 취득하기 위해서는 기말 시험에서 20점 만점에 12점(1897년부터 14점)을 따야 했고 학업 과정에서 설비 기기, 동력과 조명의 배치와 공급, 직류 발전기 계산, 교류 장치나 기계, 제조 부문을 포함하는 5개의 프로젝트를 수행해야 했기 때문에 파리 고등전기학교를 '프로젝트 전문가' 양성소라 일컫곤 했다.

전기공학 연구소의 인기가 높아지면서 외국인 학생들의 수가 점차 늘어났다. 제1차 세계대전 직전 전기공학 연구소 학생의 4분의 1 정도

만이 프랑스인이었고, 나머지는 러시아와 발칸 지역 등지에서 온 외국 학생들이었다. 이학사 출신들은 실험실과 전문 인력 부족 등 몇몇 결함에도 불구하고 직업계서제(職業階序制: 모든 직업의 권한이 뚜렷이 구분되는 제도)상 기존의 그랑제콜 출신이 속해 있던 파리 시립물리화학공업학교-파리 고등전기학교와 사립전기학교 출신 사이에 위치하면서 응용 과학 교육의 잠재력을 향상시키는 데 기여했다.

그러나 제1차 세계대전이 발발하면서 공학 교육 네트워크의 메카로 서 중요한 기능을 담당하던 파리 고등전기학교는 위기를 겪었다. 대부분의 학교와 마찬가지로 파리 고등전기학교 재학생과 졸업생 그리고 교직원도 전선에 동원되었다. 1200명의 재학생과 졸업생이 동원되었는데, 그중 138명이 귀환하지 못했다. 이런 상황에서 학업개선위원회는 앞서 여학생의 입학을 허용한 중앙공예학교, 생테티엔 광업학교, 파리 시립물리화학공업학교, 국립농학학교 등과 마찬가지로 여학생의 입학 허용 문제를 제기했다. 장기간의 논쟁을 거쳐 1917년 10월 세 가지 안을 투표로 결정했다. 1차 투표에서는 찬성 10명, 반대 6명, 기권 3명으로 여학생의 입학을 허용했다. 2차 투표에서는 여성 지원자 2명—마르세유 출신의 아바르(Havard)와 파리 출신의 칸(Kahn)—의 입학을 허용 했으며, 마지막 3차 투표에서는 프랑스 국적을 가지고 프랑스에서 공부한 여성에게만 입학을 허용했다.[12]

프랑스 국적의 여학생에게만 입학을 허용한 것은 남학생의 경우와 대조적이었다. 설립 초기부터 파리 고등전기학교는 벨기에, 중국, 일본, 에스파냐, 핀란드, 그리스, 룩셈부르크, 네덜란드, 아르헨티나, 루마니아, 러시아, 체코슬로바키아 등 외국인 남학생을 받아들였다. 그들 중 일부는 낮은 수준의 졸업증서를 가지고 있었으나 시험 없이 입학을 허용했다. 이런 예외적 태도에는 외국인 학생들을 통해 학교의 명성을 널리 알리고, 프랑스 기업들의 외국 진출을 돕기 위한 국제적 네트워킹 목적이 내포되어 있었다.

하지만 여학생의 경우 프랑스 국적으로 제한을 둔 것은 당시 높아지고 있던 민족주의 정서가 한몫했다. 이러한 분위기는 1917년 4월 7일 임시의회가 공익 기관의 성격을 가진 국제 전기 엔지니어 협회의 명칭을 '프랑스 전기 엔지니어 협회'로 변경한 사례에서도 잘 드러난다. 이 같은 결정의 이면에는 파리 과학 아카데미에서 독일 학자들을 추방했던 것처럼 삼국동맹국 출신의 외국인을 협회에서 추방하기 위한 의도가 숨어 있었다. 이와 비슷한 조치는 교전국들에서도 취해졌다.

전쟁 동안에도 프랑스의 지체된 기술 연구에 대한 자성 그리고 재조직의 필요성을 둘러싼 논쟁과 동시에 대학교와 기업의 연구 실험실 수를 집계하는 조사와 연구의 조직화 및 엔지니어 양성에 대한 검토가 이루어졌다. 더 나아가 독일의 기술적 우위를 따라잡기 위해서는 대학교와 긴밀한 협력 관계를 수립해야 한다는 논의가 여러 분야에서 이루어졌다. 이에 시대적 필요와 파리 고등전기학교의 발전 및 신설 교육 프로그램을 지원하던 기업가들의 요구에 따라 1919년 파리 고등전기학교와 대학교는 공동 교육을 위한 첫 협약을 체결했다.

소르본 대학교에서 물리학 강좌를 담당하던 뤼시앵 푸앵카레(Lucien Poincaré)는 전쟁 말기에 파리 대학교 이학부 학생들이 자네가 강의하던 일반전기공학 강좌를 파리 고등전기학교 학생들과 동일한 조건으로 이수한다는 협약을 체결했다. 이 협약에 따라 두 기관의 공동 교육은

1919년 1월 16일부터 시작되었다. 이학부 학생들은 일주일에 한 번 파리 고등전기학교에서 실습을 했고, 이 과정을 마치면 이학사의 3분의 1에게 일반전기공학 고등 교육 수료증을 교부했다. 이 공동 교육의 원활한 운영을 위해 파리 대학교는 3만 프랑의 보조금을 요청했고, 프랑스 전기 엔지니어 협회는 평소처럼 몇몇 회원의 특별 기부금을 기대했다. 기업가들 사이에서 파리 고등전기학교나 대학교와의 협력에 대한 우려가 전혀 없었던 것은 아니지만 전기공학회사처럼 1만 프랑의 기부금을 쾌척하는 경우도 있었다.

전후 파리 고등전기학교의 강의는 크게 세 가지 주제―전기 설비, 전기 용품, 전력 생산 및 배전―로 나뉘었고, 철도화 및 전자 동력 관련 강의도 이루어졌다. 파리 고등전기학교는 기업가들의 보조금과 장학금을 적극 유치했고, 일부 교재는 프랑스에서 거의 유일한 것이었기 때문에 다른 학교들에서도 교재를 사용하도록 해달라는 요청이 잇따랐다. 또한 전쟁으로 멈췄던 무선전신 강좌를 재개하자 파리 고등전기학교 · 통신대 · 파리 대학교 사이의 협력이 강화되었을 뿐만 아니라 이론 실험 강좌, 일반전기공학 · 계측 · 열기관에 대한 개정 교육, 무선전신과 관련한 60개의 연속 강의를 포함해 다양한 주제의 교육이 이뤄졌다.

무선전신 교육 네트워크의 성공에 이어 조명 부문에서도 파리 고등전기학교와 대학교 부설 연구소들의 협력이 늘어났다. 파리 고등전기학교에서는 1925년 2월 18일부터 '전기 조명' 교육 프로그램을 신설했다. 이 프로그램은 파리 배전회사, 파리 가스회사, 램프회사 등의 지원을 받아 주로 도로 · 공공장소, · 작업장의 조명, 개인 주거의 조명, 전기

표 3 1928년 전기공학 부문 강좌를 들을 수 있었던 학생의 출신과 학생 수

출신	학생 수(명)
전쟁부 파견 장교	4
해군부 파견 장교	3
농업공학 연수 부엔지니어	7
고등우편전신학교의 학생-엔지니어	16
에콜 폴리테크닉	3
중앙공예학교	8
토목학교	1
리옹 중앙학교	5
전기공학연구소(그르노블, 낭시, 툴루즈)	25
프랑스 북부산업연구소	3
낭시 고등제철광업학교	1
외국 고등기술학교 학위 취득자	13
면제 요구 또는 동등 요구의 특별한 경우	14
기술직업학교 엔지니어	27
대학교 이학사	13
선발 시험 합격자	58
총계	**201**
*청강생	8

출처: Charles R. Day, *Les Ecoles d'Arts et Métiers. L'enseignement technique en France XIXe–XXe siécle* (Paris, Belin, 1991), p. 86.

응용에 대한 실험과 연구를 포함했다. 수업료는 실습을 포함한 전체 교육 프로그램 500프랑, 구술 강좌만 들을 경우에는 300프랑이었다.

　조명 분야에서 대학교 부설 연구소들과 협력했던 한 예를 살펴보자. 1920년 정부의 보조금과 기업가들의 기부금 덕분에 독일의 카이저 빌

헬름 협회(Kaiser Wilhelm Gesellschaft)를 모델로 광학이론응용연구소(Institut d'Optique théorique et appliquée)를 설립했다. 아울러 이 연구소는 파리 고등전기학교와 협력 파트너 관계를 형성했다. 파리 고등전기학교와 광학이론응용연구소의 공동 교육 프로그램은 1925년 3~6월에 걸쳐 진행되었는데 광학 기본법, 조명물리학, 광학생리학, 광도 측정, 조명 개론, 닫힌 공간 조명의 특수 사례, 조명 세기의 1차 원기(原器: 조도의 표준과 측정), 전기 아크, 백열등, 연소원, 전기 설비, 철도 조명, 등대와 영사기에 관한 강좌를 제공했다.

이와 같은 사례에서 알 수 있듯 전통적 그랑제콜, 신설 고등공학학교, 대학교 부설 연구소는 입학 허용의 특례와 다양한 공학 교육 프로그램의 공유 또는 상호 교류를 통해 범국가적인 공학 교육 네트워크를 형성하고 있었으며, 이는 정부나 지방 자치 단체뿐만 아니라 기업의 재정 지원을 비롯한 각종 입김에 큰 영향을 받았다.

4.2 산업 엔지니어의 성장과 협회의 활성화

1880년대 제2차 산업혁명기가 도래하면서 새로운 기술력에 바탕을 둔 산업의 등장으로 더욱 전문화한 엔지니어에 대한 요구가 늘어나고 새로운 성격의 공학학교를 신설하자 이후 많은 중간 계급과 소자본가 계층의 가정에서는 새로운 산업 분야의 학교와 직업을 선호했다. 그 원인은 우선 당시 엔지니어 직업의 노동 시장이 현저히 늘어났고, 새로운 엔지니어 학교들이 여기에 크게 기여했다는 데서 찾을 수 있다. 아울러 중간 계급이 선호하던 군인이나 교육직의 사회적 위상이나 소득 수준이 줄어든 이유도 작용했다. 그 자리를 산업 엔지니어 직업이 대신하면서 새로운 영예를 차지한 것이다.

이 무렵 산업 엔지니어 집단에서 드러난 명백한 변화 양상은 이들의 경제적·사회적 역할을 명확하게 규정했다는 점과 산업 엔지니어 직업군을 체계적으로 조직화했다는 점이다. 1890년대 이후 엔지니어의 기술적 능력이나 생산 관련 문제 해결 능력은 이들에게 권위와 영예를 부여했고, 이들이 속한 기업 내에서 핵심 위치를 차지할 수 있게끔 해주었다. 신세대 엔지니어들은 기업주와 노동자 사이의 분쟁을 중재하는 역할도 맡았다. 1864년 조합법령 선포 이후 20여 년이 지나 파업권을 획득하자 노동자들은 기업주의 위협 세력으로 등장했고, 팽창한 기업들로 생산이 집중되는 데 따른 비판의 소리가 높아졌다. 십장을 통해 직간접적으로 연결되어 있던 기업주와 노동자 사이의 고리가 사라지고 노동 분쟁이 심화되자 기업주들은 민생 문제나 기술적 문제 해결을 위해 엔지니어들에게 호소했다. 산업 엔지니어들은 따라서 과학적 역할을 넘어서 노동자들의 '책임자(chef)'이자 '교육자(educateur)'로서 역할을 담당했다.

대부분의 응용학교 졸업생은 어렵지 않게 직장을 찾을 수 있었고, 기업 내에서 엔지니어의 승진 기회나 속도는 다양했다. 화학의 경우 1880~1914년에 응용화학학교 디플롬을 지닌 엔지니어는 97퍼센트가 산업계에서 직장을 구했는데, 대부분 지역 산업에 종사했다. 전문 노동자나 십장은 15퍼센트 이내였고, 더러는 공장주나 기업의 중간 및 고위 관리자가 되기도 했다. 중간 관리자들은 기술과 연계된 생산 관리 혹은 생산량 증가 및 신상품 개발 연구를 담당했고, 고위 관리자들은 기업의 경영과 관리를 맡는 동시에 기술 고문 역할을 담당했다. 기술적 응용 영역에서 이들이 거둔 성과는 간혹 이들을 기업 내 최고위직으로 진출시키기도 했다. 이들의 직업적 성과는 1850~1880년 중앙공예학교 출신 엔지니어나 국가 엔지니어의 '특권주의(aristocratique)' 문화 속에서 행정적 결함을 드러냈던 것과는 확연히 달랐다.

화학 산업계의 기업가를 비롯한 산업체 종사자 집안 출신이 대부분이던 파리 시립물리화학공업학교 학생의 경우 졸업 후 가족 관계로 구성된 화학 산업 공장 및 기업에 진출하는 것이 일반적이었다. 하지만 일부 학생은 학교 창립 의도와 달리 높은 임금에도 불구하고 부침이 심한 기업보다는 안정된 학교나 국가 연구소를 선호하기도 했다. 노동자 계급 혹은 중하층 계급 가정의 자녀들이 대부분이던 리옹 산업화학학교 학생은 대부분 사립 직업학교인 마티니에르 학교(Ecole de La Matinière) 출신으로 대학 입학 자격시험인 바칼로레아(Baccalaureate)를 거치지 않고 2~3년 동안 기초 과학 지식을 습득했는데, 16~18세의 졸업생들은 리옹 염색 공장의 십장이 되었다.

응용학교 졸업생은 1920년대 이전까지는 흔히 실험실이나 가족 기업을 제외하면 고위직 승진에서 배제되는 경우가 많았다. 이 점은 라부아지에 이후 '화학은 프랑스의 과학'임을 자처하며 화학자들의 높은 위상을 자랑하던 아카데미 화학계와 대조적일 뿐만 아니라, 나아가 프랑스 학자들의 경쟁 상대이던 독일에서 화학 엔지니어들이 기업의 수뇌부에 포진해 있던 상황과 많이 다르다. 하지만 이들의 직장은 기업뿐 아니라 군대, 학교, 국가 연구소 등 다양했으며 승진 기회나 속도 역시 각기 달랐다. 이들의 활약은 1920년대 이후의 높은 사회적 위상과 정체성을 획득하는 발판으로 작용했다.

파리 고등전기학교 졸업생의 경우 특히 1911년부터 시행한 무선전신 특별 교육 프로그램을 이수한 학생들에게 1914년부터 교부한 무선전신 교육 자격증과 무선전신 교육 수료증은 이들의 진로 선택 범위를 확장해주었다. 무선전신 시장이 크게 성장함에 따라 이들의 고용 비율도 비약적으로 높아졌다.

제3공화국 출범 이후 프랑스 엔지니어는 에콜 폴리테크닉 출신(폴리테크니시엥), 중앙공예학교 출신(상트랄리엥), 기술직업학교 출신(가자르) 외에도 많은 신설학교 출신을 포함했다. 출신 학교의 '학위'는 직접 엔지니어의 위계로 연결되었다. 19세기 내내 이른바 그랑제콜 출신의 독점과 특권은 다소 완화하는 듯했으나 여전히 사회적 신분 상승을 꿈꾸던 중하급 기술자들에게는 '유리 천장' 같은 보이지 않는 차별과 배제가 작동하고 있었다.

엔지니어의 직업에 대해 말할 때 국가 엔지니어와 민간 엔지니어 이외에 중하위 기술학교 출신 중하급 기술자를 빠뜨릴 수 없다. 이들에게 눈을 돌려보자. 사실 19세기 엔지니어 다수는 중하위 기술학교 출신이었다. 예컨대 기술직업학교는 1880년대 프랑스 기계 산업 분야 기술자의 주요 공급원이었다. 이 학교는 기초 수학 이론과 약간의 실험 그리고 작업장 및 실습 훈련을 제공했고, 가자르는 다양한 엔지니어 층위에서 제일 낮은 위치에 있었다.

19세기 내내 가자르를 포함해 국가 엔지니어 집단에서 배제된 사람들은 에콜 폴리테크닉의 독점적 지위를 깨기 위해 투쟁했다. 대기업 최고 경영직을 놓고 가자르들이 폴리테크니시엥이나 상트랄리엥과

표 4 1913년 파리 고등전기학교 졸업생의 진출 분야와 인원 수

진출 분야	인원 수(명)
발전소	235
제작소 및 공장	227
육군, 해군, 전신(장교 및 엔지니어)	170
철도	87
교육계, 연구소와 감독 업무	80
전차	49
고문 엔지니어	42
전기화학과 전기 야금	39
공공 토목 사업	34
광산	33
자동차	14
미상	156
사망	44

출처: Girolamo Ramunni & Michel Savio, 1894–1994. *Cent ans d'histoire de l'Ecole Supérieure d'Electricité*, p. 65.

경쟁하는 것은 거의 불가능했을 것이다. 하지만 민간 산업 분야에서 가자르들의 신분 상승 기회가 많아진 것은 사실이며, 데이의 연구에 따르면 1882~1889년 가자르의 4분의 3이 기업주나 최고 경영자 및 엔지니어가 될 정도로 이들의 사회적 신분이 높아졌다.

20세기 초 여러 산업 분야는 가자르의 기술직 고용 인원을 지속적으로 늘렸고, 이 점은 제1차 산업혁명기와 큰 차이를 드러낸다. 가자르는 프랑스 산업에서 모든 용도의 엔지니어로 활동했다. 20세기가 되면서 중급 기술자들은 엔지니어로서 자격을 획득하고 신분을 보장받았다.

표 5 1904년 가자르의 산업별 진출 분야와 비율

산업	비율(%)
어업, 산림업, 농업	0.2
수도, 가스, 전기(공급)	5.6
석유, 액화 연료	0.1
고체 연료, 광물	1.8
광업, 건축 재료	0.2
철강 생산	1.8
1차 주철, 제련, 보일러 제조	12.8
일반 기계 공업	21.7
기계, 자동차, 선박 및 항공기 설비	7.3
전기 설비	0.9
유리, 세라믹, 건축 자재	1.6
공공사업과 건축	5.6
화학 산업, 고무, 석면	2.4
농업, 식품	1.6
섬유, 의복, 가죽, 제혁	2.1
목재, 종이, 판지, 복사지	2.7
기타 제조업	1.7
수송	11.0
무역	1.9
은행, 보험사, 상담업	7.5
인문학, 경영	2.7
군대	6.2
기타	0.6

출처: Robert Fox & Anna Guagnini(Eds.), *Education, technology and industrial performance in Europe 1850-1939*, NY, Cambridge University Press, 1993, chap. 2, p. 53.

가자르의 경우 엔지니어 학위를 취득할 권리를 얻은 것은 1907년이었다. 이들의 성공이 가능했던 것은 독일의 산업적 우세에 자극받은 제3공화국 정부의 후원과 더불어 이 학교 동창회의 노력에 힘입은 것으로 평가할 수 있다.

가자르는 또한 중앙공예학교 출신을 주축으로 1883년 설립한 '민간 엔지니어 협회' 회원의 20퍼센트를 차지하고 있었으며, 심지어 이 협회의 회장으로 선출되기도 했다. 19세기 중반까지 회원 수를 크게 확보하지 못했던 민간 엔지니어 협회는 제3공화국의 교육 정책에 따른 신설 학교와 연구소 증가로 다양한 학교 출신과 다양한 분야의 엔지니어를 회원으로 확보했고, 국가 엔지니어의 기세에 눌려 위축되어 있던 민간 엔지니어의 위상 증진에 새로운 돌파구를 마련해주었다. 하지만 가자르는 프랑스 전체 엔지니어의 4분의 1을 배출한 이 신설 학교와 연구소 출신 엔지니어를 심각한 위협 세력으로 간주했다.

신흥 학교 출신 화학 엔지니어들의 기술적·사회적 역할은 민간 엔지니어 협회의 목적과 부합했다. 1894년 3000명 넘는 회원을 보유한 이 협회의 보호막 아래 민간 엔지니어 직업은 신속하고 광범위하게 체계화되었다. 이 협회의 회원 수는 제1차 세계대전까지 6000명으로 늘어났다. 1880년대까지도 주로 상트랄리엥 출신이던 회원의 성격도 변화해 1914년에는 회원의 4분의 1이 그 밖의 물리학이나 화학 관련 산업 엔지니어들로 채워졌다.

엔지니어 학교의 확산과 더불어 산업 엔지니어의 기술적·사회적 역할이 증대한 데는 다양한 동창회 및 협회의 탄생과 성장이 중요한 밑거름이 되었다. 1880년대부터 창립하기 시작한 전기나 화학 분야의 다양한 엔지니어 협회 및 새로 생겨난 각 학교 동창회는 국가 엔지니어 집단과 경쟁 관계보다는 협력 관계에 있었지만, 이들 사이의 직업적 위상 확보를 위한 견제도 존재했다. 이들 동창회와 협회는 1880년 대까지만 해도 과학적 · 기술적 우위를 점했던 국가 엔지니어에 대한 경계심을 강화했다.

또한 프랑스 산업과 엔지니어 직업군 형성에 중요한 영향을 미친 협회 가운데 특히 아카데미 화학자와 산업 화학자 사이의 중요한 교량 역할을 한 화학 협회의 활동 역시 주목해볼 만하다. 프랑스에서 화학 협회는 1857년에 출범했다. 대학과 산업 분야에서 높은 수준으로 훈련 받은 화학자들이 일찍부터 존재했음에도 프랑스 화학 협회의 출범이 1841년 창설된 런던 화학 협회보다 훨씬 뒤진 배후에는 과학 아카데미 의 압도적 권위가 군림하고 있었다. 과학 아카데미의 그늘을 벗어난 그 어떤 독립적인 과학 단체도 적대자로 간주되어 비판을 면치 못했다. 1857년 화학 협회를 창립한 것은 아카데미 거장 화학자들의 영향 력에서 비교적 자유로운 신진 화학자들에 의해서였다. 젊은 유기화학 교수이던 뷔르츠는 드빌과 뒤마를 비롯한 젊은 화학자들과 함께 파리 에서 화학 협회를 설립하기로 의견을 모았고, 1859년 뒤마를 회장으로 파스퇴르와 베르텔로를 부회장으로 임명했다.

이 무렵 순수화학과 응용화학 분야의 학회지를 각각 발간했는데, 1864년부터는 〈화학협회보(Bulletin de la Société chimique)〉로 통합했다. 일 차적으로 화학 지식의 확산 임무를 수행한 협회 모임에서 회원들은 동료들의 연구를 소개하고 출판하는 일에 긍지를 갖고 있었다. 당시 공식 명칭은 파리 화학 협회였지만, 파리 거주 회원이 130명 남짓이고 지방과 국외 회원도 비슷한 수였다는 점에서 실질적으로는 프랑스 화학 협회로 기능했다. 1906년 정부가 협회의 국가적 중요성을 인식하면서 공식 명칭을 프랑스 화학 협회로 변경했는데, 당시 회원 수는 아카데미 화학자와 산업 화학자를 합쳐 1000명을 웃돌았다.

협회 초기에는 아카데미 학자가 대세를 이루었고 기업가나 제조업자 회원이 있기는 해도 활동이 미미했다. 앞서 살펴보았듯 프랑스 화학계에서 아카데미 화학자들이 산업적 자문을 요청받는 경우는 흔히 있었다. 하지만 1870년 이전까지 이들 사이의 협업은 극히 드물었다. 보불전쟁 이후 많은 학자들이 프랑스의 패전을 프랑스 과학의 패배로 간주하던 무렵, 로스를 비롯한 알자스 출신 화학자들은 특히 과학과 산업 사이의 연대 강화에 주력하기 시작했으며 차츰 많은 산업가 역시 둘 사이 협업의 필요성을 깨달았다. 1880년대부터 협회는 제조업자들과의 본격적인 접촉을 시작했다.

1883년 로스가 협회장으로 선출되면서 협회는 북부나 동부 지역에서 번창한 지방 산업 협회의 도움을 얻어 과학과 산업 사이의 관계를 강화하기 위해 애썼다. 산업계와의 연대 강화를 위해 1889년 화학산업 만국박람회를 개최하고 기업가들과의 접촉을 주관하면서 〈화학협회보〉에서 산업화학의 비중을 높여나갔다. 또한 수상 제도를 동원하는 등 연구를 고무하는 갖가지 제도를 통해 아카데미 화학자들과 화학 엔지니어 사이의 간격을 좁히는 교량이 되었고 직업적 통합에도 도움을 주었다.

1870년 총 237명의 회원 가운데 산업계 종사자는 15.6퍼센트, 엔지니어는 2.5퍼센트에 불과했다. 하지만 1914년에는 총 880명의 회원 가운데 산업계 종사자가 18퍼센트, 엔지니어가 8.5퍼센트로 증가했다. 게다가 회원 수에서 높은 비중을 차지한 의약학 분야 및 교육계 종사자 가운데 지방 대학의 이학부 및 연구소 교수가 상당수였던 상황으로 미루어 협회에서 산업 화학자들이 차지하는 비중이 매우 높았음을 알수 있다. 순수화학과 응용화학 분야의 협회지를 통합하고 둘 사이의 교량 역할을 담당한 협회는 1894년 솔베이사에서 1만 프랑을 기부받는 등 산업체로부터도 큰 호응을 얻고 있었다. 이 무렵 〈화학협회보〉는 프랑스 화학자들이 출간하는 〈화학연보(Annales de chimie)〉를 인수할만큼 성장했다. 하지만 제1차 세계대전 발발 이후 국가 경제 재건을 위한 화학의 실용적 요구가 현저히 불거지면서 화학 협회는 1917년 등장한 산업화학 협회에 회원 수나 재정 면에서 밀리게 되었다.

제2차 산업혁명기 프랑스 화학 협회는 독일이나 영국에 비해 상대적으로 회원 수나 재정 규모 면에서 취약했지만, 파리의 소장 아카데미 화학자들이 창립 이래 지속적으로 프랑스 화학의 고등 교육 체제 개편, 과학계와 산업계 사이의 중재, 탈중심화 정책에 따른 파리와 지방 사이의 교량 역할을 통해 과학계와 산업계를 아우르는 프랑스 화학계의 지형도를 확장·변모시키는 주축으로 작용했다. 나아가 외국 화학 이론의 국내 확산과 국제 교류를 통해 프랑스 화학 및 산업계의 정체성 확보에 기여했다.

이처럼 엔지니어의 위계를 직접적으로 반영하는 출신 학교, 연구 단체 및 협회 활동을 통해 엔지니어들은 다양한 이해관계로 얽혀 서로를 견제하기도 혹은 협력을 도모하기도 했다. 당시 급성장하던 노동 운동 또는 노동조합 운동의 영향력 아래 노사 갈등이 고조되면서 엔지니어의 지위는 고용주와 중급 기술자 사이에서 흔히 볼 수 있는 계급적 긴장 관계에 영향을 받았다. 이에 자본가와 노동자 사이에서 '중재자' 또는 '매개자' 역할을 해오던 엔지니어는 노동조합주의의 계급투쟁 노선을 따르지 않으면서도 그들 나름대로 공통적으로 직면한 문제를 해결할 방법을 모색했다. 자본가와 노동자 사이에서 '제3의 길'을 추구하며 중재자로서 사회적 역할을 강조하는 담론과 저술이 봇물을 이루면서, 엔지니어의 사회적 지위를 확보하기 위한 다양한 형태의 단체가 생겨났다.

그러나 제1차 세계대전 이후 단순한 친목 도모나 연구 단체 수준을 넘어서 엔지니어 집단은 마침내 정치 세력화의 길로 향했다. 이제 노사 갈등뿐 아니라 엔지니어 집단 내부의 갈등까지 겹치면서 이들은 봉급, 자격, 처우 문제 등과 관련한 입법을 마련하기 위한 수단으로 '조합'을 설립했다. 요컨대 1914년 엔지니어 조합을 필두로 산별 조합에서 엔지니어 학위자 연맹에 이르기까지 다양한 조합을 결성했다.

엔지니어조합주의는 고유의 독특한 방식을 보였다. 이를테면 노동자 계급의 투쟁 정신 사례를 따르지 않고 전통적인 옛 학생 협회의 태도와 방식에서 차츰 벗어나 그들이 공통적으로 당면한 문제에 대해 엔지니어 의식을 형성한 것이다. 초기 노조 활동은 노동 조건에 대한 직업적 의식을 만들어 평가하는 형식이었고, 따라서 엔지니어의 수입과 생활양식을 조사하는 일이 핵심이었다. 차후 과제는 산업에서 엔지니어의 역할을 강조함으로써 고임금 요구를 정당화하는 일로 옮겨갔다. 협회는 엔지니어의 임무를 찬양하는 오랜 전통을 지속적으로 이어나갔다. 이렇게 1880년대 이후 활성화하기 시작한 엔지니어 집단의 조직화는 무엇보다도 기업주와 노동자 사이에서 독립적이고 자율적인 단체의 성격을 확립해나가는 과정이었다. 이를 통해 엔지니어는 고유한 문화나 정서를 공유하면서 자신들의 사회경제적 역할에 대한 확고한 신념을 다지고 직업적 정체성을 도모했다.

제3공화국에서 시도한 공학 교육 체제의 혁신은 엔지니어 양성과 직업의 활성화라는 측면에서 긍정적으로 평가할 수 있다. 하지만 1930년대 초의 경제 위기는 프랑스 산업의 전반적 지체에 대한 위기의식을 다시 고조시켰다. 예를 들어 '전기화' 분야에서 프랑스는 스위스, 덴마크, 벨기에 다음이었고 전기공학 설비 제작에서는 독일이나 미국보다 뒤떨어져 있었다. 이런 상황은 다른 산업 분야 전반에서도 유사했다.

이러한 경제적 위기감은 프랑스 사회에서 엔지니어 과잉이라는 문제를 첨예화시켰고, 이 문제를 해결하기 위해 엔지니어의 지위를 법적으로 보장하는 '엔지니어 자격증의 사용과 교부 조건에 관한 1934년 7월 10일 법(Loi du 10 juillet 1934 relative aux conditions de délivrance et l'usage du titre d'ingénieur diplômé)'[13]이 의회를 통과했다. 이 과정에서 파리 시립물리화학공업학교와 파리 고등전기학교를 비롯한 고등공학학교 동창회 산하 '엔지니어 자격위원회(Commission des titres d'ingénieur)'를 주도적으로 조직해 이 법의 초안 구성에 참여하는 등 엔지니어의 위상 제고에 결정적 역할을 담당했다.

4.3 국가 엔지니어와 민간 엔지니어의 대립

프랑스에서 국가 엔지니어는 군사 엔지니어를 비롯해 토목단, 공병단,

광업단처럼 정부 기관에서 일하는 엔지니어를 말하며 근대 프랑스 역사를 관통해 최고 엔지니어의 지위를 점하고 있었다. 이들 단체에 들어가기 위해 청년들은 먼저 에콜 폴리테크닉에서 수학했고, 다음으로 좀더 전문적인 공학학교 가운데 하나에 등록했다. 이 단체 회원은 이런 학교들의 상위권 졸업생 중에서 선택되었다. 민간 엔지니어는 다양한 학교 출신으로 정부 기관에 고용되지 않은 모든 분야의 엔지니어를 지칭했다. 국가 엔지니어 전통이 강했던 프랑스에서는 민간 엔지니어라는 단어를 1815년 이전까지 사용하지 않았다. 하지만 제2차 산업혁명기를 거치면서 민간 엔지니어의 규모가 크게 늘어났고 이들의 사회적 역할과 지위도 크게 향상했다.

따라서 제2차 산업혁명의 물결은 특히 프랑스 그랑제콜 입장에서 잠재적인 위협으로 받아들여졌다. 대학 교육 체제의 변화 및 신설 학교의 증가와 더불어 기술적으로 전문화한 학생들이 급속히 늘어나면서 프랑스 사회 내에서 자신들의 헤게모니가 위협받는 데 두려움을 느낀 것이다. 이 시기 국가 엔지니어 단체와 에콜 폴리테크닉은 대학 이학부나 응용과학 연구소의 발전과 민간 엔지니어의 비상을 막기 위해 힘썼다.

에콜 폴리테크닉 행정 기관과 졸업생은 산업 엔지니어 학교의 교육에 맞섬으로써 적의를 드러냈다. 신설 학교의 교육은 지나치게 경험적일 뿐 아니라 구체적이고 지엽적인 문제 해결에만 초점을 두며, 이러한 교육은 통상적인 문제만을 해결할 뿐 예측 불가능한 난제에 부딪혔을 때 필요한 이론적 기초를 배제한다는 것이었다. 따라서 에콜 폴리테크닉 수호자들은 대학의 이학부와 기타 신설 학교가 기업의 수뇌부에서 중책을 담당하며 업무를 효율적으로 처리할 수 있는 문화적 환경을 만들어내지 못한다고 비판하면서, 국가 기관이든 산업체든 모든 엔지니어의 육성은 에콜 폴리테크닉이 독점해야 한다고 주장하고 심지어 다른 기관들의 폐쇄를 요구했다.

다른 한편, 새로운 엔지니어의 기술적 · 사회적 역할 증대, 엔지니어 학교의 확산과 조직화, 다양한 협회의 출현과 성장이 가시화하면서 1880년대 이전까지 과학적 · 기술적 영역을 독점했던 국가 엔지니어 및 기술직업학교 출신 기술자에 대한 불신이 표출되기 시작했다. 신설 학교와 새로운 엔지니어는 에콜 폴리테크닉과 국가 엔지니어가 포진해 독점적 권위를 행사하는 산업에서 자신들의 불리한 입장을 토로하며 불만을 표했다. 국가 엔지니어의 지나친 권위는 국가 산업의 발전을 현저히 떨어뜨릴 뿐 아니라 산업 엔지니어의 위상을 낮추어 과학기술 발전을 위한 노력을 가로막는다는 주장이었다.

사실 에콜 폴리테크닉은 혁명의 산물이었음에도 불구하고 엘리트주의적 권력을 향유하고 있었다. 에콜 폴리테크닉 입학을 기대할 수 있는 사람은 그 학교의 비싼 수업료와 입학시험 준비에 필요한 특수 훈련 비용을 감당할 만한 집안의 자녀들로 제한되어 있었다. 그 학교에 대한 가장 일반적인 비판은 사회 지배 계층이 자신들의 권력을 정당화하고 영속시키는 전통적 방식에 더해 또 하나의 권력 세습 수단을 제공한다는 것이었다.

급진적인 산업 엔지니어는 심지어 에콜 폴리테크닉의 폐교와 국가 기관에서 폴리테크니시엥들의 해임을 요구했다. 중도적 입장을 견지하는 산업 엔지니어는 에콜 폴리테크닉의 독점 중단을 요구하면서 국가의 거대 기관에 포진해 있는 폴리테크니시엥의 수를 줄이고 산업적 훈련을 받은 신진 엔지니어의 수를 늘려 국가 엔지니어의 질을 향상시켜야 한다고 주장했다.

1890~1914년 국가 엔지니어의 사기가 차츰 떨어지고 사회적 특권이 약화하면서 그들이 산업체로 이직하는 현상(Pantouflage)이 늘어났다. 반면 산업 엔지니어는 차츰 소득이 증가하고 사회적 지위도 유례없이 향상되었다. 홍미로운 사실은 신설 학교 출신 산업 엔지니어의 위상이 높아지면서 차츰 이들 학교 역시 스스로 가능한 한 독점적인 그랑제콜 모델에 근접하고자 했다는 점이다. 이는 프랑스 엔지니어 사회의 전통으로 이어져온 위계적 성격을 반영한다.

5 맺음말: 엔지니어 직업의 세분화

전통적으로 프랑스 엔지니어는 최고의 사회적 신분을 지닌 국가 엔지니어로 대변되었다. 프랑스에서 국가 엔지니어가 차지하는 위상은 19세기 초 절정에 달했고, 19세기와 20세기를 거치면서 부침을 겪었다. 제2차 산업혁명기 이전까지 에콜 폴리테크닉 체제와 중앙공예학교를 비롯한 기존 학교들은 국립학교 교육 체제의 꼭대기에 있었으며, 졸업생들은 정부 기관이나 민간 영역의 수뇌부를 차지했다. 이들은 교육 위계의 최고 지위를 독점하고 프랑스의 행정적·경제적 엘리트 집단을 이루고 있었다. 이러한 헤게모니는 엄격한 절차를 거쳐 얻은 것으로 제2차 산업혁명기 동안 이들 학교의 '제한' 정책은 경제적 순익을 극대화하는 합리적인 태도로 여겨졌다. 아울러 이들만의 소수 엘리트주의에 대한 민간 엔지니어의 도전을 비롯해 각계의 끊임없는 비판에도 불구하고 이러한 학교는 성공적으로 운영되었다.

국가 엔지니어와 민간 엔지니어는 직업화 메커니즘에 따른 서열화 문제를 둘러싸고 점점 격렬한 논쟁에 휘말렸다. 이러한 투쟁이 이어지는 동안 민간 엔지니어가 구축한 많은 직업적 쟁취에도 불구하고 국가 엔지니어는 대부분의 우월한 사회적, 기술적 그리고 정치적 권력을 유지했다.

그러나 1880년대에 밀어닥친 경제자유주의의 물결로 인해 국가를 설계하고 건설하려는 국가 엔지니어의 야망도 차츰 힘을 잃었다. 제3공화국에 접어들면서 국가가 제공한 새로운 엔지니어 양성 체제 및 직업 구조 모델을 통해 국가 엔지니어와 경쟁하던 민간 엔지니어는 정체성과 위상을 새롭게 형성하기 시작했다. 이 시기 국가는 엔지니어가 민간 영역의 산업 생산에 관심을 갖도록 유도하기도 했으며, 규모 면에서 국가 엔지니어를 뛰어넘은 민간 엔지니어는 더욱 큰 힘을 얻었다. 아울러 그 세력의 지형도도 한층 다양하고 세분화한 양상을 나타냈다.

1880~1914년 설립된 다양한 엔지니어 양성 기관은 그랑제콜과 달리 고도로 전문화한 실무 교육에 중점을 두었고, 이 무렵부터 프랑스의 엔지니어 양성 체제는 한층 세분화하기 시작했다. 체제의 세분화는 디플롬 종류의 세분화, 나아가 엔지니어의 사회적 위상의 세분화로 이어졌고, 이는 프랑스 엔지니어 사회의 고질적인 위계 전통에 더해 프랑스 엔지니어 집단의 전형적 특징으로 자리 잡았다.

이 시기 산업적 요구에 따라 등장한 새로운 유형의 전문가로서 프랑스 엔지니어는 국가 경제에 기여한다는 자긍심과 함께 자신들의 사회적·직업적 위상을 높이기 위해 활발히 활동했다. 이들의 효과적인 활동을 가능케 한 제3공화국 체제하의 과학기술 연구 및 교육 정책은 다양한 양상으로 전개되어 많은 성과를 이루어냈으며, 이러한 성과는 향후 프랑스 과학기술과 산업적 특성을 형성하는 밑거름으로 작용했다.

이처럼 1880년대 이후 새로운 산업 기술 시대를 맞이해 적합한 인재 양성을 위한 교육 시스템 개혁을 추구한 제3공화국의 개혁가들은 특히 고등 공학 교육에서 기존의 에콜 폴리테크닉 독점이라는 굴레로부터 과학 지식을 해방시키고, 엔지니어의 지식과 직무를 연구와 기술 개발에만 전념토록 함으로써 국가 경제를 강화하고자 노력했다. 그 결과 제3공화국 초기 교육 민주화라는 국가 정책을 통해 다양한 중하류 계급 출신의 인재가 사회적 상승의 기회를 얻을 수 있었고, 이는 분명 프랑스 사회의 민주화라는 소기의 목적을 달성하는 데 일정 부분 기여한 것이 사실이다.

그럼에도 이들의 사회적·직업적 정체성을 위협하는 위기의 징후가 전혀 없었던 것은 아니다. 제1차 세계대전 이후에 도입하기 시작한 '노동 합리화(rationalisation du travail)' 정책은 노동자 계급뿐만 아니라 엔지니어 집단의 재편성이라는 결과를 가져왔으며, 양적 팽창에 따른 질적 저하를 막고자 했던 엔지니어 집단의 맬서스주의 정책에도 불구하고 주기적 경제 위기로 인한 실업 문제 역시 예외일 수는 없었다. 이러한 정체성 위기 앞에서 엔지니어들이 노동조합주의로 기운 것 역시 불가피한 선택이었다. 그런 점에서 엔지니어 학위의 사용과 교부 조건을 규정한 '1934년 7월 10일 법'은 당시 엔지니어의 사회적·직업적 위기로부터 스스로를 방어하기 위한 유일한 자구책이었던 셈이다. 산업화 100년 동안 변모를 거듭해온 엔지니어 집단은 이 법을 제정함으로써 전문 직업인 집단으로 확고하게 자리 잡을 수 있었다.

결론적으로, 제3공화국 시기의 프랑스 과학기술 연구 및 교육 체제는 국가 주도적 성격을 강하게 띠었던 이전 시기와 달리 정부, 지방 자치 단체, 대학, 기업 등 많은 집단의 노력을 통해 다양한 형태로 이루어졌다. 이 시기 프랑스 엔지니어 양성 체제에서 나타난 특징은 우리에게 몇 가지 새로운 통찰을 제공해준다. 먼저 전통적으로 국가 주도적 성격이 강하던 프랑스 엔지니어 집단이 산업화의 진전과 더불어 좀더 다양한 부류의 민간 엔지니어를 배출함으로써 한층 복잡한 양상으로 나타났다는 점이다. 또한 당시의 새로운 엔지니어 양성 기관이 프랑스 민간 엔지니어의 위상과 정체성 확립 과정에서 수행한 역할을 보여준다. 나아가 효과적인 활동을 가능케 한 제3공화국 시기의 과학기술 연구 및 교육 정책이 다양한 양상으로 전개되어 많은 성과를 이뤄냈다는 것을 이해함으로써 프랑스 과학기술과 산업적 성과에 대한 경제적 성패 차원의 단선적 평가를 재고하도록 해준다. 이 모두는 엔지니어라는 동일한 유형의 직업인이라도 다양한 사회적 · 역사적 상황에서 각기 다른 역할과 문화를 지닌다는, 지극히 자명해 보이는 원리를 새삼 떠올리게끔 해준다.

주

1. 지금까지 국내 서양사학계의 근대 공학 및 엔지니어에 관한 연구 성과를 국가별로 살펴보면 다음과 같다. 먼저 프랑스의 경우 문지영, "1880-1914년 프랑스 엔지니어 집단의 기원", 〈프랑스사연구〉 4호, 2001, 95-120쪽; "프랑스 근대 공학 교육의 요람: 에콜 폴리테크닉, 1794-1815", 〈역사학보〉 196집, 2007, 159-189쪽; "프랑스 근대 토목 엔지니어의 탄생과 변모—토목학교를 중심으로—", 〈공학교육연구〉 14권 5호, 2011, 67-74쪽; "19세기 프랑스 생시몽주의자-엔지니어들의 산업 프로젝트—에콜 폴리테크닉 출신을 중심으로—", 〈프랑스사연구〉 25호, 2011, 87-112쪽. 이정희, "근대 엔지니어의 탄생: 프랑스 근대 기계 엔지니어의 탄생", 〈공학교육연구〉 14권 5호, 2011, 61-66쪽 참조. 그리고 영국·독일·미국의 경우 이내주, "근대 엔지니어의 탄생: 영국 근대 토목 엔지니어의 탄생, 1760s-1860s: 토목공학 초기 중요 엔지니어들의 활동을 중심으로", 〈공학교육연구〉 14권 5호, 2011, 53-60쪽; 이은경, "근대 엔지니어의 탄생: '철도 붐'과 영국 기계 엔지니어의 사회적 등장", 〈공학교육연구〉 14권 5호, 2011, 46-52쪽; 박진희, "근대 엔지니어의 탄생: 독일 기계 엔지니어 집단의 탄생: 1740년에서 1880년까지 기술 전문 교육 기관의 발달을 중심으로", 〈공학교육연구〉 14권 5호, 2011; 송충기, "근대 초 프로이센 엔지니어의 양성: 베를린 바우 아카데미(1799-1879)를 중심으로", 〈역사학연구〉 45호, 2012, 267-289쪽; 김덕호, "근대 엔지니어의 탄생: 미국의 토목 엔지니어는 어떻게 탄생했는가?", 〈공학교육연구〉 14권 5호, 2011, 29-36쪽; 이관수, "근대 엔지니어의 탄생: 19세기 미국 기계 엔지니어 집단의 양성 과정의 재해석", 〈공학교육연구〉 14권 5호, 2011, 37-45쪽 참조.

2. 1억 프랑의 자본금으로 탄생한 파리 배전회사는 당시 프랑스 전기 산업을 주도하던 경영자들이 설립했기 때문에 자본 연합의 결과물이라고 볼 수 있다. 파리 시는 1907년 9월 5일 규약에 의거해 양도 기한을 1940년 6월 30일까지로 정하고, 발전 및 배전을 위한 부지와 시설물은 파리 시 소유 재산임을 명기함과 동시에 매년 파리 배전회사가 획득한 수익의 일정액을 시에 제공하도록 하는 등의 양도 조건을 규정했다.

3. 나폴레옹 시대에 확립한 프랑스 대학교 체제 내에서 고등 교육은 주로 중등 교육을 담당할 인력 양성에 그쳤다. 1896년 프랑스 공교육부는 독일식 모델을 본 따 이학

부 · 문학부 · 법학부 · 의학–약학부를 토대로 16개의 지방 대학교를 설립했다. 당시 설립한 학교들은 물리 · 화학학교(20개), 농업 · 식품학교(16개), 기계 · 야금학교(14개), 에콜 폴리테크닉과 유사한 통합학교(12개), 전기 및 전기공학 학교(11개), 기타 순이었다. 이 가운데 대학교 부설 연구소는 분야별로 물리 · 화학(16), 전기(6), 기계 야금(4), 농업 식품(3) 등 36개에 이르렀다.

4. 1897년 독일 모델의 영향을 받아 가브리엘 리프만(Gabriel Lippmann)이 제안한 대학 박사(doctorat d'université) 제도를 도입한 법으로, 각 대학에서 과학 · 문학 · 의학 · 약학(차후 법학 포함) 분야로 구분해 자체적으로 학위를 수여하도록 했다. 이 제도는 1984년 철폐되고 '누보 독토라(le nouveau doctorat)'로 통합되었다.

5. 당시 기부금을 전달한 14개 기업은 다음과 같다. Ateliers Carpentiers, Société Breguet, Maison Sauter-Harlé et Cie, Mors, Société industrielle des Téléphones, Société Gramme, Compagnie française pour l'exploitation des procédés Thomson-Houston, Société d'éclairage électrique de la Place de Clichy, Compagnie continentale Edison, Compagnie de Fives Lille, Société alsacienne de constructions mécaniques, Société d'éclairage et de force par l'électricité à Paris, Société pour le travail électrique des métaux, Compagnie pour la fabrication des compteurs et matériel d'usines à gaz.

6. 1953년 ENSCL(Ecole Nationale Supérieure de Chimie de Lille)로 개명했다.

7. 당시 미국 숙련 엔지니어의 월급이 500프랑이었는데, 프랑스 엔지니어는 그 수준에 미치지 못했다. 1900년 이전 젊은 전기 엔지니어의 월급은 평균 300프랑 정도였고 많을 경우 500~700프랑까지 받았다. 그러나 1908년에는 보통 초봉이 125~200프랑으로 300~400프랑 이상 받는 경우가 매우 드물었다.

8. 이후 1947년 국립고등기술학교(Ecoles Nationales Supérieures d'ingénieurs) 설립 인가법 제정으로 이 학교의 공식 명칭은 1948년부터 ESPCI(Ecole supérieur physique et de chimie industrielles)로, 2008년 이후로는 ESPCI Paris Tech로 바뀌었다. 이후 대부분의 지방 이학부 연구소 역시 고등기술학교의 자격과 명칭을 부여받았다.

9. 파리 국제전기박람회에는 기업가, 발명가, 고객, 아마추어 등이 참가한 반면 전기 엔지니어 대회에는 26개국에서 온 250명의 전문가 대표가 참가했다. 특히 전기 엔지니어 대회는 3개 부문—1부문(물리학자, 화학자, 생리학자, 이론적 관점에서 전기를 연구하는 사람), 2부문(전신 엔지니어, 철도 엔지니어), 3부문(다른 민간이나 군대에서 전기 응용에 종사하는 전기 엔지니어)—으로 나뉘었다.

10. 폴 야블로흐코프(Paul Jablochkoff), 쥘 자맹(Jules Jamin), 앙리 트레스카(Henri Treska) 같은 전기 역사에서 빼놓을 수 없는 인물들이 국제 전기 엔지니어 협회의 설립에 참여했다. G. 베르제(G. Berger)가 회장, 뒤마가 명예 회장직을 맡았고 철도 및 전신 엔지니어와 발명가들이 앞다퉈 협회에 참여했다. 1884년에는 1200명의 회원 중 342명이 외국인 회원으로 36개국을 대표했다. 이 협회는 1886년 12월 7일 법령에 따라 공익 기관으로 탈바꿈했다.

11. 실험실에서 학생들은 2~3명씩 조를 짜 실습했다. 먼저 나무, 철, 구리에 대한 작업을 마치면 이어 밧줄 꼬아 잇기, 배선, 유도 둥글게 감기를 한 다음 발전기, 발동기, 변압기 실험을 하고 마지막으로 증기 기관 조작 실험을 했다.

12. 1923년 10월 국적에 관한 규제를 폐지하고 외국 출신 젊은 여성에게도 입학을 허용했다. 오늘날 여학생 평균 입학 비율은 10퍼센트 정도이다.

13. 엔지니어 학위의 사용과 교부 조건에 관한 1934년 7월 10일 법은 엔지니어 학위의 보호와 적법성 기준을 규정했다는 점에서 상징적 의미를 가진다. 이 법으로 엔지니어는 국·공립학교는 국가에 의해, 사립학교는 다수의 엔지니어로 구성한 특별위원회에 의해 인정받은 학교의 학위를 취득한 자로 규정되었다. 그리고 자격 유지를 원하는 독학자들의 경우, 국가 인증 학위자가 되기 위해 공립전문학교가 주관하는 특별 시험을 통과하고 중요한 산업 현장 공사에서 능력을 검증받아야 했다. 한편, 1984년 12월 3~4일 '1934년 7월 10일 법' 제정 50주년을 맞이해 프랑스 '현재사연구소(Institut d'Histoire du Temps Présents)'는 프랑스 엔지니어의 지위 및 정체성 문제 그리고 유럽 통합을 목전에 둔 서유럽 엔지니어 집단의 사회적·직업적 변모 과정을 통해 미래 대응책을 모색하기 위한 학술 대회를 개최한 바 있다.

참고문헌

Baker, Donald N. & Harrigan, Patrick J. (Eds.), *The Making of Frenchmen: Current Directions in the History of Education in France, 1679-1979* (Waterloo, Univ. of Waterloo Press, 1980).

Beltran, Alain & Griset, Pascal, *La croissance économique de la France, 1815-1914*

(Paris, Armand Colin, 1988).

Caron, François & Cardot, Fabienne(dir.), *Histoire générale de l'électricité en France*, t.1 (1881-1918) (Paris, Fayard, 1991).

Ecole municipale de physique et de chimie industrielles: Cinquante années de science appliquée à l'ndustrie 1882-1932 (Paris, Ville de Paris, 1932).

Fox, Robert & Guagnini, Anna, *Education, technology and industrial performance in Europe, 1850-1939* (Cambridge University Press, 1993).

Fox, Robert, & Weisz, George (Eds.), *The organization of science and technology in France 1808-1914* (Cambridge: Cambridge University Press, 1980).

Knight, David & Kragh, Helge (Eds.), *The Making of the Chemist: The Social History of Chemistry in Europe 1789-1914* (Cambridge, Cambridge Univ. Press, 1998).

Lejeune, Dominique, *La France des débuts de la IIIe République, 1870-1896* (Paris, Armand Colin, 1994)

Lévy-Leboyer, Maurice & Morsel Henri, *Histoire générale de l'électricité en France*, t. 2 (1919-1946) (Paris, Fayard, 1994)

Nye, Mary Jo, *Science in the Provinces: Scientific Communities and Provincial Leardership in France, 1860-1930* (Berkeley, Univ. of California Press, 1986).

Picard, Jean-François, "L'Organisation de la science en France depuis 1870: Un Tour des recherches actuelles", *French Historical Studies*, 17/1 (1991).

Picard, Jean-François et al., *Histoire(s) de l'EDF-Comment se sont prises les décisions de 1946 à nos jours* (Paris, Bordas, 1985).

Ramunni, Girolamo & Savio, Michel, *1894-1994. Cent ans d'histoire de l'Ecole Supérieure d'Electricité* (Paris, Saxifrage, 1995).

독일: 산업 엔지니어의 성장과
공학 교육의 발전, 1870~1930년대

1 머리말

기술전문학교, 폴리테크닉 학교와 고등기술학교(현 공과대학의 전신)로
이어지는 기술 교육 시스템의 정착과 더불어 독일에서 근대 엔지니어
는 1870년대에 새로운 사회 집단으로서 정체성을 획득해갔다. 산업혁
명 주도국인 영국에 대한 기술 의존에서 벗어나 자체적인 산업 동력을
확보하기 위해 프로이센을 중심으로 독일의 각 공국에서 기술 교육 기
관 설립에 나섰고, 이를 배경으로 도제 수업을 받아온 '기술자'와 다른
'엔지니어'가 탄생할 수 있었다. 프랑스 폴리테크닉 학교의 영향을 받
은 이들 기술 교육 기관은 물리를 비롯한 자연과학 이론 기초를 습득
하고 스스로를 의사나 변호사, 대학교수 등의 전문 직업군과 동일시하

■ 이 글은 다음의 두 논문을 토대로 작성한 것이다. 박진희, "독일 엔지니어 집단의 분화
와 정체성, 1870~1930년", 〈서양사연구〉 제50호 (2014). 송충기, "20세기 초 독일 화학공
학의 '특수한 길'", 〈사림〉 제43호 (2012), 93-118쪽.

고자 하는 '근대 엔지니어'를 양성했다.

　이들 독일의 근대 엔지니어는 1870년대 이후 전기 및 화학 산업 분야가 이끄는 독일 산업의 빠른 성장을 배경으로 그 역할과 사회적 지위의 변화를 겪었다. 국가가 주도하는 철도 건설 사업 등이 1870년대 이전 건축과 토목 분야 종사 엔지니어의 성장을 이끌었다면 1870년대 이후로는 민간 기업이 주축을 이룬 전기·화학 산업 분야의 성장이 엔지니어에 대한 수요를 높인 것이다. 그런데 건축·토목 분야로 진출한 고등기술학교 출신 엔지니어 다수가 국가에 소속된 기술 관료로서 역할을 수행한 것과 달리 전기·화학 산업 분야 엔지니어는 대개 민간 기업에 고용된 형태로 존재했다. 제2차 산업혁명 시기로 접어든 1870년대부터 전기와 화학 산업 분야에서 지멘스나 바이엘 같은 민간 기업이 기술 혁신 및 공정 혁신으로 세계 시장에서 독점적 지위를 구축하며 산업 성장을 이끌고 고등기술학교에서 훈련받은 엔지니어를 대량 고용하기 시작한 것이다. 이들 산업을 주도하는 기업이 대기업화하면서 고용 엔지니어의 수도 증가해 1900년 이후로는 이들 기업에서 일하는 엔지니어가 국가 관료로 진출하는 엔지니어 수를 추월했다.

　토목 분야와 달리 전문 지식이 기기 제작이나 상품 개발에서 중요한 역할을 한 이 두 분야 산업의 성장은 이에 필요한 엔지니어 인력의 수요 증가를 가져왔다. 화학 산업과 전기 산업의 성장으로 기업에 진출하는 엔지니어가 국가 관료로 진출하는 엔지니어의 수를 넘어서기 시작했다. 아울러 고등기술학교와 기술자를 양성하는 중등기술학교 입학생 역시 급격히 증가했다. 민간 기업으로 진출한 엔지니어는 양적으로도 팽창했지만 이들이 담당하는 역할에서도 변화를 겪었다. 화학 산업과 전기 산업 분야에서 대학 실험실을 모델로 기업 연구실이 정착하기 시작했고 대기업을 중심으로 경영 및 생산 조직에 엔지니어를 고용하는 새로운 변화가 일어난 것이다. 국가 토목 공사 기획 및 관리 역할을 주로 맡았던 엔지니어는 1870년대 이후로 연구자, 개발자, 연구소 관리자, 설비 프로젝트 기획자, 설비 생산자 등 다양한 역할로 분화하기 시작했다.

독일 산업화의 빠른 진전과 더불어 양적 성장을 보인 이들은 민간 산업 분야에서 활동한다는 특성 때문에 산업 엔지니어[1]라고 불렀다. 이들의 성장은 기술 관료가 주축을 이루며 비교적 단일한 이해를 대표하던 엔지니어 집단의 균질성에 변화를 초래했다. 1870년 이전까지만 해도 독일 엔지니어는 변호사와 의사가 누리는 사회적 지위를 획득하는 데 주력했다. 그리고 고등기술학교 출신 엔지니어와 중등학교 출신 기술자를 구분하지 않았다. 국가 경제를 견인하는 동일한 엔지니어와 기술자로서 역할을 강조했을 뿐이다. 그러나 1870년 이후 산업 엔지니어의 등장과 더불어 엔지니어 집단은 산업별 연합, 계층별 혹은 직업별 엔지니어 연맹을 결성하며 서로 상이한 이해를 대변하기 시작했다. 부문 산업 발전을 강조하는 기업가 엔지니어의 전문 협회는 기업에서 일하는 엔지니어의 고용 환경 문제를 해결할 수 있는 조직이 못 되었다. 1900년 이후로 엔지니어는 자신들의 분화한 이해관계를 대변하기 위해 다양한 엔지니어 조직을 결성하기 시작했다.

한편, 산업 엔지니어와 고용 화학자의 양적 증가는 기술 교육 과정 및 내용의 변화와 함께 이루어졌다. 산업 현장에서 기술 발전이 빠르게 일어나면서 전기 분야의 경우, 고등기술학교 학생은 기업의 첨단 장비를 이용한 기술 교육을 받을 기회가 늘어났다. 산업체에서 일하는 엔지니어가 대학교수로 임명되면서 산업 현장 지식의 대학 이전(移轉)이 한층 활발해졌다. 현장 실습과 이를 통한 기술 지식의 습득이 강화되었고 이들 산업 현장에서 축적한 지식 이론을 대학의 이론 교과서에 반영하기 시작했다. 화학 분야에서는 자연과학 전통의 화학 교육 대신 생산 공정과 관련한 기계 지식 등을 이수하는 새로운 화학 기술 교육이 자리 잡기 시작했다. 기업의 실험실은 화학자, 화학 엔지니어(Chemische Techniker: 여기서는 고등기술학교 화학과에서 훈련받은 엔지니어를 뜻한다. 1930년 대 말에 출현하는 '화학공학 엔지니어'와 구분해 사용한다), 전기 엔지니어가 학위에 필요한 연구를 하는 공간으로서도 작동했다. 연구 주제가 산업 현장에서 해결해야 할 문제들이어서 연구 작업과 산업 현장에서의 작업이 전기와 화학 산업 분야의 경우 거의 차이가 없었던 것이다.

이 글에서는 이와 같은 산업 엔지니어 성장과 더불어 진행된 독일 엔지니어 집단의 분화를 다양한 엔지니어 조직의 출현과 활동을 중심으로 살펴보고자 한다. 산업 엔지니어 성장의 배경인 전기와 화학 산업의 성장을 살펴보고 이들 산업의 성장 및 대기업 조직의 변화가 새로운 엔지니어의 등장에 어떤 영향을 미쳤는지 알아본다. 그리고 이런 양적 성장과 더불어 이뤄진 엔지니어 집단 내부의 이해관계 분화를 엔지니어 조직의 활동을 통해 들여다본다. 이들 엔지니어 조직의 활동은 당대 엔지니어가 자신들의 정체성을 어떻게 규정했는지 보여줄 것이다. 산업 엔지니어의 성장은 한편으로는 공학 교육의 변화를 초래해 현대 독일 공학 교육의 토대를 구축하기도 했다. 여기서는 전기공학과 화학 교육 내용의 변화, 기업 실험실과 대학의 관계, 교수 임용의 변화

등을 개관함으로써 공학 교육이 산업 엔지니어 양성에 맞춰 어떤 변화를 겪었는지 정리한다. 끝으로 화학 산업이 '화학공학 엔지니어' 양성 없이도 성장할 수 있던 독일의 특수한 경험이 어떻게 가능했는지 역시 살펴볼 것이다. 이 특수한 경험은 산업 기술의 발전 또한 국가별로 차이를 보일 수 있음을 시사한다.

2 전기 및 화학 산업의 성장과 산업 엔지니어

1870~1930년대 독일 엔지니어 사회에서 볼 수 있는 주요한 변화는 고용 화학자를 비롯한 산업 엔지니어의 빠른 성장이다. 기술 혁신, 공정 혁신을 통해 세계 시장에서 주도적 지위를 갖게 된 전기와 화학 산업 분야 기업은 기술자뿐만 아니라 고등기술학교 출신 엔지니어, 대학 출신 화학자를 대량으로 고용하기 시작했다. 여기서는 이들 전기와 화학 산업 분야가 어떻게 성장했으며 이에 따라 고용 화학자와 산업 엔지니어의 양적 팽창이 어떻게 이뤄졌는지 알아본다.

2.1 전기 산업의 성장

전기 분야 독일 최초의 기업은 1847년 당시 군복무 중이던 베르너 지멘스가 기계공 요한 게오르크 할스케(Johann Georg Halske)와 법률 자문가인 요한 게오르크 지멘스(Johann Georg Siemens)와 공동으로 설립한 지멘스 & 할스케 전신기기제작사(Telefraphen-Bau-Anstalt von Siemens & Halske)

였다. 지멘스 & 할스케사는 당시 전신 기기를 생산품 일부로만 다루던 여느 기계 제작사와 달리 전신 기기 전문 제작사로 출발했다. 연방 및 주 정부 차원에서 전신국 개소가 잇따르면서 이 회사는 빠른 성장을 누릴 수 있었다. 아울러 1855년 페테르부르크에 지사를 설치하고 이어 1858년에는 런던에 진출하면서 국제적 경쟁력을 갖추기도 했다. 지멘스사에 이어 전신 기기 회사가 속속 출현하기 시작했고 1850년대에는 전신에 이어 전화 관련 분야 사업 등이 증가하면서 독일 전역으로 이른바 약전² 산업이 부흥했다. 모르스 전신기 제작업, 전화 기기, 전신 송신망 관련 장비 제작 및 전신 송신선 가설 업체가 속속 생겨났다. 이들 기기 제작업체는 창립 시기에는 30명 규모를 넘지 않을 정도로 작았지만, 1880년대 들어서는 120명 규모의 장거리 전화 기기 제작사가 등장할 정도로 성장했다.

  1870년대 중반까지 독일 전기 산업의 90퍼센트는 이들 전신 사업이 차지하고 있었다. 이들 업체에 고용된 종사자는 1875년 프로이센의 993명을 비롯해 총 1157명에 달했고, 그중 1023명은 상대적으로 규모가 큰 26개 기업에서 일했다. 그런데 초기 전기 산업의 성장을 이끈 약전 산업 분야는 1880년대 이후 본격적인 발전을 이룬 강전 산업과 달리 엔지니어를 필요로 하지 않았다. 1870년대에 전신 및 전화 분야 대기업에서 대량 생산 체제에 필요한 표준화와 전문 생산 장비를 들여오기는 했지만, 이들 사업장에서 필요로 하는 노동력은 대개 금속 공장 혹은 기계 공장에서 일정 경험을 쌓은 '기술자'였다. 당시 전기는 대부분 화학 반응을 통해 생산해서 이들 기술자의 고용만으로도 충분했던 것이다. 이들 업체에서 몇몇 엔지니어를 고용하기는 했지만, 그들은 대개 기계 및 정밀 기계 제작과 관련이 있는 엔지니어로 전기 이론에 관해 풍부한 지식을 지닌 전기 엔지니어는 아니었다. 예를 들어, 지멘스사의 경우 1867년에는 전신 엔지니어, 1870년에는 기계 엔지니어, 1873년에는 물리학자를 관리자로 고용했을 뿐이다. 이런 상황은 강전 산업의 발전과 더불어 변화했다.

1880년대로 들어서면서 전기 산업의 주요 업종은 전기 조명, 전차, 전기 동력 기계를 제작·설치·운영하는 강전 산업으로 이동했다. 지멘스와 에디슨에 의해 발전기 기술이 발달하면서 고압에 상대적으로 많은 양의 전기 생산이 가능해졌고 이러한 전기를 사용하는 조명, 전차 및 전기 기기 산업이 발전하기 시작한 것이다. 지멘스 & 할스케사는 지멘스 발전기를 바탕으로 이미 1870년대 중반 강전 사업을 자사의 새로운 사업 영역으로 넓혀 1875년 총 고용인 1157명 중 600명이 강전 분야에서 일할 정도로 이 부문을 선도했다. 에디슨의 백열등이 1881년 파리 세계박람회에 등장한 이후 유럽에서도 조명 산업이 본격적으로 성장하기 시작했다. 경영에 밝았던 엔지니어 에밀 라테나우(Emil Rathenau)는 1883년 조명 사업의 새로운 기회를 포착하고, 프랑스 에디슨사로부터 특허 사용권을 획득하여 독일 에디슨 응용전기회사(Deutsche Edison-Gesellschaft fuer angewandte Electricitaet: AEG의 전신)를 설립했다.

에디슨사는 발전소 건설을 하지 않던 지멘스 & 할스케사와 달리 주정부 혹은 지방 정부 소유의 발전소 건설 및 운영을 담당하는 사업을 벌여 이윤 일부를 이들 정부에 이관하는 정책을 폈다. 이는 에디슨사의 이미지를 높이는 효과를 가져오기도 했다. AEG로 회사명을 바꾼 에디슨사는 당시 최대 전기 회사로 발돋움한 지멘스 & 할스케사의 유일한 경쟁자로 부상했다. 한편, 1886년 로베르트 보슈(Robert Bosch)는 슈투트가르트에 정밀 기계와 전기 기술 공장을 설립해 이후 독일 최초의 전기 차량 제작사로 성장할 준비를 하고 있었다. 1892년에는 발전소 설비와 조명 설비 등을 아우르는 대형 전기 회사로 슈커트 전기회사(Schuckert Elektrizitäts AG) 등 6곳이 새로이 생겨났다. 이 무렵 지멘스 & 할스케사 역시 발전소 건설 사업에 뛰어들면서 독일 전역에서 전기화가 빠르게 진행되었다. 베를린 같은 대도시에서 극장 무대, 거리 조명 등에 필요한 발전소, 전선, 전등 수요가 증가하면서 동시에 이들 전기 관련 기업의 성장도 이어졌다.

초기 전기 수요는 1890년 전기 소비의 96퍼센트가 조명에 쓰일 정도로 조명에 집중되어 있었다. 저녁에 집중되는 전기 소비로 인해 발전업자들은 상대적으로 남아도는 주간 전기 사용처를 발굴하고자 했고, 그 첫 번째 대상은 전차와 전기 모터를 사용하는 공장이었다. 1881년 지멘스 & 할스케사가 베를린에서 처음으로 전차 시범 운영에 성공한 이후 전차는 말이 끌던 시내용 열차를 빠르게 몰아내고 새로운 도시 교통 수단으로 자리 잡았다. 도시민들에게 전차는 마차에 비해 깨끗하고 안전하며 밝고 따뜻하고 빠른 것으로 인식되었고, 이로써 전차를 운행하는 도시가 하나둘 늘어났다. 지멘스사의 사업 확장과 더불어 1893년 102킬로미터에 불과하던 독일 전역의 전차 노선은 1903년 134개 도시에서 총 3700킬로미터로 증가했다. 전차는 조명에 이어 도시의 전기 소비를 이끌었고, 전기 산업 분야 업체의 증가를 가져왔다. 전차와 조명에 필요한 전기 공급을 위해 1900년까지 243개의 발전 회사가 생겨났고, 전차 사업에 참여한 회사만도 70여 개에 달했다.

이러한 강전 산업의 발달은 전기 분야 종사자의 수적 증가를 이끌었다. 전기 산업 종사자는 1890년 1만 7000명에서 1900년 6만 6000명으로 급증했다. 산업 종사자 전체의 양적 증가와 더불어 발전기, 전선, 조명 기기 등의 전기 제품을 디자인하고 기획하는 고등 교육을 받은 전기 엔지니어의 고용 역시 늘어났다. 한편, 독일의 전기 산업은 화학 산업에서와 마찬가지로 몇몇 대기업이 주도했다. 이는 종사자들이 소속된 회사만 봐도 알 수 있다. 1898년 전기 산업 종사자 수는 5만 4417명으로 알려졌는데, 그중 3만 2000명이 지멘스 & 할스케, AEG, 유니온(Union) 그리고 슈커트 소속이었다.

도시 전기화가 이뤄지면서 빠르게 성장하던 전기 회사는 1903년을 고비로 시장이 정체하자 이윤 저하를 맞이했고, 이는 회사들 간의 인수 합병을 초래했다. 1903년 독일에는 전기 산업 분야에 7대 거대 기업—AEG, 지멘스 & 할스케, EAG, UEAG 등—이 생겨났으나 이들 거대 기업 간의 합병이 이어지면서 수는 줄어들고 기업의 규모는 한층 커졌다. AEG와 유니온, 지멘스 & 할스케와 슈커트, 배터리 전문 펠텐 & 길롬(Felten & Guilleaume)과 라마이어(Lahymeyer) 간의 합병이 차례로 이어지면서 강전 산업은 거대 기업 중심으로 재편되었다. 이런 대기업화와 더불어 기업 유형도 두 가지 형태로 분화했다. 즉 지멘스 & 할스케나 AEG처럼 전기 기기에서 발전소까지 전기 관련 기기를 전반적으로 생산하는 일반 기업과 전선이나 전화 기기만을 생산하는 전문 기업으로 각각 발전했다.

1914년경 독일 전기 산업은 AEG와 지멘스라는 대기업 주도 아래 놓였다. 1913년 전기 산업 종사자 수는 20만 명에 달했다. 그중 40.6퍼센트인 8만 1230명을 지멘스에서 고용했고, 34.4퍼센트인 6만 8710명을 AEG에서 고용했다. 통계 조사에 따르면, 1907년에서 1925년까지 베를린의 전기 산업에 종사하는 사람은 11만 7000명에서 43만 1000명으로 증가했다. 지멘스에서만 1912년 5만 7000명에서 1929년 13만 8000명으로 늘어났고, 1939년에는 18만 3000명에 이르렀다. 아울러 전기 산업의 특성상 연구 인력에 대한 수요가 증가해 이들 고용 인력 중 사무직 종사자 및 기술-과학 인력의 비중은 1925년 20퍼센트에 달했다. 기술-과학 전문 인력에는 중등기술학교 출신을 포함해 전력 공급 분야를 제외하고도 1925년 2만 5000명에 이르렀다.

독일의 전기 산업은 세계 시장에서도 상당한 경쟁력을 보였다. 1913년 독일 전기 관련 상품은 세계 시장의 절반을 차지했다. 1900년에는 영국, 이탈리아와 러시아 정도에 수출하던 독일 전기 관련 기기는 제1차 세계대전이 일어나기 직전 비유럽 지역으로까지 넓어졌다. 아울러 외국에 생산 공장을 설립하거나 영업소를 설치하는 식으로 수출 비중을 늘려나갔다. 독일 전체 경제에서 전기 산업의 기여도는 제1차 세계대전 직전 독일 총생산의 6.3퍼센트를 차지할 정도였다.[3]

제1차 세계대전에서 패한 후 독일 전기 분야 기업은 해외 지사와 공장을 상실했고 인플레 등으로 내수 시장도 어려움을 겪자 침체기를 맞았다. 이 시기 상대적으로 자본력이 강했던 AEG와 지멘스는 자금 조달 어려움에 처한 기업을 인수하면서 전쟁 이전부터 시작된 기업의 수직적 통합을 더욱 확대했고 이를 통해 위기를 극복했다. 한편, 1920년대 중반부터는 주 정부들이 발전소, 송전망 등 공공 전기 공급 분야에 대한 투자를 늘리면서 전기 산업 부문의 성장을 이끌었다. 발전 관련 산업, 철도 전기화, 전화 사업 분야로 공공 자금을 투입하면서 시장이 회복하기 시작한 것이다. 국내 시장뿐만 아니라 아일랜드 같은 외국 발전 시장으로의 진출 역시 전기 산업 부흥에 일조했다. 지멘스의 경우 1923년을 전후로 가장 큰 규모의 계약을 체결하기도 했다.

한편, 기업들은 내부적으로 미국의 대량 생산 방식을 도입해 상품 규격화, 상품 종류 소량화, 생산 공정 분업화 등의 합리화 정책을 실시함으로써 경제적 어려움에 대응했다. AEG의 경우 컨베이어 벨트 생산 시스템을 도입해 생산 합리화를 선도했다. 1920년대의 이러한 '합리화' 정책은 상품 생산 과정은 물론 엔지니어들의 작업에까지 영향을 미쳤다. 대형 기기 설계 분야의 분업화도 서서히 이뤄진 것이다. 여기에 새로운 전기 산업 신흥국으로 등장한 미국 기업들이 독일 대기업들에 자금을 대여함으로써 기업의 자본력을 유지할 수 있었고, 내수 시장에서는 카르텔로 가격 경쟁을 피함으로써 이윤을 보장받을 수 있었다. 또한 가전제품 수요가 서서히 성장한 것도 시장 회복에 영향을 주었다. 동시에 AEG의 경우는 1928년 베를린에 최초의 연구소를 설치하는 등 기술 혁신에 필요한 투자와 대형 발전소 및 에너지 공급 설비에 집중하는 '선택과 집중 전략'도 병행했다. 그러나 이런 경제 회복도 1929년 대공황으로 막을 내렸다. 전기 산업 분야에 대한 투자는 1930년에 1929년 대비 40퍼센트 감소했고 실업률도 크게 증가했다.

2.2 전기 엔지니어의 양적 성장

전기 산업 종사자의 전체적인 양적 증가와 더불어 고등 교육을 받은 엔지니어의 수적 증가도 이루어지고 있었음은 몇몇 통계가 보여준다. 1907년 베를린 광역 지역 전기 산업 분야에 종사하는 1668명을 대상으로 수행한 설문 조사가 그중 하나이다. 이 조사에 따르면 전기 산업 분야 종사자 중에서 고등기술학교 졸업자는 약 8.8퍼센트, 졸업은 하지 않았지만 고등기술학교에서 이론 수업을 받은 이들은 41.4퍼센트에 달한 것으로 나타났다. 산업체에서 일하는 엔지니어의 증가를 직접적으로 보여주는 것은 지멘스 고용 통계이다. 지멘스는 1890년 약 41명의 고등기술학교 출신을 고용했는데, 20년이 지난 1910년에는 이 수치가 743명으로 증가했다.[4] 전체 고용자 중 이들이 차지하는 비중은 20퍼센트에 달했다. 산업체에서 이들 전기 엔지니어가 담당한 작업은 1920년까지만 해도 주로 거대 설비 기획, 설계, 설비 제작, 상품 양산 작업 감독이었지만 이후로는 회계, 영업으로까지 확대되었다.

강전 산업 발달과 함께 기업에서 고용한 전기 엔지니어의 수적 증가는 고등기술학교에서 전기공학이 독립적인 학과로 정착하는 과정과 더불어 진행되었다. 이는 약전 산업과 다른 점인데, 약전 산업의 전신 엔지니어는 고등기술학교가 아닌 국가에서 운영하는 별도의 전신학교에서 훈련을 받았기 때문이다. 이와 달리 강전 산업의 발달은 고등기술학교에서 이들 산업에 필요한 전기 엔지니어를 양성하는 별도의 전기공학과가 정착하는 데 영향을 미쳤다. 1880년대에 접어들면서 전기 기계 및 전기 조명 사업이 독일 산업의 미래로 조명받기 시작했고, 고등기술학교 역시 이러한 미래를 대비해야 할 책무가 있다는 인식이 확산되었다. 그리고 이런 책무를 이행하는 데 필요한 관련 학과 개설에 대해 논의하기 시작했다. 이 논의를 촉발한 것은 전기 산업을 선도하던 베르너 지멘스였다. 1881년 12월 전기 기술 연합 대회에 참석한 지멘스는 화재 위험에 대응하기 위해 전기 조명을 널리 도입할 필요를 강조하고, 이를 위해 전기 기술 지식을 빨리 보급할 필요가 있다고 주장했다. 그리고 지식의 보급을 위해서는 적어도 고등기술학교에서 우선적으로 전기 기술 강의를 담당할 교수를 임용해야 한다고 제안했다.[5]

지멘스의 주장은 사실 전기공학과 설립에 관한 구체적 내용을 담고 있는 것은 아니어서 이러한 제안이 전기공학과 설립에 직접적 영향을 주었다고는 할 수 없다. 다만, 지멘스뿐만 아니라 산업계 관계자 대부분이 전기 조명이나 발전 사업이 미래 산업을 주도할 것이고, 이를 대비하기 위해서는 관련 전문 인력이 필요하다는 공통된 인식을 갖고 있었기 때문에 지멘스의 제안은 의외로 쉽게 실현될 수 있었다. 1870년 대까지만 해도 고등기술학교에서 전기 관련 수업은 기계학과나 화학과 혹은 물리학과 학생들에게 기초 물리 지식의 형태로만 제공되었다. 그러나 1882년 다름슈타트 고등기술학교에서 처음 전기공학 교수를 별도로 임용한 것을 시작으로 아헨, 베를린, 뮌헨 등에서 전기공학 교수 임명과 전기공학 과정 개설이 이어졌다. 그리고 1895년 카를스루에에서 처음으로 전기공학 학과를 별도로 개설했고, 1899년까지는 거의 모든 고등기술학교에서 전기공학을 독립적으로 가르칠 수 있는 제도적 정비가 이루어졌다.

이런 제도화를 통해 고등기술학교에서 전기공학을 전공하는 학생 수도 늘어났다. 고등 인력 전체 통계 조사에 따르면, 1887년부터 1910년 대까지 고등기술학교 전기공학과에 정규 학생으로 등록한 학생 수는 1000명 선에 머물렀지만 1920년대에 들어서는 3배 이상 증가했다.

표 1 고등기술학교 전기공학과 정규 학생 수

연도	1887	1898	1903	1908	1918	1920	1925	1931	1933
학생 수(명)	67	894	1,155	660	725	4,074	4,393	3,824	2,972

출처: Tobias, p. 245 〈표〉를 참고로 재작성.

　또 다른 통계에 따르면, 1900~1915년에 고등기술학교에서 전기공학을 전공한 학생의 비율은 전체 학생 가운데 6~17퍼센트에 이르렀다. 전체 학생 수 19만 5323명 가운데 2만 619명을 차지해 평균적으로는 11퍼센트를 보였다. 이들 고등기술학교 전기공학 전공자는 대부분 지멘스 등 대기업으로 진출했다. 전신학교를 졸업한 후 국가 관료로 근무하던 이전 엔지니어와 달리 강전 산업의 전기 엔지니어는 고등기술학교 출신으로 대부분 기업체에 고용된 '산업 엔지니어'로서 존재한 것이다.

　전기 엔지니어 집단에서 이들 산업 엔지니어가 증가했다는 것은 다음과 같은 자료에서도 볼 수 있다. 기술사학자 볼프강 쾨니히(Wolfgang König)는 독일 전기 기술 협회에서 발간하는 전문 잡지에 실린 부고(訃告)를 근거로 협회 회원들의 경력을 분석했다. 그 결과 1880~1914년 고등기술학교 출신으로서 기술 관료로 진출한 사람은 49명에 불과했지만 산업체로 진출한 사람은 199명인 것으로 나타났다. 이런 '산업 엔지니어'가 늘어난 추세는 '엔지니어' 직업 전체 통계에서도 볼 수 있다. 1939년 작성한 직업 통계에 따르면 엔지니어 중 산업체에 고용된 인원은 전체의 5분의 4에 달했고, 나머지 5분의 1은 기술 관료나 자영업자였다. 철도 국유화와 공공 전력 회사의 등장 등으로 기술 행정 분야에서 일하는 엔지니어가 증가하기는 했지만, 이들 엔지니어는 민간 전기 관련 기업과 화학 기업 등에 고용된 엔지니어의 수를 따라잡지 못했다.

2.3 화학 산업의 성장과 산업 화학자의 증가

화학 산업의 경우도 독일은 전기 산업 분야에서와 마찬가지로 제2차 산업혁명기에 세계 화학 산업을 선도했다. 화학제품 생산에서 독일은 1913년 전 세계 생산물 가운데 24퍼센트를 점유해 미국에 이어 2위를 차지했고, 수출은 40.2퍼센트로 선두였다. 합성염료에만 국한해서 보면, 이미 1860년대에 영국과 프랑스를 제치고 화학 산업의 선두 자리를 차지했으며 1870년대에는 전 세계 합성염료 생산의 약 50퍼센트를 담당했다. 1900년경에는 그 비율이 더욱 증가해 약 75퍼센트에 달했으며, 1913년에는 전 세계 염료 생산량 16만 톤 중에서 14만 톤을 생산했다. 나머지 1만 톤을 스위스가 생산하고, 영국의 생산량은 4000톤에 불과했다. 1914년까지 염료 산업에서 독일이 차지하는 비중에는 거의 변화가 없었다. 요컨대 외국에 설립한 독일 기업이 생산한 양까지 감안하면 전 세계 염료 생산에서 독일이 차지하는 비중은 90퍼센트에 이르렀다. 수출이 많은 비중을 차지하면서 독일 화학 기업들이 1890년대부터 외국에 지사를 설립하고 생산 비중을 늘렸기 때문이다. 1880년대 이전까지 산업 분야에서 독일을 앞섰다고 생각한 영국과 프랑스는 제1차 세계대전 발발과 더불어 독일에서 염료 수입이 어려워지자 섬유 산업 전체가 위기를 맞을 정도로 독일 화학 산업에 의존했다. 이런 의

존은 비단 유럽뿐만 아니라 미국과 심지어 일본도 마찬가지였다.

1930년대까지 계속된 독일 화학 산업의 독점적 지위는 특허권의 비중에서도 드러난다. 이는 기업 차원에서 조직화한 산업 연구가 일찍 정착하고 이를 토대로 전문적 연구를 수행할 수 있었기 때문이다. 이런 산업 연구가 정착한 것은 1877년 통과된 특허법과 염료 산업계의 내적 경쟁에서 비롯되었다. 1877년 특허법이 제정되자 화학 산업계는 기업의 사활이 걸린 기술 발명을 위해 기업 내 실험실을 만들기 시작했다. 이른바 '산업과 과학의 공존'은 특히 화학 분야에서 두드러졌다. 독일 화학자는 영국이나 프랑스와 달리 산업 분야에 필요한 화학 공정 연구에 적극 기여했고, 기업 내 실험실 체제를 확립하면서 기업에 고용된 화학자도 늘어나기 시작했다. 이외에도 독일 은행의 협력, 대기업 간의 카르텔, 상품 표준화 등이 독일 화학 산업의 성장을 견인했다.

독일 화학 산업의 성장은 산업에 필요한 전문 인력 배출 덕분에 가능했으며, 이는 또한 결과적으로 기업에 진출한 화학자 및 산업 화학자의 양적 성장을 낳았다. 전기 산업 분야의 경우, 해당 전문 인력을 대학과 분리해 설립한 고등기술학교 전기공학 분야에서 충원한 것에 비해 화학 산업 분야의 전문 인력은 대학의 화학자와 고등기술학교 화학 엔지니어로 구성되었다. 특히 초기 독일 화학 산업의 성공을 이끈 것은 대학에서 교육받은 화학자들이었다. 대학이 화학 산업에 필요한 화학자를 양성하는 곳이 된 데에는 '연구와 교육'의 공간으로서 대학을 새롭게 정의한 홈볼트식 대학 개혁이 큰 역할을 했다. 빌헬름 폰 홈볼트(Wilhelm von Humboldt)는 "대학에서 교육하는 일과 교육받는 일은 공히 자유로운 연구 원리에 기초해서 이루어져야 한다"는 원칙을 설파했는데, 이 같은 자유로운 연구는 독일 대학이 실험과학이 이루어지는 장소로 새롭게 태어나는 계기가 되었다.[6]

한편, 교육과 연구 업무를 동시에 부과받은 대학교수는 자연스럽게 연구와 교육 내용을 결합했고, 그럼으로써 교육은 당시의 산업 현안 문제를 다루는 연구의 영향을 받고 교육을 받는 학생 역시 연구에 참여할 수 있었다. 학생 역시 연구자로서 훈련을 받을 수 있었던 것이다. 이는 결과적으로 실험과 경험에 기초한 화학이 독일 대학에 일찌감치 자리 잡을 수 있게끔 해주었고, 또한 화학 교육의 내용이 당시 산업의 현안과 맞물릴 수 있는 계기를 마련해주었다. 실제로 1860년대 이후 화학과 학생의 경우, 하루 12~15시간을 실험실에서 보내야 했다. 이들은 실험실에서 선배 학생 및 교수와의 긴밀한 접촉을 통해 현장 지식을 습득할 수 있었다. 따라서 독일 대학이 배출한 인력은 특허법 시행 이후 기업 내에 실험실을 설립하고 새로운 화학 공정법을 얻고자 한 화학 기업에 쉽게 적응할 수 있었다.

훔볼트식 개혁이 학생들로 하여금 자연스럽게 연구 환경에 적응할 수 있도록 하는 데 기여하긴 했지만 독일 대학 출신 화학자들이 화학 산업에 직접 기여할 수 있었던 것은 다른 국가들에 비해 상대적으로 빠르게 정착한 큰 규모와 예산의 대학 화학 실험실이 존재했기 때문이다. 리비히는 실험실을 통해 화학자들이 훈련을 받으면 산업화를 앞당길 수 있을 것이라고 보았다. 리비히에 이어 호프만은 "새로운 화학 실험실"을 대학에 설립해 기술 경쟁에서 성공하면 물질적 복지를 향상하고 국가도 이로부터 이윤을 창출할 수 있을 것이라고 주장했다.[7] 호프만의 주장에 따라 베를린과 본에 리비히의 실험실보다 규모 면에서 2배나 크고 예산 또한 몇 배 늘어난 화학 실험실이 탄생했다. 이들 실험실에서는 현장에서 대량 생산하기 이전의 과정을 직접 실행해볼 수 있었으며, 이 과정에 참여한 대학 조교들은 이후 산업계로 진출해 이러한 경험을 현장에서 큰 어려움 없이 적용할 수 있었다.

실제로 1870년대 화학 산업의 혁신을 주도한 사람은 호프만 실험실에서 훈련받은 조교들이었다. 이들 대학의 실험실은 1866~1895년 독일 정부의 전폭적 지원을 받아 부흥기를 맞았다. 실험실은 정규 교수, 조교, 학생과 조수 등이 운영했다. 화학 실험실이 정착하면서 대학은 화학 산업에 새로운 제품과 관련한 혁신적 아이디어를 제공하는 원천으로 작용했다. 화학 실험실의 조교와 학생은 산업에서 생산 가능한 새로운 화학제품에 관한 연구로 박사 학위를 취득할 수도 있었다. 아울러 실험실을 운영하는 교수는 새로운 화학제품 및 화학 공정 아이디어를 산업체로 이전할 수 있었고, 또한 화학 산업으로부터 분석 대상을 얻어 연구 주제를 확장할 수도 있었다. 당시 독일 대학의 경우, 교수는 관료 신분이지만 민간 기업에서 연구비를 받는 데 별다른 규제를 받지 않았다. 연구 수준을 유지하고 있다는 증명만 요구했을 뿐이다. 대학의 이런 여건이 '과학과 산업의 연대'를 장려했으며, 후발 주자인 독일은 이 같은 연대를 통해 화학 산업에서 세계 시장의 선두 주자로 올라설 수 있었다. 이런 상황에서 대학 출신 화학자들은 기업을 대학에서와 마찬가지로 경력을 쌓는 곳으로 인식하기 시작했고, 기업의 실험실이 정착하면서 기업의 고용인으로서 요컨대 '산업 화학자'로서 새로운 정체성을 갖기 시작했다.

1870년대까지 기업들은 자체 연구 실험실을 운영하는 대신 대학의 화학 실험실로 하여금 새로운 화학제품을 개발하게끔 한 다음 이를 모방 생산하는 방식을 택하고 있었다. 기업의 연구 투자는 대학교수와 계약을 통해 간접적으로 이루어졌으며 새로 발명한 제품을 값싸게 모방 생산하는 것에 집중했다. 이런 모방 생산은 1877년까지 독일에 통일된 특허법이 존재하지 않았기 때문에 가능했다. 그러나 독일 화학 협회의 호프만 등은 화학자들의 이해를 대변해 연방 차원에서 단일한 특허법 제정의 필요성을 주장했다. 호프만은 1874년 베르너 지멘스와 더불어 독일 특허 보호 연합을 결성해 정부에 조직적인 압력을 행사하기도 했다.

호프만은 특허법을 마련하면 산업계에서 공정 과정을 공개할 것이고, 대학 화학자들은 이를 자신의 연구에 활용할 수 있을 것이라고 여겼다. 아울러 대학 화학자들의 연구 결과에 대한 특허권을 제대로 보호하면 화학자들이 자신의 연구 결과를 산업적으로 활용하는 데 더욱 관심을 기울일 수 있을 것이라고 보았다. 이런 견해를 기반으로 '특허 보호 연합'은 연방 정부를 설득했고, 결국 1877년 5월 화학 물질 자체가 아닌 화학 물질 생산 공정에 대한 특허권을 인정하는 특허법이 제정되었다. 이어 1879년에는 특허를 받은 공정으로 생산한 신화학 물질에 대해서도 특허를 인정하는 조항을 덧붙였다. 이 특허법은 화학 산업 분야 기업들로 하여금 자체적으로 새로운 공정 및 신물질 개발에 주력하게끔 했다. 특허를 둘러싼 경쟁이 심해지고 대학 화학자들과의 계약 연구도 특허법 이전만큼 원활해지지 않자 화학, 특히 염료 산업 기업에서는 중앙 연구 실험실을 구축하기 시작했다.

이런 상황에 발 빠르게 대처한 기업은 BASF(Badische Anilin & Soda-Fabrik)

였다. 제품 시험실 정도 수준의 실험실을 운영하던 BASF는 1884년 염료 분야 화학자들이 스스로 주제를 선정해 장기적으로 연구를 수행할 수 있도록 하는 새로운 화학 실험실 설립을 기획했다. 실험실 수장으로는 대학교수를 초빙한다는 원칙도 세웠다. 이 화학 실험실은 이전의 특허실과 더불어 BASF의 '중앙 실험실' 내 부서로 자리매김했고 1888년에는 별도의 분석 실험실과 기술 센터, 도서실을 갖추었다. 이들 실험실 설립 이후 BASF의 특허권 신청은 1884년 6건에서 1911년 112건으로 크게 증가했다. BASF에 소속된 화학자 수도 1884년 48명에서 1913년 237명으로 늘어났다. 이 화학 실험실은 새로운 화학 물질 개발에 주력하며 연구에 집중할 수 있었다.

BASF의 이런 실험실은 훼히스트(Höchst), 바이엘로 이어졌다. 독일 화학 대기업들이 설립한 이 실험실에서 화학자들은 대학 실험실에 비할 수 없는 좋은 여건과 경제적 보상을 받으며 다른 동료들과 집단 연구를 수행할 수 있었다. 1920년대에는 이들 실험실에도 기업 경영 원리를 반영하면서 집단 연구의 효율은 더욱 높아졌고, 개별 연구자들의 연구 능력을 높일 수 있는 방안도 모색했다. 이런 효율은 이들 대기업의 특허 증가로 이어졌다. 대규모 연구 실험실의 역할은 기존의 공정 및 화학 물질 개선 그리고 신물질 발명에 집중되었다.

이들 기업 실험실에서는 대학 출신 화학자들을 먼저 고용했다. 연구 경험을 쌓은 이들에게 기업 실험실은 대학과 크게 다르지 않았고, 고등 기술학교에서 기술화학과를 개설하기는 했지만 대학에서 배출하는 화학자로도 초기에는 충분했기 때문이다. 페터 룬트그린(Peter Lundgreen)에 따르면, 1880~1890년대에는 연간 150명의 화학자가 기업에 진출했고, 이후 1913년까지는 연간 약 300명이 기업에 고용되었다.[8] 화학자들에 대한 노동 시장의 수요가 빠르게 팽창했다는 것은 다음의 사실로도 알 수 있다. 1900년 다름슈타트에 있는 화학 회사 메르크(Merck)의 실험실에서 근무한 화학자는 50명이었다. 만하임 소재 뵈링(Boehring)에서 일하는 화학자는 1883년 1명에서 1909년 31명으로 늘어났다. 베를린 소재 셰링(Schering)에서는 1920년대에 화학자 81명, 엔지니어 8명, 기술자 22명이 근무했다. 화학자들은 염료, 제약 분야뿐만 아니라 광산, 제련소, 섬유 산업 분야에서도 일했다. 1928년에는 고용된 화학자들만 1만 2700명에 이르렀다. 비화학 분야의 고용 상황을 보면, 지멘스 같은 전기 회사 소속 '물리-화학 실험실'에서는 1905년 2명의 화학자만 고용한 데서 1920년에는 15명으로 늘어났다.

1907년 조사에 따르면 화학 대기업에서 고용한 화학자는 3550명이고 중간 규모 기업에서 고용한 화학자는 2000명이었다. 화학 기업이 아닌 곳에서도 4000명을 고용했다. 박사 과정에 진출한 화학자도 연간 250~300명에 이르렀다. 이러한 수치는 다른 분야에 비해 상당히 높은 편이었다. 박사 과정의 증가는 꾸준히 이어져 1922/1923년에는 986명에 달했다. 한편, 대기업에서는 박사 화학자를 훈련해 제품과 공정 연구뿐만 아니라 생산, 마케팅, 판매 분야 관리를 맡김으로써 기업 경영 조직의 현대화도 이루었다. 즉 화학 산업 분야에 진출한 화학자는 연구직에만 머물지 않고 이후 경영 일선에까지 진출하기도 했다. 물론 통계에 따르면 기업 중앙 실험실 연구자 중 상급 경영자로 진출한 사람은 소수에 머물렀다.

화학을 전공하는 학생은 1911년 3149명에서 1925년 7452명까지 증가해 15년 만에 2배 이상 늘어났다. 같은 시기에 신학과, 철학과, 의학과 학생은 60퍼센트가량 늘어났을 뿐이다. 박사 학위나 디플롬 학위를 지닌 화학자도 1922년 776명, 고등기술학교를 포함하면 986명에 이르렀다. 기업에서 고용한 화학자도 1922년 695명에 달했는데, 그중 여성의 비중은 3.9퍼센트였다. 1870년 초부터 독일 화학 산업 분야 기업의 창업이 이어져 25년간 약 200개 넘게 새로 생겼고, 화학 전공 학생의 3분의 2가 이러한 기업에 취직했다. 1897년 이들 화학 기업에서는 1200명의 산업 화학자를 고용했다. 레버쿠젠, 엘버펠트, 도르마겐에 있는 염료 회사 바이엘 공장은 1881년 15만 1896명을 고용했는데 그중 화학자는 104명에 달했다. 1913년에는 화학 대기업에서만 3089명의 화학자를 고용했고 1930년대에는 이 수치가 5723명으로 증가했다. 조사에 따르면 1925년 8500여 개 화학 기업에서 약 807명의 화학자가 부서장과 공장장으로 재직했고 5212명의 화학자는 이른바 기술직 고용인으로 근무했다.

염료에 이어 제약 분야로 진출한 독일 화학 기업 훼히스트 및 바이엘에서 독립된 연구 실험실을 설립하자 고용 화학자의 수는 더욱 늘어났다. 바이엘의 경우 1896년 실험실에만 17명의 화학자를 고용했다. BASF, 훼히스트, 바이엘 3개 회사에서 고용한 화학자만 1880~1890년에 200퍼센트 증가했다. 1928년에는 1만 2700명의 고용 화학자 중 1만여 명이 산업 현장에서, 약 500명이 공공 실험실에서 이른바 '자유 화학자'로, 1500명이 관료 혹은 정부 감독 기관의 자문관으로 일했다. 특허법 제정 이후 기업들은 이론 수업을 받은 화학자가 기술 문제와 특허 문제를 해결할 수 있고, 여기에 기초한 기술 혁신이 기업에 이익을 준다는 것을 발견하고 고용을 늘렸다. 아울러 기업 실험실 운영에 필요한 실험실 조수에 대한 교육은 기업 스스로 해결하기도 했다.

한편, 화학 산업의 대량 생산이 정착하면서 이들 실험실 화학자와 더불어 대량 생산 공정을 담당하는 화학 엔지니어에 대한 수요도 늘어났다. 이는 결과적으로 1900년대 이후 고등기술학교 화학과 학생의 증가를 가져왔다. 고등기술학교에서 화학을 전공하는 학생은 1920년대에 전기공학 전공 학생과 유사한 규모로 증가했다. 1887년 고등기술학교 화학과에 정규 등록한 학생 수는 489명으로 전기공학에 비해 일찌감치 증가했고, 1920년에는 이 수치가 3135명에 달했다. 산업체 실험실과 생산 공정에서 화학자와 화학 엔지니어가 화학 산업의 혁신을 이끌면서 독일은 영미에서처럼 별도의 화학공학 엔지니어를 양성하지 않고도 화학 산업의 선두 지위를 유지할 수 있었다.

3 산업 엔지니어, 산업 화학자의 출현과 엔지니어 집단의 분화

전기 산업 분야와 화학 산업을 중심으로 산업체에 고용된 엔지니어, 화학자, 기술자는 1880년대 이후 급속히 증가하기 시작했다. 앞서 언급했듯 민간 기업에 진출한 고등기술학교 출신 전기 엔지니어도 늘어났지만 중등기술학교 출신 기술자 역시 증가했다. 지멘스의 고용 통계에서 볼 수 있듯 1890년만 해도 고등기술학교 졸업자 41명, 중등기술학교 졸업자 16명이 기술직에서 일했으나 1910년에는 중등기술학교 졸업자가 1295명으로 늘어나 743명에 불과한 고등기술학교 졸업자를 앞질렀다. 산업 현장에서는 전기 기계 설계나 설비 기획을 담당하는 고등기술학교 출신 엔지니어가 필요했으나 공장에서 직접 설비 운영이나 설치를 담당할 현장 기술자에 대한 수요가 더 많았기 때문이다.

1880년대 초만 해도 고등기술학교 출신 전기 엔지니어는 중등기술학교 출신이나 제도 교육을 전혀 받지 않고 현장 지식만 익힌 기술자와 비교할 때 산업체에서 특별한 우대를 받지 못했다. 고등기술학교 출신 엔지니어의 경우, 나이가 많음에도 현장 경험이 적은 데다 유연하지도 못하고 임금만 높아 기업으로서는 이들을 굳이 고용할 필요를 느끼지 못했다. 아직 기업 연구실 운영이 본격화하지 않았던 1900년대 초반까지 고등기술학교 출신만의 별도 노동 시장은 일반 기술자 노동 시장 규모의 4분의 1 혹은 3분의 1 정도에 불과했다. 이에 반해 고등기술학교 졸업생 수는 중등기술학교 졸업생의 절반에 가까워 결국 많은 고등기술학교 졸업생이 자기가 받은 교육이 필요 없는 일자리를 놓고 중등기술학교 졸업생과 경쟁해야 했다. 산업체 구직 공고에서 특별히 고등기술학교 출신을 뽑는다는 문구가 들어 있는 경우도 거의 없었다. 중등기술학교 출신으로 현장 경력을 쌓은 사람 중에는 고위 관리로 승진한 경우도 있었다. 당연히 월급에서도 중등기술학교와 고등기술학교 출신 사이에 큰 차이는 없었다.

1899년과 1901년에 고등기술학교가 대학교와 마찬가지로 박사 학위를 부여하고 졸업생에게 주는 디플롬 자격 역시 국가시험을 통과한 것과 동일한 인정을 받을 수 있게 되었다. 그러나 1900년 이후에도 기업체에서 이들 디플롬 엔지니어를 중등기술학교 출신 기술자와 다르게 대우하는 정책은 나타나지 않았다. 1895년 하노버 대학에서 고등기술학교 출신 엔지니어들만 '디플롬 엔지니어'로 명명하며 기술자와 구분하려 했지만 산업체에서는 이런 구분을 받아들이려 하지 않았다. 이런 경향은 이후로도 지속되었는데, 산업체로서는 기술자와 엔지니어를 구분하지 않아야 엔지니어를 상대적으로 낮은 임금에 고용할 수 있었기 때문이다.[9] 기업에서는 실험실이나 설계, 기획 분야를 제외하고 고등기술학교 출신 우대의 필요성을 느끼지 못했던 것이다. 이는 디플롬 엔지니어와 기술자 사이에 존재하는 노동 시장에서의 경쟁을 지속시켰고 경제 침체와 더불어 이러한 경쟁은 더욱 심해졌다.

1910년 무렵 전기 산업의 정체가 시작되면서 엔지니어의 공급과 수요 사이에 장기적 불균형이 현저해졌다. 1890~1910년 고등기술학교에 등록한 학생 수는 4000명에서 1만 1000명으로 증가했고 중등기술학교인 전문학교 학생 수 역시 2000명에서 1만 1000명으로 증가했다. 이런 공급 과잉은 엔지니어의 임금 저하, 승진 기회 하락, 심지어 자신이 받은 교육과 상관없이 제도사로 취직함으로써 일반 경력 노동자에 비해 임금을 덜 받는 고등기술학교 출신 엔지니어의 출현을 초래하기도 했다. 제1차 세계대전 이후의 경제 부흥과 부침 과정에서도 엔지니어의 공급과 수요 불균형은 지속되어 1924년 이후에는 실직 상태에 놓인 엔지니어가 출현하기 시작했다. 1930~1933년에는 고등기술학교 졸업생 65퍼센트가 일자리를 찾지 못해 실업 상태에 놓이기까지 했다.

한편, 전기 산업과 화학 산업 분야에서 대기업화가 진행되고 기업 조직의 관료적 재편이 일어나면서 엔지니어의 작업, 화학자의 연구 현장도 영향을 받았다. 엔지니어 고유의 몫이던 기획 및 설계에 필요한 계산 작업 일부가 표준화해 일상적 작업 영역이 되어버렸고, 화학자의 연구 개발도 표준화해 조수들이 처리할 만한 작업이 되는 경우가 늘어났다. 또한 연구 개발 업무가 기업 비용 차원에서 관리 대상이 되면서 화학자나 기술 개발 엔지니어의 업무가 경영진 감독 아래 놓였다. 연구자로서보다 노동자로서 정체성을 갖는 환경을 맞이한 것이다.

고용된 산업 엔지니어가 엔지니어 집단의 다수를 차지했지만 엔지니어 모두가 고용 엔지니어는 아니었다. 1900년경 독일의 도시에서 발전소 및 전차 건설 등이 이어지면서 전기 엔지니어 중에는 이와 같은 전력 설비 프로젝트를 독자적으로 수행하는 개인들이 생겨났다. 이들은 개별 프로젝트 경험을 토대로 자문 회사를 설립해 독자적인 사업 영역을 구축했다. 즉 고용 엔지니어와 다른 이해관계를 가진 자문 엔지니어 그룹이 등장한 것이다. 한편, 비중은 줄어들었지만 전기 엔지니어와 화학 엔지니어 중에서도 여전히 기술 관료로 진출한 엔지니어가 존재했고 최고 경영자 지위에 오른 엔지니어도 있었다. 이렇게 엔지니어 집단은 이전과 달리 단일한 이해를 대표하기 어려워졌다.

1870년대 이후 다양한 엔지니어 단체가 출현해 저마다 다른 목표를 지향하고, 상이한 활동을 벌이고, 회원에 대한 자격 또한 다르게 규정한 것은 엔지니어 사회 구성원의 역할이나 사회적 지위가 이처럼 다양해졌기 때문이다. 아래에서는 크게 전문 협회와 직업 연맹으로 분류할 수 있는 다양한 엔지니어 단체의 활동을 통해 1870년대 이후 독일 엔지니어 사회가 어떻게 분화했는지, 또한 엔지니어의 정체성은 어떤 변화를 겪었는지 알아본다.

3.1 전기 산업 분야 엔지니어 단체의 결성

3.1.1 사회적 책무를 강조한 전기 기술 협회와 독일 전기 기술자 연맹

독일에서는 강전 산업이 막 발달하기 시작한 1879년 말에 전기 기술 협회를 결성했고, 1893년에는 독일 전기 기술자 연맹을 결성했다.

1879년 12월 20일 독일 최초의 전기기술 전문 단체인 전기 기술 협회가 창립총회를 개최했다. 전기 기술 협회는 베르너 지멘스와 왕립 우편전신 마이스터인 하인리히 슈테펜(Heinrich Stephen)이 주도해 영국의 전신 엔지니어 협회를 모델로 창설한 것이다. 하지만 지멘스는 전기 기술 협회가 전신 기술에 한정하지 않고 발전 기계로 만들어낸 전기력으로 노동력을 대체할 수 있는 강전 분야 기술까지 포함해야 한다고 강조했다.

전기 기술 협회의 핵심 역할은 전기의 기술적 응용 가능성을 넓히고 이에 관한 지식을 축적하는 것이었다. 협회는 자연과학 지식과 기술의 결합, 전기 기술의 발달을 위해서는 학계와 산업계뿐만 아니라 관청 간의 긴밀한 연합이 필요하다고 강조했다. 아울러 전기 기술과 관련한 다양한 전문 지식 간의 소통을 강조했다. 특히 이러한 소통은 전기의 물리적 · 이론적 특성을 규명하기 위한 것이 아니라 전기를 기술적으로 응용 · 활용할 수 있는 지식 증진을 위해 필요하다고 여겼다. 동시에 기술적 경험과 기술적 실행을 과학에 유용하게 쓸 수 있도록 하는 것도 협회의 역할로 정의했다. 즉 협회는 전기의 실용적 응용 지식 축적뿐 아니라 전기에 관한 과학적 연구의 증진에도 기여할 수 있어야 했다. 아울러 협회는 고등기술학교에서 전기 산업 분야 경험을 지닌 교수의 임용을 늘려야 한다고 주장하는 한편, 이를 관철하기 위해 구체적인 활동을 펼치기도 했다.

다양한 전문 지식 간의 소통을 강조하기 위해 협회는 회원 자격을 학계, 산업계, 관청 관계자에게 개방했다. 요컨대 공장 경영진, 일반 기술자, 연구자, 교사는 물론 정부 기관에서 전기 기술과 관련한 업무를 맡은 사람이라면 누구나 협회 회원이 될 수 있었다. 협회에서 이뤄진 논의는 전기 지식의 확산, 전기 기술 지식의 교류, 전기 기술의 일반적 발달을 위한 과제 등에 집중되었다. 창립 당시 406명이던 회원 수는 1880년 말 1551명으로 급증했다. 1890년대에는 외국인 회원 수도 급증해서 1897년부터는 회원의 3분 1이 외국인이었다.

회원 구성을 보면 1880년에는 38.3퍼센트가 우편국에서 근무하는 관료였고, 교사와 교수 및 연구자의 비중은 12.1퍼센트였으며, 엔지니어 타이틀을 지닌 이들의 비중은 3.5퍼센트에 지나지 않았다. 베를린 지회의 경우, 전신 엔지니어(국가 소속)가 50퍼센트, 철도 엔지니어가 2퍼센트, 대학 연구자가 10퍼센트, 고등기술학교 연구자가 3퍼센트, 산업 엔지니어가 5퍼센트였다. 이러한 비중은 1914년에 3분 1이 공장 소유자 및 전기 산업체 소속 경영 엔지니어 회원으로 변화했다.

전기 기술 협회를 창립하고 4년이 지난 후인 1893년 1월 22일, 전기 전문 저널리스트 아르투르 빌케(Arthur Wilke)와 샤를로텐부르크 고등기술학교(TH Charlottenburg)의 아돌프 슐라비(Adolf Slaby)가 주도해 독일 전역의 전기 기술자를 아우르는 독일 전기 기술자 연맹을 창립했다. 슐라비와 빌케는 이 연맹이 전기 기술 협회처럼 아카데믹한 주제를 다루는 게 아니라 전기 기술의 경제적 이해와 관련한 문제를 다루어야 한다고 강조했다. 아울러 전기 기술 협회에 비해 전기 산업 이해 대변자로서 기능을 강조하고 독일 전기 산업의 부흥에 대한 기여를 연맹의 중요한 기능으로 정의했다.

한편, 전기 기술자 연맹 결성은 전신 기술자가 대부분을 차지하고 있는 약전 기술자가 전기 기술 협회나 지역 협회를 통해 자신들의 이해를 대변하고 있는 데 비해 강전 기술자는 자신의 이해를 대변할 조직이 없다는 인식에서 출발했다. 사회적으로 지배적 지위를 구축하고 있던 전신 기술자는 '전신에 관한 법'을 제정해 약전 시설이 강전 시설의 방해를 받지 않도록 하는 등 자신들의 이해를 관철시키고 있었다. 전신망과 전력망 사이에 갈등이 벌어지면서 강전 기술자는 전기 기술 협회가 자신들의 이해를 대변하기에는 약하다는 것을 깨달았다. 각 지역에 분산되어 있던 강전 기술자 조직은 독일 전역을 아우르는 기술자 연맹의 필요성을 절감했고, 슐라비와 빌케가 이러한 의견을 대변하면서 전기 기술자 연맹을 결성한 것이다.

다른 한편, 회원 가입에 국적 제한을 두지 않던 전기 기술 협회의 외국인 회원 수가 급증하면서 이 협회가 독일 전기 산업의 이해를 제대로 대변할 수 있는지에 대한 회의도 생겨났다. 독일 강전 기술자가 주축이 되어 독일 전기 산업 성장을 촉진하는 연맹의 필요성이 대두한 것이다. 전기 기술자 연맹 준비위에는 학자뿐만 아니라 지멘스 & 할스케의 베르너 지멘스, AEG의 에밀 라테나우, 슈커트베르케(Schuckertwerke)의 요한 지그문트 슈커트(Johan Sigmund Schuckert) 등 전기 산업계의 대표들이 참여했다. 연맹은 "독일 전역에 있는 전기 기술자의 이해를 대변할 것", "공동의 경제적 · 국가적 이해를 위해 노력할 것", "전기 산업 분야에서 선두를 달리는 독일의 위상을 지키기 위해 공동의 노력을 할 것"을 강조했다. 그렇지만 연맹이 경제적 이해를 직접 대변하는 역할은 하지 않을 것이라는 점을 분명히 했다. 학자로서 참석한 슐라비는 연맹이 고등기술학교 같은 아카데미 기관 연구자들의 이해를 대변해야 하며 학문 영역 활동도 소홀해서는 안 된다고 생각했다. 1894년 연맹은 명칭을 독일 전기 기술자 연맹으로 바꾸었다.

연맹은 회원 자격을 "독일에서 전기 기술 영역과 관련한 직업 분야 현장에 근무하거나 학문적 연구에 관여하고 있는 자"로 규정했다. 외국인의 경우는 독일에 거주하는 사람만이 회원 자격을 얻을 수 있었다. 1893년 762명이던 회원은 1900년 2874명으로 늘어났다. 전기 기술자 연맹 대표들의 구성을 보면, 절반이 전기 산업 분야 공장 소유주나 경영직 고용인들로서 산업체 소속 회원이 다수였음을 알 수 있다. 엔지니어 직함을 지닌 회원도 전기 기술 협회보다 많았다. 반면 관료 엔지니어라고 할 수 있는 전신 및 우편국 소속 회원은 11퍼센트로 전기 기술 협회보다 현저히 낮았고, 고등기술학교 등에 속한 연구자는 16퍼센트로 전기 기술 협회보다 높았다. 1893~1914년 연맹 산하 전문위원회 소속 회원을 보면, 22.8퍼센트가 전기 산업체 고위 관리직 엔지니어였고 36.3퍼센트는 그보다 직급이 낮은 일반 엔지니어였다. 전신 엔지니어의 비중은 연맹 산하 전문위원회의 경우, 일반 회원 구성비보다 낮아 3퍼센트에 불과했다. 전기 기술자 연맹 역시 비학자들에게 개방하기는 했으나 고등기술학교나 대학교 소속 학자가 회원의 40퍼센트를 차지했다.

위의 두 전문 단체는 공통적으로 전기 산업 성장에 필요한 인력 양성의 제도화, 전기 기술 지식의 확산 및 엔지니어 간의 지식 교류에 활동의 초점을 두었다. 전기 산업 성장에 맞춰 고등기술학교에 전기공학 교육 과정 신설을 요구하는 한편, 고등기술학교의 전기공학 교육은 현장 실습 중심으로 이루어져야 한다고 강조했다. 지나친 이론 중심에서 벗어나 산업 현장에 필요한 전기 엔지니어 양성에 맞는 고등기술학교의 교육 내용 변화를 주장했다. 전기 기술자 연맹의 경우 '학생실습교육위원회'를 구성해 산업 현장 실습에 관한 지침을 마련하기도 했다. 또한 학생들의 실습과 전기 회사를 연계해주는 활동도 했다. 연맹은 이런 실습 기회를 통해 전기 엔지니어의 고용 기회가 높아지고 산업체에 필요한 전문 인력 공급도 가능할 것이라고 보았다.

그러나 이들 단체는 기업에 속한 고등기술학교 출신 엔지니어가 노동 시장에서 겪는 기술자들과의 경쟁 문제, 기업의 관료화로 인해 겪는 문제에는 관심을 두지 않았다. 이들은 전기 엔지니어 단체를 균질한 전문가 집단으로 보고 자신들의 전문성에 대한 사회적 인정, 전기 산업의 성장에 대한 엔지니어 집단의 기여에 중점을 두었다. 독일 기술자 연합(VDI)과 마찬가지로 두 전문 단체는 기술자와 고등기술학교 출신 엔지니어를 명확하게 구분하려 하지 않았고 회원 자격에서도 이에 대한 구분을 두지 않았다. 기업 경영인에서 고용 엔지니어, 기술자에 이르기까지 구성원이 다양해 고용 엔지니어의 임금 문제 혹은 실업 문제를 특화해서 다루기도 어려웠고, 이런 이해를 대변해야 한다고 생각하지도 않았다.

3.1.2 디플롬 엔지니어 연맹의 출현

전기 산업 분야 엔지니어의 특화된 단체로 전기 기술 협회와 전기 기술자 연맹이 생겨날 무렵, 일부 엔지니어들이 고등 교육을 받지 않은 기술자와 고등기술학교 졸업자를 엄격히 구분하고자 하는 단체를 결성하기 시작했다. 1856년 독일 기술자 연합을 결성할 무렵만 해도 엔지니어 그룹 내에서는 엔지니어와 기술자를 명확히 구분하려 하지 않았다. 그런데 고등기술학교 출신 디플롬 엔지니어가 늘어나면서 자신들만의 정체성을 구축하고자 하는 시도가 나타나기 시작했다. 1881년 창립한 기계 엔지니어 연합(Verein Deutscher Maschineningenieure)은 회원 자격에 엄격한 제한을 두어 고등기술학교를 졸업하고 국가 관료로 근무하는 사람만 회원으로 가입할 수 있었다. 이와 유사한 단체로는 1896년에 결성한 독일 화학자 연합, 1903년에 결성한 독일 건축가 연합을 들 수 있다.

1900년대 이후 앞서 언급한 것처럼 전기 산업 분야를 중심으로 기술자와 엔지니어 사이의 경쟁에 직면하자 이를 엔지니어만의 폐쇄적인 조직을 만들어 대응하고자 하는 움직임이 나타난 것이다. 1909년 고등기술학교 졸업자들로만 이뤄진 독일 디플롬 엔지니어 연맹(VDDI)이 창립되었다. 이 연맹은 제도 교육 기관 졸업을 주요 회원 자격 요건으로 내세웠다. 연맹은 전문성을 강조하며 지식 교류에 중점을 두었던 이전 단체들과 달리 회원의 직업적·사회적 대우 향상에 중점을 두기 시작했다. 특히 변호사나 의사 협회를 모델로 고등기술학교를 졸업한 엔지니어의 사회적 지위를 향상시키고자 했으며, 이를 위해 주 정부에 디플롬 엔지니어 허가권을 부여하도록 하는 정책을 택했다. 즉 고등기술학교 졸업생들만을 대상으로 하는 독자적 인력 시장을 디플롬 엔지니어 자격증을 통해 구축함으로써 자신들의 봉급과 지위를 높이려 했다.[10]

물론 이들은 전문가로서 지위, 기술의 사회적 의미, 엔지니어의 과학적 토대 등을 강조함으로써 엔지니어의 전문성에 대한 사회적 인정을 촉구하기도 했다.

VDDI는 디플롬 엔지니어가 이타주의적 노동관을 지니고 사회적 진보에 대한 책임도 갖고 있어 노동과 자본 사이의 매개자 역할을 수행할 수 있다고 여겼으며, 중등기술학교 출신 기술자와 동일한 노동 계급으로 분류할 수 없는 기술 지성인이라는 정체성을 강조했다. 아울러 이들 기술 지성인에 대해서는 법률가나 의사와 마찬가지로 별도의 노동 시장이 형성되어야 하고, 전통적 관료가 누리는 사회적 권위를 지닐 필요가 있다고 주장했다. 제1차 세계대전 이후 기술합리주의적 사고가 강화되자 VDDI는 디플롬 엔지니어가 법률가 일색인 고위 관료직으로 진출해 사회 합리화를 이끌 필요가 있다는 주장을 펴기도 했다.

VDDI는 디플롬 엔지니어가 교육받은 내용이나 질의 측면에서 일반 중등기술학교 출신 기술자와 다른 사회적 대우를 받아야 하는 것은 물론 사회의 합리적 진보를 이끌어가는 고위 관료로서 역할을 수행하고, 이에 걸맞은 사회적 지위를 누릴 필요가 있다고 주장했다. 1920년대 들어 VDDI는 디플롬 엔지니어라는 칭호를 남용하는 것을 방지하기 위해 산업계, 기술 연구소, 고등기술학교 교수를 조직해 법 제정에 나서기도 했다. 그러나 이러한 노력은 디플롬 엔지니어에게 특권을 줘서 기술 발전을 막아서는 안 된다는 독일 기술자 연합의 원칙에 밀려 실패하고 말았다. 이런 특권화 노력은 또한 중등기술학교 출신 기술자 단체와 산업계의 거센 반대에 직면하기도 했다.

엔지니어의 전문성과 사회적 책임의 강화라는 점에서 VDDI는 독일 기술자 연합이나 전기 기술 협회와 연대 활동을 벌이기도 했다. 그러나 엔지니어와 기술자 전체를 하나의 집단으로 아우르던 독일 기술자 연합과 전기 기술 협회로서는 VDDI의 기술자 배제 노력에 동조하기 어려웠다. 이들 단체의 회원 다수가 기술자로 구성되어 있고 단체의 특성상 특정 엔지니어 집단의 이해를 대변할 수 없었던 것이다. 게다가 VDDI가 모델로 삼았던 법률가를 비롯한 구엘리트 집단은 자신들의 이익을 보호하기 위해 디플롬 엔지니어와 거리를 두었다.

1920년대 들어 독일 전역에 걸쳐 산업 합리화 운동이 벌어지면서 디플롬 엔지니어의 일자리도 위협받기 시작했다. 1926년에는 기술자의 실업률이 8.4퍼센트에 달했고, 디플롬 엔지니어의 일자리도 줄어들었다. 1925년에는 VDDI에 등록한 1075명의 졸업생 중 3분의 2가 실업자가 되었다. 실업자 수치는 1928년에야 겨우 절반 정도로 줄어들었다. 1926년 독일 기술자 연합에서 '엔지니어 비상 구호'를 도입해 엔지니어의 취직을 적극 도운 덕분이다. 이런 상황에서 VDDI는 엔지니어의 엘리트 자격을 강조하며 관료직에 디플롬 엔지니어를 더 많이 고용함으로써 실업률을 해소하자는 전략을 구사했으나 구엘리트 집단의 반발만 초래했을 뿐이다.

한편, 디플롬 엔지니어 역시 VDDI의 이런 전략에 동조하지 않았다. 악화하는 경제적 상황을 자격증 강화로는 해결할 수 없다고 본 것이다. 이들은 VDDI를 '자격 연맹'이라고 칭하며 회원으로 활동하기를 주저했다. 결국 VDDI는 자신들의 주요 전략인 디플롬 엔지니어 자격증을 통한 별도의 시장 구축에는 큰 성과를 얻지 못했고, 기술 관료로서 사회적 역할을 넓혀나가야 한다는 엔지니어의 미래상에 대해서도 엔지니어들 사이에서 큰 공감을 얻지 못했다. 이에 따라 VDDI는 회원 수가 4000명에 달한 1914년 이후 정체 상태를 벗어나지 못했다. 게다가 이마저도 1899년 이후 졸업한 고등기술학교 졸업생의 13퍼센트에 불과한 수치이다. VDDI는 1920년대 말의 공황기를 맞아 '국가 공동체'에서 엔지니어의 역할을 강조하며 재차 회원을 확대하기 위해 노력했지만 이때 역시 6000명을 넘지 못했다.

디플롬 엔지니어들만의 이해 집단으로 1903년에는 고등기술학교 졸업을 회원 자격으로 한 전기 엔지니어 자문가 연맹도 결성되었다. 전기 설비, 발전소 설치 등에 필요한 기술 자문이나 전기 사업체 회계 자문을 하는 자영업 엔지니어들이 결성한 이 단체는 자신들의 사회적 지위를 높이는 것 외에 전문적인 자문 능력 배양을 목표로 삼았다. 졸업 자격을 강조하고 기업에 고용된 엔지니어조차 회원으로 받아들이지 않은 이 단체는 1909년에도 회원이 30명에 불과해 영향력을 거의 발휘하지 못했다. 그 결과 1911년 전기 엔지니어뿐만 아니라 다른 분야 엔지니어 중에서 자문 역할을 하는 엔지니어를 회원으로 확대해 엔지니어 자문가 연맹으로 새롭게 출발했다. 이 연맹은 VDDI와 달리 직업 동일성에 기초해 소수 엔지니어의 이해만을 대변하는 집단으로 활동했다.

3.1.3 산업체 고용 엔지니어와 기술자 연맹의 탄생

VDDI를 설립할 무렵, 산업체 고용 엔지니어와 기술자를 중심으로 산업 현장에서의 문제를 해결하기 위한 단체가 결성되었다. 1904년 결성한 기술 산업 공무원 연맹(ButiB)이 그것이다. 연맹을 결성할 당시는 마침 산업체 기술자의 임금이 전반적으로 하락하던 때였다. 이 연맹은 애초 '산업 공무원 연맹'이라는 이름으로 경제적 이해를 도모하려는 기술자, 엔지니어, 건축가, 화학자 집단으로 단체의 성격을 규정했다.

연맹의 회원은 전문 분야는 달라도 기업에 고용된 전문가라는 동일한 지위를 지녔고, 고용 엔지니어에게 불이익을 초래하는 법적 지위에 공통된 불만을 갖고 있었다. 고용 불안정이 더해지면서 임금 하락이 지속되고 화학 실험실이나 기업 연구실 등에서 자신이 기여한 특허에 대한 권리를 확보하지 못하는 불합리한 상황 또한 계속되었다. 게다가 바이마르공화국 수립 후 산업 조직의 합리화를 진행하면서 엔지니어와 화학자가 맡은 작업의 많은 부분이 표준화해 기술자의 작업과 큰 차이를 보이지 않게 되었다. 이와 병행해 자신들의 작업에 대한 통제 권한도 줄어들었다. 산업 현장에서 엔지니어와 화학자가 일반 노동자와 유사한 정체성을 갖기 시작한 것이다. 기술 산업 공무원 연맹은 이런 기술자, 엔지니어, 화학자의 공통된 '계급' 상황에 근거해 일반 노동조합과 마찬가지로 파업 및 태업을 수단으로 임금 인상, 노동 시간 단축 등을 요구함과 동시에 아카데미 노동자들에게 특수한 특허법 등의 개정 작업을 벌여나갔다.

연맹이 지향하는 성격으로 인해 회원 대부분은 중등기술학교 출신 기술자였지만 고등기술학교 출신 디플롬 엔지니어, 대학의 강사도 상당수 회원으로 가입했다. 이 연맹이 산업체 고용인들의 이해를 대변하는 단체로 자리 잡았음은 1914년의 회원 수가 독일 산업체 기술직 종사자의 16퍼센트에 달했다는 사실에서도 알 수 있다. 기술 산업 공무원 연맹은 노동자 연맹으로서 "산업체의 정신적 노동을 아우르는 우리 연맹은 노동자 기관으로서 우리 직업의 경제 상황을 개선하기 위해 모든 노력을 기울이며 산업체 정신노동에 자율권을 확보해 직업 생활의 불이익에 저항할 수 있도록"[11] 하는 게 목표라는 것을 명시했다. 아울러 기술 노동 인력의 과잉 공급에 저항하고, 고용 관계를 개선하고, 국가 연금 제도를 만들고, 기술자의 활동을 널리 알리고, 실직자를 위한 지원금 마련에 나서기도 했다.

이 연맹은 1919년 중등기술학교 출신을 중심으로 1884년에 결성한 독일 기술자 연맹(DTV)과 통합해 '기술직 고용인과 공무원 연맹(Bund der technischen Angestellten und Beamten, Butab)'이 되었다. 기술 산업 공무원 연맹의 경우 디플롬 엔지니어 등이 상당수 회원으로 등록했으나 대부분의 활동은 일반 기술자의 이해를 대변해 기술자 연맹과의 통합은 자연스러운 일이었다. 한편, 독일 기술자 연맹은 기술자에 대한 전문 교육, 중등기술학교를 고등기술학교의 하급 학교로 국가에서 운영할 것과 같은 주장과 더불어 사회 보험 개정, 일자리 중개 등 노동자로서 기술직 고용인의 일반적 요구를 대변해왔다.

Butab은 일반 노동자 단체로서의 특성을 강화했다. 사회민주당, 자유 노조 등과 연대해 노동자의 이해를 더욱 대변하기 시작한 것이다. 기술자의 최대 단체로서 이들을 대표해 임금 협상권을 지니고 기술자에게 유리한 임금 협상을 이끌어내기도 했다. 그 덕분에 회원 수가 1918년 이전 2만 4000명에서 1919년 10만 6000명으로 폭발적으로 성장했다. 아울러 회원의 4분의 3은 중등기술학교 출신이었다.

한편, Butab은 엔지니어와 기술자를 중등기술학교 출신과 고등기술학교 출신으로 구분할 것이 아니라 노동 시장에서 이들의 능력에 따른 구분이 시대에 적합하다는 인식을 갖고 있었다. 또한 엔지니어의 고등 교육은 기술자의 장기간 현장 경험을 통해 충분히 대체할 수 있다고 주장했다. 이런 인식 아래 중등기술학교 출신의 고등기술학교 진입 장벽을 낮출 것을 요구하기도 했다. 직업 현장에서 축적한 능력에 기초한 엔지니어와 기술자 구분의 가능성을 지적했다는 점에서 이 단체는 학교 출신에 기초한 VDDI보다 기술 전문성에 입각한 직업 연맹의 성격을 더 강하게 띠었다고 할 수 있다. 따라서 Butab은 엔지니어와 기술자의 기술 전문성에 기초한 공통된 요구를 가장 공격적으로 대변한 단체로 여겨지기도 한다.

그러나 Butab은 1920년대 들어 기술직 고용인이 중산층 이념을 지향하는 보수적 색채의 노동조합 조직들로 대거 이탈하면서 1929년에는 회원 수가 5만 5000명으로 줄어들었다. 계급 이념에 기초하고 임금 협상을 주요 전략으로 택한 노선에 기술 사무직 노동자들이 거리를 두기 시작한 것이다.

Butab이 기술자와 엔지니어를 구분하지 않고 엔지니어의 노동자로서 정체성과 기술 전문성을 강조한 것에 대응해 고용 엔지니어의 이해를 별도로 대변하기 위한 조직도 출현했다. 다음 절에서 자세히 서술할 고용 화학자 중심의 또 다른 연맹인 '고용 화학자와 엔지니어 연맹(Budaci)' 그리고 전기공학 및 기계 제작 산업 고용인을 겨냥한 '상업과 산업 분야 고위 고용직 연합(Vereinigung der leitende Angestellen in Handel und Industrie, Vela)'이 그것이다. 엔지니어나 경영진이 주도해 만든 연합은 아니지만 고위 고용직 연합에는 대학 소속 엔지니어가 회원으로 다수 참여했다. 이 연합에서는 전기공학 학과와 기계 제작 산업 분야의 엔지니어를 회원으로 단체 노동 협약권을 갖고 기술직 고용인의 상황을 개선하고자 했다. 그러나 여건이 서로 다른 영업직·행정직 등 다양한 분야의 고용인이 회원으로 있었던 까닭에 연합의 힘이 분산될 수밖에 없었고, 어느 분야에서도 단체 협상권의 지위를 확보하지 못했다. '정신노동자'로서 단결이라는 모토로는 회원들의 결속을 다지기 어려웠다. 독일 산업 제국 연맹(Recihsverband der deutschen Industrie)과 엔지니어의 발명과 관련한 보상 문제에 부분적으로 합의를 이끌어내 엔지니어 회원의 요구를 일부 충족해주었을 뿐이다.

Butab이 산업 합리화 정책 등으로 점차 '프롤레타리아화'하는 중등 기술학교 출신 기술자 문제에 집중하면서 디플롬 엔지니어는 연맹에 불만을 느껴 회원에서 이탈하는 경향이 점차 증가했다. 그러나 디플롬 엔지니어가 구엘리트와 동질성을 강조하는 VDDI나 고위 고용직 연합 정책에 동조한 것도 아니었다. 디플롬 엔지니어가 직업 연맹에 대해 느낀 이런 소외감은 1920년대 말 이들이 연맹에서 탈퇴, 혹은 가입하지 않는 형태로 나타났다. 1913년 VDDI와 Butab에 가입한 디플롬 엔지니어는 전체 디플롬 엔지니어의 약 20퍼센트를 차지했으나 1927년에는 VDDI, Budaci, Vela에 가입한 디플롬 엔지니어가 10퍼센트를 채 넘지 못했다. 이와 달리 중등기술학교 출신 기술자는 전체의 50퍼센트가 1920년대 중반까지 직업 연맹 즉, Butab에 가입했다.

한편, 디플롬 엔지니어는 엔지니어와 기술자를 구분하지 않는 독일 기술자 연합이나 전기 협회, 화학 협회 등의 전문 협회 회원으로 남아 있었다. 이는 VDDI, Butab, Budaci 등 직업 단체들이 생겨났음에도 독일 기술자 연합이나 전문 협회의 회원 수가 큰 변동 없이 꾸준히 유지된 데서도 알 수 있다. 앞서 언급한 것과 같은 전문 협회에는 1910년대에 엔지니어 3명당 한 명이 가입했고 1920년대 중반에도 5명 중 한 명을 유지했다. 즉, 디플롬 엔지니어는 직업 및 계급적 정체성보다는 전문 지식 공동체 일원으로서 정체성을 더 선호했던 것으로 보인다.

3.2 화학 산업 분야 엔지니어 단체의 결성

3.2.1 산업 화학자와 화학자 전문 협회의 출현

1880년대까지 화학자를 대표하는 단체로 1867년에 결성한 독일 화학 협회가 순수화학의 이해를 대변하고 있었다. 독일 화학 산업에서 과학의 역할을 선도적으로 보여준 호프만은 협회 창립총회에서 이 협회의 목적은 "응용화학을 대표하는 이들과 아이디어를 교환해 과학과 산업 사이의 연대를 새롭게 공고히 하는 것"이라고 천명했다. 호프만은 화학을 응용하는 산업이 부흥하면 화학 연구, 화학 이론 역시 발전한다는 생각을 갖고 있었고, 1850년대 대학과 산업 간의 협력이 보여준 성과가 이런 믿음을 강화했다. 산업과의 연대는 협회 회원 대다수가 기업가, 기술 및 산업 화학자로 구성되었다는 점에서도 자연스러운 일이었다. 초기 협회 회원 103명 중 절반이 산업계 관계자였다. 또한 협회를 이끈 인물 역시 화학자 C. A. 마르티우스(C. A. Martius), 베를린 제약회사 창시자 에른스트 셰링(Ernst Schering)처럼 산업계에서 활동하던 이들이었다.

독일 화학 협회는 아카데미 화학자와 산업 화학자 간의 교류를 도모하면서 산업 화학의 '과학화'를 선도하고 특히 연방 특허법 제정을 이끄는 데 큰 역할을 했다. 협회장인 호프만은 과학과 산업의 연대를 발전시켜나가는 데 핵심은 특허라고 생각했다. 특허에 관한 통일된 보호 제도가 미흡해 산업체에서 발명 및 연구에 투자하기보다 단순 복제에 몰두하면서 학문으로서 화학이 정체할 것을 우려한 것이다. 협회는 1869년 특허 개선안을 제출하면서 본격적으로 특허법 제정을 위한 노력을 시작했다. 특히 협회의 산업계 소속 회원은 기업 내 새로운 공정 혁신이 빠르게 진행되면서 이러한 기술을 특허 제도를 통해 보호해야 할 필요성을 절감했다.

그러나 협회 내부에서 특허 보호 대상을 둘러싸고 이견이 발생했다. 이론화학자들이 특허 제도로 인해 화합물 분석에 대한 자유로운 논문 발표가 어려울 수 있다고 주장하면서 논란이 일기도 했다. 1877년 정부의 특허법 초안이 나오고 여기에 협회 회원이 자문위원으로 참가하면서 협회의 특허법 적용 기본안—화학제품 자체가 아닌 공정 과정을 특허법 적용 대상으로 삼는다는 안—을 관철시켰다. 이어 새로 설립된 특허청에 4명의 위원을 파견해 특허 관리를 담당했다.

이처럼 산업계의 이해에 부응해 특허법 제정을 이끌기까지 했지만 협회는 기본적으로 아카데미 화학자들의 이해를 중시했다. 특허법 제정 직후 협회 내 산업계 회원을 중심으로 산업 화학자들로 구성된 별도의 부서를 협회 산하에 둘 것을 제안했으나 호프만은 이를 거절했다. 호프만은 당시 협회의 외국인 아카데미 화학자 회원 수가 늘어나 협회가 국제 학회로서 명성을 얻는 것에 주목했다. 산업 화학자 부서를 둘 경우, 협회가 산업계의 이해를 대변한다는 것이 너무나 분명해지고, 그로 인해 협회의 명성이 줄어들 것을 염려한 것이다. 산업계와 긴밀한 연대를 중시하기는 했지만 이러한 연대는 이론화학의 발전을 위해 필요한 것이며 협회의 주요 역할은 대학 화학자들의 이해를 대변하는 것임을 분명히 한 것이다. 산업계와 대학 사이의 갈등뿐 아니라 협회 내에서는 대학과 고등기술학교 출신 회원 사이의 갈등도 존재했다.

협회는 대학 출신 화학자나 고등기술학교 출신 화학자 모두에게 회원 자격을 부여했다. 그러나 이런 동등한 회원 자격에도 불구하고 이들 대학 출신 화학자와 고등기술학교 출신 화학자 사이에는 직업 진출에서 차별이 존재하고 있었다. 즉, 기업의 경우에는 대학과 고등기술학교 출신 화학자가 차별 없이 진출할 수 있었지만, 고등기술학교 출신은 대학의 교수 자리로 경력 이동을 할 수 없었다.[12] 사회적으로나 법적으로 이런 이동은 가능하지 않았다. 그 때문에 고등기술학교는 대학과 동일한 박사 학위 수여 권한을 요구했고 이는 1899년에 들어서야 가능해졌다. 한편, 협회 내 산업 화학자 부설 요구를 거절당한 산업계 화학자는 1877년 '독일 화학 산업 이익 보호 연합(Verein zur Wahrung der Interessen der chemischen Industrie Deutschlands)'을 별도로 결성했다. 이 연합의 목적은 정부로 하여금 화학 산업에 유리한 무역 정책, 특허 정책을 실행하도록 영향력을 행사하는 것이었다. 이렇게 해서 화학 기업가의 이익 단체를 꾸리기는 했지만, 이 연합이 협회와 완전히 분리된 것은 아니었다. 요컨대 연합의 대표가 1910년까지 협회 재무총무를 동시에 맡는 식으로 긴밀한 관계를 유지했다.

화학 산업의 이익을 대표하는 것과 달리 산업계 화학자 자체의 이익을 대표하는 것도 필요하다는 인식 아래 경제 연합과 별도로 산업계 화학자가 주축이 되어 별도의 협회를 만들었다. 고용 화학자를 비롯해 산업계 화학자 역시 대부분 독일 화학 협회 회원으로 가입했으나 협회의 학문적 특성이 강화되자 다른 조직을 결성하기에 이른 것이다. 1887년 이들은 화학 협회와 별도로 독일 응용화학 협회를 결성했다. 이 협회는 화학 협회와 달리 대학과 고등기술학교 교수는 물론 화학 기업의 경영진 및 고용 화학자 모두의 이해를 대변하고자 했다. 초기에 237명의 회원으로 시작한 응용화학 협회는 화학 산업의 성장과 더불어 1888년에는 3692명으로 크게 성장해 조직 개편의 필요성이 제기되었다. 이에 협회는 1896년 독일 화학자 연합으로 개칭하면서 개별 회원은 물론 기업 협회 같은 단체 회원들까지 받아들였다. 이들 기업이나 협회 회원이 늘어나면서 자연스럽게 연합은 기업 경영진과 대기업 고위직 화학자가 주도했다. 아울러 화학자들에 대한 국가시험을 도입하는 방식으로 화학자의 사회적 지위를 높이고 또한 화학자를 산업의 이해에 맞춰 훈련할 수 있도록 대학 교육 체제를 정비하고자 했다.

3.2.2 고용 화학자와 기술 산업 공무원 연맹의 연대

한편, 염료 산업 분야를 필두로 화학 기업들 내부에 '실험실'이 생겨나면서 점차 기업에 고용된 화학자 수가 증가했다. 1895년에는 '화학자'로 일컫는 총 3000명 중 4분의 3은 고용 신분으로 분류되었다. 예를 들어, 염료 생산업체 아홉 곳에 고용된 화학자는 한 업체에만 20명이 넘을 정도였다. 이들은 생산 감독자로서 역할도 했지만 5분의 1은 실험실에 고용된 연구자들이었다. 1907년에는 화학자가 5800명에 이르렀고 3대 거대 염료 산업에서만 870명의 화학자를 고용했다. 이들 고용

화학자는 화학자 협회가 관심을 갖고 있던 아카데미 화학자의 사회적 지위와는 거리가 먼 환경에 처해 있었다. 실험실 작업이 확립된 이론에 따라 작성한 매뉴얼에 의해 이루어지면서 이들 기업에 고용된 대부분의 화학자는 점차 자유로운 대학 연구 실험실과는 다른 상황을 맞이했다. 그중에는 기업의 이 같은 실험실 환경 때문에 상대적으로 높은 임금을 버리고 겨우 생활을 유지할 만큼의 보수를 주는 대학 조교직을 택하는 화학자도 있었다. 수적인 증가는 이들에게 고용 불안과 임금 정체 문제를 초래했지만 화학자 협회는 이를 주요한 문제로 다루지 않았다.

고용 화학자에 대한 문제는 1904년 결성한 기술 산업 공무원 연맹, 즉 ButiB이 제기했다. ButiB은 기업에서 "화학자를 기계 부품"처럼 이용하고 이들로 하여금 실제로 유용한 일을 창조할 수 있게끔 하는 자유를 제공하지 않는다고 비판했다. 또한 고용 화학자가 자신이 기여한 특허를 기업에 이전하고 오직 일부의 보상만을 받으며 기업과의 계약이 만료되면 특허에 대한 개인 권리도 소멸하는 당시 고용 계약에 대한 근본적인 비판을 제기했다. ButiB은 이런 고용 계약이 화학자에게 창조의 자유를 앗아가고 결과적으로는 기업의 혁신도 제약한다고 주장했다. 임금 측면에서도 새로 고용된 화학자들의 경우는 기술자와 차이가 거의 나지 않을 정도로 경제적 상황이 좋지 않았다. 이런 이유로 ButiB은 화학자들이 '유사 프롤레타리아' 상황에 처해 있다고 보았다. 따라서 이들은 화학자 개인에게 특허권을 부여할 것, 경영 결정에 참여할 수 있도록 할 것, 이직(移職) 제한을 철폐할 것 등을 요구했다.

이에 대해 독일 화학자 연합은 국가시험을 도입하고 모든 대학에 응용화학 교육을 개설해 대학 졸업 화학자의 사회적 지위를 높이는 정책을 택했다. 연합은 고용 화학자 역시 스스로 높아진 화학자로서 정체성을 갖게 되면 현재의 경제적 박탈감을 보상받을 수 있을 것이라고 보았다. 그럼에도 불만이 높아지자 협회는 불합리한 고용 계약에 대한 소송 등을 도와줄 수 있는 조직을 만들고 사회 보험을 도입하는 방안을 시도했다. 아울러 이를 통해 회원이 ButiB으로 이탈하는 것을 막고자 했다. 연합의 이런 노력에도 불구하고 ButiB 회원의 증가세는 멈추지 않았다. ButiB에는 1919년 기술직 고용인과 공무원 연맹, 즉 Butab과 통합하기 직전에 디플롬 엔지니어와 화학자 5000명이 회원으로 가입하고 있었다. 그러나 이런 상황은 1920년대 들어서 Butab이 계급 이념 지향을 강화하면서 고용 화학자 그룹이 탈퇴하자 변화되었다. 연합이 기술직과 동일한 노동자, 고용인으로서 정체성을 강조하고 화학자의 고유한 전문성을 고려하지 않으면서 고용 화학자가 점차 연합에 거리를 두기 시작한 것이다.

3.2.3 고용 화학자와 엔지니어 연맹의 탄생

기술 산업 공무원 연맹(ButiB)이 독일 기술자 연맹(DTV)과 통합해 기술직 고용인과 공무원 연맹(Butab)을 결성한 해인 1919년 훼히스트, 바이엘 등 화학 분야 대기업에서 일하는 화학자가 주축이 되어 독일 화학자 연합에 대응하는 노동조합 단체로 고용 화학자와 엔지니어 연맹, 곧 Budaci를 결성했다. 이름과 달리 연맹 준비 과정에는 화학자들만이 참여했다. 결성과 동시에 훼히스트 소속 화학자 216명, 바이엘의 레버쿠젠 공장 화학자 170명, BASF 소속 화학자 270명이 회원으로 가입할 만큼 화학자들이 주도한 연맹이었다. 하지만 Butab이 디플롬 엔지니어의 이해를 대변하기 어렵다고 판단한 엔지니어들이 Budaci에 가입하자 연맹은 고등기술학교 교육을 받은 산업체 고용 화학자와 엔지니어의 단체라는 정체성을 갖게 되었다.

Budaci는 공통의 학교 교육을 받았고 동시에 산업체에서 일한다는 점에서 Butab보다 회원의 동질성이 강해 엔지니어와 화학자만의 이해를 더 잘 대변할 수 있었다. 고용 화학자와 이해를 달리하는 기업가도 회원으로 가입한 독일 화학자 연합과 달리 노동자 측면에서 고용 화학자의 요구를 연맹 이름으로 주장할 수 있게 된 것이다. 이 연맹이 실제 고용 엔지니어와 화학자에게 큰 반향을 얻었다는 것은 이미 1920년대 초에 6000명의 화학자와 2000명의 디플롬 엔지니어가 회원으로 가입했다는 사실에서 알 수 있다. 그런데 이들의 90퍼센트는 화학 산업 분야 소속이어서 사실 연맹은 화학 산업 분야 엔지니어와 화학자만을 전적으로 대변했다고 해도 과언은 아니다.

Budaci는 1920년대에 가장 성공적인 노동조합으로 성장했다. 1920년 연맹은 화학 산업과 단체 노동 협상을 맺는 데 성공했다. '화학 산업에 고용된 아카데미 고용인에 대한 임금 계약'을 체결해 기술 고용인에 대한 5단계 임금 체계를 처음으로 확립했다. 이를 통해 화학 산업 분야 엔지니어와 화학자는 다른 분야에 비해 상대적으로 높은 임금의 혜택을 누릴 수 있었다. 이 밖에 고용 엔지니어와 화학자에게 유리한 특허 보상권을 보장받고, 기타 노동 조건에 대한 개선도 이루어졌다. 연맹은 고등기술학교에서 교육받은 이들의 능력이 중등기술학교의 기술자와 다르다는 것을 강조하며 이 능력에 따라 더 높은 임금을 받아야 한다고 주장했다. 이런 점에서 Budaci는 고등기술학교 졸업생의 이해를 대변하며 Butab과 경쟁 관계였다고 할 수 있다.

Budaci가 확립한 1920년도의 임금 체계는 1933년까지 유지되었는데, 연맹은 이와 같은 성공을 화학 분야 이외 다른 분야로까지 확장하고자 했다. Budaci는 1925년 명칭을 '기술과 자연과학 분야 아카데미 고용인 연맹(Bund angestellter Akademiker technisch-naturwissenschaftlicher Berufe, BaAtnB)'으로 개칭해 화학 분야 이외의 엔지니어를 회원으로 받아들였다. 이 새로운 연맹에는 물리학 분야 전공자, 전기공학자, 기계 제작자까지 회원으로 가입할 수 있었다. 그리고 1920년대 후반 더욱 적극적으로 화학 산업과 맺은 협약을 다른 산업 분야로 확대하려 했다. 그러나 연맹은 화학 산업에서 이루어낸 성과를 다른 산업 분야로 확대하는 데는 성공하지 못했다. 고용 화학자의 발명과 이에 대한 보상 문제를 놓고 1928년 독일 산업 제국 연맹과 모델 계약을 체결하기는 했으나 중공업 기업들이 이 계약에 따른 이행을 거부함으로써 실제적인 실행으로 이어지지는 못한 것이다. 또한 금속 산업과 전기 산업에서 특별 임금 계약을 맺으려 했으나 이 또한 성공하지 못했다. 이로 인해 Budaci는 단체명을 바꾼 이후로도 전기 엔지니어나 기계 엔지니어 회원을 늘리는 데 실패했다.

이처럼 디플롬 엔지니어의 노동조합이라는 동질적 성격을 갖고 있던 Budaci 역시 1920년대 말 이후 조직적 쇠퇴를 겪은 데는 디플롬 엔지니어 및 화학자의 사회적 정체성을 노동자로 환원할 수 없었다는 점에서 찾을 수 있을 것이다. 디플롬 엔지니어는 사회적으로 배경이 달랐던 중등기술학교 출신 기술자와 동일한 노동조합 혹은 유사한 직업 연맹을 통해 자신의 이해를 관철하는 것에 거리를 두었다. 또한 VDDI 나 Budaci같이 디플롬 엔지니어만의 특수한 이해를 관철하는 것에 대해서도 거리를 두었다.

이들은 이와 같은 직업 연맹의 단체 회원으로서 자신의 물질적 이해를 관철하기보다는 개인적으로 문제를 해결하고자 했고 전문 지식 담지자로서 정체성에 더 신경을 썼던 것으로 보인다. 전문 지식인으로서 전문 협회에서 기업인, 고용인, 아카데미 엔지니어와의 교류 및 사회적 활동을 중시한 것이다. 한편, 이들 산업체 고용 엔지니어의 조직화가 낮은 수준에 머물렀던 것과 달리 관료로 재직하던 디플롬 엔지니어는 훨씬 잘 조직화되어 있었다. 1920년대 말 고위 관료 제국 연맹(Reichsbundes der höheren Beamten, RhB) 기술 분회에 소속된 엔지니어는 약 1만 명에 달했다. 고용 노동자로서 다양한 스펙트럼을 보이는 디플롬 엔지니어와 달리 관료는 훨씬 동질적인 이해를 공유했고 이를 관철하기가 용이했기 때문이기도 하다.

4 산업 엔지니어와 산업 화학자를 위한 교육 체제의 정립

전기 산업과 화학 산업의 성장은 고등기술학교와 대학에서 훈련받은 엔지니어와 화학자의 고용을 촉진했고 아울러 이들 교육 기관의 교육 내용에 변화를 가져왔다. 전기 산업 태동기만 해도 고등기술학교의 전기공학 교육은 전문적으로 분화하지도 않았고, 교육의 내용 또한 전기에 관한 기초적 물리 이론에 머물러 있었다. 1880년대로 접어들면서 전기공학은 독립 전공으로 고등기술학교에 자리 잡기 시작했고, 1900년 대에는 산업 현장의 지식이 대학 교육 내용으로 이전되었다. 산업과 고등기술학교 간의 긴밀한 협조로 현장 실습 교육이 정착했고, 학교에 시연장을 설치하면서 산업 현장 교육도 강화할 수 있었다. 화학 분야 역시 산업계에 필요한 인력을 대학과 고등기술학교에서 공급하지 못하고 있다는 문제 제기에 따라 화학자에 대한 교육 내용에 물리, 제도, 기계 기술을 포함하는 개편 작업이 이뤄졌다.

여기서는 산업 엔지니어와 산업 화학자에 대한 교육 내용이 어떤 변화를 겪었는지, 산업과 교육 기관의 관계는 또한 어떤 변화를 겪었는지 알아본다.

4.1 산업 엔지니어를 위한 전기공학 교육

전기공학 교육 과정이 고등기술학교에 정착한 과정은 고등기술학교 교육 체제를 산업체에 필요한 인력 양성에 맞춰 정비하는 과정이기도 했다. 1880년대 초만 해도 전기공학 교육 과정은 물리학 과정 혹은 기계공학 과정의 일부로 개설되었고, 주로 물리학자 · 기계공학자를 교수로 임용했다. 임용된 교수들은 대개 산업체 경험이 전혀 없을뿐더러 전기공학 분야의 전문성도 갖추지 않은 경우가 많았다. 1882년 다름슈타트 고등기술학교에서 처음으로 전기공학 전공 교수 임용이 이루어지면서 전기공학이 독립된 전공으로 모습을 갖추기 시작했다. 다름슈타트 지역 경제에 대한 기여를 고등기술학교의 주요 임무로 여기던 학교 관계자들은 마침 뮌헨에서 열린 전기박람회를 참관하고 전기 산업에 관심을 갖게 되었다. 그리고 이 새로운 분야를 제도화함으로써 정체된 학생 수 증가를 꾀할 수 있을 것이라고 생각했다. 다름슈타트에서는 1883년 전기공학이 독립 학과로 발전했고, 1888년 여름 학기 재학생 279명 중 82명이 전기공학을 전공했다. 이 수치는 1899년경 600명 이상으로 증가했다.

한편, 다름슈타트에 이어 아헨·베를린·브라운슈바이크 고등기술학교에서는 기계공학 교육 과정의 일부로 전기공학 과정을 개설했고, 카를스루에와 드레스덴·뮌헨에서는 물리학 과정으로 개설했다. 초기 전기공학 교수로 임명된 이들은 대부분 물리학 전공자였으나 베를린 고등기술학교에서 임명한 아돌프 슐라비처럼 기계공학 전공자도 있었다. 다름슈타트의 영향은 카를스루에 고등기술학교의 전기공학과 형성 과정에서 잘 볼 수 있다. 1883년 카를스루에의 물리학 소속 전기공학 교수로 임명된 페르디난트 브라운(Ferdinand Braun)은 전기공학 실험실 설치를 요청했고, 기계학과에 전기공학 전공을 부설할 계획을 갖고 있었다. 브라운의 계획은 다름슈타트와 베를린 고등기술학교의 전기공학 과정 발전과 강전 산업의 발달에 영향을 받아 몇 년 뒤인 1895년 엥겔베르트 아르놀트(Engelbert Arnold) 교수에 의해 실현되었다. 기계공학과와 다른 이론적 배경을 고려해 아르놀트 교수는 기계학과 소속이 아닌 독립 학과로 전기공학을 개설했다. 강전 기술에 필요한 실험실과 실험 도구를 갖추고 실습을 병행하는 전기공학 과정을 만든 것이다. 카를스루에의 전기공학과는 1920년 카를스루에 공과대학에서 두 번째로 큰 학과로 성장했고, 이곳 출신은 독일 전기 산업을 이끌던 대기업에서 주도적 역할을 했다. 특히 전기공학을 창립한 아르놀트 교수의 제자 대부분이 산업 분야 전기 기계 설계를 이끌었다.

1880년대 전기공학 교육 과정을 처음 개설할 당시에는 물리학 전공 교수들이 강의를 전담하면서 강전 산업 분야에 필요한 전공 교육은 소홀할 수밖에 없었다. 물리학을 전공한 교수들은 발전기, 변환기 등 전력 산업에 필요한 전기 기계 장치에는 문외한인 데다 이에 대한 관심도 낮았다. 따라서 전기 기계 장치에 대한 수업보다 전신과 관련한 물리 기초 교육에 더 많은 시간을 할애하곤 했다. 아울러 이러한 교육을 산업 현장 경험자를 초청하는 방식으로 보충했다. 한편, 이런 문제를 해결하는 방식은 기계학과에 전기공학과를 부설해 학생들에게 기계학 전공 지식을 의무적으로 습득할 수 있게끔 하는 것이었다. 다수의 고등기술학교가 전기공학이 기계학 부설로 자리 잡는 형태를 택했는데, 이는 지멘스를 비롯한 몇몇 학자들이 전기공학을 모든 공학 전공 학생에게 필요한 부전공으로 규정하거나 독립 분과 학문으로 위치 지우기에는 포괄적인 학문이 아니어서 기계 분야의 하위 학문으로 두어야 한다고 주장했기 때문이기도 하다. 지멘스는 동시에 현장 실습을 통해 엔지니어 스스로 학습할 분야가 전기공학임을 강조하기도 했다.

그러나 전기공학이 고등기술학교에 자리 잡기 시작하면서 이 같은 초기 주장과는 다르게 전기공학은 독립 학과로 정착했다. 물론 기계공학과의 연관이 커리큘럼에 영향을 주어 1900년대 초까지 전기공학 전공 학생은 기계공학 전공 수업을 기계공학 학생들과 거의 비슷한 수준으로 들어야 했다. 즉 전기공학 전공 학생들은 기계 공장에서 1년간 의무적으로 실습을 해야 했고, 2학년 때는 기계공학 전공 학생과 동일하게 강의·연습·기계 실험실 시간을 의무적으로 이수해야만 했다. 3학년 때에야 전기역학 같은 전기공학 전공 수업을 받았다. 하지만 이때도 중기 기관, 터빈, 공작기 등 기계 전공 수업을 들어야 했다. 전적으로 전기공학 전공 수업과 실험을 하는 것은 4학년 때에야 가능했다. 한편, 고등기술학교에서는 전기공학 제도화 초기부터 실험실을 설치하기는 했지만, 이 초기 실험실 역시 수업용으로 산업 현장에서 접하는 대형 발전 장치나 조명 장치에 관한 현장 지식을 익히기에는 열악한 상태였다. 이러한 실험실 교육의 목표는 이론 기초를 습득하고 현장에서 필요한 문제의식을 갖도록 하는 정도에 머물렀다. 그렇지만 실험실을 통해 이론과 실습을 병행할 수 있도록 함으로써 산업계에 필요한 인력을 양성한다는 목표는 처음부터 명확했다. 즉 전기공학과의 목표는 우선적으로 산업에 필요한 인력을 양성하는 데 있었다.

1890년대에 접어들면서 전기공학 교수 인력에 변화가 나타나기 시작했다. 고등기술학교 전기공학 교육 과정을 담당하는 교수로서 산업 현장 경험을 지닌 이들을 임명하는 경우가 생겨난 것이다. 산업 현장에서 새롭게 출현하는 전기 기계 및 설비 등에 관한 지식은 전기 이론에만 익숙한 물리학자나 기계공학자에게는 생소한 것이어서 지식 습득이 점점 어려워졌다. 대형 발전소와 관련 있는 고압 송전 문제는 당대 물리 분야에서 축적한 전기 이론만으로 해결할 수 있는 것이 아니었다. 고등기술학교에서는 점차 전기공학 분야 교수는 전기공학 교육 과정을 졸업한 전기공학자나 기계공학자로서 산업 현장 경험을 지닌 이들을 임명해야 한다는 인식이 널리 퍼졌고, 이론가보다는 응용을 전공으로 하는 전기공학자를 선호했다.

1890년대 초에 예외적으로 실행한 산업 경력 교수 임용은 1910년 이후 일반적 현상이 되었다. 이는 1900년대 들어 고등기술학교 졸업자가 산업 현장에서 필요로 하는 자질을 갖추지 못했다는 비판의 목소리가 나오기 시작한 때문이기도 했다. 1908년 엔지니어 협회, 고등기술학교, 산업계와 정부 대표로 구성한 기술학교에 관한 독일위원회에서 공식적으로 산업 경험을 갖춘 교수를 임명할 것을 권고하기로 한 것이다. 고등기술학교 출신 엔지니어를 현장에 직접 투입할 수 없을 정도로 학교 교육이 현장과 떨어져 있다는 산업계의 불만도 이런 권고에 영향을 미쳤다. 실제로 1900년 발간한 문헌에 따르면, 고등기술학교 출신 전기 엔지니어가 훈련을 통해 완벽한 전기 엔지니어로 자리 잡으려면 3~4년은 현장 경험을 해야만 했다. 이러한 권고는 고등기술학교의 교수진에 변화를 가져왔다. 통계에 따르면 정규 교수로 임명된 전기공학 교수들의 산업 현장 경력 기간은 1882년의 1년에서 1914년에는 9.4년으로 늘어났다.

1900년대 접어들어 전기공학 교육이 산업 현장과 긴밀해졌음은 교육 내용의 변화에서도 엿볼 수 있다. 공학 교육 과정이 자리를 잡으면서 전기 이론 수업의 비중은 늘어나지 않은 반면 전기 기계 설계나 설비 계획 등 실습 과목 비중은 크게 늘어난 것이다. 교육 과정 개설과 병행해서 학교에 설립한 실험실은 시간이 지나면서 각종 전기 기계 장비를 갖추고 측정, 제작, 실험 등 산업 현장에 필요한 지식을 익힐 수 있게끔 해주었다. 화학 분야를 제외하고는 다른 어떤 공학 분야보다 우선적으로 고등기술학교에 전기공학 실험실을 설치했는데, 이는 전기공학 분야가 다른 공학 분야보다 현장 및 실습 교육을 중시했음을 보여주는 것이라고 할 수 있다. 한편, 실험실 구비는 산업 기술 분야에서 빠르게 발전하는 지식을 좇아가고 선구적인 작업에 앞장을 서는 데 필수적인 것이기도 했다.

1900년대 이후로는 일반 실험실 외에 별도의 건물에 각종 직류 및 교류 모터와 기계 장비, 계전판 등을 갖춰 산업 현장과 유사한 시험장이 고등기술학교에 등장하기도 했다. 전기의 기본 특성을 이해하는 간단한 도구만 갖춘 실험실은 발전소 설비 확대 등 강전 산업이 다양하게 분화하면서 현장의 요구에 부응할 수 없었던 것이다. 이에 새롭게 등장한 것이 '전기공학 시연장' 설치였다. 1907년 베를린 고등기술학교에 부설한 시연장은 발전 설비 같은 대형 전기 설비 구조 교육의 필요성 때문에 도입한 것이다. 직류 및 교류 전력을 임의로 조절할 수 있고, 안정적인 전력을 공급받을 수 있도록 설계한 이 시연장에서 학생들은 전기 기계의 출력, 발열, 손실 등을 직접 시연하며 관찰할 수 있었다. 시연장은 교류 변환기, 교류 발전기, 배전기 및 스위치 등 각종 전력 관련 시설을 구비했다.

베를린 고등기술학교의 시연장은 공학 박사 논문의 기초가 되는 실험에 쓰이는 한편, 산업 현장에서 필요한 지식을 흡수하는 계기를 마련해주었다. 한편, 베를린 전기 산업을 이끈 지멘스와 AEG는 고등기술학교에 설치한 이런 실험실과 시연장에 대한 재정 지원을 하기도 했다. 1910년 이후로는 이런 시연장과 실험실을 통해 산업에 필요한 인력 양성이 가능하다는 것을 인식하면서 이에 대한 산업계의 지원은 더욱 늘어났다. 이런 변화는 실제로 고등기술학교 출신 엔지니어의 50퍼센트가 전기 설비 프로젝트 기획사, 20퍼센트가 기업의 설계 사무실 등으로 진출했기 때문이기도 하다. 연구 분야로 진출하는 전기 엔지니어는 극히 소수에 불과했다.

한편, 고등기술학교의 전기공학 교육은 다른 분야와 마찬가지로 학생의 현장 실습을 의무로 여겼다. 고등기술학교 입학 조건에는 디플롬 시험을 보고자 하는 이들은 의무적으로 공장에서 1년간 현장 교육을 받아야 한다는 것을 포함하고 있었다. 중등기술학교에서는 학교 입학 전에 2년, 전문학교에서는 2~5년 공장 실습 경험을 요구했다. 이는 전기공학 분야도 예외는 아니었다.

4.2 산업 화학자와 대학의 화학 교육

독일 산업 화학자의 성장은 앞서 언급했듯 대학 화학 실험실을 통한 교육에서 연유했다. 그렇다면 이런 실험실이 실제로 그들이 '산업 화학자'로 성장하는 데 어떤 영향을 미쳤을까? 독일 대학의 화학 실험실 토대를 일군 인물은 리비히였다. 리비히는 실험 연구를 대학 교육에 체계적으로 접목했고, 산업 현장에 대학 출신 화학자가 쉽게 적응할 수 있도록 해주었다. 아울러 인문 전통에 사로잡힌 대학의 화학 교육을 비판하고 화학 이론의 다양한 적응 가능성을 보여주었다. 그리고 화학의 이론적 지위를 높이는 방편으로 실험실 실천 교육을 대학에 정착시켜야 한다고 강조했다. 연구 팀장, 조교와 학생으로 구성된 리비히 실험실은 대학과 산업을 직접 연계해주는 고리 역할을 했다.
실험실의 연구 방법은 유기 화합물에 대한 양적 원소 분석이 주를 이루었다. 실험실에서 교수와 학생은 대학에 강하게 뿌리내린 위계질서를 넘어 연구 동료로서 소통할 수 있었다. 유기화학의 특성상 기본 이론 습득에 장시간의 교육이 필요하지 않았고, 실험 연구를 통해 얻는 지식과 기술이 더 중요했다. 이런 지식과 기술을 쌓는 데는 교수와 학생이라는 형식적 구분이 큰 역할을 하지 못했다. 학생은 교수가 주도하는 연구에 조수나 조교로 참여하면서 경험을 통해 지식을 습득했다. 특히 리비히는 학생들에게 스스로 주제를 선택해 연구할 수 있도록 함으로써 독립 연구자로 성장할 수 있는 기회를 마련해주었다.

리비히의 실험 교육과 호프만의 실험실 제도화 노력이 이어지면서 독일 대학의 화학과에는 리비히식 화학 실험실이 정착했고, 여기서 배출한 졸업생은 화학 산업계로 자연스럽게 진출했다. 아울러 리비히식 화학 실험실은 새로운 발견들을 함으로써 산업계에서 필요한 특허를 제공하기 시작했다. 대학의 철학과 · 농학과 · 의학과에 소속된 화학자들이 화학 산업계와 협업을 통해 산업에 필요한 특허 지식을 마련해주었고, 산업계는 이 지식을 활용해 새로운 화학 공정 혁신, 새로운 화학 물질 개발을 이어나갈 수 있었다. 이런 산업과 대학교의 산학 협력은 독일 화학 산업의 빠른 발달을 가져왔다.

한편, 이미 1850년대 말부터 화학자 인력 시장에는 대학 출신 화학자만 진입한 것은 아니었다. 1845년 빈 폴리테크닉 학교에서 분석화학자를 위한 프로그램을 처음 도입한 이후, 1846년에는 드레스덴, 1847년에는 카를스루에에서도 이 모델을 따랐다. 그리고 1850~1859년에는 독일의 거의 모든 폴리테크닉 학교에서 화학자 교육 프로그램을 도입했다. 그리고 이들 폴리테크닉 학교 출신 화학자도 기업으로 진출했다. 1877년 연방 특허법이 제정되면서 산업계에서는 훈련받은 화학자가 더욱 필요했다. 19세기 초처럼 대학에서 이론 중심의 교육을 받은 화학자가 아니라 기술 훈련과 응용화학 훈련을 받은 화학자가 필요해진 것이다. 폴리테크닉 학교에서 고등기술학교로 격상되면서 폴리테크닉 학교 화학부는 1870년 일반화학 교수와 화학 기술 혹은 산업화학 교수를 나란히 임명하고 필요한 화학 기술 실험실을 정비해나갔다.

BASF 등 화학 산업의 대기업과 폴리테크닉 학교에서 승격한 고등기술학교의 협업이 강화되면서 고등기술학교의 화학과는 대학과 마찬가지 발전 과정을 겪었다. 카를스루에 고등기술학교 화학과의 경우, 1883년 이후 학생들에게 디플롬 시험을 실시했고 대학의 박사 논문과 유사한 정도의 디플롬 논문을 제출하도록 했다. 디플롬 학위가 어느 정도 수준이었는지는 디플롬 학위자 중 6명이 훗날 노벨 화학상을 받은 데서도 알 수 있다. 카를스루에의 경우 이런 화학과 성공에 힘입어 1894년에는 전기화학과와 물리화학과까지 개설했다. 카를스루에에서 도입한 디플롬 학위는 고등기술학교 일반 제도로 정착했고 1899년에는 고등기술학교도 대학과 마찬가지로 화학 박사 학위를 수여할 수 있었다.

1850년대 이후 대학과 협력을 통해 화학 산업 분야에서 성공을 거둔 산업계는 특허법 제정으로 인해 늘어난 특허 압력, 점점 빨라지는 기술 혁신과 복잡해지는 생산 공정 과정 등의 문제에 직면했다. 산업계는 이런 문제를 해결하기 위해서는 대학과 고등기술학교에서 훈련받은 인력이 필요하다는 것을 인정했으나 고등 교육이 변화하는 환경에 대처하지 못한다고 느꼈다. 이에 산업계에서는 화학자 인력을 검증하는 제도를 도입해 이들 고등 교육 인력의 수준을 높이고자 했다. 그 방안으로 1879년 산업계 대표자들과 정치가들은 법률가와 유사하게 화학자를 대상으로 국가시험제를 도입하자고 제안했다. 1889년부터는 독일 응용화학 협회에서도 시험제 도입을 주창하고 나서며 제국의회에 허가를 요청했다. 그러나 이 제안은 법적인 형태의 결실을 보지 못했다. 같은 해에 독일 화학 산업 이익 보호 연합에서는 대학 출신 화학자는 현장 실습 능력이 부족하다며 이들에 대한 교육 과정 개편이 필요하다고 주장했다. 이들에 따르면 대학 출신 화학자는 분석 시편을 다루는 데 필요한 기계 기술 능력이 부족할뿐더러 물리, 제도, 광물, 기계 지식 역시 부족했다. 게다가 대학에서는 대부분의 화학자가 중간 자격시험도 없는 상태에서 박사 논문에만 매달리면서 기술 분야 교육을 등한시하고, 기업에 속한 고등기술학교 출신 화학자마저 대학 박사 과정으로 이탈하는 일이 종종 발생하고 있었다.

이에 '연합'에서는 2년 과정이 끝난 후 중간시험을 치르도록 하고 졸업 자격으로 국가시험 통과를 제도화하는 방안을 제시했다. 중간시험에서는 일반화학, 분석 연습, 정성 분석과 물리와 광물학의 기초 계산, 이론을 포함시키도록 했다. 또한 국가시험의 전공 과목에는 유기 및 무기 화학, 화학과 물리 실습, 일반화학 기술을 포함하고, 부전공으로 광물학, 금속학, 일반기계학, 식물학과 국민 경제 기초 중에서 두 과목을 선택하도록 했다. 아울러 이 국가시험을 통과한 화학자에게는 '정부-화학자(Regierungs-Chemiker)'라는 칭호를 주자고 했다. 이 같은 산업계의 제안은 대학교수로부터 자신들의 자율권에 대한 침해라는 비판을 받은 반면, 고등기술학교는 이를 긍정적으로 받아들였다.

산업에 필요한 인력 교육에 중점을 둔 이런 개혁안은 산업계의 요구대로 실현되지 않았다. 요컨대 화학자에 대한 국가시험은 모든 화학자에 대해서가 아니라 식품 분야 화학자에 대해서만 실시했다. 1894년 독일제국이 승인한 국가시험에는 대학과 고등기술학교 화학과 졸업생만 응시할 수 있었다. 1897년에는 앞서 제안한 중간시험을 대학에서는 박사 과정 진입 혹은 국가시험의 전제 조건으로 도입했다. 아울러 대학의 박사 학위는 인쇄된 박사 논문과 구두시험을 거쳐야만 수여할 수 있도록 했다. 한편, 고등기술학교에서는 1899년까지 디플롬 시험을 치를 자격에 대한 통일된 기준을 마련하지 못했다. 그러나 1899년 이후에는 대학과 유사하게 디플롬 자격증 제시, 인쇄 논문과 구두시험을 통과한 졸업생에게는 엔지니어 박사 학위 수여가 가능해졌다.

화학자 교육을 둘러싼 이런 논의는 고등기술학교 졸업생이 대학 출신에 비해 산업으로 진출할 기회를 넓히는 데 기여했다. 고등기술학교에서는 응용화학, 기술 지식의 전수가 대학에 비해 훨씬 광범위하게 이루어졌다. 특히 중간시험 도입은 교과 과정의 전반적 변화를 초래해 졸업생의 현장 적응 능력을 높였다. 한편, 고등기술학교 출신 디플롬 화학자는 중간시험을 치르지 않고 김나지움을 졸업하지 않아도 대학 박사 과정 진학이 수월해졌다. 통계에 따르면 338명의 고등기술학교 졸업생 중에서 314명이 대학의 박사 과정으로 진학했다.

화학 산업계의 요구에 따라 화학 분야 고등 교육 과정은 이처럼 화학 기술 능력, 화학 관련 인접 분야에 대한 지식 확충이라는 방향으로 이어졌다. 또한 대학과 고등기술학교에 통일적인 중간시험, 박사 학위 수여 기준을 도입하면서 이들 고등 인력에 대한 검증 절차도 마련할 수 있었다. 이런 표준화한 고등 인력이 화학 산업의 기업 실험실로 진출하면서 산업에 필요한 화학 공정, 제품상의 혁신이 가능해졌다.

5 맺음말: 산업 엔지니어의 성장과 독일적 특성

고등기술학교와 대학에서 축적한 지식을 기초로 성장한 독일 전기 산업과 화학 산업은 이들 산업에 고용된 엔지니어와 화학자의 비약적인 증가를 가져왔다. 물리 이론에서 제공하지 못하는 기술 문제를 해결해야 할 필요성 때문에 전기 산업계는 초기의 기술자 고용에서 고등기술학교 전기공학 엔지니어 고용으로 옮아갔다. 대학과의 계약 연구를 통해 필요한 공정 기술을 습득하던 화학 산업은 1877년 연방 특허법 제정으로 박사 학위 화학자를 직접 고용해 새로운 제품 및 공정 개발에 나섰다. 이렇게 지식에 기초한 두 산업의 성장은 산업 엔지니어와 산업 화학자의 급격한 증가를 가져왔다. 1870년 이전의 엔지니어 대부분이 기술 관료로 진출했다면, 그 이후에는 산업체로 진출하는 것이 지배적인 현상이 되었다. 1939년 작성한 직업 통계에 따르면, 엔지니어 중 산업체에 고용된 인원은 전체의 5분의 4에 해당했다. 그만큼 산업 엔지니어가 엔지니어의 주를 이루게 된 것이다. 이런 변화는 화학 산업에서도 유사했다. 대기업에 고용된 화학자는 불과 10년 만에 200퍼센트 늘어날 정도의 빠른 성장 속도를 보였다.

이들 산업 엔지니어와 산업 화학자의 등장은 엔지니어와 화학자 사회의 분화를 의미하는 것이기도 했다. 먼저 아카데미 화학자의 이해를 대변하는 협회 대신 산업 화학자의 이해를 대변하는 협회가 분화하기 시작했다. 전기 산업에서는 강전과 약전 산업이 분화하면서 두 전문 협회의 출현이 이어졌다. 이런 전문 협회 결성에 이어 산업체에 고용된 전기 엔지니어와 화학자가 증가하면서 이들의 직업적 이해를 대변하는 다양한 단체가 등장했다. 이러한 직업 연맹의 출현에는 산업 엔지니어가 대다수인 고용 엔지니어의 이해를 전문 협회들이 대변하지 못한다는 인식이 자리 잡고 있었다. 노동 시장에서 기술자와의 경쟁에 직면한 고등기술학교 출신 엔지니어는 디플롬 엔지니어 연맹 같은 엔지니어만의 조직을 결성해 자신들의 이해를 대변하고자 했다. 산업체 고용 화학자가 주축이 되었던 '고용 화학자와 엔지니어 연맹' 역시 고등기술학교 출신 엔지니어의 이해만을 따르고자 했다. 한편, 고용 엔지니어 중에는 엔지니어 공급 과잉으로 인한 실업 증가와 임금 하락으로 엔지니어의 '프롤레타리아화'를 기술자가 주축인 '기술직 고용인과 공무원 연맹' 같은 단체로 해결할 수 있다고 여기는 사람도 있었다. 이들은 노동자로서 정체성을 강조하고 노동조합 조직 활동을 선호했다.

디플롬 엔지니어만의 이해를 대변하고자 한 단체의 경우, 독일 기술자 연합 등의 기술자 비분리 정책에 밀려 자신들의 목표를 달성하지 못했다. 하지만 직업 연맹 성격의 단체들은 임금 인상, 특허 보상권 제정 따위의 성과를 이루어내는 등 고용 엔지니어의 경제적 지위 향상에 기여했다. 그러나 대부분의 디플롬 엔지니어는 직업에 기초한 이런 이해 집단과는 거리를 두었다. 전문 협회 같은 전문 지식 공동체에 대한 선호도가 컸다는 뜻이다.

산업 엔지니어의 성장은 또한 교육 체제, 교육 내용의 변화를 동반했다. 이론 교육보다 산업 현장 실습 교육을 강화했고 이는 일반 실험실에 이은 시연장의 구비로 나타났다. 화학자에 대해서는 산업계 인력에 필요한 기술 지식 강화를 위해 중간시험제 도입, 박사 학위 수여 기준 표준화 등의 정책을 실행했다. 한편, 전기공학 분야에서는 빠른 산업 현장 지식 습득을 위해 산업 현장 경력을 지닌 교수의 임용이 늘어났다. 이러한 교육 체제 및 내용은 산업 엔지니어를 빠르게 산업 현장에 적응시키는 것이 목적이었다. 이런 교육 과정의 변화는 고등기술학교가 대학과 동등한 지위를 갖추어가는 과정과 병행되었다. 한편, 이런 교육 과정은 주 정부, 각종 협회, 산업계와의 조율을 통해 이루어졌음을 알 수 있다.

전기 및 화학 산업 성장에 따른 산업 엔지니어, 산업 화학자의 양적 성장과 이들 엔지니어 사회의 분화는 시기적 차이가 있을 뿐 다른 국가들에서도 유사하게 목격할 수 있다. 그런데 독일 화학 산업의 경우, 영국이나 미국과 달리 '화학공학 엔지니어' 양성 없이 기술과 산업이 발전하는 독특한 현상을 보였다. 글을 맺기 전에 이런 독특한 현상이 역사적으로 어떻게 가능했는지 설명하고자 한다. 이는 동일한 화학 산업에서도 이에 종사하는 엔지니어의 성장이 국가에 따라 달라질 수 있음을 보여준다.

19세기 후반 독일 화학 산업 분야 기업들이 고용한 화학자는 기업 내에서 훈련을 쌓은 화학 기술자가 아니라 외부에서 초빙한 '이론화학자'들이었다. 한 연구에 따르면, 대학에서 학문에 종사하던 과학자가 이 시기 새로 충원한 인력의 80퍼센트 정도를 차지했다. 당시에는 기업이 스스로 실용적인 화학 엔지니어를 양성하는 것보다 대학 등에서 학위를 마친 화학자를 구하는 것이 일반적 관행이었다는 점을 시사하는 대목이다. 실용적인 화학 엔지니어보다 연구하는 화학자를 선호하는 경향은 이후 기업이 실험실과 연구실을 확대하면서 한층 강력해졌다. 1895년 영국 경제사가 G. E. 윌리엄스(G. E. Williams)는 독일 화학자의 역할을 이렇게 묘사했다. "독일 염료 산업이 영국이나 프랑스 염료 산업보다 더 학문과 밀접한 연계를 맺었다고 말하는 정도로는 가당치 않다. 오히려 독일 기업 자체에 과학자들이 종사했다고 해야 할 것이다. 영국인은 이에 대해 '무위도식'이라고 말하기도 하지만, 독일인이 '연구'라고 부르는 것에 대한 대가로 정기적으로 봉급을 받는 사람이 바로 이 화학자들이었다."[13]

솔베이 공정, 접촉식 황산 제조 공정, 염소-알칼리-전해 공정 등을 도입하면서 독일의 화학 기업은 화학제품을 대량으로 생산하기 시작했다. 하지만 경쟁이 격화하면서 발명 건수에서 생산 건수가 차지하는 비중은 날이 갈수록 현저하게 줄어들었다. 1906년 바이엘사의 연구실에서는 새로운 화학 구성물 2656건을 합성했지만, 그중 일차 검사를 통해 60건만 대규모 개발을 실험했으며, 최종적으로 시장에 나온 것은 36건뿐이었다. 훼히스트사도 이와 마찬가지였다. 이 회사는 1900년 새로운 염료 성분 3500건을 실험했지만 시장에 나온 것은 18건이었고, 몇 년간 개발한 8000건의 염료 가운데 29건만이 시장에 나왔다. 따라서 19세기 말부터 화학 산업계에서는 공정의 기술적 발전이 기업의 사활을 좌우하는 중대한 문제로 떠올랐다. 그리고 이 문제를 해결하는 것은 과학자나 연구자가 아닌 엔지니어의 몫으로 인식되기 시작했다. 특히 독일 화학 산업의 최대 성과 가운데 하나로 꼽히는 대규모 암모니아 합성 공정의 성공(하버-보슈 법, 1913년)이야말로 화학 공장에서 엔지니어의 존재가 중요하다는 것을 일깨워준 사례였다. 왜냐하면 암모니아 공정에서 기술적 어려움을 해결하는 것이 가장 중요한 업무라는 게 드러났고, 이를 해결하기 위해서는 화학자와 물리학자 이외에 엔지니어와 모든 응용 지식을 총동원해야 했기 때문이다.

화학 공정에 대한 기술 혁신이 날로 중요해지던 시점에서 독일 기업들이 내놓은 대응책은 무엇일까? 20세기 초까지도 독일 화학 기업이 추구한 전통적 방식은 바로 화학자와 기계공학자의 역할 분담론이었다. 독일 화학 산업의 지도자이자 독일 엔지니어 협회 회장을 역임한 뒤스베르크는 "프랑스에서 그런 것처럼 또한 영국에서 아주 종종 그런 것처럼 화학자를 화학 엔지니어로 만드는 것보다 더 어리석은 일은 없다"고 단언하면서, 화학 산업의 선도적 역할은 연구와 발명을 수행할 화학자에게 있다는 믿음을 견지했다. 1930년대에도 여전히 화학자 사이에서는 "화학자란 기계 엔지니어를 데리고 있는 사람이다"라는 말이 떠돌았다.

제1차 세계대전 직후 독일 화학자들은 영미식 '화학공학 엔지니어'를 대신할 새로운 방식을 모색했다. 독일 화학자 연합 내에서 화학 생산 공정을 설계하는 데 관심 있는 사람들이 따로 모임을 만들었다. 1918년 카셀에서 열린 독일 화학자 연합 대회에서 막스 부흐너(Max Buchner)의 제안으로 화학 설비 전문가 모임(Fachgruppe fur Chemisches Apparatewesen, FACHEMA)을 결성했다. 이들은 연구 활동뿐만 아니라 실용적인 활동에도 적극적이었다. 그 결과 이들은 1920년 하노버에서 독일 화학자 연합 대회가 열리는 가운데 제1차 화학설비전시회(Ausstellungstagung fur Chemisches Apparatewesen, ACHEMA)를 개최할 수 있었다. 화학 설비 전문가 모임 회원 중 이 전시회에 출품한 사람은 75명이었고, 총 참가자는 876명이었다. 이러한 성공에 힘입어 화학설비전시회는 1921년 슈투트가르트에서, 1922년 함부르크에서 계속 개최되었고, 참가자 수는 3배

로 늘어났다. 또한 이들은 1927년부터 〈응용화학(Angewandte Chemie)〉
이라는 잡지의 부록으로 〈화학 공장(Die Chemische Fabrik)〉을 발간하기
시작했고, 이어 1931년부터는 영국으로 학술 답사를 떠나 영국 화학공
학 엔지니어와 협력하기 시작했다. 전시회는 1925년 이후에도 한층 체
계적으로 조직되었다. 하지만 1937년 프랑크푸르트 전시회를 끝으로
1945년까지 더 이상 전시회를 개최하지 않았다.

이렇듯 화학자 사이에도 분명 공정과 설비에 대한 관심이 높아지긴
했지만, 그에 대한 대책으로 이들이 생각한 것은 화학자와 엔지니어의
역할 분담 대신 양자의 협력이라는 새롭지만 여전히 '독일적' 방식이
었다. 예컨대 부흐너는 화학 설비 전문가 모임의 창립 취지문에서 무
엇보다도 화학자와 엔지니어의 학제 간 협력을 강조했지만, 실제로 그
러한 사례는 별로 없었다. 부흐너가 이끈 모임조차도 학제 간 모임이
라기보다 주로 화학자들의 모임에 불과했다.

이들은 양자의 전통적 분담 대신 협력을 강조하는 방식으로 한 발
더 나아갔지만, 기본적으로 독일에 미국식 화학공학을 도입하는 데는
여전히 회의적이었다. 뒤스베르크뿐만 아니라 당시 많은 화학자는 물
론이고, 설비와 공정에 관심을 갖고 있던 화학자조차도 이른바 '미국
식' 해결책에 대해서는 부정적이었다. 특히 이러한 부정적 견해는 화
학공학 엔지니어를 양성하는 문제에서 가장 두드러졌다. 1930년대에
훼히스트사에서 기계 엔지니어로 중요한 역할을 한 지그프리트 키스
칼트(Siegfried Kiesskalt)는 1939년 미국과 독일의 화학공학 엔지니어를 비
교하면서, 독일에서는 독일식 수업 전통에 따르는 아주 다른 형식의
통합이 이뤄져야 한다고 주장했다. 훼히스트 염료 공장의 공장장이던

그람베르크(Gramberg)도 대학에 화학 설비와 재료를 담당하는 교수직을 설치해야 한다고 주장했지만, 미국과 독일의 조건이 다르다는 점을 강조했다. 독일의 화학 산업 혹은 전체 산업 구조가 미국과 다르기 때문에 독일에서 양성할 화학 엔지니어는 전 산업 분야의 설비와 공정을 다룰 수 있는 능력을 갖추어야 한다는 것이었다. 이런 상황에서 미국식 화학공학 엔지니어 교육 방식을 채택하기는 어려웠다.

여러 화학자의 노력에도 불구하고 '기술화학'의 발전을 통해 화학공학의 기본적인 측면, 곧 공정과 설비를 하나의 이론으로 정립하려는 시도는 1920년대와 1930년대에 이렇다 할 성공을 거두지 못했다. 물론 각 개별 공정과 설비에서 발전이 아예 없었던 것은 아니다. 하지만 어떤 공정이나 하위 산업 분야의 범위를 넘어서 화학 산업 전체나 혹은 다른 산업의 공정에까지 적용되는 기본적인 이론적 틀을 만드는 데에는 실패했다. 여기에는 우선 여전히 전통적인 화학자의 역할에 만족하던 화학 기업들이 새로운 학문의 성립과 대학에서 화학 엔지니어를 양성하는 데 소극적이었기 때문이다. 또한 '순수 학문'이라는 이상에 경도되어 있던 독일 대학들도 기술 관련 학과의 설립에 부정적이었다. 게다가 이를 추진한 응용 분야 화학자조차 스스로 누누이 강조한 기계공학자들과의 협력을 제대로 이루어내지 못했으며, 더 나아가 미국식 단위 공정을 바탕으로 한 화학공학 이론을 독일에 적용하는 데 거부감을 갖고 있었다.

한편, 화학자들과 마찬가지로 공정과 설비의 이론적 정립을 주장한 또 다른 이들로는 물리화학 등에 관심이 많은 기계공학자 혹은 설비 관련 연구자들이었다. 예컨대 당시 국제적으로 명성을 떨치던 설비 기업 헤크만(Heckmann)의 설비 담당 기술자이던 하우스브란트(Hausbrand)

는 물리화학자인 빌헬름 오스트발트(Wilhelm Ostwald)의 이론을 토대로 축조 기법, 자재 지식, 설비 건축 계상법 등을 사용해 설비 기술을 학문적으로 규명하기도 했다. 그의 저술은 많은 반향을 일으켰지만, 그렇다고 대학교에서 새로운 학문으로 정립될 만큼 광범위한 영향력을 발휘한 것은 아니었다. 무엇보다도 당시 독일에서 설비 공정과 연관이 깊은 기업은 대기업이라기보다 중소기업이 많았다. 그 때문에 공정 자체의 규모가 미국의 석유 기업보다 훨씬 적었고 그 방식 또한 기업마다 매우 다양했다. 이들 다양한 중소기업의 이해관계를 하나로 묶어서 학문 분야를 만들고 그에 따라 대학에서 그 분야의 전문가를 교육시키기에는 이들 사이의 공통분모가 아주 적었다.

그렇지만 1930년대에 이르면 기계 엔지니어가 늘어나는 공정 설비의 필요성에 다각적으로 부응하기 시작했다. 저술뿐만 아니라 다양한 연구 활동을 하며 학회 차원에서 대응하기에 이르렀다. 독일 기술자 연합(VDI) 산하에 공정 기술과 관련한 새로운 전문가 모임을 구성하고 화학자와 연합 모임을 시도했다. 회장 아르놀트 오이켄(Arnold Eucken)에 따르면 "화학공학 엔지니어"가 존재하는 미국과 달리 독일에서는 "화학자가 모든 업무를 혼자 장악했다". 그렇지만 이제 화학 기업의 규모가 커지는 마당에 예전처럼 화학자가 모든 것을 도맡을 수는 없는 노릇이었다. 오이켄은 그렇다고 해서 "독일이 미국을 모방할 필요도 없다"고 생각했다. 따라서 "완전히 새로운 형태의 엔지니어를 형성"하되 "화학자가 공정을 제시하면, 엔지니어가 설비를 만드는" 식의 "협력"이 필요하다고 보았다. 그러나 공동 협력을 운운한 지 몇 개월도 채 되지 않은 1935년 11월 이 모임은 공식적으로 화학자들과의 협력을 포기했다.

결국 1935년 이후 독일 화학자 연합과 독일 화학 기술 협회의 공동 협력과 상호 조정 작업은 이렇다 할 토대조차 구축하지 못했다. 화학자들과의 협력이 무산됨에 따라 양 협회의 학문적 결합도 더 이상 기대할 수 없었다. 물론 이들은 공정 기술에 관한 학문적 연구와 산업과의 협력을 화학자들과 협력 없이 계속 추구했다. 이들은 협력이 무산되기 전에 화학자들과 공동으로 1935년 6월 브레슬라우에서 공개 강연을 했으며, 1936년 런던에서 열린 국제 엔지니어 대회에는 독자적으로 참여하기도 했다. 게다가 공정 기술에 관한 여러 논문이나 제안 혹은 소식을 널리 알리기 위해 독일 엔지니어 협회에서 발간하는 책자의 부록을 간행하기도 했다.

학회 차원에서 화학자와 기계 엔지니어 사이의 공동 협력을 모색하려는 노력은 이처럼 이렇다 할 성과를 거두지 못했지만, 대학 차원에서는 이 시기에 부분적으로 성과를 거두었다. 대학이 기계 엔지니어의 필요성을 절감하고 대응책을 마련한 것은 기본적으로 중소기업 때문이었다. 대기업에서는 점점 더 필요해진 화학공학 엔지니어 혹은 설비 전문가를 자체적으로 양성하거나 혹은 외부에서 충원할 수 있었지만 중소기업은 그렇지 못했다. 예컨대 1930년대에 이게파르벤(I. G. Farben)의 훼히스트 공장은 1936년 독일에서 처음으로 '공정 설비'라는 부서를 만들어 현장에서 전문가를 훈련할 수 있었다.[14] 그렇지만 엔지니어가 설비 공정뿐만 아니라 다른 기초적인 역할까지 담당해야 하는 중소기업은 전문가를 양성할 기본 여건이 마련되어 있지 않았다. 이러한 중소기업의 요구에 부응해 1928년 카를스루에 대학은 독일에서 처음으로 '설비 건설 담당 교수직(Lehrstuhe fur Apparatebau)'을 신설했고, 이어 기계공학과와 화학과가 공동으로 주관하는 화학공학 엔지니어 교육 과정을 설치하기에 이르렀다.

그 구체적인 계기를 제공한 것은 대학이 아니라 독일 기계 설비 연합(Verein Deutscher Maschinenbauanstalten)과 독일 설비 건축 협회(Verband Deutscher Apparatebauanstalten)였다. 이들 협회는 1926년 독일의 여러 공대를 상대로 설비 엔지니어 교육에 대한 설문 조사를 실시했는데, 그 과정에서 카를스루에 공대가 긍정적인 답을 주었다. 미국을 여행하면서 대학의 화학공학 엔지니어 양성 과정을 눈여겨보았던 기계공학과 교수 루돌프 플랑크(Rudolf Plank)가 적극 나섰던 것이다. 그는 화학적 사고방식이 유입되는 것을 거부한 기계공학과 교수들의 반대를 물리치고 화학과의 협조를 구해 화학과에 소속된 화학기술연구소(Institut für Chemische Technik)와 기계공학과 공동으로 화학공학 엔지니어 양성 과정을 주관했다.

그렇지만 주 정부가 재정 부족을 내세워 당장 이런 설비 제작에 관한 교과 과정을 개설하기 어렵다고 통보하자, 카를스루에 기계공학과 교수들은 독일 기계 설비 협회에 연락을 취해 1927년 새로 개설한 강좌의 재정적 후원을 해달라고 요청했다. 협회는 한 해 동안 이 강좌에 필요한 약 6000라이히스마르크를 지원하기로 결정했다. 그 결과 1928/1929년 겨울 학기에 화학공학 엔지니어를 양성하는 기계공학과와 화학과의 협동 과정을 설치할 수 있었다. 이로써 독일 대학에서는 처음으로 '화학공학 엔지니어' 혹은 '설비 건축-엔지니어(Apparatebau-Ingenieure)'를 양성하기 시작했다. 협동 과정의 신설로 화학과와 기계공학과의 본질적인 차이를 극복한 것은 아니지만 이러한 협력으로 대학에서 화학공학 엔지니어를 양성할 수 있게 된 것이다. 아울러 독일 대학에서는 1930년 대에 잇따라 공정과 설비를 가르치는 교수직을 신설했다.

이런 화학과 기계공학의 협조 체제는 '화학공학 엔지니어'를 별도로 양성하는 학과를 갖추지 않고서도 화학공학 엔지니어를 양성하는 독특한 독일식 체제를 만들어냈다. 새로운 분야의 엔지니어 탄생이 곧 교육 기관에 새로운 학과를 신설하는 것과 맞닿아 있는 것은 아님을 보여주는 사례다.

주

1. 여기서는 민간 기업들이 고용한 엔지니어를 일컫는 개념으로 사용한다.
2. 전신 기기나 전화 기기 조작에 필요한 낮은 전압의 전기를 의미한다.
3. Peter Knost, *Die Interessenpolitik der Elektrotechniker in Deutschland zwischen Industrie, Staat und Wissenschaft 1880 bis 1914*, Frankfurt am Main/ Berlin: Peter Lang, 1996, p. 71.
4. Tobias Sander, Die Doppelte Defensive. Soziale Lage, Mentalitäten und Politik der Ingenieure in Deutschland 1890-1933, Wiesbaden: VS Verlag, 2009, p. 50
5. Wolfgang König, Die Entstehung der Elektrotechnik aus Industrie und Wissenschaft zwischen 1880 und 1994 , Chur: Verlag Fakultas, 1995, p. 88.
6. Walter Wetzel, Naturwissenschaften und Chemische Industrie in Deutschland. Voraussetzungen und Mechanismen Ihres Aufstiegs im 19. Jahrhundert. Stuttgart: Franz Steiner Verlag, 1991, p. 101.
7. Jeffrey A. Johnson, "Hofmann's Role in Reshaping the Academic-Industrial Alliance in German Chemistry," in Christoph Meinel und Harmut Scholz, Die Allianz von Wissenschaft und Industrie August Wilhelm Hofmann (1818-1892), VCH:Weinheim/New York, 1992, pp. 167-182.

8. Peter Lundgreen, "Ausbildung und Forschung in den Natur- und Technikwissenschaften an den deutschen Hochschulen, 1870-1930," in eds. Yves cohen und Klaus Manfrass, *Frankreich und Deutschland. Forschung, Technologie und industrielle Entwicklung im 19. und 20. Jahrhundert*. Muenchen: Beck, 1990. pp. 53-65

9. Konrad H. Jarausch, *Unfree Professions. German lawyers, Teachers, and Engineers, 1900-1950*, New York/Oxford: Oxford University Press,1990, pp. 18-19.

10. Jarausch, 1990, p. 21.

11. 위의 책, p. 27.

12. Ernst Homburg, "Two factions, one profession: the chemical profession in German society 1780-1870," in David Knight& Helge Kragh, *The making of the chemist: the social history of chemistry in Europe*, Cambridge University Press: Cambridge, 1998, pp. 39-76.

13. G. E. Williams, Made in Germany, Der Konkurenzkampf der deutschen Industrie gegen die englishe, (Dresden und Leipzig, 1896), p. 140. Wolfgang Fratzscher and Klaus Krug, "70 Jahre Verfahrenstechnik-ein Ruckblick," Chemie Ingenieuer Technik, Vol. 70/6 (1998), pp. 634-648. 인용문은 634쪽에서 재인용.

14. 여기서 핵심 역할을 한 사람은 응용물리화학자인 카를 빈나커(Karl Winnacker)였고, 키스칼트는 자문을 맡았다. H. Schlachter, "Der Verfahrensingenieur in der chemischen Industrie," Chemie-Ingenieur-Technik, Vol. 50/10(1978), pp. 775-782. 여기서는 775쪽.

참고문헌

Butab (1929), *Festschrift zum 25jährigen Jubiläum des Bundes der technisch-industriellen Beamten (Butib) und zum 10 jährigen Jubiläum des Bundes der technischen Angestellen und Beamten (Butab) im MAI 1929*, Berlin: Industriebeamten Verlag.

Czwalina, Richard (1914), *Die Wirtschaftliche und Soziale Lage der Technischen Privatangestellten in der Deutschen Elektroindustrie*, Berlin: Verlag von Julius Springer.

Feldenkirchen, Wilhelm (1995), *Siemens 1918-1945*, Munchen: Piper.

Jarausch, Konrad H. (1990), *Unfree Professions. German lawyers, Teachers, and Engineers, 1900-1950*, New York/Oxford: Oxford University Press.

Kasserra, Manfred (1967), *Die Elektrotechnischen Fachverbände. Entstehung und Entwicklung bis um Jahre 1933*. Dissertation im Friedrich-Alexander-Universität. Schlesien.

Kändler, Wolfram C. (2009), *Anpassung und Abgrenzung. Zur Sozialgeschichte der Lehrstuhlinhaber der Technischen Hochschule Berlin-Charlottenburg und ihrer Vorgängerakademien, 1851 bis 1945*, Stuttgart: Franz Steiner Verlag.

Knost, Peter (1996), *Die Interessenpolitik der Elektrotechniker in Deutschland zwischen Industrie, Staat und Wissenschaft 1880 bis 1914*, Frankfurt am Main/ Berlin: Peter Lang.

König, Wolfgang (1995), *Die Entstehung der Elektrotechnik aus Industrie und Wissenschaft zwischen 1880 und 1994*, Chur: Verlag Fakultas.

Manegold, Karl-Heinz (1970), *Universität, Technische Hochschule und Industrie. Ein Beitrag zur Emanzipation der Technik im 19. Jahrhundert unter besonders Berucksichtigung der Bestrebungen Felix Kleins*, Berlin.

Müller-Benedict, Volker ed. (2008), Akademische Karrieren in Preußen und Deutschland 1850-1940. *Datenhandbuch zur deutschen Bildungsgeschichte.* Band VI, Göttingen: Vandeuhoeck & Ruprecht.

Meinel, Christoph & Scholz, Harmut (1992), *Die Allianz von Wissenschaft und Industrie August Wilhelm Hofmann (1818-1892)*, Weinheim/New York: VCH.

Reinhardt, Carsten (1997), *Forschung in der chemischen Industrie. Die Entwicklung synthetischer Farbstoffe bei BASF und Hoechst, 1863 bis 1914*, Freiberg: Technische Unviversität Bergakademie Freiberg.

Sander, Tobias (2009), *Die Doppelte Defensive. Soziale Lage, Mentalitäten und Politik der Ingenieure in Deutschland 1890-1933*, Wiesbaden: VS Verlag.

Wetzel, Walter (1991), *Naturwissenschaften und Chemische Industrie in Deutschland. Voraussetzungen und Mechanismen Ihres Aufstiegs im 19. Jahrhundert*. Stuttgart: Franz Steiner Verlag.

미국: 엔지니어 집단의 팽창과 분절화, 1890~1930년대

1 머리말

남북전쟁 이후 시작된 미국의 제2차 산업혁명은 엔지니어 수를 엄청나게 증가시켰다. 대학 수준의 교육이 엔지니어가 되는 유일한 길은 아니었지만, 1870년에는 21개 공대에서 866명이 학위를 받았고 1896년에는 공대가 110개로 급증했다. 일반적으로 과학을 산업에 본격적으로 응용한 것은 1880년부터 1920년까지라고 할 수 있다. 이 시기 동안 엔지니어로 볼 수 있는 사람이 7000명에서 13만 6000명으로 거의 20배 증가했다. 그리고 1930년에는 이 수치가 22만 6000명에 달해 50년 사이 엔지니어 수가 32배 이상 증가했다. 한편, 미국 인구는 1880년 5000만 명에서 1930년 1억 2300만 명으로 불과 2.4배 증가했을 뿐이다. 엔지니어의 이러한 양적 팽창은 엔지니어의 상대적 부족 혹은 부재로 인해

■ 이 글의 일부는 다음의 논문을 토대로 작성한 것이다. 김덕호, "미국 엔지니어의 정체성을 찾아서: 전문가와 기업 사이에서", 〈사림〉 제43호 (2012), 1-34쪽.

산업계가 고통받던 영국이나 프랑스와 대조적이었다. 이는 미국 엔지니어의 정체성에 심대한 영향을 미쳤다.

또한 이 시기에는 새로운 종류의 엔지니어가 출현했다. 엔지니어 단체만 보더라도 미국 전기 엔지니어 협회(1884년), 미국 화학 엔지니어 협회(1908년), 무선 엔지니어 협회(Institute of Radio Engineers, 1912년) 등이 설립되었다. 이들 새로운 분야의 엔지니어 협회는 기존 전문가 단체와 미묘한 갈등을 겪었다. 미국 화학 엔지니어 협회는 미국 화학회에 만족하지 못한 화학 기업 관계자들이, 무선 엔지니어 협회는 미국 전기 엔지니어 협회의 운영에 불만을 품은 젊은 무선 통신 엔지니어들이 주도했다. 이들 분리주의자의 전문 지식과 활동 영역은 기존 전문가 단체와 공통점이 많으면서도 지향하는 정체성에 미묘한 차이가 있었다.

이러한 양적 팽창과 전문 분야별 분화는 미국 산업의 변화와 맞물려 있었다. 기존의 산업이 급팽창하고, 거대한 산업 분야가 새로이 출현했다. 비록 국제 전신망은 영국이 지배했지만, 미국 국내 전신망의 팽창은 눈부셨다. 1855년 설립한 웨스턴 유니온(Western Union)사는 1861년 10월 24일 대륙 횡단 전신선을 개통하는 성과를 거두었지만, 영국인들이 대서양 횡단 전신선을 완공한 1866년까지 약 10만 마일(1마일은 약 1.6킬로미터)의 전신선을 지배했을 뿐이다. 하지만 1900년에는 100만 마일의 미국 국내 전신선을 웨스턴 유니온이 관리했다.

전화업의 팽창은 더욱 급격했다. 한때 웨스턴 유니온사가 인수해주길 바랐던 벨 전화회사는 1881년 웨스턴 유니온사의 장비 제작 부분을 인수할 정도로 성장했다. 벨로 하여금 전화업을 지배할 수 있게끔 했던 특허가 만료된 1894년 이후에는 줄잡아 6000여 개의 전화 회사가 탄생하고 인수 합병되었다. 연방 정부의 센서스에 따르면, 미국 내 전화 수는 1902년 237만 대에서 1927년 1852만 대로 증가했다.

산업의 급격한 변화는 집계 항목의 변화를 초래할 정도였다. 1882년 에디슨은 뉴욕 시 맨해튼 남부 지역에서 500명의 가입자를 상대로 세계 최초의 상업 발전을 시작했다. 1904년의 센서스에 따르면, 미국 전역에서 13만 5000대의 전기 모터를 산업용으로 사용했고, 그중 약 6만 2000대가 발전소에서 전기를 받아 돌리는 것이었다. 1919년에는 전력 회사에서 전기를 구입해 사용하는 전기 모터의 양이 98만 대 가까이 늘었고, 1923년에는 143만 대, 1927년에는 215만 대를 약간 상회했다. (1923년부터는 생산액이 5000달러 이상인 사업장에 설치한 전기 모터만을 집계한 것이다.) 가장 극적인 경우는 자동차 생산이었다. 미국의 자동차 생산 대수는 1901년 불과 3000대에도 못 미쳤지만, 대공황으로 생산 대수가 감소하기 직전인 1929년에는 무려 400만 대를 넘어섰다.

대부분의 산업이 화학 물질을 사용하거나 화학적 공정을 이용해 원재료를 정련하므로 어느 산업까지를 화학 공업으로 분류할 것인지는 기준이 명쾌하지 않다. 하지만 역사가들의 추산에 따르면, 미국의 화학 공업은 1879년 1만 1000여 명 고용에 4400만 달러 생산, 1914년 4만 5000여 명 고용에 2억 2000만 달러 생산으로 팽창했다. 또 연관 산업을 합산할 경우, 1914년의 생산액은 8억 4000만 달러였다. 국제적으로도 규모 면에서 미국의 화학 공업은 세계 최고 수준에 근접했다. 세계 수출 시장을 독일이 주도하고 미국의 화학 공업은 내수 위주였다. 하지만 정제 석유를 포함할 경우 미국의 1913년 화학 물질 생산액은 석유 제품을 제외한 독일의 화학 물질 생산액보다 약 1.5배 많았던 것으

로 추정된다.[1]

산업의 급속한 성장은 대기업의 출현을 초래했고, 이런 대기업 상층부에는 때때로 '발명가-기업가' 또는 '엔지니어-기업가' 출신 경영진이 자리를 잡고 있었다. 미국 역사에서 혁신주의 시대라고 일컬어지는 20세기 초 대기업은 사회적으로 엄청난 영향력을 발휘했으며, 그만큼 많은 관심을 받았다. 20세기 첫 10년 동안 무려 240종의 기업 경영 관련 서적이 출간되었다. 게다가 1898년 이후에는 곳곳에 경영대학원을 설립하면서 기업에 관한 새로운 생각들을 발표, 토론 그리고 연구했다. 이는 대기업이 발휘한 영향력과 그들이 받은 관심의 간접적인 징표였다.

미국의 엔지니어도 이러한 영향에서 벗어날 수 없었다. 그들은 성공한 사업가로서 성공을 추구하는 전통적 이데올로기와 대기업 조직의 중층 구성원으로서 지위 사이에서 괴리를 발견했다. 하지만 새로운 산업 분야가 출현하는 상황을 거듭 직접 목도했기에 그들 눈앞에는 사업가 또는 경영자로서 새로운 산업을 일으켜 거둘 수 있는 성공이 계속 어른거리고 있었다. 실제로 일부 엔지니어는 대단한 성공을 거두었다. 이렇게 성공한 엔지니어는 엔지니어 단체의 지도부로 활동했고, 일반 엔지니어에게는 역할 모델로 받아들여졌다. 그렇지만 동시에 점점 거대해지는 조직의 일원으로서 대부분의 일반 엔지니어는 그러한 성공의 기회가 상대적으로 줄어들고 있음을 피부로 느꼈다.

이런 상황에서 미국 정부는 간접적으로 막대한 영향력을 발휘했다. 상층 엔지니어는 연방 차원의 정부 기구 및 지역 정부와 긴밀한 협의를 통해 조달 정책과 지원금 교부 등을 이끌어냈다. 이렇게 결정하고 기정사실화한 선례들은 산업 표준을 사실상 국가 표준으로 자리 잡게 하는 등 중대한 결과를 초래했다. 그럼에도 정부는 이러한 결과들에 직접 개입하지 않았다. RCA(Radio Corporation of America)사를 설립한 것은 유일한 예외인데, 이는 상층 엔지니어와 국가 기구가 협력한 강력한 사례이기도 하다. 즉 상층 엔지니어인 엔지니어-경영자들과 일부 공학 교육자들의 영향력은 한편으로는 국가 정책(또는 정책의 부재)을 통해, 다른 한편으로는 대기업 경영 참여를 통해, 마지막으로 엔지니어 단체를 주도함으로써 유지되었다.

이러한 역사적 상황이 모든 산업 분야의 일반 엔지니어를 대표하려는 미국 엔지니어 연대가 급성장하다 급속도로 몰락한 사건의 중요 배경이었다. 결국 미국의 엔지니어는 전문성(specialty)은 인정받으면서도 전문직(profession)으로서 정체성은 제대로 확보하지 못한 상태에 머물렀다. 그리하여 미국의 엔지니어는 이른바 '파편화한 전문직'의 특성을 보였고, 오늘날에도 그 유산을 찾아볼 수 있다.

2 누가 엔지니어인가: 엔지니어 단체와 엔지니어 정체성

오늘날의 관점에서 돌이켜보면, 제2차 산업혁명을 이끌며 급속도로 팽창한 전기 산업과 화학 산업은 과학과 공학 양면에서 고도의 전문 지식을 갖추고 훈련받은 전문가들만이 엔지니어로 활동할 수 있는 분야이다. 따라서 전기 엔지니어와 화학 엔지니어의 정체성에는 그다지 의문을 제기하지 않는다. 하지만 19세기 말부터 20세기 초까지의 미국에서는 그렇지 않았다. 두 분야에서 각각 전기 및 화학 엔지니어란 어떤 사람인가 또는 어떤 사람이어야 하는가 하는 의문이 계속 제기되었다. 이런 의문이 그런대로 해소된 이면에는 엔지니어 단체들이 중요한 역할을 했다.

미국의 전기공학과 화학공학은 몇 가지 공통점을 지닌다. 우선 이들 분야는 대학 수준의 과학 및 공학 지식이 필요한 분야로 여겨졌으면서도 엔지니어 단체를 설립하고 한 세대가 지나서야 대학 수준의 교육 과정이 체계화되었다. 또한 두 분야 모두 기계공학과 밀접한 관련을 맺고 있었다. 물론 전기공학은 응용물리학과 구별 짓기가 힘들었고, 화학공학과 화학의 차별성은 지속적으로 논란을 겪었다. 하지만 이들이 독자적 정체성을 갖추는 과정에서는 기계공학 및 기계 엔지니어와의 연계가 중요했다.

그러나 산업적 측면에서 두 분야의 미국적 상황은 상당히 달랐다. 일찍이 새뮤얼 모스(Samuel Morse)에서 시작해 에디슨과 니콜라 테슬라(Nikola Tesla) 등의 발명가들로 상징되는 미국의 전기 관련 산업은 전신을 제외한 대부분의 분야에서 세계적 차원의 발달을 선도했고, 또 새로운 분야를 창출했다. 심지어 영국과 상당한 격차가 있던 국제 전신 분야에서도 영국 다음으로 넓은 독자 영역을 확보하고 있었다. 비록 북미와 유럽을 연결하는 대서양 해저 전신망은 영국이 지배했지만, 적어도 북미와 남미 그리고 북미와 아시아 사이의 연결은 미국이 장악하고 있었다.

반면 미국의 화학 산업은 그렇지 않았다. 화학 연구와 교육 수준 자체가 유럽에 비해 뒤떨어졌고, 인공 염료를 비롯한 유기 합성 분야에서는 유럽에 의지하고 있었다. 1913년 미국의 화학제품 수출액은 독일의 4분의 1에 불과했다. 그것도 독일은 고급 제품 위주였지만 미국은 그렇지 못했다. 다만 화학 공업의 규모만큼은 급속도로 팽창해서 정제 석유를 포함할 경우에는 1913년 생산액이 독일의 1.5배였고, 자동차의 보급과 맞물려 석유 정제업이 지속적으로 급성장했다.

이러한 차이는 두 분야의 엔지니어가 정체성을 확립하는 과정에 일정한 영향을 미쳤다. 전기 엔지니어 집단 내에서는 1910년대 초 전력 산업과 대기업 경영을 중시하는 주도 세력이 갈등과 함께 노출되었다. 한편, 화학 엔지니어는 1908년 엔지니어 단체를 결성했지만, 1920년대에나 자신들과 화학자를 뚜렷하게 구별하는 데 성공할 수 있었다.

2.1 미국 전기 엔지니어 협회: 대기업 중심의 강력한 위계 구조

1880년대 초반 미국에는 이미 상당한 규모의 전기 관련 산업이 존재했지만, 이 산업을 대표하는 단체는 없었다. 남북전쟁 이전에 시작된 미국 전신 산업에서는 웨스턴 유니온사의 영향력이 막강했다. 비록 웨스턴 유니온사는 미국 내 전신에 주력했지만, 1880년대 초 세계에서 가장 많은 인력을 고용할 정도로 규모가 컸다. 1879년 설립한 벨 전화회사 또한 급속도로 성장했다. 1880년 시카고를 목표로 뉴욕에서부터 장거리 전화선을 확장하기 시작했다. (이 프로젝트는 1892년 완공되었다.) 급기야 1881년 벨 전화회사는 웨스턴 유니온사의 장비 제조 자회사인 웨스턴 일렉트릭사를 매입해 신흥 강자임을 알렸다. 한편 에디슨이 1882년 뉴욕에서 상업 발전을 시작한 이래, 여러 발명가와 연계된 지역 전기 조명 회사 그리고 전기 설비 제조 회사 간의 경쟁이 심화되었다. 이런 상황에서 1884년 설립한 미국 전기 엔지니어 협회에서 벌어진 갈등과 변화는 미국 전기 엔지니어의 정체성을 형성하는 데 가장 중요한 역할을 했다.

2.1.1 업계 고위 관계자 vs. 엔지니어

1840년대 이래 미국 엔지니어 사이에서 구심적 역할을 하던 필라델피아의 프랭클린 인스티튜트(Franklin Institute)는 연방 정부의 지원금을 얻어내 1884년 9월부터 10월 11일까지 국제전기박람회를 개최했다. 주요 참가 대상은 1876년 필라델피아에서 열린 독립 100주년 기념박람회 때는 존재하지 않았던 미국의 전기 산업 회사들이었다.

이 기회를 앞두고 그해 초부터 업계 잡지인 〈전기 세계(Electrical World)〉의 편집인 N. 키스(N. Keith)가 박람회에 참석할 외국의 명사들을 적절하게 맞이할 전국적인 단체의 필요성을 제기했다. 화학자 출신인 키스는 "전기 전문가(electrician)와 자본가" 그리고 "전기 (관련) 기업체와 현저히 관련 있는 사람들"의 단체를 주창했다. 이를 계기로 5월 13일 미국 토목 엔지니어 협회 사무실에서 모임을 가졌다. 이때 새 단체를 전기공학 분야의 영속적인 조직으로 결정하고, 그 명칭을 당시로서는 드물게 쓰던 '전기 엔지니어'라는 단어가 들어간 미국 전기 엔지니어 협회로 정했다. 회장단도 함께 선출했다. 회장을 비롯해 주요 직책을 맡은 인물은 키스의 주장대로 당시 미국에서 전기와 관련이 있는 명사들을 망라했다. 에디슨, 벨, 일라이후 톰슨(Elihu Thomson), 에드윈 휴스턴(Edwin Houston) 등 발명가–기업가인 명사를 비롯해 MIT에서 미국 최초로 전기공학 교육 과정을 개설한 찰스 크로스(Charles Cross) 등도 있었다. 여기에 웨스턴 유니온사의 회장 N. 그린(N. Green)과 다음 해 미국 전화전신회사(American Telephone & Telegraph Company)를 설립할 때 사장으로 취임한 T. 베일(T. Veil)처럼 자본가 겸 경영자도 포함되었다. 이들 중 초대 회장으로 선출된 인물은 기술적 배경이 전무하면서도 미국의 전기 산업을 대표하는 그린이었다. 웨스턴 유니온사를 비롯한 기업 고위 임원들도 미국 전기 엔지니어 협회의 중요한 직책에 다수 선임되었는데, 그중에는 변호사도 있었다. 즉 발명과 기업 설립을 통해 사회적 성공과 부를 성취한 명사 그리고 전기 관련 기업 고위 임원이 미국 최초로 '전기 엔지니어'라는 명칭을 사용한 단체를 주도했다.

박람회 기간 동안 2회에 걸쳐 당시의 상황과 긴장을 엿볼 수 있는 모임이 열렸다. 첫 번째는 연방 의회가 개최하도록 한 전국전기전문가회의였고, 두 번째는 미국 전기 엔지니어 협회의 첫 공식 회합이었다. 이들 모임에서 거론한 화제는 다양했다. 공공 도로의 지하를 전기 송배전로로 활용할 것을 주장한 '과학적 도시 가로(街路)'라는 토목공학에 가까운 발표부터 각종 발전기 설계의 상대적 장점을 논의하는 전기공학적 토론, 직류용 백열전구에서 전극의 방향에 따라 전류의 흐름에 미묘한 차이가 생긴다는 '과학적' 발표 등등. 그런데 아직 전기 현상에 대한 이해가 부족했으므로 발전기나 전구에 대한 토론은 뚜렷한 결론을 내지 못하고 지리멸렬했다. 대부분의 참석자가 기술적 배경을 지녔을지라도 과학적 엄밀성보다는 실용 가능성에 관심을 기울인 탓도 있었다.

다만 미국 사회에서 물리학자로 여겨지던 인물 중에서 유일하게 유럽 물리학계에서도 존중받던 H. 롤런드(H. Rowland)는 예외였다. 미국 최초의 연구 중심 대학인 존스 홉킨스의 물리학 교수인 그는 순수 연구 지원을 강력하게 요청하면서 대학에 "물리 연구실을 세우도록 하자. 기술학교들을 설립하도록 하자. 미래의 요구는 전신 기사들이 아니라 전기 엔지니어들에게 있다"고 주장했다. 아직 의미조차 확립하지 못했던 '전기 엔지니어'라는 명칭을 롤런드는 최신 과학 지식에 기반을 둔 고등 교육을 받은 사람들이라는 의미로 사용했다. 또한 전신 산업보다는 다른 영역에 전기의 미래가 있다고 주장했다. 이러한 급진적인 주장에 톰슨은 "이론은 실험의 결과로서 성립하며, 그렇게 하기 이전에 모든 것은 가설이다"고 에둘러 반박하면서 전기 산업계 거물들의 입장을 배려했다. 톰슨은 필라델피아 센트럴 고등학교를 졸업한 뒤 곧바로 모교에서 교사로 재직하다 23세에 '화학 교수'가 된 자수성가형 발명가-기업가였는데, 미국 내에서는 훌륭한 물리학자로 알려져 있었다. 롤런드와 톰슨의 입장 차이는 어떤 사람이 전기 엔지니어인지를 확립하는 과정에서 이후에도 반복적으로 변주되었다.

설립 초기에 미국 전기 엔지니어 협회는 크고 작은 두 가지 문제를 겪었다. 작은 문제는 협회지 발간 부수와 관련한 것이었다. 첫 협회지는 1885년 그 전해의 회합 내용을 담아 1000부를 인쇄했다. 하지만 1886년에는 500부로 줄었고, 1889년부터는 한동안 350부만 제본했다. 그러나 회원이 투고한 원고는 1890년대 들어 1880년대의 1.7배 수준으로 늘어났고, 1900년 이후에는 5배 이상 증가했다(〈표 1〉 참조). 또한 1890년대 후반부터는 미국 전기 엔지니어 협회의 성장과 함께 발행 부수가 증가하기 시작했다.

표 1 〈미국 전기 엔지니어 협회지〉의 투고 주제, 1884~1905년

주제	1884~1889	1890~1894	1895~1899	1900~1905
조명 관련	10	9	12	17
회로 장치	8	18	13	10
전화 관련	1	1	2	10
전신 장비	5	–	–	6
송전 분야	14	37	50	146
교통 관련	7	12	10	47
과학 기기	10	18	8	20
무선 통신	–	–	2	3
총계	55	95	97	259

자료 출처: J. D. Ryder & D. G. Fink, *Engineers & Electrons* (New York: IEEE Press, 1893), p. 41.

투고 분야의 변화 양상이 흥미롭다. 전신 분야에서 회장을 배출한 초창기에도 이 분야의 투고는 10퍼센트를 밑돌았다. 또한 전화나 무선 통신 등 통신 관련 투고도 미미했다. 그래도 1880년대에는 여러 분야의 주제를 고루 반영한 편이었다. 하지만 유독 전력 송전 분야만 급격한 팽창을 겪었다. 초창기의 25퍼센트에서 팽창기인 1900년대 전반기에는 56퍼센트로 급증한 것이다. 조명에 비해 단위 장치당 소비 전력이 큰 교통 관련 분야가 그다음으로 늘어났다. 이 분야의 투고 비중은 초창기의 12퍼센트에서 팽창기에 18퍼센트로 증가했다.

큰 문제는 반복적으로 제기된 회원 자격 및 등급과 관련한 것이었다. 1884년 5월 창립 결의문 규정에 따르면 "회원(Member)과 명예 회원은 전문적 전기 엔지니어와 전기 전문가"이고, 준회원(Associate)은 "실질적·공식적으로 전기 산업체에 관여하는 사람들 그리고 협회와 관

련을 맺는 것이 바람직한 모든 사람들"이었다. 준회원은 추천과 심사를 통해 회원으로 승급할 수 있었다. 10월의 첫 회합에서 회장단은 기존의 모든 준회원을 회원으로 승급시키고 준회원을 추가로 모집하려 했으나 곧 반대에 부딪혀 포기했고, 다음 해에 회원 입회 및 승급 심사를 맡는 심사위원회(Board of Examiners)를 회장단과 별도로 구성하는 것으로 논란을 봉합했다.

하지만 지속적으로 불규칙한 사례가 발생했다. 1887년 회장단에 선출된 톰슨은 1890년 회장 임기를 마칠 때까지 준회원이었다. 1889년 협회의 핵심 인사인 베일은 회원에서 준회원으로 강등을 자청했다. 초대 회장인 그린의 회원 자격 충족 여부 문제가 제기되었을 때는 그를 명예 회원으로 추대함으로써 문제를 넘겼다. 심사위원회에서도 문제가 발생했다. 한 심사위원은 자신이 준회원으로 분류되어 있는 것을 발견하고는 회장단이 '기록 오류'를 정정하도록 결정할 때까지 심사위원직 수행을 거부했다. 이렇듯 심사위원회에서 결정할 수 없는 문제는 회장단이 처결했다. 회장단은 형식적 요건을 갖춘 회원 승급 요청을 "충분한 경험을 지녔는지"를 문제 삼아 거부하기도 했고, 1890년에는 추천 수가 부족한 승급 요청을 승인하기도 했다.

1884년 당시 '전기 전문가'는 일상적으로 한 회사의 최고 기술 자문역을 뜻했지만 종종 전신 회사의 피고용인을 뜻하기도 했다. 동시에 '전기 전문가'는 시대를 대표하는 가장 영웅적인 발명가―에디슨, 벨, 테슬라, 톰슨, 스타인메츠―를 뜻하는 영예로운 칭호이기도 했다. 하지만 불과 8년 후 '전기 전문가'라는 명칭에 대한 불평이 등장하기 시작했다. 1892년 토머스 록우드(Thomas Lockwood)는 미국 전기 엔지니어 협회 모임에서 자신을 '전기 전문가'라고 소개하는 사람들 대부분은 어떤 의미에서도 전혀 전문가가 아니라고 불평했다. 그는 단지 또 하나의 생계 수단으로 전기 관련 직업에 종사하는 사람들이 많아 그 단어 자체가 불명예스러운 상태로 전락했고, 따라서 새로운 단어, 즉 '전기 엔지니어'를 쓰는 것이 다행이라는 취지로 발언했다.

하지만 '전기 엔지니어'라는 단어는 이를 단체 명칭에 사용한 미국 전기 엔지니어 협회에서도 아직 우세하지 못했다. 1895년 미국 전기 엔지니어 협회 헌장의 회원 조항을 개정했는데, 이때 회원을 "전기과학의 원리에 대한 지식을 보유하고, 여러 분야에 걸친 실용적인 전기 응용에 친숙한 전기 전문가, 전기 기사 또는 전기 엔지니어(Electrical Experts, Electricians, and Electrical Engineers)"라고 규정했다. 여기서 알 수 있듯 전기 엔지니어라는 명칭은 최초의 회원 조항에서는 협회의 명칭에 걸맞게 가장 먼저 거론했지만, 지속적으로 불규칙한 사례를 겪으며 10년을 보낸 끝에 회원 규정의 맨 마지막으로 밀려났다.

이러한 개정은 유럽 국가들과 달리 칭호의 적절성을 규정하는 법률이나 강력한 사회적 관례가 없던 미국에서 이뤄진 단어의 의미 변화를 반영한 것이었다. 1890년대 중반에는 'electrician'을 '전기 전문가'로 번역하기 곤란할 정도로 명칭의 뜻이 변했다. 명망 높은 최고위급 인사들은 점점 더 'electrical expert'로 일컬었다. 아울러 'electrician'의 뜻은 폭이 극단적으로 넓어졌다. 이 단어는 대체로 '전기 기사'로 옮기기에 적절한 업계의 중견 인사들을 뜻했지만, 문맥에 따라 에디슨처럼 마술사(wizard, magician)로 여겨질 만큼 신기한 일을 해내는 사람이나 전기 분야의 말단 기술직을 뜻하기도 했다. 한편, 미국 전기 엔지니어 협회의 정회원이 되기에는 경력이 일천하지만 대학에서 전기 엔지니어 학위를 받아 전기 엔지니어라고 부르는 젊은이들이 점점 증가했다.

또한 당시 미국 전기 산업의 격동도 한 가지 원인이었다. 1892년 에디슨 계열의 직류 진영과 웨스팅하우스사 계열의 교류 진영 사이의 대립이 교류 진영의 승리로 끝났다. 급성장하는 웨스팅하우스사의 위협에 대항해 뉴욕의 금융가들은 에디슨의 반발에도 불구하고 에디슨 제너럴 일렉트릭사와 톰슨이 자신의 스승인 에드윈 휴스턴과 함께 1880년 창설한 톰슨-휴스턴 전기회사를 GE로 합병하고 여타 군소 전기 설비 회사를 흡수했다.

거대 전력 설비 회사의 출현은 필연적으로 전력 분야의 영향력을 자연스럽게 증대시켰다. 1893년 미국 전기 엔지니어 협회 추천위원회는 록우드를 공식 회장 후보로 지명했다. 하지만 회원들은 청원을 통해 휴스턴을 추대했고, 결국 회장직은 휴스턴에게 돌아갔다. 록우드는 역할이 상대적으로 줄어드는 직군인 전신 기사(telegrapher) 출신이었고, 톰슨의 스승인 휴스턴은 주로 전기 조명과 전기 설비 그리고 장치 분야에서 활동한 인물이었다. 그해에 미국 전기 엔지니어 협회 회원 수는 717명으로 증가했고, 시카고에 첫 지역 지부를 설치했다. 시카고 일대는 뉴욕 주 다음으로 전력 보급이 활발한 지역이었다. 지역 지부는 1904년까지 14개로 계속 늘어났다.

전기 산업이 전력 산업과 대기업 위주로 재편되면서 의사나 변호사처럼 독립적으로 활동하는 전문가들의 입지도 줄어들었다. 1887년 2대 회장을 지낸 프랭클린 포프(Franklin Pope)는 중등 교육을 마치고 전신수로 출발해 독학으로 전기 산업의 여러 분야에서 명성과 경력을 쌓은 인물이었다. 한때 에디슨과 자동 인쇄 전신기 개발 사업을 함께하고 시대의 조류이던 고전압 교류 채용을 반대하기도 했지만, 거대한 자택에 직접 발전기를 설치하고 전기 조명을 하는 등 새로운 시대에 적응하는 면모를 보였다. 그런 포프조차 1895년에는 거대 전기 회사들 간의 '상업 전쟁'이 벌어지고 있음을 지적하며 컨설팅 엔지니어로서 자신의 독립적 역할은 끝났다고 개탄했다.

2.1.2 규모의 팽창과 위계 구조 온존

다음 10년 동안은 상황이 급격하게 변하기 시작했다. 산업 규모의 급격한 팽창에 맞춰 공과대학에서 새로운 세대가 대거 전기 산업으로 진출한 것이다. 이들은 자신을 당연히 엔지니어로 여겼다.

1903년 6월의 신임 회장 취임 연설은 1000명 규모로 급증한 준회원 문제를 주요 화제로 다루었다. 그중 다수는 젊은 대학 졸업자로서 대기업의 피고용인이었다. 다음 세대 회원들을 공과대학에서 배출할 것은 자명했다. 그해 미국 전기 엔지니어 협회는 학생 회원 제도를 신설하고 공과대학에 학생 지부를 설치하기 시작했다.

다만 학생 회원은 정식 회원이 아니라 장차 미국 전기 엔지니어 협회에 참여할 것으로 기대되는 학생으로 간주되었다. 정식 회원은 여전히 회원과 준회원으로 구별했는데, 신규 가입자는 일단 준회원으로 받아들였다. 그런 후 엔지니어링 작업을 설계·계획·감독할 능력을 갖추고 2년 이상 책임자로 일한 경험을 지녔을 때, 회원 승급을 요청할 수 있었다. 승급 승인은 여전히 심사위원회의 권한이었다. 심사위원회는 매년 승급자를 50명 수준으로 제한했다. 즉 미국 전기 엔지니어 협

표 2 4대 미국 엔지니어 협회의 회원 분포, 1905년

엔지니어 협회	창립 연도	명예 회원	정회원	준회원	학생 회원	회원 총수	상급 회원 비율(%)
미국 토목 엔지니어 협회	1851	9	1,795	1,030	367	3,201	56
미국 광산 엔지니어 협회	1871	7	3,483	190	–	3,680	95
미국 기계 엔지니어 협회	1880	19	1,915	237	609	2,780	70
미국 전기 엔지니어 협회	1884	2	481	2,851	–	3,334	14

상급 회원 비율은 전체 회원 중에서 명예 회원과 정회원의 비율을 뜻한다. 당시 미국 광산 엔지니어 협회
는 학생 회원 제도가 없었고, 미국 전기 엔지니어 협회는 학생 회원을 회원 수 집계에 포함하지 않았다. 미
국 토목 엔지니어 협회는 준회원을 Associate Member와 Associate로 세분했는데, 이들은 1905년에 각
각 903명과 127명이었다. 이 협회는 회원 총수에 포함되는 Associate와 학생 회원에게 투표권을 부여하
지 않았다.
자료 출처: John W. Lieb, "The Organization and Administration of National Engineering Societies.
Presidential Address." *Transactions of A. I. E. E.* Vol. 24 (1905). p. 285.

회 지도부는 급증하는 규모에도 불구하고 위계를 유지하는 데 많은 노
력을 기울였다.

〈표 2〉에서도 볼 수 있듯 미국의 주요 엔지니어 협회 중 가장 늦게
출발한 미국 전기 엔지니어 협회는 1905년경 다른 협회들과 비슷한 규
모로 팽창했다. 성장세가 가장 급격했던 것이다. 따라서 회원들 간의
경력 차이가 다른 협회에 비해 적으면 적었지 클 수는 없었다. 그럼에
도 유독 미국 전기 엔지니어 협회만 준회원이 압도적 다수(약 85퍼센트)
를 차지했다.

이 정도로 노골적인 엘리트 중심 구조는 온존할 수 없었다. 불과 8년
만인 1913년 회원 규모가 2배 넘는 7654명에 달해 미국 전기 엔지니어
협회는 가장 거대한 엔지니어 협회가 되었다. 1912년 5월 미국 전기
엔지니어 협회는 회원을 펠로·회원·준회원으로 구분하는 체제를

채택하고, 이듬해 실시하기로 결정했다. 몇 년간의 논의 끝에 순조롭게 채택한 것이었다. 외형상 이 체제는 만족스러운 해결책이었다. 펠로는 옛 회원과 같은 자격을 지니지만 좁은 의미의 전기 엔지니어가 아니어도 10년 이상 경험을 갖고 발명이나 출판을 통해 전기과학에 독창적 기여를 한 사람도 대상이었다. 회원은 주로 전기 엔지니어가 대상이지만 "전기공학의 폭넓은 특성을 감독하는 대규모 전기 기업의 중역"도 포함했다. 장차 수가 감소할 준회원 등급은 협회의 성공에 필수적인 "변호사, 은행가, 사업가, 작가 …… 그리고 기예의 친구들(friends of the art)"도 포함했다. 이는 이전 체제에서 준회원 대부분을 차지하는 공과대학 졸업자들의 불만을 해소하면서도 기성 엘리트의 지위와 영향력을 유지하는 원만한 방안으로 기대되었다.

하지만 기존 협회 구성원을 위한 펠로 승급 특별 경과 조치 대상에 새뮤얼 인설(Samuel Insull)을 포함시킨 일을 발단으로 항의 사태가 발생했다. 인설은 전기 산업의 베테랑이자 에디슨의 사업 조수 출신으로 GE의 설립에 중요한 기여를 한 인물이었다. 그는 내심 GE 사장직을 노렸으나 실패한 후, 시카고에서 새로 전력 회사를 인수해 독립한 터였다. 전력 산업에서 가장 중요한 인설의 기여는 시간대별 차등 요금제를 채택한 것이었다. 시간대별 수요 변동은 당시 전력 산업에서 발전과 송배전에 여러 가지 기술적 문제를 초래하는 중요한 난제였다. 차등 요금제는 수요가 낮은 시간대의 전력 소비를 촉진함으로써 수요 변동을 완화하고, 전반적인 전력 수요를 확대하는 것으로 산업 차원에서는 매우 중요한 혁신이었다. 또한 인설은 미국 전기 엔지니어 협회의 정식 구성원이라는 의미에서 '전기 엔지니어'임을 자랑스러워했고, 단순히 '기예의 친구' 수준을 뛰어넘는 여러 편의 팸플릿을 출판하기도 했다. 하지만 기업 인수 합병과 영업 전략 분야에서 활동한 인설은 직업적 의미의 '전기 엔지니어'나 발명가도 아니었고, 전기과학에 독창적인 기여를 하지도 않았다.

이렇게 촉발된 1913년의 항의 사태는 원로들의 중재 시도 실패, 펠로 승급 특별 경과 조치 대상자 여러 명을 지목한 축출 운동 등 계속 확대일로를 걸었다. 결국 미국 전기 엔지니어 협회 사무국과 일부 회원 간의 소송으로 비화한 끝에 뉴욕 주 법원은 사무국의 손을 들어주었다. 이후 사무국은 펠로 승급을 신규 회원 수에 비하면 소수에 불과한 매년 100여 명 규모로 유지했다. 항의자들은 세월이 상처를 봉합하고 결국은 자신들의 주장이 관철되리라 믿고 자위할 수밖에 없었다.

이 사건은 제1차 세계대전 직전까지 미국 전기 엔지니어 협회와 '전기 엔지니어'의 성격을 중층적으로 보여준다. 미국 전기 엔지니어 협회는 여전히 상층부가 주도권을 장악하는 조직이었고, 이들은 전기 사업과 전기공학을 연속적인 활동으로 인식하고 있었다. 그들에게 미국 전기 엔지니어 협회는 직업적(professional) 전기 엔지니어만의 조직이 아니라 전기 산업계 인사들의 단체였다. 따라서 산업계에서 경영진, 고위 엔지니어, 저명 대학교수 겸 컨설턴트가 수적 다수이자 대부분 피고용자인 직업적 전기 엔지니어를 이끌 듯 미국 전기 엔지니어 협회에서도 자신들이 그들을 이끄는 걸 당연시했다.

동시에 이 사건은 미국 전기 엔지니어 협회 내에서, 나아가 전기공학 분야에서 전력 산업이 확실한 우위를 획득했음도 보여준다. 20세기를 거치는 동안 발전 용량과 송배전 범위의 확대가 전력 회사의 대기업화와 맞물려 이뤄졌는데, 미국 전력 산업에서는 이런 경향이 가장 빨라 광역 전력 회사와 거대 설비 회사(GE와 웨스팅하우스)가 가장 먼저 출현하고, 가장 큰 규모로 성장했다. 따라서 미국 전기 엔지니어 협회 내부에서 대기업과 전력 산업은 한 몸의 두 얼굴이었고, 이들의 영향력이 건재하는 한 상층 엔지니어의 주도권은 쉽사리 약해지지 않았다.

장기적으로는 항의자들의 믿음이 실현되었다. 1938년 펠로 승급 자기 신청 제도를 폐지하고, 오로지 타천만을 통해 펠로가 되도록 규정을 바꾼 것이다. 1951년에는 타천 제도도 폐지하고 추대(invitation)로 방식을 바꾸었다. 인맥과 개인적 또는 산업적 영향력의 중요성이 줄어들고, 오로지 공학적 업적으로 평가한다는 의미에서는 전문가주의(professionalism)가 뒤늦게나마 우세해진 것이다. 하지만 포프가 꿈꾸었을 의사나 변호사처럼 법률적 자격 요건을 갖추고 독립적으로 활동하는 전문직으로서의 전망은 사라진 이후였다.

2.2 화학보다 운영을 택한 미국 화학 엔지니어 협회

화학공학은 20세기 초 미국에서 형성된 매우 미국적인 분야이다. 여기서 '화학공학'은 화학 지식을 산업 활동에 이용하는 것이나 산업적 응용을 목적으로 신물질이나 새로운 합성법을 개발하는 것을 의미하지 않는다. 분과 학문으로서 '화학공학'은 미국에서 출현한 독특한 분야였다. 현대적 관점에서 표현하자면, 미국의 '화학공학'은 화학 반응을 활용하는 생산 공장의 설계 및 운영에 초점을 맞추어 생산 활동을 관리하는 것이었다. 이는 일부 영국계 기업들의 사례를 제외하면, 제2차 세계대전 이후에나 다른 국가에 확산하기 시작한 개념이다.

1908년 결성한 미국 화학 엔지니어 협회는 화학 엔지니어 정체성 확립에 곤란을 겪다가 1920년대 중반 '단위 조작' 개념을 중심으로 미국식 화학공학과 화학 엔지니어의 정체성을 확립했다. 아울러 협회는 이 개념을 중심으로 화학 엔지니어 교육 과정 인증 프로그램을 실시해 오늘날 시행하는 공학 교육 인증 제도의 초석을 놓았다.

미국에서도 다른 국가와 마찬가지로 화학 지식은 일찍부터 산업 활동에 긴요한 것으로 여겨졌다. 19세기 초부터 필라델피아를 비롯한 각지에서 수준과 지향이 다양한 지역 수준의 화학 단체가 명멸했다. 전국 수준을 표방한 미국 최초의 화학 단체는 1872년 뉴욕에서 결성한 제조화학자 연합(Manufacturing Chemists' Association)이었다. 이들은 연간 5000달러 이상의 화합물을 제조하는 업체만을 대상으로 삼았기 때문에 대규모 업체들이 위치한 북동부 대서양 연안 지역이 중심이었다.

1876년에는 여러 지역의 화학 단체가 연합해 미국 화학회를 결성했다. 미국 화학회는 분과 학문별 과학 학술 단체로서는 미국에서 가장 먼저 창설되었다. 1876년 35인의 창립 회원으로 출범해 특히 1893~1894년에는 회원 수가 400명 선에서 1000명 이상으로 2.5배 증가했고 1912년에는 6219명, 1930년에는 1만 8206명의 회원 규모를 자랑했다. 아울러 19세기 말부터 1930년대 말까지 미국에서 가장 거대하고 부유한 학술 단체로 활동했다.

당시 미국에서 화학자 활동으로 여겨진 범위는 무척 폭넓었다. 대학 내의 화학 연구와 교육에서부터 연방 정부 지질조사국(Geological Survey)

의 지질 시료 분석은 물론 각 산업체 내에서 수행하는 각종 품질 검사, 수입업자들의 의뢰를 받아 수행하는 갖가지 시럽의 당도 검사 등은 모두 화학자가 수행하는 업무였다. 당연히 화학자로 일컫는 집단 내의 지식수준과 지향은 다양했다.

화학자를 일컫는 명칭과 구분도 이런 상황을 반영했다. 유기화학자, 무기화학자, 물리화학자, 분석화학자 등 화학 내 학문적 분류에 따른 구분은 차치하더라도 화학자가 종사하는 활동의 종류에 따라 응용화학자, 기술화학자, 산업화학자, 분석화학자, 농업화학자 등 다양한 명칭을 사용했다. 그런데 이들은 뚜렷하게 구분되지 않았다. 화학을 응용해 산업체나 정부의 업무에 종사할 경우에는 응용화학자였지만 대학에서도 응용화학 교과목을 가르치는 화학자가 있었다. 기술화학자는 상대적으로 낮은 지위를 함축했지만, 응용화학자와 기술화학자 사이의 뚜렷한 구별은 없었다. 산업화학자는 생산 과정 관리에 종사하는 화학자를 지칭하는 경향이 있었지만, 응용화학자나 기술화학자 중에서 산업체에 소속된 화학자를 통칭하기도 했다. 분석화학자라는 명칭은 독일에서 박사 학위를 받고 대학에서 분석화학을 가르치는 최고 수준의 엘리트 화학자부터 수입업자의 의뢰를 받아 분석 시험서를 발부하는 영세업자나 피고용인까지 포함했다.

연방 및 주 정부에 고용된 화학자의 절대 다수는 농업화학자였다. 이들의 업무 내용은 토양 시료 분석에서부터 비료와 농약, 때로는 생물학까지 대단히 폭넓었다. 농업 관련 업무에 종사하는 기술화학자나 분석화학자부터 화학을 연구에 응용하는 농학자, 생물학자에 이르기까지 모두 농업화학자라는 범주 안에 포함되었다. 여기에 정체성이 더욱 모호한 '화학 엔지니어'라는 명칭이 1886년 MIT에서 화학 엔지니어 학위 과정을 개설하면서 추가되었다.

이들 여러 '화학자'를 포괄하는 거대 단체인 미국 화학회 내에서 분열의 조짐이 나타난 것은 자연스러운 일이었다. 1894년 영국 화학 산업회의 뉴욕 지부가 결성되었다. 이 지부의 창설자들은 결성 이유로 네 가지를 거론했는데, 요약하면 학문적 수월성을 추구하는 미국 화학회가 나름 화학계의 주요 구성원을 자처하는 화합물 제조업자의 필요를 충족하지 못한다는 것이었다. 화학 산업회 뉴욕 지부는 점차 화학 회사들의 단체로 발전했다. 1900년에는 독일 화학자 연합 뉴욕 지부 또한 결성되었다. 이 모임은 독일 화학자 연합의 〈응용화학 저널(Zeitschrift für angewandte Chemie)〉를 읽고, 간간이 투고도 하는 친목 모임으로서 화학 산업회 뉴욕 지부의 일부 회원이 참여했다.

1902년에는 미국 전기화학회(American Electrochemical Society)가, 1906년에는 생물화학자 학회(Society of Biological Chemists)가 결성되었다. 이 두 학회와의 관계 정립이 미국 화학회의 당면 과제로 부상한 시기에 미국 화학 엔지니어 협회 결성 움직임이 등장했다.

2.2.1 화학자 vs. 화학 엔지니어

미국 화학 엔지니어 협회의 초기 구성원은 협회의 기원을 1904년 리처드 K. 미드(Richard K. Meade)가 창간한 얇은 월간지 〈화학 엔지니어〉에서 찾는다. 당시 30세이던 미드는 미국 시멘트업계에서 가장 정통한 전문가로 이미 명성과 부를 얻은 인물이었다. 11월 창간호 사설에서 미드는 "오늘날 기술화학자(technical chemist) 절대 다수는 실험실 작업자일 뿐만 아니라 거대한 화학 및 야금 산업(체)의 운영을 적극적으로 감독한다. 따라서 엄밀히 말하면, 기업을 운영하는 엔지니어이다"라고 주장했다. 아울러 다음 해 10월의 1주년 기념 사설에서는 화학 엔지니어에 대한 나름의 정의를 이렇게 소개했다. "이 나라에는 아마도 최소한 500명의 화학 엔지니어가 있을 것이다. ……화학 엔지니어는 기계공학을 이해하는 화학자도, 화학을 이해하는 기계 엔지니어도 아니다. 그들은 기본적으로 화학자이다. 이론화학자인 동시에 실용화학자이다. 실용화학자로서 그들은 실험실에서 수행한 (화학) 반응을 어떻게 대규모로 실행할지 아는 사람이다." 이어서 화학 엔지니어의 새로운 협회 창립을 주장했다. 이때 미드는 회원은 다수일 필요가 없으며 "양이 아니라 질이 새로운 협회의 모토여야 한다"고 주장했다. 기업 운영과 대규모 생산 위주의 관점은 이미 이때부터 나타났다.

미드는 1907년 2년 전 사설의 별쇄본을 회람하며 모임을 촉구했다. 그해 6월에 열린 미국 재료 검사 협회 필라델피아 회합에서 10여 명이 따로 모여 의논한 끝에 미드, 워커, 리틀, J. C. 올슨(J. C. Olsen), 윌리엄 M. 부스(William M. Booth) 5인과 연장자로서 임시 의장이자 시멘트업계의 거물이던 찰스 F. 맥케나(Charles F. McKenna)로 구성된 6인위원회를 조직했다. 워커는 MIT의 화학 엔지니어 학위 과정에 깊숙이 관여했고, 리틀은 미국의 화학 관련 산업계에서 발명가 겸 문제 해결사로 미국 제일의 명성을 누린 화학자 겸 컨설턴트로서 MIT 화학과의 주요 후원자였다. 올슨, 부스, 맥케나는 모두 컨설팅 엔지니어였으며, 그중 올슨은 브루클린 폴리테크닉 대학의 화학 교수까지 겸하고 있었다.

몇 차례 논의와 600장의 설문지 배포에도 불구하고 확실한 결론을 내리지 못한 끝에 1907년 12월 초 맥케나, 미드, 올슨, 워커는 뉴욕에서 모임을 갖고 새로운 협회의 창설 여부를 결정하기 위해 저명한 화학자와 화학 엔지니어 50인을 초빙한 회합을 갖기로 했다. 6인위원회가 이처럼 망설인 것은 신조어인 '화학 엔지니어'와 '화학공학'에 대한 화학자와 미국 화학회의 반대가 작용했기 때문이다. 이러한 반대는 미드가 월간지를 창간하기 이전부터 표출되었다.

1904년 2월 미국 화학회 뉴욕 지부 모임에서 니콜스 구리회사의 J. B. F. 허쇼프(J. B. F. Herrshoff)가 "기술화학자의 훈련(The Training of Technical Chemists)"이라는 제목으로 화학자의 교육 과정에 공학을 더 많이 도입할 것을 새삼 강조했다. 그는 "발달한 독일"을 거론하면서 미국의 화학자 중 아주 소수만이 순수화학에 전념하고 대부분은 실용적인 업무에 종사한다고 지적했다. 이에 대한 토론 과정에서 산업계 인사들의 찬성도 있었지만, 화학자 교육에 공학 과정을 도입하는 데 절대적으로 반대한다든지 "기술화학"의 발달은 공학과 무관한 연구 실험실 내 작업 덕분인 만큼 고용주들이 좀더 인내심을 가지고 연구 성과를 기다려야 한다는 등의 반론이 더 많았다.

1908년 1월의 50인 회합에서는 미국 화학회 회장인 M. T. 보거트(M. T. Bogert)가 참석해 구체적인 반대 계획을 밝혔다. 그는 미국 화학회 내에 '산업 화학자 및 화학 엔지니어 분과'를 창설하고 새로운 분과의 학술지를 창간할 것이라고 밝히며 새 단체 창설에 반대했다. 보거트의 계획은 당시 미국 화학회 내에서 이뤄지던 개혁의 일환이었다. 보거트는 1907년 독일 화학자 연합이 분과 구조를 채택한 사례를 본받아 미국 화학회 내의 분과를 확충하고, 영역별로 별도의 학술지를 발간하는 체제를 추진했다. 〈미국 화학회지〉와 〈화학 초록집(Chemical Abstracts)〉을 학회 회원들이 공통으로 투고·구독하는 학술지로 정립하고, 새로 창간할 〈산업 및 공업 화학 저널(Journal of Industrial & Engineering Chemistry)〉, 〈생화학 저널〉, 〈무기 및 물리 화학 저널〉 그리고 〈유기화학 저널〉을 분과별 학술지로 삼는다는 계획이었다.

미국 화학회와 보거트의 대안은 화학 엔지니어 단체 설립 추진자들 사이의 분열을 가져왔다. 올슨은 산업체 입장에서는 비밀 유지가 중요하므로 산업화학 분야의 전문 학술지를 제대로 운영할 수 없으리라 판단했고, 분과 구조의 확대는 결국 미국 화학회의 약화를 불러올 것이라고 예측했다. 올슨과 미드, 맥케나 등은 그해 여름 필라델피아에서 미국 화학 엔지니어 협회를 창립했다.

반면, 리틀과 워커는 따로 떨어져서 미국 화학회의 계획에 적극 동참했다. 이들은 1909년 1월 첫 호를 발간한 〈산업 및 공업 화학 저널〉의 편집진에 합류했다. 또한 리틀은 산업 및 공업 화학 분과의 제4대 분과장을 맡고, 1912~1913년에는 미국 화학회 회장으로 활동했다.

2.2.2 미국 화학 엔지니어 협회 창립과 초기 활동

미국 화학회의 반대를 무릅쓰고 1908년 여름 필라델피아에서 결성한 미국 화학 엔지니어 협회는 출범 이후에는 의외로 미국 화학회와 노골적인 마찰을 겪지 않았다. 미국 화학회와의 관계 문제 때문에 결과적으로 일찍이 미드가 주장한 것처럼 "기업을 운영"하는 엔지니어의 "양보다 질"을 추구하는 엘리트 모임으로서 회원 대상자가 많지 않았던 것도 그중 한 원인이었다. 회원은 화학에 정통한 자로서 일단 30세 이상으로 학위 보유자는 5년, 미보유자는 10년 이상의 산업계 경력이 있어야 했으며 회원 5인의 추천을 받아 회원위원회의 심사를 통과한 후 승인 투표를 거쳐야 했다. 따라서 자연스럽게 미국 화학 엔지니어 협회 회원은 고위 경영진이나 저명 컨설팅 엔지니어를 중심으로 출범했다.

사무국은 서기인 올슨이 재직하던 브루클린 폴리테크닉 대학에 두었지만, 정기 회합은 매년 도시를 바꾸어가며 개최하도록 명문화했다. 이는 기존의 일부 공학 학회처럼 특정 지역을 중심으로 클럽같이 운영되는 것을 방지하기 위함이었는데, 주로 미국 기계 엔지니어 협회가 받았던 비판을 염두에 둔 것으로 보인다. 이 규정은 소수 고위 엔지니어 중심의 폐쇄적 조직 구성과 함께 미국 화학 엔지니어 협회가 화학 산업계의 전국적 엘리트와 지역 엘리트 간 교류를 촉진하는 역할을 하게끔 했다. 미국 화학회의 〈공업 및 산업 화학 저널〉이 새로운 화학 연구를 발표하는 학술지로서 역할을 굳혀간 반면, 매 회합에서 발표한 내용을 수록한 〈미국 화학 엔지니어 협회 트랜잭션(Transactions of A. I. C. E.)〉은 지역의 화학 산업 또는 화학 산업의 세부 분야에 대한 소개와 개괄에 높은 비중을 두었다.

1909년 12월의 회합에서는 당시 미국 화학 산업의 개괄을 발표했는데, 여기서 당시 미국에서 통용되던 화학 산업의 모습을 엿볼 수 있다. 발표자는 화학 산업의 경계와 세분 범주가 모호하다고 지적하면서, 일단 미국 연방 정부 상무부 통계국(Bureau of Census)의 분류를 소개했다. 통계국의 분류에 따르면 "황산 · 질산 · 혼합산 및 기타 산류, 탄산소다류, 칼륨 화합물류, 명반류 · 콜타르 제품, 청산 화합물, 목재 증류품, 비료, 표백용 재료, 전기를 이용해 생산한 화합물, 염색 용품, 무두질 재료, 페인트와 희석제류, 화약류, 수지류, 에센셜 오일류, 압축 및 액화 가스류, 정밀 화학제품, 일반 화학제품"을 화학 산업에 포함했다. 하지만 발표자는 여기에 그치지 않고 더 많은 산업을 화학 산업에 포함시켰다. 예컨대 통계국이 광업으로 분류한 금 생산은 청산 화합물을 이용하는 새로운 추출법을 중요하게 활용한다는 점을 이유로 화학 산업으로 재분류했다. 이렇게 미국 화학 엔지니어 협회는 생산액이 큰 산업이 화합물을 사용하기만 하면 무엇이든 화학 산업에 포함시키려 했다. 이는 화학 산업의 규모, 나아가 화학 엔지니어의 중요성을 강조하려는 노력이기도 했다.

또한 화학 산업의 지리적 분포도 중시했다. 특히 발표자는 미국 인구의 25퍼센트가 거주하는 지역에 화약 제조업체, 목재 증류업체 그리고 황산류 제조업체가 전혀 없다는 점을 중요하게 거론했다. 이것들을 꼽은 이유는 미국에서 전형적이고 가장 흔한 화학 산업이고, 그중에서 황산류 제조업은 가장 중요한 화학 산업이라고 널리 인정받았기 때문이다.

광의의 화학 산업계 엘리트 간의 교류를 촉진하는 것과 함께 초창기 미국 화학 엔지니어 협회가 나름 꾸준하게 관심을 기울인 문제는 화학공학 교육 문제였다. 1909년 상반기에 설립한 화학공학 교육위원회는 매 회합마다 빠지지 않고 활동 보고를 했는데, 1910년에는 화학 엔지니어 과정을 대상으로 설문을 실시했다. 1904년 허쇼프의 발표에서 비롯된 논란에서 볼 수 있듯 화학자를 배출하는 교과 과정에 공학을 추가하는 것은 큰 반발을 불러일으키는 일이었다. 하지만 이미 화학 엔지니어 학위를 수여하는 대학이 여럿 있었다. 아울러 이들 화학 엔지니어 학위 수여 과정에 대한 미국 화학 엔지니어 협회의 관여는 미국 화학회와의 갈등을 심화시키지 않았다. 또한 이러한 과정이 많지 않아 산업계에 종사하는 소수 엘리트를 지향하는 미국 화학 엔지니어 협회의 지향과도 부합했다.

하지만 미국 화학 엔지니어 협회 교육위원회의 활동은 성공적이지 못했다. 기존 화학 엔지니어 학위 수여 과정은 서로 성격과 수준이 달랐다. 지역 상황에 맞게 특화되어 있어 어느 하나를 이상적인 화학 엔지니어 교육 과정이라고 간주할 수도 없었다. 1912년경 교육위원회의 논의는 현실적으로 최선인 화학 엔지니어 교육 과정이 아니라 이상적인, 하지만 장기적으로나 구현 가능한 화학 엔지니어 교육 과정을 토론하는 방향으로 바뀌었고, 이마저 제1차 세계대전 발발로 휴지기에 들어갔다.

제1차 세계대전이 끝날 때까지 미국 화학 엔지니어 협회의 가장 큰 성공은 느리지만 지속적으로 회원 규모를 늘려나갔다는 점이다. 화학 산업계의 일부 엘리트 화학자와 엔지니어가 꾸준히 전국적으로 순회 교류를 한 덕분에 화학자와 구별되는 화학 엔지니어가 존재하고, 비록 그들의 정체성이 종종 혼란스럽긴 하지만 대체로 생산 과정 관리와 운영에 관계한다는 인식이 확산되었다. 교육 과정 정비를 통해 화학 엔지니어의 정체성을 확립하려는 교육위원회의 노력도 비슷한 정도의 성과를 거두었다. 협회의 목적 달성 전망은 요원했지만, 화학 엔지니어 교육에 대해 유일하게 꾸준한 관심을 기울이고 정보를 수집하는 조직이라는 사실을 널리 알 수 있었다. 이렇듯 단체를 유지하고 그 존재를 인식시킴으로써 미국 화학 엔지니어 협회는 제1차 세계대전 이후 급격한 변화를 이끌어낼 수 있었다.

전기 엔지니어와 화학 엔지니어의 사례는 거대 조직과 전문성의 관계가 1930년경까지 미국의 신산업 엔지니어의 정체성을 좌우하는 주요 요소였음을 보여준다. 미국 전기 엔지니어는 자신들의 전문성이 거대 전력 시스템의 운영에 있다고 보았다. 1912년의 갈등은 좁은 의미의 기술적 지식과 능력이 얼마나 핵심적인지를 놓고 벌어진 갈등이기도 했다. 기술적 전문성을 중시하는 항의자들의 믿음이 어느 정도 실현될 때까지는 근 40년의 세월이 필요했다. 사실, 다음 장에서 살펴보겠지만 이 무렵부터 전기 엔지니어의 교육 과정도 회사 입장에서 거대 전력 시스템 운영을 다루는 방향으로 개편되었다.

화학 엔지니어 또한 미드가 주장한 것처럼 거대한 화학 산업체의 운영을 계획하고 감독하는 능력을 정체성의 핵심으로 여기게 되었다. 다만 미국 화학 산업에는 전기 분야의 전력 산업과 같은 뚜렷한 주도 업종이 없었다. 1880년 뉴욕 주 시러큐스 인근에 설립한 미국 솔베이사는 1890년대에 이미 세계 최대의 탄산나트륨 생산 공장으로 성장했지만, 결코 전력 기업들만 한 규모에는 도달하지 못했다. 화학 산업을 좌우할 단일한 업종이 있을 수 없는 상태에서 이 시기에 대형화하기 시작한 미국의 화학 회사들은 종종 생산 제품의 다양화를 통해 규모를 키웠다. 비록 독일의 거대한 인공 염료 회사들에 비하면 하나의 대형 화학 회사가 생산하는 화학제품의 종류는 빈약했지만, 그래도 19세기에 비하면 생산의 다양화가 진척되었다. 1897년 설립한 다우케미컬이나 1920년 미국 솔베이사를 포함한 다섯 화학 회사의 합병으로 설립한

'연합 화합물 및 염료 회사'도 그러했다. 듀폰도 화약 생산 이외에 여러 분야에 진출했다. (사실 듀폰의 가장 성공적인 투자는 제너럴 모터스 주식을 매집한 것이었다.) 전력 회사가 생산하는 전력은 어느 발전소에서 생산하든 원칙적으로 상호 변환 가능했지만, 화학 회사의 생산품은 회사마다, 종종 공장마다 서로 다른 제품이었다.

이런 사정은 미국 화학 엔지니어 협회가 화학 엔지니어를 규정하는 데 겪은 어려움에 반영되었다. 제철소에서 코크스의 품질을 검사하는 기술화학자와 펄프 처리에 황산을 사용하는 제지 공장에서 근무하는 산업화학자는 대학의 화학 교수와 뚜렷이 구별되지만, 이것만으로는 같은 직종에 종사한다고 주장하기 곤란했다. 이는 산업계의 상층부를 차지하는 엘리트들의 주장과 영향력만으로는 엔지니어 집단의 정체성이 일방적으로 결정되지만은 않았다는 점을 보여준다. 미국식 화학 엔지니어와 화학공학이 등장하기 위해서는 다음 장에서 소개할 '단위 조작'으로 대표되는 인식론적 전환과 교육 혁신이 필요했다.

3 엔지니어 교육의 정립과 MIT

19세기 미국에서 엔지니어 양성은 이른바 '작업장 문화'가 주도했지만, 몇몇 학교가 대학 수준의 '학교 문화'를 이끌어 세기 전환기에는 엔지니어는 당연히 공과대학을 통해 배출되는 것으로 여겨졌다. 토목공학에서는 남북전쟁 이전 설립한 미국 육군사관학교와 렌슬러 공과대학이 토목공학 교육을 주도했고, 기계공학에서는 남북전쟁 직후 설립한 스티븐스 공과대학이 기계공학 교육을 이끌었다. 렌슬러 공과대학과 스티븐스 공과대학은 모두 소규모 대학으로서 각기 토목공학과 기계공학를 중심으로 운영하는 단일한 교육 과정을 제공하다가 1890년대 말부터 전공을 나누어 운영하기 시작했다.

외형상 세분화한 엔지니어 교육 과정은 1862년 모릴 법의 수혜를 받아 19세기 후반 대거 설립한 토지 공여 대학들이 주도했다(《근대 엔지니어의 탄생》 참조). 이들 대학은 배출한 인력 수에서도 압도적이었는데, 과학과 인문학을 완전히 배제하지 않으면서 '기계적 기예(Mechanical Arts)'와 농업을 가르치는 것이 원래 임무였다.

토지 공여 대학의 교육 방향은 1880년대까지 방향성을 찾기 어려웠다. 같은 시기에 설립한 스티븐스 공과대학이 기계공업계의 풍부한 인맥 네트워크를 활용해 기계공학 교육의 모범을 세우는 동안, 각 주의 토지 공여 대학들은 지역 사정에 따라 '기계적 기예'와 농학의 다양한 결합을 시도하면서 시행착오를 겪었다. 전기 산업에 쓰이는 장비는 금속 기계였고, 영농과 농업 생산물의 가공에는 화학 지식이 유용했다. 따라서 급팽창하는 전기 산업과 화학 관련 산업을 염두에 두고 전기 기계와 화학의 산업적 응용에 특화된 교육 과정을 여러 시도의 일환으로 개설한 것은 어색하지 않은 일이었다.

공학 교육의 변화를 이끈 것은 토지 공여 대학 중에서 예외적으로 주립이 아닌 두 대학이었다. 뉴욕 주의 코넬 대학교와 매사추세츠 주의 MIT는 각기 주 의회의 결의로 토지 공여 자금을 받았다. 1882년 MIT는 미국 최초의 전기 엔지니어 교육 과정을 물리학과 주관으로 설치했고, 다음 해 코넬 대학도 같은 조치를 취했다. 1885년 코넬 대학교는 스티브스 공과대학의 기계공학 교수 로버트 서스턴(Robert Thurston)을 공대 학장으로 초빙해 전권을 맡겼다. 당시 서스턴은 미국에서 가장 성공한 공학 교육자였다. 서스턴이 이끄는 코넬 대학교의 시블리 공과대학은 전기 엔지니어 교육 과정을 이관받아 전기공학과를 설치했다. 시블리 공과대학은 인력과 조직 두 측면에서 대규모 공과대학을 성공적으로 운영한 첫 사례였다. 또한 MIT는 1886년 화학과가 운영하는 화학 엔지니어 교육 과정 역시 미국 최초로 개설했다.

행정적으로 교육 과정을 개설하기 시작했지만, 교육의 내용과 구성은 안정적이지 않았다. 전기 분야에서는 19세기 후반부터 핵심 분야—전신, 전화, 조명, 발전, 모터, 송배전 등—가 계속 역동적으로 바뀌었다. 한때는 전기 도금이 무척 중요한 산업으로 여겨지기도 했다. 화학은 너무나 많은 산업에서 다양한 방식으로 이용되었다. 비료나 원재료의 성분을 검사하는 일부터 비록 미국에서는 엄두를 내지 못했지만 새로운 인공 염료나 의약품을 합성하는 일까지가 모두 화학이었다. 두 분야 모두 공과대학에서 이 모든 지식과 기술을 교육하고 훈련할 수도 없고, 한 학생이 모두 배울 수도 없었다. 그래서 계속 중요하게 여긴 것이 전문 잡지들이었다. 업계 전문지들은 산업계 소식뿐만 아니라 새로운 지식과 기술을 발표하고 배우는 주요 통로였으며, 초기의 무선 통신처럼 신생 분야에서 전문지가 거의 유일한 학습 수단으로 작동했다.

1893년 8월 시카고 박람회의 부대 행사로 '세계공학회의'를 개최했다. 이 회의의 조직과 발표 내용을 통해 공학과 엔지니어 교육에 대한 당시의 통념을 엿볼 수 있다. 회의는 7개 분과로 나뉘었는데, 처음 4개 분과는 각기 관련 엔지니어 협회가 담당했다. 미국 토목 엔지니어 협회가 분과 A(토목공학)를, 미국 기계 엔지니어 협회가 분과 B(기계공학)를 맡았다. 미국 광산 엔지니어 협회는 분과 C(광산공학)와 분과 D(야금학)를 함께 담당했다. 나머지 3개 분과는 분과 E(공학 교육), 분과 F(육군 군사공학), 분과 G(해양 및 해군 공학)였는데, 이들 분야에는 적절한 단체가 없어 철도 엔지니어들이 중요한 직위를 맡은 세계공학회의 주관 위원회가 조직과 운영을 개인에게 위촉했다.

일리노이 대학의 토목공학 교수가 의장을 맡은 공학 교육 분과 회의에서는 당시 공과대학 교수들이 고민하던 문제를 포괄적으로 거론했는데, 대체로 공과대학의 '학교 문화'와 전통적인 '작업장 문화'의 차별성 문제가 기저에 깔려 있었다. 예컨대 실험실습실 운영을 어떻게하고 학생의 작업 능력을 어떻게 훈련할 것인지, 제도 교육은 얼마나 해야 하는지, 학생의 실습 물품을 판매해도 되는지, 모든 학생에게 동등한 교육을 제공하기 위해 노력해야 하는지, 아니면 능력 있는 학생을 외부에서 의뢰받은 개발 연구에 선별적으로 참여시켜야 하는지 등이었다. 토론 과정에서 간간이 긴장을 노출한 화제는 우스터 폴리테크닉 대학(Worcester Polytechnic Institute)처럼 '작업장 문화'를 학교에서 모사하는 실습 위주의 교과 과정이 바람직한지 아니면 스티븐스 공과대학이나 MIT처럼 전통에 비해 상대적으로 수학과 과학의 비중을 높이는 것이 공과대학다운 것인지 하는 문제였다. 참석자들 사이에서는 대체로 수학과 과학의 비중을 높여야 한다는 쪽이 우세했다. 또한 상대적으로 부유한 토지 공여 대학과 그렇지 않은 공과대학 사이의 여건 차이도 거론했다.

흥미롭게도 1880년대에 출현하기 시작한 전기공학과 화학공학에 대해서는 독자적인 발표가 없었다. 전기공학 교육 현황에 대한 발표가 예정되어 있었지만 담당자는 아예 출석하지 않았다. 한편, 버클리 대학의 광산 및 야금학 교수인 새뮤얼 크리스티(Samuel Christy)는 광산 엔지니어 교육의 상대적 정체를 논했는데, 여기서 전기공학에 대한 공학 교수들의 시각을 엿볼 수 있다. 그가 인용한 〈엔지니어링 뉴스〉의 자료에 따르면, 1880년 미국 전역의 대학에서 배출한 광산 엔지니어는 37명, 기계 엔지니어는 41명, 토목 엔지니어는 157명이었다. 1892년에는 광산 엔지니어가 48명으로 1.3배 증가하는 데 그쳤지만, 기계 엔지니어는 445명으로 10.8배 증가했고, 토목 엔지니어는 371명으로 2.2배 늘었다. 연간 기계 엔지니어 배출 인원이 토목 엔지니어 배출 인원을 따라잡은 것은 1890년이었다. 그는 광산 엔지니어 배출 규모가 상대적으로 정체된 이유를 미국 광업 생산액이 같은 기간 1.8배만 증가한 데에서 찾았다. 아울러 기계 엔지니어 배출 규모가 급증한 이유를 1880년부터 전기가 실용적으로 유용한 에너지원으로 출현한 데에서 찾았다. 즉 공학 교수들은 전기 엔지니어를 기계 엔지니어의 일종으로 간주하고 있었다.

8월에 개최한 이 회의에 참석한 사람들은 처음 열린 공학 교수의 모임과 토론이 예상 외로 보람과 성과를 거두었다는 데 동의하고 공학 교수들만의 새로운 단체, 즉 '공학 교육 진흥회(Society for the Promotion of Engineering Education)'를 결성하기로 했다. 초대 회장은 스티븐스 공과대학의 제2대 기계공학 교수인 데볼슨 우드(De Volson Wood)가 맡았다. 공학 교육 진흥회는 오랫동안 독자적인 회합을 갖지 못한 채 미국 과학 진흥 협회 등 거대 학술 단체의 연례 회의에 참석한 회원들이 회의장

인근의 장소를 빌려 회합을 갖는 형태로 운영되었다.

각자의 경험에 근거한 의견을 나누는 것과 별도로 공학 교육 진흥회가 초기에 주력한 것은 공과대학의 전반적인 상황을 조사하는 일이었다. 그리고 그 결과를 1896년 4차 연례 모임에서 보고했다. 이 모임에서 가입 승인을 받은 25명을 포함해 200명을 약간 상회하는 회원은 85개 대학에 재직 중이었다. 조사 대상 학교는 350여 개 학교였는데, 이는 150여 개에 이르는 예비 학교를 조사에 포함했기 때문이다. 당시 공과대학 입학 요건은 학교별로 달랐다. 일부는 필기시험도 실시했지만, 추천과 면접으로만 학생을 받아들이는 경우도 자주 있었다. 예비 학교는 연계된 공과대학에서 요구하는 기본 지식을 가르치는 소규모 학교였다. 공과대학 재학생 중에는 예비 학교 교사를 겸하는 경우도 종종 있었다. 렌슬러 공과대학 출신인 우드도 이런 경우였다. 조사자들은 공과대학의 입학 요건이 평가 항목의 질과 종류 두 측면에서 너무나 다양하다는 점을 문제로 지적했다. 그들은 공과대학은 각 지역 사회의 요구에 부응해야 하므로 지역별 여건에 따라 평가 항목 종류를 선택할 수밖에 없지만, 적어도 질적인 면에서는 균질성을 갖출 수 있도록 노력해야 한다고 권고했다.

공과대학 사이에 이렇게 편차가 심한 상황에서, 신생 교육 과정인 전기 엔지니어와 화학 엔지니어 양성 과정에서 '전기 엔지니어'와 '화학 엔지니어'라는 학위 명칭에 따르는 균질성을 찾기란 어려웠다. 학교에 따라 학위가 의미하는 바도 달랐다. 이학 학사 학위자보다 화학을 덜 배운 학생에게 '화학 엔지니어' 학위를 수여하는 학교부터 대학원 과정을 마쳐야 동명의 학위를 수여하는 학교까지 다양했다.

전기공학과 화학공학 교육 과정을 나름대로 정비하기 시작한 것은 20세기 들어서였다. 1907년 잭슨이 학과 독립 5년차인 MIT의 전기공학 학과장으로 부임한 이래 1935년까지 28년간 학과장으로 재직하면서 제너럴 일렉트릭사를 위시한 거대 전기 기업들과의 긴밀한 연계 아래 전기공학 교육 혁신을 주도했다. 1915년 MIT 총장자문위원회의 리틀은 '단위 조작' 개념을 표방하고, 이를 중심으로 화학 엔지니어 교육 과정을 재편할 것을 제안했다. 리틀과 그의 교내 협력자인 워커는 산업계의 적극적인 협력을 얻어내 자신들이 주도하는 MIT의 화학 엔지니어 교육 과정을 미국 전체에서 가장 성공적인 프로그램으로 인식되게끔 했다. 나아가 리틀은 1920년대에 미국 화학 엔지니어 협회에서 역사상 처음으로 공학 교육 인증 프로그램을 실시하도록 했으며, 이 인증 프로그램을 통해 '단위 조작' 개념과 그에 입각한 MIT의 교육 모델이 화학 엔지니어의 정체성을 규정하게 되었다. 이러한 경로를 거쳐 1920년대에 MIT는 신산업 분야에서 미국을 대표하는 엔지니어 양성 기관으로 자리매김하기에 이르렀다.

3.1 전력 산업과 기업 경영을 전기 엔지니어 교육의 중심으로 삼다

19세기 후반 발명가 겸 사업가이기도 한 미국 출신의 초기 전기 엔지니어—당시 호칭으로는 '전기 전문가'—중에서 가장 저명한 에디슨은 독학을 했고, 휴스턴과 톰슨은 정규 대학을 다닌 경험이 없었다. 물론 대학 수준의 교육을 받은 미국 출신 '전기 전문가'도 여럿 있었지만, 당시 미국의 전자기학은 물론 물리학 전반은 연구와 교육 수준에서 유럽에 비해 상당히 뒤떨어져 있었다. 하지만 이 문제는 새로운 전기 산업의 토대가 된 고안과 발명 측면에서는 큰 장애가 되지 않았다. 전기에 대한 부분적 이해만으로도 시행착오를 통해 새로운 발명이 가능하고, 이 발명에서 비롯된 새로운 현상을 연구해 전기에 대한 이해를 높이는 일도 자주 있었다. 또한 산업적으로 비교적 잘 알려진 전기 현상과 새로운 기계적 아이디어가 결합한 발명이 중요한 경우도 많았다.

당시 전기공학과 기계공학의 관계를 잘 보여주는 사례로는 전차와 전기 엘리베이터를 개발한 프랭크 스프라그(Frank Sprague)가 대표적이다. 1878년 해군사관학교 졸업 후 미국 해군 제일의 전기 전문가로 떠오른 스프라그는 1883년 에디슨의 기술 조수로 스카우트되었다. 스프라그는 계산과 수학을 동원해 에디슨 특유의 시행착오를 줄이는 성과를 거두어 높은 평가를 받았다. 에디슨이 전기 조명에만 집중한 것과 달리 전기가 동력원으로서 더 가치 있다고 생각한 스프라그는 1884년 독립해 '스프라그 전기 철도 및 모터 회사'를 차렸다. 여기서 그는 부하가 달라져도 회전 속도가 바뀌지 않는 정속 모터를 최초로 발명해 에디슨으로부터 유일하게 실용적인 모터라는 찬사를 받았다. 스프라그는 이 모터와 각종 기계적 발명을 결합해 전차 회사와 전동 엘리베이터 회사를 성공시키고 매각하는 일을 반복했다. 에디슨은 전신업계 출신이었지만, 스프라그가 공학 교육을 받은 미 해군사관학교는 1876년 스티븐스 공과대학으로 옮긴 서스턴이 공학 교육 수준을 끌어 올려놓은 곳이다.

이렇듯 곳곳에서 새로운 고안과 발명이 등장하는 상황에서 관련 잡지들에 실린 기사는 전기에 관심 있는 사람들의 주요 정보원이자 학습

도구였다. 때로는 엔지니어가 직접 겸하기도 한 상업 잡지 편집자들은 미국 엔지니어계의 영향력 있는 중요 인사로 여겨졌다. 앞장에서 살펴보았듯 미국 전기 엔지니어 협회나 미국 화학 엔지니어 협회 모두 잡지 편집자들이 협회 결성의 주요 계기를 제공했다.

저명인사 중에서는 톰슨과 휴스턴이 자주 기고한 대표적 인물이었는데, 이 덕분에 그들은 미국적 맥락에서 물리학자로 여겨졌다. 프랑스나 독일에서라면 응용물리학자나 물리학에 관심 있는 엔지니어로 여겨졌을 미국 대학의 물리학 교수 중에서도 전기 현상을 이용한 발명에 관심을 가진 인물이 많았다. 사실 과학과 유용한 자연 지식을 동일시하는 19세기 미국적 풍토에서 유럽 기준의 미국 물리학자는 롤런드와 조사이어 깁스(Josiah Gibbs) 정도였다. 대학에서의 전기공학 교육은 이런 미국식 물리학 교수들이 시작했다.

1882년 물리학 교수인 크로스가 MIT에 전기 엔지니어 양성 과정을 개설했다. 크로스는 벨과 밀접한 관계를 맺고 있었다. 1870년대에 걸쳐 벨은 크로스에게 여러 차례 자문을 하고, 때로는 크로스의 실험실에서 각종 테스트를 하며 전화를 발명하고 개량했다. 크로스의 제자들은 벨의 전화를 개선하는 작업에 참여하며 벨 전화회사의 고위 엔지니어로 활동했다. 크로스의 전기 엔지니어 양성 과정은 '전기 엔지니어' 양성을 내건 세계 최초의 교육 과정으로, 제도와 목공을 포함한 기계공학 교육 과정을 기초물리학과 함께 공부하고 마지막 단계에서 전화, 전기, 송전 강좌를 수강하는 것이었다. 개설 공지에는 이들 강좌의 내용을 추후 결정할 것이라고 했다. 즉 확고한 비전 없이 일단 물리학과 기계공학을 같이 교육하는 식으로 시작한 것이다.

1883년 코넬 대학의 물리학 교수 윌리엄 앤서니(William Anthony)가 개설한 전기 엔지니어 양성 과정이 MIT의 전기 엔지니어 양성 과정과 함께 양대 과정으로 주목을 받았다. 뒤이어 1886년 존스 홉킨스 대학은 물리학과에서 갓 배출한 박사 학위자에게 전기공학 과정의 개설을 맡겼다. 같은 해 미주리 대학이 4년 전 에디슨에게 선물받은 소형 발전기와 몇 개의 백열전구로 시작한 물리학과의 응용전기 강좌를 독립된 전기공학과로 개편했다.

MIT의 크로스는 전기 산업의 여러 분야에 진출해 있던 동문과 제자에게 전기공학 분야의 특강을 맡기는 방식으로 교과 과정을 운영했다. 1886년 학업을 마친 2회 졸업생 10명 중 2명이 교수진으로 바로 합류했다. 등록 학생 수도 순조롭게 늘어났다. 하지만 크로스의 교육 과정이 당시 전기 산업계의 변화에 얼마나 잘 부응했는지는 분명치 않다.

이 시기에 졸업한 전기공학 전공자 가운데에서 가장 미국적 성공을 거둔 인물은 훗날 30여 년간 제너럴 모터스사를 이끈 슬론이었다. 그는 1895년 졸업 직후 베어링 회사를 차렸다가 자동차업계와 인연을 맺었다. 전기 엔지니어 양성 과정이 공학 측면에서는 사실상 기계공학과와 크게 다르지 않았기 때문에 가능했던 일이다. 또한 1890년대에 급격하게 이뤄진 전기공학 이론의 수학화도 MIT 바깥에서 벌어졌다.

장기적으로 볼 때 MIT의 전기 엔지니어 교육에 대한 크로스의 가장 큰 기여는 톰슨과 MIT가 인연을 맺게끔 한 것이었다. 톰슨-휴스턴사가 보스턴 인근의 린(Lynn) 시로 이전한 것을 기회로 크로스는 톰슨에게 전기공학 특강을 부탁했고, 이는 톰슨과 MIT 전체, 나아가 제너럴 일렉트릭사와 MIT의 밀접한 관계로 이어졌다. 톰슨-휴스턴사가 에디슨 제너럴 일렉트릭사와 합병해 GE가 되면서 톰슨-휴스턴사의 경영진이 GE의 운영을 주도한 덕분이다.

물리학 교수들과 달리 1880년대 미국의 명문 엔지니어 교육 기관은 별도의 전기 엔지니어 양성 과정 개설에 소극적이었다. 스티븐스 공대의 총장 헨리 머턴(Henry Morton)은 에디슨 계열 회사와 밀접한 관계를 맺으면서도 유능한 기계 엔지니어를 양성하는 것으로 충분하다는 태도를 견지했다. 1882년 뉴욕 발전소를 개설한 에디슨은 컬럼비아 대학 총장에게 장비를 기증하는 조건으로 전기공학 과정 개설을 제안하는 편지를 보냈다. 컬럼비아 대학의 광산학교는 수준과 규모 면에서 압도적인 미국 최고의 광산 엔지니어 교육 기관이었다. 컬럼비아 대학은 이 제안에 응하지 않았는데, 광산학교의 잘 확립된 교육 과정과 물리학을 어떻게 결합할지가 문제였기 때문이다. 컬럼비아 대학은 1889년에야 광산학교 졸업자를 대상으로 2년제 전기공학 과정을 개설했는데, 2명의 교수를 임명하는 것으로 이 문제를 해결했다. 전기 설비 회사를 소유·운영했던 엔지니어가 선임 교수를 맡고, 독일에서 헤르만 헬름홀츠(Hermann Helmholtz)에게 물리학 박사 학위를 받고 귀국한 마이클 푸핀(Michael Pupin)이 그를 보좌했다. 1892년 학부 수준의 4년제 과정으로 개편된 이후 컬럼비아 대학의 전기공학과 및 응용물리학과는 푸핀이 주도했다.

엔지니어가 주도하는 전기 엔지니어 교육 과정은 1891년 위스콘신 대학에서 잭슨이 개설한 전기공학과가 처음이었다. 잭슨은 1885년 펜실베이니아 대학에서 토목 엔지니어 학위를 받은 후 코넬 대학의 앤서니

밑에서 전기 엔지니어 과정을 마쳤다. 그리고 1887년 네브래스카 주에서 전차 회사를 차렸다가 2년 후 스프라그의 전차 회사에 기술진으로 합류했다. 이 회사가 에디슨 제너럴 일렉트릭사에 합병된 후에는 같은 회사의 시카고 지역 최고 엔지니어로 재직했다. 시카고는 전기 산업계에서 북동부 연안 지대 다음으로 중요한 지역이었다. 이 무렵 공대를 확충 중이던 위스콘신 대학이 잭슨에게 이직을 제안했는데, 26세의 잭슨은 자신이 맡을 전기 엔지니어 양성 과정은 기존 학과들과 동등한 지위를 보장받는 학과여야만 한다고 주장하며 이를 관철시켜 전기공학과를 개설했다.

이 시기 전기 엔지니어 교육에 대해 잭슨이 품었던 관점은 1894년 두 번째 연례 회합을 가진 공학 교육 진흥회 발표에서 잘 드러난다. 그는 다른 대학들의 전기 엔지니어 양성 과정이 과도하게 교류 현상에 집중한다고 비판하며, 전기 엔지니어의 지식은 어디까지나 정직하고 잘 검증된 기계공학의 원리에 근거해야 한다고 강조했다. 아울러 전력용 발전기와 모터, 전기화학 분야의 일차 전지와 이차 전지, 교류용 변압기와 콘덴서의 3개 분야는 강의와 실습을 통해 그리고 전기 조명, 발전, 전기 철도, 광산 기기, 전신, 전화 등은 주로 강의를 통해 교육하는 것이 바람직하다고 주장했다. 전기 산업의 개별 업종에 대한 강의를 통해 학생들이 전기 산업 전반에 대한 폭넓은 시야를 갖추도록 해야 한다고 보았던 것이다.

위스콘신 대학의 전기공학과는 동부의 MIT, 코넬 대학, 존스 홉킨스 대학에 버금가는 수준으로 성장했다. 1970년대까지도 미국 최초의 전기공학과는 미주리 대학이 아니라 위스콘신 대학에서 개설했다고 알려질 정도로 성공적이었다.

　중서부의 대학들에서 신설한 전기 엔지니어 양성 과정 중에는 그렇지 못한 곳도 있었다. 네브래스카 대학의 전기 및 증기 공학 교수는 1897년 산업 중심지에서 떨어진 부유하지 못한 대학의 처지를 토로했다. 그는 전기 산업이 지난 10여 년간 유례없는 발전을 했고, 이 추세가 지속되고 있기 때문에 대학의 실습 수준을 산업계 최선의 사례(best practice) 수준에 맞추는 것은 가망 없는 일이라고 고백했다. 그에 따르면 최선을 다해 교육해도 발전기 제작, 전기 철도 건설 등등의 세부 내용은 전기공학 교육 과정에서 건드릴 수조차 없었다. 아울러 학부를 갓 졸업한 사람은 엔지니어가 아니며, 공학 교수들은 졸업생이 엔지니어가 될 능력을 지니기를 바랄 뿐이라고 말했다.

　이러한 엔지니어상은 점차 약화하고 있던 '작업장 문화'의 엔지니어상과 유사했다. 그는 4년 교육만으로 온전한 전기 엔지니어 학위를 주는 것은 무책임한 일이므로 자신은 학사 학위를 받은 후 연구와 학습을 더 거치고 실제로 의미 있고 중요한 전기 작업을 계획하고 실행했다는 증명을 제출해야 비로소 전기 엔지니어 학위를 준다고 했다. 아울러 다른 대학들에서도 같은 방식으로 학위를 주고, 공학 교육 과정 입학 요건의 수준을 지속적으로 올리면 엔지니어의 지위를 변호사나 의사 같은 전문직으로 자리매김할 수 있을 것이라고 기대했다.

　반면 잭슨의 전기 엔지니어상은 작업장 문화와 거리가 멀었을뿐더러 계속 멀어져갔다. 잭슨이 보기에 전기 엔지니어는 전기공학 프로젝트를 독립적으로 해내는 사람이 아니라, 일찍이 스프라그와 자신이 했던 것처럼 전기 기업을 맡아서 이끄는 사람이었다. 여러 대학이 활용한 그의 교과서에서 전기화학의 비중은 산업 변화에 맞춰 점차 줄어들었다. 교과 과정에 경제학과 사회과학을 추가한 그는 위스콘신 대학 전기공학과를 마친 학생은 "폭넓고 다양한 성격을 지닌 대규모 산업체를 구상하고 조직하며 이끄는 데 유능할 것"으로 기대된다고 자랑하기에 이르렀다. 잭슨은 전기 기업이 대기업화하는 상황에서 전기 엔지니어와 전기 대기업을 구별할 수는 없다고 보았다.

한편, 1890년대에 이뤄진 전기공학 이론의 수학화는 1900년 이후 전기 엔지니어 양성 방식에 또 다른 분열의 축을 더했다. 수학화를 주도한 사람은 캐나다 출신으로 런던에서 공부한 아서 케넬리(Arthur Kennelly), 브레슬라우 대학과 스위스 취리히 연방공대에서 물리학을 공부한 스타인메츠, 세르비아 출신으로 미국으로 이민 와 컬럼비아 대학을 졸업하고 독일 유학을 한 푸핀이었다. 수학에 조예가 깊은 케넬리는 벡터 다이어그램을 사용하던 당시의 번거로운 교류 회로 분석법을 복소수를 사용해 단순화하는 방안을 〈미국 전기 엔지니어 협회지〉를 통해 제안했다. 망명 이후에야 영어를 배운 스타인메츠는 뉴욕의 소규모 전기 회사에 근무할 때부터 전기 전문가로 주목받았다. 그 회사가 GE에 인수된 다음 해인 1894년에는 뉴욕 주 스키넥터디에 있는 본사의 최고 컨설팅 엔지니어로 승진했다. 여기서 스타인메츠는 GE 본사 엔지니어의 상담역 겸 교사로서 존경을 받았다. 그는 케넬리의 제안을 전기 엔지니어들도 쉽게 사용할 수 있는 방식으로 완성하면서 물리학 이론과 구별되는 독자적인 전기공학 이론의 토대를 닦았다. 푸핀은 전기 신호 증폭 연구에 주력해 장거리 전화를 가능케 한 인물로, 벨 전화회사는 한동안 그의 발명과 자문에 의지했다.

1900년경이면 MIT의 전기 엔지니어 양성 과정에도 변화가 필요하다는 게 분명해졌다. 스타인메츠와 푸핀 덕분에 GE나 벨 전화회사 모두에서 MIT의 중요성은 감소했다. 크로스는 다른 인물의 주도 아래 전기공학과를 신설해 이끌도록 대학 당국에 요청했다. 당시 전기 엔지니어 양성 과정을 담당한 교수 5명, 강사 1명, 조교 6명 중에서 1명을 제외한 11명이 MIT 졸업자였고, 크로스 이외에는 모두가 전기 엔지니어 양성 과정 출신이었다. 1902년 크로스가 사임하고 그의 제자들이 전기공학과 신설 작업을 수행했지만, 이후 5년간 MIT 전기공학과는 표류했다.

당시 미국의 전기 엔지니어 교육 과정은 스타인메츠가 주도한 스키넥터디의 유니언 칼리지와 잭슨이 주도한 위스콘신 대학이 스펙트럼의 양 끝에 있었다. 두 사람은 1900년대 초부터 바람직한 교육 과정 모델을 놓고 미국 전기 엔지니어 협회에서 몇 차례 충돌한 바 있었다. 스타인메츠는 철저한 과학 교육의 바탕 위에 전기공학 교육을 해야 한다고 주장했다. 유니언 칼리지에서는 3학년 때부터 전기공학 교과목을 수강하고 4학년 때 GE 본사의 엔지니어들이 파견 나와 산업체 경험에 기초한 3개 고급 전기공학 교과목을 가르쳤다. 반면 잭슨은 전기 엔지니어에게는 전기공학 바탕 위에 기업 경영을 가르쳐야 한다고 주장했다. 두 모델 모두 산업체와 공과대학을 오가는 교수진이 산업체 내에서 발달한 전기공학을 가르치는 독일식과도 달랐다.

한편 MIT 내에서는 엔지니어 양성에 대해 크게 세 부류의 이상론이 경쟁하고 있었다. 전통적인 견해는 산업 현장에서 실질적인 작업에 종사하는 엔지니어를 양성해야 한다는 것이었다. 이들은 실습을 중시했다. 반면 대체로 젊고 독일 유학 경험을 공유한 교수진들은 두 부류로 나뉘었다. 그들은 중서부 대학들의 성장과 존스 홉킨스 대학을 필두로 한 연구 중심 대학이 MIT의 지위를 위협한다고 여긴 것은 같았지만 그에 대한 처방은 달랐다. 화학과의 물리화학 연구 실험실을 담당한 아서 A. 노이스(Arthur A. Noyes)를 비롯한 집단은 철저한 과학 교육을 강조하는 점까지는 스타인메츠 모델과 같았지만, 여기에 그치지 않고 대학원 수준의 순수과학 연구를 강조했다. 반면 응용화학을 담당한 워커가 주도하던 집단은 엔지니어는 기업체의 중추이므로 대학원에서 산업체의 문제를 해결하는 연구를 수행해야 한다고 주장했다. 마지막으로, 이상론과 관계없이 교수진이 산업체의 추이를 지속적으로 파악해 졸업생의 산업계 진출을 돕는 것을 제일 중시하는 실용주의적 집단이 있었다.

1907년 잭슨이 MIT 전기공학과의 제3대 학과장으로 부임한 것은 엔지니어의 임무를 산업체 경영으로 여기는 세 번째 집단과 실용주의파의 승리였다. 1935년까지 장기 재임한 잭슨의 개혁은 학부 교과 과정을 위스콘신 모델에 따라 고치고, 산업체가 봉착한 문제를 해결하는 연구를 강화하는 것이었다. 전기공학과는 1910년 신설한 대학원 과정에서 첫 번째 박사 학위자를 배출했다. 기업체의 수익성을 분석하는 학부 졸업 논문도 등장하기 시작했다. 여기에 GE와 함께 진행한 산학 협력 교육 프로그램이 결정적으로 MIT 전기공학과의 명성을 끌어올렸다.

3개월 또는 학기 단위로 번갈아 대학 수업과 산업체의 작업 현장(shop floor) 근무를 교대하는 형태의 산학 협력 프로그램은 1906년 신시내티 대학이 처음 실시했다. GE의 인사부 책임자 마그누스 W. 알렉산더(Magnus W. Alexander)는 신시내티 대학의 사례에 주목했다. 당시 GE의 근거지는 뉴욕 주 스키넥터디와 보스턴 인근의 린 두 곳에 있었는데, 린에 소재한 인사 부서와 대형 작업장은 스키넥터디 본사의 스타인메츠와는 다른 성향을 띠고 있었다. 알렉산더는 1907년 학과장으로 부임한 잭슨에게 신시내티 대학의 사례를 모방한, 6개월씩 대학 교육과 공장 실습을 오가는 산학 협력 교육 프로그램을 제안했다.

잭슨은 이 제안을 기업 경영을 중시하는 자신의 비전을 실현할 수 있는 기회로 보았다. 그는 우선 알렉산더가 애초 염두에 두었던 유능한 현장 감독 양성보다는 최고 중역에 어울리는 큰 비전과 섬세한 능력을 갖춘 인력 배출을 목적으로 삼아야 한다고 설득했다. 이러한 제안에 대해 스키넥터디의 본사 경영진은 일단 호의적인 반응을 보였다. 비록 그해의 경기 침체로 실행은 늦춰졌지만, 잭슨에게 완전히 동조한 알렉산더는 새로운 엔지니어 교육 모형의 전도사로 나섰다.

1908년 미국 전기 엔지니어 협회가 알렉산더의 산학 협력 교육 프로그램을 새로운 전기 엔지니어 양성 방안으로 발표하자 청중은 거세게 반발했다. "지금껏 들어본 것 중 가장 사악한 제안"이라는 발언이 나올 정도였다. 이론적 지식을 철저히 익혀야 할 시기의 학생을 작업 현장으로 내모는 것은 엔지니어가 될 준비를 소홀히 하는 것일 뿐만 아니라 직공과 엔지니어의 역할 구별을 무너뜨리는 짓이라는 게 그 이유였다. 사실 신시내티 대학 산학 협력 교육 프로그램의 실상은 그런 우려를 뒷받침했다. 작업 현장의 거친 분위기와 낮은 임금에 실망한 공과대 학생 절반가량이 중도에 교육 프로그램을 포기한 것이다. 반면 참여 업체 측에서는 상대적으로 낮은 임금에 만족하는 공과대학 졸업자를 검증하고 확보할 수 있었다. 미국 남성의 2퍼센트 남짓만이 대학 졸업자인 당시에 이는 큰 이점이었다. 따라서 청중은 알렉산더의 제안을 대기업의 과도한 탐욕으로 여겼다.

이런 비난에 대해 잭슨은 새로 제안한 실습 과정은 직공 훈련 과정과 다른 것이라고 반박했다. 전문직인 의사와 변호사가 교육 과정 도중 병원과 법원에서 실습 교육을 받는 것처럼 전기 엔지니어가 기업 실습을 거치면 전문가로서 지위를 확고히 할 수 있다고 주장했다. 의사와 변호사는 독립된 지위를 지니고 있지만 기업에 고용된 엔지니어는 그렇지 않다는 점을 잭슨은 언급하지 않았다. 또 엔지니어를 위한 고급 실습의 전례도 없었다.

1909년에 위스콘신 대학에서 MIT로 초빙된 윌리엄 위켄덴(William Wickenden)이 알렉산더와 잭슨이 구상한 산학 협력 교육 프로그램을 구체적으로 준비하는 임무를 맡았다. 기약 없이 이어지던 위켄덴의 준비는 제1차 세계대전 참전을 계기로 전기를 맞았다. 엔지니어 부족에 직면한 GE 본사가 1917년 GE-MIT 프로그램 실행을 승인한 것이다. 실행 몇 달 만에 이 프로그램은 유능한 인력을 확보하는 좋은 방안으로 전기 산업계의 주목을 받았지만, 대학생 군사 훈련 의무화 조치 때문에 GE에 파견 나갔던 학생들이 복귀하면서 일단 멈추었다. 이 프로그램의 기획자로 알려진 위켄덴은 1918년 미국 전화전신회사의 엔지니어 인사 책임자로 옮겨갔다.

GE-MIT 프로그램은 1920년에 재개되었다. 전기공학과의 3학년 학생은 석사 학위를 수여하는 3년간의 산학 협력 교육 프로그램을 신청할 수 있었다. GE는 면접을 거쳐 신청자 중 28명을 선발했고, 이들은 6개월의 공장 실습 도중 숙소에서 MIT 교수의 야간 강의를 병행하는 스파르타식 교육을 받았다. 첫 해부터 GE-MIT 프로그램은 전기 산업계에 대단한 성공 사례로 알려졌다. 다음 해에 GE는 선발 인원을 80퍼센트 증원했다. 그런데 GE-MIT 프로그램의 명성은 역설적으로 GE로서는 달갑지 않은 결과를 초래했다. 다른 전기 회사들이 교육 과정 졸업자를 집중적으로 스카우트했기 때문이다. 첫 입학자 28명 중 5명만이 GE에 입사했고, 나머지는 더 좋은 연봉을 제시한 다른 회사를 선택했다.

결국 GE는 GE-MIT 프로그램의 규모를 줄였고, 잭슨은 다른 거대 전기 회사들과 같은 방식의 산학 협력 교육 프로그램을 시행하는 방식으로 이에 대응했다. 이러한 사업을 통해 1920년대 MIT의 전기공학과는 전기 산업의 미래 중역을 배출하는 최고의 교육 과정으로 인식되었으며, MIT의 전기공학과 교육 과정은 다른 전기공학과에서도 본받아야 하는 프로그램으로 자리를 잡았다.

1920년대는 잭슨이 강조한 "기업체의 문제를 해결하기 위한 연구"가 혁신적 성과를 낳은 시기이기도 했다. 당시 미국의 송배전망은 발전 회사들의 통합으로 계속 광역화하고 있었다. 광역 송배전망을 효과적으로 운용하기 위해서는 복잡한 연립미분방정식을 푸는 것이 필수적이었다. 잭슨의 제자인 배너바 부시(Vannevar Bush)가 이런 계산을 자동 수행하는 전기 기계인 미분 분석기(Differential Analyser)를 개발했다. 이는 전력 산업의 효율과 전력업체의 수익성을 개선하는 데 중요한 기여를 했다.

강력한 지도력을 발휘한 잭슨의 과도한 영향은 종종 비판의 대상이

되었다. 위켄덴은 카네기 재단의 요청으로 미국 전화전신회사에서 휴직하고, 1923년부터 6년에 걸쳐 미국 공학 교육에 대해 광범위한 조사를 수행했다. 이 조사에서 일찍이 스타인메츠가 잭슨을 비판한 것과 같은 지적이 되풀이되었다. 20년 전과 달라진 것은 기초과학에 대한 강조가 산업계에서 비롯되었다는 점이다. GE와 미국 전화전신회사는 MIT 이사회를 통해 1920년대 말부터 철저한 기초과학 훈련에 바탕을 둔 고급 연구 개발자 양성이 중요하다는 의사를 전달했다. 전기 산업이 발달했기 때문에 필요한 인력의 성격도 달라졌다는 것이었다. 대기업들의 이러한 변화는 대공황기를 맞이해 MIT를 연구 중심 대학으로 변화시키려는 새 총장 칼 컴프턴(Karl Compton)의 계획에 힘을 실어주었다. 또한 잭슨의 제자들도 때로는 그를 경원시했다. 부시는 스스로 잭슨에게 심오한 영향을 받았다고 거듭 고마움을 표했지만, 은근히 잭슨의 기업 경영 중시 성향을 비판했다. 부시가 맡은 전기공학 입문 강좌의 일부를 잭슨이 강의했는데, 부시는 잭슨에게 배운 학생들이 "전력회사와 경영에 대해서는 아주 많이 배우고 있지만, 전기 회로에 대해서는 개뿔만큼도 배우지 못했다"고 불평한다고 전하기도 했다.

이러한 반발에도 불구하고 대기업의 이익과 전기 엔지니어의 이익을 동일한 것으로 여기는 잭슨의 신념은 MIT 전기공학과에 깊은 뿌리를 내렸다. 뉴딜 시기 '테네시 강 유역 개발공사(TVA)'가 전력 판매를 시작하면서 그때까지 민간 발전 회사가 전력을 비싸게 판매해왔다는 사실이 드러났다. 이에 민간 발전 회사들은 연방 정부 산하 조직이 전력을 판매할 자격이 없다고 주장했고, 복잡한 소송전이 거듭되었다. 이때 잭슨뿐만 아니라 다른 MIT 전기공학과의 교수들은 프랭클린 루

스벨트 행정부가 '테네시 강 유역 개발공사'에 제공하는 유무형의 보조까지 감안하면 민간 발전 회사의 전력이 오히려 더 저렴하다고 강의할 정도였다. (이 소송전은 결국 테네시 강 유역 개발공사의 승리로 끝났다.)

3.2 미국식 화학공학을 발명하다

3.2.1 초기의 화학 엔지니어 양성 과정

1888년 MIT의 유기 및 산업 화학 교수이던 루이스 M. 노턴(Lewis M. Norton)은 그 전해에 영국의 데이비스가 맨체스터 기술학교에서 행한 강연의 영향을 받아 미국 최초의 화학 엔지니어 양성 교육 과정을 개설했다. 당시의 MIT 체제로는 학생이 선택할 수 있는 열 번째 전공 분야(Course X)로 신설한 것이었다. 화학 전공 졸업자는 학사 학위를 받고, 화학공학 전공자는 화학 엔지니어 학위를 받았다. 이후 1905년까지 미국 각지의 대학은 화학 엔지니어 교과 과정을 개설했다(〈표 3〉 참조).

이러한 초기 화학 엔지니어 교육 과정이 화학 교육 과정과 실질적으로 얼마나 차별성을 지녔는지는 판단하기 힘들다. 당시 MIT의 학사 편람에 따르면, 화학 전공은 "화학 원리에 기초한 제조업체의 실제 직무에 종사하도록" 학생들을 준비시켜주는 것이었던 반면, 신설한 화학공학 전공은 "기계공학 분야의 일반적 훈련에 더해 실무(in art)에서 화학 응용에 대한 충실한 지식을 원하는" 학생들을 위해 개설한 것이었다. 편람의 설명만으로는 화학공학 전공은 기계공학에 일부 화학 교과목을 추가한 것으로 보이지만, 실제로는 약간 달랐다. 일단 화학공학 전공은 화학과가 주관했고, 산업화학은 화학과에서도 중요한 교과목

표 3 화학공학 교육 과정을 개설한 미국 주요 대학[2]

대학명	개설 연도	주관 학과	1925년 인증 참여
MIT*	1888	화학과	인증
펜실베이니아 대학	1892	화학과	
툴레인 대학	1894	화학 및 화학공학과	인증
아무어 대학	1894	화학과	인증
캔자스 대학	1895	화학공학과	
미시간 대학	1898	화학과	인증
터프츠 대학	1898	화학과	
일리노이 대학*	1901	화학과	
오하이오 대학	1903	화학과	인증
클락슨 칼리지	1904	화학과	
워싱턴 대학	1904	화학과	
위스콘신 대학*	1905	화학공학과	인증
카네기 공대	1905	화학공학과	인증
컬럼비아 대학	1905	화학과	인증
아이오아 대학	1905	화학과	인증

＊토지 공여 대학.
출처: Olaf Hougen & Robert Bird, *100 Years of Chemical Engineering at the University of Wisconsin*, (University of Wisconsin Press, 2005), p. 34.

이었다. 게다가 화학공학 전공자가 취업할 곳으로 선전한 염색소, 표백소, 유류 정제소, 설탕 정제소, 제지 공장, 비료, 비누, 중화학 제품 제조 공장 등은 화학 전공 졸업자의 주요 진출 대상이기도 했다. 또 화학 엔지니어 학위자가 화학 산업체에만 진출하는 것도 아니었다. 1891년 MIT 화학 엔지니어 과정이 첫 졸업생 7명을 배출했을 때, 최우등 졸업자인 윌리엄 P. 브라이언트(William P. Bryant)는 보스턴 지역의 보험 회사

에 취직하고 은퇴할 때까지 계속 근무했다.[3]

1895년 공학 교육 진흥회(Engineering Council) 모임에서 툴레인 대학의 화학공학 교육 과정에 대한 발표가 있었다. 이에 따르면 툴레인 대학의 화학공학 교육 과정은 일반적인 화학 교육 과정에 산업화학의 비중을 높이고 수학과 계산 훈련을 강화한 것이었다. 발표 후 이어진 토론 시간에 펜실베이니아 대학의 사례도 함께 논의했는데, 툴레인 대학의 경우와 별 차이가 없었다. 참석자들은 논의한 교육 과정을 신설하는 것이 사회적 요구에 부응하는 시대적 흐름이라는 데 동의했다. 흥미로운 점은 이들이 화학 엔지니어 교육과 화학자 교육을 서로 단절된 것으로 보지 않고, 강조점만 다른 것으로 여겼다는 점이다. 이는 화학이 전통적으로 가장 실생활과 밀접하고 널리 응용하는 자연과학 분야라는 점에 더해 실제적인 유용성을 과학의 중요한 특성으로 여기던 미국적 통념이 결합한 결과로 해석할 수 있다.

때로는 실용성이 학교 사정에 따른 교과 과정 개편의 주요 잣대이기도 했다. 위스콘신 대학의 화학공학과는 전기공학과에서 분리해 나왔다. 1900년대 초 잭슨은 전기 산업과 전기 기업 경영에서 전기화학의 비중이 계속 줄어드는 추세를 감안해 전기화학 교과목을 전기공학과에서 분리하기로 했다. 그 결과 잭슨의 제자로 전기화학을 담당하던 찰스 F. 버지스(Charles F. Burgess)가 화학과의 지원을 받아 화학공학과를 신설했는데, 당시의 교육 과정은 배터리를 비롯한 화학과 전기공학의 공통 영역이 중심이었다.

이렇듯 화학공학의 정체성은 모호했지만, 대학 당국 입장에서 화학공학 교육 과정은 성공적이었다. MIT의 경우 1893년 노턴이 요절하고 프랭크 H. 소프(Frank H. Thorpe)가 그 뒤를 이었다. 소프는 1898년 《산업화학 개요(Outlines of Industrial Chemistry)》를 출판했는데 화학을 산업에 응용하는 것이 곧 화학공학이라고 보는 입장에서는 오늘날에도 이 책을 '화학공학의 첫 번째 교과서'로 간주한다. 1890년대에는 화학 학사의 절반 정도를 배출하던 화학 엔지니어 학위자 수가 꾸준히 증가했다. 1907년에는 화학 엔지니어 14명, 화학 학사 10명이 졸업했다. 그리고 1908년 화학 엔지니어 15명, 화학 학사 16명이 졸업한 이후 1909년부터는 학사 졸업자 기준으로 화학 엔지니어 학위 졸업자 수가 화학 학사 학위 졸업자 수보다 언제나 많았다. 1906년 화학과 내에 화학공학 과정을 개설한 퍼듀 대학의 경우는 1909년 4학년 1명, 3학년 2명, 2학년 19명, 1학년 29명이 화학공학 과정에 등록했다. 이 과정은 1911년 화학공학과로 독립했다.

이렇듯 일부 공과대학에서 화학 엔지니어 학위의 인기가 높아졌지만, 2장에서 살펴보았듯 1900년대 미국 화학계와 산업 현장에서는 '화학 엔지니어'보다 '기술 화학자', '산업 화학자'라는 호칭이 더 널리 쓰였고, 화학 엔지니어가 어떤 존재인지조차 불분명했다. 바로 이 시기에 결성한 미국 화학 엔지니어 협회도 제1차 세계대전이 끝날 때까지 화학 엔지니어의 정체성을 확립하지 못했다.

3.2.2 리틀과 MIT

미국만의 독특한 화학공학이 자리 잡는 데는 MIT 출신인 리틀이 당시 미국 북동부의 산업계와 맺은 특이한 관계가 큰 역할을 했다. 그는 화학 엔지니어 학위 과정을 신설하기 직전인 1885년 MIT에서 교육을 마치고 갓 문을 연 리치몬드 제지회사에 취직해 미국 화학회 창립 회원인 로저 그리핀(Roge Griffin) 밑에서 화학자로 일했다. 2년 후 그리핀과 리틀은 보스턴 시내에서 그리핀 & 리틀사를 설립했다. 이 회사는 장기적인 연구 개발 업무를 수임하기 위해 노력했지만 수임한 업무 대부분은 보스턴 인근의 무역업자와 제조업자가 의뢰한 분석 및 인증 업무였다. 초창기 회사 운영은 주로 제지업계에서 의뢰한 업무에 의지했다.

1893년을 기점으로 리틀은 모교와 더욱 밀접한 관계를 맺었다. 그리핀이 실험 중 폭발 사고로 사망한 이후 모교의 화학과와 깊은 인연을 맺기 시작한 것이다. 소프의 요청으로 외부 강사로서 제지 관련 강좌를 1916년까지 계속 맡았고, 야간에는 회사가 수임한 실험을 화학과 실험실에서 수행하는 일도 잦았다. 다음 해에 분석화학 담당으로 MIT 화학과에 부임한 워커와는 평생에 걸친 동반자 관계를 맺었다. 두 사람은 1901년부터 1905년 사이에는 리틀 & 워커사를 공동 창업하기도 했다. MIT 화학과 근처에 위치한 리틀의 ADL사는 1908년경 전문 인력 11명의 규모로 성장했는데, 그리핀의 아들을 제외한 모두가 MIT 졸업생이었다.

ADL은 의뢰받은 기술 개발 및 분석 업무를 수행했다는 점에서 스스로 생산 회사를 차리던 당시의 경향과 달랐다. 일상적인 소소한 분석 및 인증 업무를 제외하면 초기의 주요 고객은 제지 산업이었지만, 곧 목재 섬유와 관련한 분야로 업무 영역을 확장했다. 그들의 자문 덕분에 미국의 인조견 산업은 기술적 난제를 해결하고 출범할 수 있었다. 아울러 이러한 성과는 조지 이스트먼(George Eastman)의 의뢰로 연결되었다. 당시 이스트먼은 유리 건판 대신 셀룰로오스 필름을 사용하는 아이디어를 실제 필름의 대량 생산으로 발전시키는 데 어려움을 겪고 있었다. ADL은 이스트먼 코닥사의 의뢰를 받아 셀룰로오스 아세테이트 필름을 개발함으로써 필름식 카메라 실용화에 큰 기여를 했다.

이런 인연으로 리틀은 이스트먼이 여러 차례 MIT에 기부한 자금의 중개 역할을 했고, MIT 법인의 주요 인사로 장기간 활동했다. 이스트먼의 기부 덕분에 MIT는 1900년대 중반 하버드 대학의 마지막 흡수 시도를 극복하고, 1915년 새로운 캠퍼스로 확장·이전할 수 있었다.

보스턴 지역의 사업가들에게 ADL은 유럽에서 도입한 크롬 무두질 기술을 미국에서도 산업적 규모로 시행할 수 있도록 한 해결사로 높은 명성을 누렸다. 즉 리틀의 회사는 마치 19세기 전반의 기계 제작자들이 여러 공장의 기술적 난제를 해결해주었듯 당시 미국 화학 산업체가 겪는 문제—상당수는 유럽에서 도입한 원천 기술을 미국에서 안정적으로 시행하려 할 때 발생하는 문제—를 해결하는 존재로서, 마치 한 사람의 변호사가 여러 의뢰인으로부터 사건을 수임하듯 여러 산업 분야에 걸쳐 화학과 관련한 문제를 해결해나갔다. 이에 따라 1910년경 리틀은 화학계와 산업계의 주요 인사로 떠올랐다.

리틀의 성공은 그의 동반자인 워커가 MIT 화학과 내에서 영향력을 높여가던 것과 동전의 양면이었다. 1908년 워커는 리틀의 도움을 받아 응용화학 연구 실험실을 창설했다. 당시 MIT의 연구 실험실은 학과와 독립적으로 운영하면서 대학원 전공의 교육과 훈련도 담당하는 조직이었다. 워커의 응용화학 연구 실험실은 산업체의 문제를 해결해주는 응용 연구를 수임해 예산의 상당 부분을 충당했다. 때로 응용화학 연구 실험실과 ADL은 들어온 의뢰를 서로에게 소개해주기도 했다. 이 무렵 리틀과 워커는 올슨과 맥케나가 주도한 미국 화학 엔지니어 협회에 참여하지 않고 미국 화학회의 산업 및 응용 화학 분과의 주요 인사로 참여하기로 결정했다.

1912년 마침내 화학 엔지니어 교육 과정의 책임자가 된 워커는 운영상 많은 부분을 루이스에게 위임했다. 일찍이 워커는 MIT의 기계공학 과정에 등록한 루이스를 화학 엔지니어 교육 과정으로 옮기도록 직접 설득했고, 졸업 후에는 독일 유학을 주선했다. 귀국 후 1910년 루이스를 공업화학 조교수로 끌어온 사람도 워커였다.

새로 화학 엔지니어 교육 과정을 맡은 워커와 루이스는 리틀의 자문을 받으며 기존의 교재 대신 강의 노트를 작성해 교재로 사용하기 시작했다. 1912년부터 구성하기 시작한 이 노트는 리틀이 저술한 제지화학 교과서나 데이비스의 《화학공학 편람》과 유사했지만, 열역학을 도입하는 등 계산과 정량화를 강조했다. 대학원생들이 필사해 회람하던 이 노트의 분량은 점점 늘어났다. 1920년 여름에는 워커의 별장에서 워커와 루이스를 비롯한 강사와 대학원생이 합숙하며 노트를 정리해 1923년 《화학공학의 원리(The Principle of Chemical Engineering)》라는 제목으로 출판했다. 화학공학을 '단위 조작' 개념을 기초로 구성된 독자적 분과 학문이라고 여기는 측에서는 이 책을 최초의 화학공학 교과서로 간주한다(〈표 4〉 참조).

리틀의 '단위 조작' 개념은 1915년 화학과 외부자문위원회 위원장 자격으로 MIT의 리처드 C. 매클로린(Richard C. Maclaurin) 총장에게 제출한 보고서에서 처음 등장했다. 리틀은 모든 화학 공정은 분리 · 결정화 · 건조 · 염색 등등 '단위 조작'이라고 부를 수 있는 것의 연쇄로 분

표 4 《산업화학 개요》(1898년)와 《화학공학의 원리》(1923년) 차례 비교

《산업화학 개요》 차례		《화학공학의 원리》 차례
1부 무기 산업	황산 화합물	서론
소개	청산 화합물	1. 화학양론의 요소들
연료	이황화탄소	2. 유체 박막
물	삼염화탄소	3. 유체의 흐름
황	망산염과 과망산염	4. 열의 흐름
황산	**2부 유기 산업**	5. 열과 동력
소금	목재의 파괴적 증류	6. 연소
과염소산과 황산나트륨	골재의 파괴적 증류	7. 반응로와 가마
탄산소다 산업	조명용 가스	8. 기체 발생기
염소 산업	콜타르	9. 분쇄와 연마
질산	석유	10. 기계적 분리
암모니아	식물과 동물의 유지와 왁스	11. 여과
탄산칼륨 산업	비누	12. 기화 과정의 기본 원리
비료들	양초	13. 증발
석회, 시멘트와 석고	글리세린	14. 습도와 건습구 온도 측정법
유리	에센셜 오일	15. 가습기, 습기 제거기 및
세라믹	수지와 고무	수냉식 냉각기
안료	녹말, 당 그리고 포도당	16. 건조
요드	사탕수수 설탕	17. 증류
인산염	발효 산업	
붕산염	화약	
비소 화합물	섬유 산업	
규산소다	종이	
과산화 화합물	가죽	
산소	접착제	

소프의 《산업화학 개요》는 산업계에서 많이 사용하는 화합물과 개별 산업을 구별하지 않고 같은 수준에서 각각의 짤막한 장을 할애한 반면, 워커의 《화학공학의 원리》는 철저히 생산에 필요한 기계적 조작의 물리화학적 특성에 집중했다. 《산업화학 개요》의 첫 3장, 즉 '소개', '연료', '물'에서 39쪽에 걸쳐 정성적으로 소개한 내용은 637쪽에 이르는 《화학공학의 원리》 전권에 상응한다. 《화학공학의 원리》는 각 단위 조작별로 물리화학적 기본 이론과 때로는 미분방정식을 포함하는 계산법부터 사용 장비의 용도와 정량적 특성까지 포괄했다.

해할 수 있으며, 화학공학의 복잡성은 이러한 단위 조작을 수행하는 온도와 압력 등의 조건 및 반응 물질의 물리화학적 성질에 따라 결정

되는 기구의 특성에서 나온다고 주장했다.

이 보고서의 목적은 대학원 과정으로 화학공학 실습 과정을 MIT 내에 설치하기 위함이었다. 1917년 일단 화학공학 실습학교(School of Chemical Engineering Practice)로 개설한 이 과정은 외견상 잭슨의 GE-MIT 프로그램과 유사했다. 개설 후 학생 군사 훈련 문제로 중지한 후 1920년 재개설한 것도 동일하다.

하지만 중요한 차이점도 있었다. 잭슨의 산학 협력 교육 프로그램은 거대 기업인 GE에 의존해 출범했다. 실습 과정에 전기공학과 교수진이 직접 개입할 여지는 좁았다. 필요 경비도 GE에 의지했다. 잭슨은 여러 차례에 걸친 협의에도 불구하고 7000달러 수준의 예산만 배정받을 수 있었다. 하지만 이마저도 GE가 우수한 인력의 유출에 실망한 이후에는 줄어들었다.

반면 워커가 학장을 맡은 화학공학 실습학교는 처음부터 GE보다 규모가 작은 복수의 회사를 대상으로 출범했다. 메인 주 뱅고어(Bangor) 인근에 있는 동부제조회사(필기지 및 황산 처리 펄프 제조)와 페놉스코트 화학섬유 제조회사(탄산나트륨 및 황산 처리 펄프 제조), 보스턴 인근에 있는 메리멕 화학회사의 사우스월밍턴 공장(중화학 제품 생산)과 리버리 설탕 정제회사 그리고 뉴욕 주 버펄로 인근에 있는 베들레헴 제철회사의 라카와나 공장이 여기에 참여했다.[4] 36명으로 한정된 참가 학생은 산업체에 실습생으로 파견된 것이 아니라 공장을 실습장으로 사용했다. 이들은 3개 도시의 현장에서 지도 교수와 동행하며 2개월씩 실습을 했는데, 참여 회사의 직원들은 지도 교수의 지시를 작업에 반영해야 했고, 때로는 학생들에게 보여주기 위해 생산 설비를 멈추기도 했다. 실습 과정 이후에는 6개월간 MIT에서 비공개 강의를 수강했는데,《화학공학의 원리》원고는 이 강의를 위해 정리한 것이었다. 이렇게 1년간의 학습을 마치면 화학공학 석사 학위를 수여했다.

화학공학 실습학교가 참가 산업체에 강력한 영향력을 행사할 수 있었던 원인으로는 일단 여러 업종에 걸친, 상대적으로 소규모인 산업체들이 참가한 데 있다. 이는 소수의 거대 기업이 지배하는 미국 전기 산업과 엄청난 다수의 기업이 병존하는 미국 화학 산업의 차이를 반영한 것이기도 하다. 또한 워커와 리틀이 산업 문제 해결사로서 쌓아온 실적과 명성도 큰 역할을 했다. 참여 업체 다수는 리틀이나 워커 덕분에 성공적으로 문제를 해결한 경험을 가진 회사들이었다. 하지만 무엇보다도 준비된 자금의 규모가 달랐다. 1916년 리틀은 또다시 이스트먼을 설득해 화학공학 실습학교 준비 자금으로 30만 달러를 기부받았다.

1920년 화학공학 실습학교 재개와 함께 화학공학과가 독립해 루이스가 초대 학과장을 맡았다. 학부 수준에서도 화학공학 실습학교에 참가할 수 있도록 해달라는 요청이 넘쳐나자 1921년에는 6개월로 단축한 학부생용 화학공학 실습학교 프로그램도 신설했다. 루이스는 대학원의 화학공학 연구 참여 자격을 석사 수준으로 끌어올렸고, 1924년에는 첫 번째 화학공학 박사를 배출했다. 이러한 성과는 MIT의 화학공학과를 비슷한 교육 과정 중에서 가장 선도적인 학과로 널리 알려지게끔 만들었다. 여기에 미국 화학공학 엔지니어 협회가 겪고 있던 난관이 화학공학과 화학 엔지니어의 정체성을 단위 조작 개념을 중심으로 급속도로 정립하게끔 했다.

3.2.3 미국 화학 엔지니어 협회와 단위 조작

1912년경부터 휴지기에 들어간 미국 화학 엔지니어 협회 교육위원회가 다시 협회 내 관심의 초점으로 부상한 것은 1918년 발표된 이른바 만 (Mann) 보고서 때문이었다. 만의 보고서는 잭슨이 회장 자격으로 1907년 공학 교육 진흥 협회 총회에 제출한 결의안에서 비롯되었다. 그는 공학 교육 전반에 대한 조사 사업을 제안했고, 공학 교육 진흥 협회는 이에 따라 미국 토목 엔지니어 협회, 미국 기계 엔지니어 협회, 미국 전기 엔지니어 협회 그리고 미국 화학회와 함께 공학 교육 합동위원회(Joint Committee on Engineering Education)를 결성해 조사 작업에 착수했다. 초기 비용은 미국 토목 엔지니어 협회가 일단 부담했는데, 조사 작업의 규모가 예상보다 크다는 점이 밝혀지면서 1911년 합동위원회는 카네기 재단에 지원을 요청했다. 카네기 재단은 시카고 대학의 광학 교수 찰스 만을 책임자로 임명하는 조건으로 모든 비용을 감당하기로 했다. 카네기 재단은 만이 베를린 유학을 통해 독일의 기술 교육에 대해 잘 알고, 당시 미국의 '삶을 위한 교육 운동'에 열성적으로 참가한다는 점을 높이 샀다.

제1차 세계대전은 미국 화학 엔지니어 협회가 만의 연구에 간접적으로 참여할 수 있는 계기가 되었다. 1914년 공학 교육 합동위원회와의 연락 업무를 담당하게 된 미국 화학 엔지니어 협회 교육위원회는 초기 4년간 축적한 자료를 합동위원회에 전달했다. 하지만 만이 미국 전쟁부의 교육 프로그램에 깊이 개입하면서 연구 진행이 늦어졌다. 동시에 전쟁에 등장한 각종 신무기, 특히 독가스는 유럽에 비해 미국의 공학, 특히 화학공학이 낙후했다는 인식을 강화시켰다.

1918년 말 〈카네기 재단 회람(Bulletin)〉 11호에 126개 공학 교육 기관을 조사한 만의 보고서가 실렸다. 미국 화학 엔지니어 협회는 올슨을 통해 열람을 원하는 회원들에게 보고서를 배포할 수 있도록 조치했다. 회원들은 만 보고서의 목차 정도는 교육위원회의 보고를 통해 사전에 알고 있었다. 하지만 정작 보고서를 받아본 이후에는 만 보고서에 대한 반대 운동에 격렬하게 앞장섰다.

　미국 화학 엔지니어 협회가 반대한 이유는 만 보고서의 핵심 권고 사항이 서로 모순적이며 실현 불가능하다는 것이었다. 이상적인 엔지니어에게 필요한 것들을 조사한 만 보고서는 엔지니어가 폭넓은 과학적 기초를 쌓는 동시에 졸업 직후 바로 산업체에서 활동할 수 있어야 한다고 결론 내렸다. 이는 해석하기에 따라서는 스타인메츠 모델과 잭슨의 위스콘신 모델을 동시에 달성해야 한다는 주장으로 풀이할 수 있었다. 그러면서도 만은 당시 미국 공과대학 입학생의 40퍼센트에 못 미치는 학생만이 제때에 졸업한다고 지적하며 공과대학이 너무 많은 학습량을 강제하는 것도 문제이니만큼 학기당 기준 시수(時數)를 16시간으로 할 것을 권장했다.

　미국 화학 엔지니어 협회 회원들은 주당 16시간은 당시 관행적으로 실시하던 수업 시간보다 적을뿐더러 기존 관행대로 수업 시수를 요구하더라도 만이 요청한 두 가지 목표를 달성하는 것은 불가능하다고 주장했다. 특히 첫 2년 동안 '공학과학'의 기본 원리를 이론과 실천 양면에서 숙달하는 것은 고등학교 졸업자에게 '영웅적'인 임무일뿐더러 전문화 단계인 나머지 2년 동안 추상적인 과학(이온 이론, 미분방정식, 복소변수 파동방정식, 전자기 이론)과 모든 종류의 설계를 익히는 것은 절대로 불가능하다고 지적했다. 또한 만의 보고서는 그들이 느끼는 산업계의 요구와도 동떨어져 있었다. 토론 과정에서 올슨은 개별 산업체에 필요한 실용적 훈련은 산업체에 맡길 수 있으며 또 그래야만 하므로 화학 엔지니어 교육 과정에 포함할 필요가 없다고 주장하기까지 했다.

만 보고서는 미국 화학 엔지니어 협회에 복합적인 문제를 던졌다. 이 보고서의 권고 사항은 카네기 재단과 주요 엔지니어 단체들이 협력해 준비했기에 미국의 공학 교육에 변화를 가져올 것으로 예상되었다. 실제로 만의 제안 중에서 공과대학 입학 심사에 균질성이 좀더 필요하다는 내용—22년 전 공학교육진흥협의회 모임에서 이미 나왔던 제안—은 1920년대에 걸쳐 상당히 실현되었다. 그런데 미국 화학 엔지니어 협회는 공학 교육 합동위원회의 정식 구성원이 아니었다. 게다가 협회보다 영향력이 강한 미국 화학회가 주요 참가 단체였다. 즉 만 보고서의 권고 사항을 실현하면 미국 화학 엔지니어 협회는 존립 근거를 상당히 잃게 될 터였다.

바로 이 시점에서 리틀은 미국 화학 엔지니어 협회가 곤경에서 빠져나올 기회를 제공했다. 1912~1913년 미국 화학회 회장을 지낸 리틀은 1915년 뒤늦게 미국 화학 엔지니어 협회에 가입했다. 전쟁 기간 동안 리틀의 협회 활동은 전쟁 연구로 인해 저조했다. 그는 전쟁부의 의뢰를 받아 실용적인 방독면을 개발해 화학의 대가로서 대중에게까지 유명세를 떨쳤다. 1919년 리틀은 미국 화학 엔지니어 협회 회장으로 선출되었는데, 회장 취임 연설에서 단위 조작 개념이 화학 산업 전반에 걸쳐 화학 엔지니어의 작업에 공통적인 개념 틀을 제공할 것이라고 주장했다. 그해 말 리틀은 직접 교육위원회 위원장직을 맡아 회장직을 퇴임한 이후인 1922년까지 계속 위원장으로 활동했다. 아울러 1920년 대에는 워커와 루이스를 미국 화학 엔지니어 협회 활동에 끌어들였다.

교육위원장으로서 리틀은 자신이 직접 열정적으로 활동했을 뿐만 아니라, ADL의 인력도 서슴지 않고 동원했다. 1921~1922년에 걸쳐 '화학공학'이란 명칭이 붙은 교육 과정(학위 과정과 개별 강좌)을 제공하는 78개교의 커리큘럼을 상세히 조사·분석했는데, 이때 조사 서류의 발송과 접수 그리고 기초 분석 업무를 모두 ADL의 인력들이 진행했다.

1922년 6월 미국 화학 엔지니어 협회 총회를 앞두고 보고서 초안을 회람한 리틀은 여기서 화학공학을 다음과 같이 정의했다.

화학공학은 과학으로서 그리고 그 이름을 가진 교육 과정에 포함되는 다수의 과목과 구별되는 것으로서 화학, 기계공학 그리고 토목공학의 복합물이 아니며 그 자체로 하나의 과학이고, 그것의 기초는 …… 단위 조작 …… 이다.

회원들은 리틀보다 한 걸음 더 나아갔다. 토론을 거쳐 위 문장에서 "과학으로서"를 삭제하고, "그 자체로 하나의 과학이고"를 "'그 자체로 공학의 한 분야이고"로 수정해 보고서를 통과시켰다. 이러한 수정은 과학 대신 공학을 강조함으로써 화학공학과 화학, 나아가 미국 화학 엔지니어 협회와 미국 화학회의 차별성을 강조하는 효과가 있었다.

이후 확대 개편한 교육위원회가 화학공학 교육 기관이 리틀 보고서를 수용하도록 설득하는 임무를 맡았다. 리틀은 1920년대 말까지 교육위원회 위원으로 열정적으로 활동하면서 ADL의 인력을 지원했다.

1925년 교육위원회는 리틀 보고서의 권고를 수용한 14개 대학의 화학 엔지니어 교육 과정을 인증했다. 모든 공학 분야를 통틀어 화학공학 분야에서 세계 최초로 엔지니어 교육 과정 인증 프로그램이 시행된 것이다. 여기에는 1905년 이전 화학 엔지니어 교육 과정을 개설한 주요 대학 중에서 펜실베이니아 대학 등이 빠졌지만, 올슨이 재직하던 브루클린 폴리테크닉 대학이나 미네소타 대학 그리고 렌슬러 공과대학이 참여했다. 물론 MIT도 당연히 인증을 받았다. 이로써 인증에 참여한 대학은 당시 화학 엔지니어 교육에서 가장 현저한 성과를 내던 MIT와 같은 요건을 만족하는 교육 과정을 제공한다고 주장할 수 있었다.

1926년 3월 26일 미국 화학 엔지니어 협회는 컬럼비아 대학에서 화학공학 교육 관계자들이 폭넓게 참석한 화학공학교육회의(Conference on Chemical Engineering Education)를 개최했다. 컬럼비아 대학은 일찍이 미국 화학 엔지니어 협회 창설에 반대한 보거트가 재직한 곳이었다. 이 회의는 단위 조작 개념에 기초한 인증 프로그램의 성과를 소개하는 자리였는데, 이때 리틀은 "화학공학: 무엇이고 무엇이 아닌가"라는 도발적인 제목의 강연으로 회의를 시작했다. 리틀의 발표 직후, 일리노이 대학의 한 응용화학과 교수가 리틀이 말한 화학 엔지니어는 도대체 누구의 관점에서 본 화학 엔지니어인가라는 질문을 던졌다. 요컨대 화학 엔지니어 입장에서 리틀의 정의는 그럴듯할지라도 다른 분야의 엔지니어들이 과연 동의하겠는가? 또한 그들의 동의 없이 과연 엔지니어로 활동하고 대접받을 수 있겠는가라는 질문이었다. 쉽게 말하면 화학자가 아니라 엔지니어로서 스스로를 자리매김한다 해도 그것을 사회적으로 인정받을 수 있는가라는 의문이었다. 이러한 문제 제기 이후,

개별 교과목의 명칭과 배분 시수, 화학공학 과정 입학 자격 요건, 교수진의 자격, 필요한 실험실의 기준 그리고 마지막으로 각 대학 내에서 화학공학과가 화학과에 부수 과정으로 있는 것과 공대의 독립 학과로 있는 것 중 어느 쪽이 바람직한지에 대한 발표가 계속 이어졌다. 모든 발표와 토론이 끝난 후 리틀에게 질문을 던졌던 교수는 다시 일어나 자신은 교육위원회의 구성에 반대하지 않는다고 천명했다. 적어도 이날 회의 참석자 중에서 공식적인 반대는 사라졌다. 이로써 미국에서는 화학자도, 기계 엔지니어도, 토목 엔지니어도 아니면서 화학 공장의 설계 및 운영과 관련한 화학, 기계공학, 토목공학에 모두 능통한 화학 엔지니어의 '화학공학'이 출범했다.

교육 인증 프로그램은 1931년 18개교가 화학 엔지니어 학사 학위 과정 인증을 완료할 정도로 성공적이었다. 사실 이러한 성공은 협회 창립 회원들에게 달갑기만 한 것은 아니었다. 젊은 개혁파들은 회원 자격 요건을 "화학에 능통한"에서 "화학공학에 능통한"으로 변경하려 했다. 이들에게 화학공학은 단위 조작 개념이 핵심이었다. 엘리트 화학자 출신인 원로 회원들은 이에 반대했다. 협회가 20여 년간 노력한 끝에 화학 엔지니어를 구분하는 기준을 분명히 한 것은 환영할 일이지만, 군이 "화학에 능통한"을 삭제할 필요는 없다는 의견이었다. 리틀은 주저한 반면, 올슨은 우려했다. 그럼에도 개혁파는 1930년 투표에서 박빙의 승리를 거두었다. 다음 해부터는 인증 업무가 교육위원회 차원을 떠나 미국 화학 엔지니어 협회의 정규 업무로 정착해 협회는 인증 절차와 요건, 용어의 정의 등을 공식 문건으로 발간했다. 이로써 다른 나라에는 없는 화학 엔지니어와 화학공학의 독특한 개념이 미국에서 처음으로 등장하고 자리를 잡았다.

19세기 말 MIT는 미국의 주요 공과대학이기는 했지만 미국을 대표하는 공과대학으로서 명성을 누리지는 못했다. 오래된 렌슬러 공과대학이나 스티븐스 공과대학도 있었고, 코넬 대학교의 시블리 공과대학이나 컬럼비아 대학의 광산학교 등도 MIT 못지않은 주요 공과대학이었다. 또한 위스콘신 대학을 비롯한 중서부의 대학교들이 공학 교육 부분에서도 빠르게 성장했다. 하지만 대공황 직전 미국에서 가장 우수한 공과대학으로서 MIT의 위상은 누구도 의심하지 않았다. 이러한 변화는 신산업인 전기 산업과 화학 산업에서 MIT가 공학 교육의 발달을 이끌었기 때문이다.

전기공학과 화학공학은 그 특성상 기계공학과 토목공학에 비해 과학과 밀접한 관계를 맺고 있다. 문제는 과학과 관계를 맺는 것 자체가 아니라 어떠한 성격의 과학과 관계를 맺는지에 달렸다. 그리고 이는 엔지니어 교육 과정, 나아가 엔지니어의 정체성과 필연적으로 연결된다. 스타인메츠 모델과 잭슨 모델의 차이도 이 문제에서 비롯되었다고 풀이할 수 있다. 철저한 기초과학 훈련을 강조한 스타인메츠는 전기 산업 현장에서 나타나는 전기 현상에 대한 이해와 문제 해결을 추구했다. 반면 잭슨은 전기 산업체 운영에서 나타나는 문제에 대한 해결을 중시했다. 이러한 차이는 화학공학 교육 과정에서도 반복되었다. 과학 사학자인 존 서보스(John Servos)는 MIT 화학과 내에서 화학 엔지니어 교육의 발달을 주도한 워커와 깊고 넓은 과학 연구를 강조한 노이스의 갈등을 조명한 바 있다.

결국 스타인메츠, 케넬리, 푸핀이 연구 개발자인 엔지니어를 추구했다면 잭슨과 워커, 리틀은 관리자인 엔지니어를 추구했다고 할 수 있다. 대공황 직전까지 승리자는 명백히 잭슨과 리틀이었다. 그리고 이 시기에 미국적 엔지니어 교육의 방향이 정립되었다.

4 엔지니어와 국가 그리고 대기업

이 시기 미국에서 엔지니어와 국가는 통념과 달리 밀접한 관계를 맺고 있었다. 하지만 그 관계는 직접적이라기보다 대기업 또는 산업을 매개로 한 것이었다. 상층 엔지니어는 개별적으로 또는 집단적으로 복수의 대기업을 통해 정부 기구와 관계를 맺었고, 정부 기구를 이용해 그들의 의도를 관철할 수 있었다. 반면 엔지니어 집단에 대한 정부 기구의 직접적인 요구는 드물었다.

미국 연방 정부 차원의 개입은 전기 분야에서 두드러졌다. 남북전쟁 이전의 전신 발달은 연방 정부의 지원에 크게 힘입었다. 1884년 미국 전기 엔지니어 협회의 설립을 결정한 필라델피아 국제전기박람회에서의 회합도 연방 정부가 지원한 7500달러 덕분에 개최할 수 있었다. 하지만 이후의 일상적 운영과 개편은 모두 정부 기구와 무관하게 순수한 민간단체로 운영했다.

이렇듯 미국의 국가-엔지니어의 관계는 단순한 지시와 복무의 관계도 자유방임의 관계도 아니었다. 정부 기구, 나아가 국가와 엘리트 엔지니어가 자신의 이익을 위해 서로를 긴밀하게 활용하는 관계라고 요약할 수 있다. 이런 양상은 표준 문제에서 잘 드러났다.

4.1 표준과 산업 조직: 국가와 상층 엔지니어의 밀월

엘리트 엔지니어와 정부 기구의 교섭을 통해 사실상의 국가 표준을 형
성한 초기의 모습은 1860년대 말 지배적인 나사 규격을 정하는 과정에
서 찾아볼 수 있다. 필라델피아의 기계 제조업자인 셀러스(Sellers) 일가
와 그들의 경쟁자 겸 동료인 주요 기계 제조업자들은 동일한 나사산(螺
絲山) 형상을 사용하는 나사 규격과 그에 따른 나사 제작 기계를 개발
했다. 윌리엄 셀러스(William Sellers)가 프랭클린 인스티튜트의 이름으로
고안했기 때문에 이 규격을 '셀러스식' 또는 '프랭클린 인스티튜트식'
이라고 한다.

1868년 셀러스는 자신의 나사 규격을 납품 표준으로 지정하도록 해
군부 납품 담당 부서를 설득했다. 미국 공작 기계 산업의 중심지인 필
라델피아에서 널리 사용하는 규격을 표준으로 정하면, 서로 호환되는
나사를 효율적으로 대량 납품받을 수 있다는 것이 설득의 핵심이었다.
다음 해에 펜실베이니아 철도회사는 셀러스식 나사 규격을 표준으로
채택했다. 이때 셀러스 일가와 베넷은 자신들의 규격을 연방 정부의
표준으로 채택했으니 펜실베이니아 철도회사도 같은 규격을 채택하
면 여러 가지 이점을 누릴 수 있을 것이라고 설득했다. 정확하게는 연
방 정부가 아니라 해군부의 규격으로 채택한 것이었지만, 표준 규격
지정의 이점 자체는 충분히 설득력이 있었다. 당시 가장 거대한 철도
망을 운영하던 펜실베이니아 철도회사는 장비를 주로 볼드윈 증기기

관차회사에서 공급받았고, 볼드윈 증기기관차회사는 주요 공작 기계를 윌리엄 셀러스사로부터, 고급 강철을 미드베일 제철소로부터 공급받았다. 미드베일 제철소는 셀러스 일가가 지배하는 합작회사였다. 가장 성공적인 증기 기관차 회사인 볼드윈 증기기관차회사는 자연스럽게 셀러스식 나사 규격을 사용했고 볼드윈으로부터 납품을 받는 철도회사에, 그다음에는 그런 철도 회사에 각종 기기를 납품하는 다른 기계 제작사에 셀러스식 나사 규격이 퍼져나가 사실상 미국의 산업 표준으로 자리 잡았다.

물론 이런 방식으로 산업 표준을 정하는 과정에서 논쟁과 분열이 없지는 않았다. 이는 미터법 논쟁과 미국 재료 검사 협회의 설립 및 활동에서도 엿볼 수 있다. 미국 연방 정부는 1866년 이른바 카슨 법(Kasson Act)을 통해 미국 내의 미터법 사용을 허용했다. 이 조치의 핵심은 당시까지 비법정 규격이던 미터법 도량형을 사용했다는 이유만으로는 계약과 거래를 무효화할 수 없도록 하는 것이었다. 1875년 미국은 미터법 보급을 목적으로 국제도량형국 창립 회원으로 참가했고, 1893년에는 연방 정부의 해안 및 육상 측량국(Coast and Geodetic Survey) 국장 토머스 멘덴홀(Thomas Mendenhall)이 각종 도량형의 표준을 미터법 단위로 표기하고 유지하도록 결정했다. 그를 비롯한 미터법 지지자들은 미터법에 기초한 길이와 무게 단위를 법정 단위로 격상하고자 했다. 우스터 기술학교 총장으로 자리를 옮긴 멘덴홀이 1895년 공학 교육 진흥회에 참석해 연방 의회에 미터법 법제화 촉구 청원을 내자고 제안하자 회원들은 만장일치로 지지 결의안을 통과시켰다. 이후 공학 교육 진흥회는 더 이상 미터법 법제화 운동에 참여하지 않았지만, 적어도 공과

대학 교수 중에는 열렬한 미터법 반대자가 없었다.

반면 사업체를 꾸린 미국의 엘리트 엔지니어는 미터법 법제화 반대세력의 맹렬한 구성원이었다. 윌리엄 셀러스의 사촌형제인 콜먼 셀러스 2세(Coleman Sellers, Jr.)가 대표적인 인물이었다. 그는 나이아가라 폭포 발전소의 발전 방식을 '교류'로 결정한 국제위원회의 미국 측 핵심 인사이자 스티븐스 공과대학과 프레더릭 테일러의 주요 후원자로서 기계 엔지니어들의 지도자를 자임했다. 그는 미국의 기계 산업계는 민주적으로 최선의 규격을 찾아내 사용하고 있으며, 정부는 민간의 사업에 개입하지 말아야 한다고 주장했다. 아울러 종종 "프랑스 정부는 인민의 사사로운 일에 개입하는 버릇이 있다"면서 프랑스식 시스템에 대한 반감을 부추기기도 했다. 요컨대 나사 규격을 확산시킬 때는 정부 기구를 긴요하게 활용했지만, 정부가 표준을 민간에 강제하려 할 때는 격렬하게 저항한 것이다.

미국 재료 검사 협회는 펜실베이니아 철도회사의 수석 화학자 찰스 B. 더들리(Charles B. Dudley)의 활동에서 비롯되었다. 더들리는 철도 레일용 강재의 성분 분석과 시험을 담당했는데, 1878년 강재의 성분과 특성이 너무나 다양해서 철도 레일 파쇄 사고가 빈발한다고 폭로하는 논문을 미국 광산 엔지니어 모임에서 발표했다. 그의 발표와 펜실베이니아 철도회사가 고지한 납품 규격은 철강업계와 관련 엔지니어의 격렬한 반발을 샀다. 하지만 열차 사고를 우려한 펜실베이니아 철도회사는 강경하게 밀어붙였고, 더들리는 강재뿐만 아니라 윤활유와 페인트 등 규격 고지의 대상을 확대했다.

더들리는 1898년 유럽에서 결성한 국제 재료 검사 회의 미국 지부를 주도적으로 창설했고, 미국 지부는 1902년 유럽 측과의 의견 차이 때문에 미국 재료 검사 협회로 독립했다. 유럽 방식은 표준 제정은 관련 전문 단체에 맡기고 자신들은 기술 지식과 검사 기술을 보급하는 것이었던 반면, 미국 방식은 산업 표준을 직접 제정하기를 원했다. 독립 이후 미국 재료 검사 협회는 기술소위원회가 마련한 초안을 총회에서 표준으로 승인하는 방식으로 운영했다. 공급업자의 대리인은 각 기술소위원회의 과반수를 넘을 수도 기술소위원회 의장을 맡을 수도 없었지만, 공급업자를 배제한 기술소위원회 또한 없었다. 요컨대 공급자와 구매자의 합의를 중시한 것이다.

이렇게 승인한 표준은 참여자들이 종사하는 분야에만 국한되었고, 공식적으로는 아무런 구속력도 없었다. 하지만 연방 정부 관계자들도 개인 자격으로, 때로는 중립적인 전문가로 기술소위원회와 총회에 참석했고, 각 부처는 주요 구매자로서 협회의 표준안을 존중했다. 또한 미국 광산 엔지니어 협회와 미국 기계 엔지니어 협회도 자체적으로 표준을 정하고 있었는데, 이들 협회의 엔지니어가 전문가나 대리인 자격으로 미국 재료 검사 협회 활동에 참여함으로써 민간 표준이 공통점을 지니게 되었다.

제1차 세계대전은 산업 표준 형성 과정에 외형적으로 일정한 틀을 갖추게끔 하는 계기로 작용했다. 1918년 미국 재료 검사 협회와 4개의 창립자 협회는 전쟁부, 해군부, 상무부를 구성원으로 초대해 새로운 민간 표준 단체인 미국 공학 표준 위원회(American Engineering Standards Committee)를 결성했다.[5] 이 위원회를 결성한 것은 전쟁 물자 생산과 공급에 필수적인 표준화를 촉진하기 위한 노력의 일환이었는데 법제화한 국가 표준 기구도, 연방 정부 차원에서 관여하는 단체도 아니었다. 위원회의 주요 업무는 기존 민간 표준 제정 단위와 3개 정부 부처 간의 협의였다.

정부 기구가 공식적으로 참여했다는 점에서는 과거와 달라진 것으로 볼 수도 있지만 실상은 그렇지 않았다. 각 부처는 엔지니어 협회들과 동등한 자격으로 참여했으며, 이를 운영하는 전담 인력도 미국 토목 엔지니어 협회가 '대여'한 1인뿐이었다. 게다가 첫 해 예산은 엔지니어 협회들이 기부한 7500달러에 불과했다. 여전히 주도권은 엘리트 엔지니어들에게 있었다는 뜻이다. 셀러스 시절과 가장 달라진 점은 정부 부처의 관여가 투명하게 드러났다는 것이다. 이러한 특성은 미국 공학 표준 위원회를 1928년 미국 표준 협회(American Standards Association)로, 1968년 미국 표준 기구(American Standards Institute)로 확대 개편하는 과정에서도 계속 유지되었다.[6]

4.2 미국 엔지니어의 위계와 기업중심주의

1881년 MIT 총장으로 취임한 경제학자 프랜시스 A. 워커(Francis A. Walker)는 "위대한 엔지니어는 반드시 위대한 사람이어야 한다"고 주장하면서, 대학이 교양 교육을 제대로 받은 엔지니어를 미국의 산업계 지도자로 키워야 한다는 점을 중요시했다. 워커가 말한 산업계 지도자는 민간 기업에서 활동하는 사람들을 뜻했다. 그의 재임 기간 동안 MIT는 재학생 302명 규모의, 재정난에 허덕이는 지역 기술학교에서 전국적으로 알려진 재학생 1198명의 공과대학(1897년)으로 변모했다.

워커의 시각을 통해서도 알 수 있듯 19세기 말 본격화한 미국의 공학 교육은 대학의 엔지니어 양성이 사기업에 필요한 인력을 제공하기 위해서라는 점을 분명히 하고 있었다. 이 점에서 미국의 공학 교육은 유럽과 달랐다. 프랑스나 독일에서 공학 교육은 우선적으로 국가 엔지니어 양성을 목적으로 발달했고, 후에 민간 수요까지 충족하는 방향으로 전개되었다. 하지만 미국에서는 처음부터 사기업에 진출할 인력을 길러내는 것이 목적이었다.

잭슨이 "과학의 수도원과 기업의 세속적 세계"의 결합으로 엔지니어가 탄생했다고 자랑하던 20세기 초반의 산업계는 곧 대기업을 뜻했다. 예컨대 1908년 제너럴 일렉트릭사의 전기 엔지니어이던 데이비드 러시모어(David Rushmore)는 교수들과의 간담회에서 공대가 학생에게 "대규모 사업체의 요구 사항을 이해시키고 맞추어줄" 것을 요구했다. 왜냐하면 그에게 20세기 초 미국은 '조직의 시대(the age of organization)'였으며, 이 시기 조직은 바로 대기업을 의미했기 때문이다. 마찬가지로, 1909년 미국 전기 엔지니어 협회 회장 취임 연설에서 시카고 에디슨 회사(Commonwealth Edison of Chicago)의 부회장이던 루이스 퍼거슨(Louis Ferguson) 또한 엔지니어의 책임은 기업을 도와 대량 생산과 "표준화에 이르는 집중화" 방향으로 나아갈 수 있도록 하는 것이라고 강조했다.

이러한 판단에 관찰자들도 동의한다. 기술사가인 에드윈 레이튼(Edwin Layton)은 1971년 《엔지니어의 반란》 첫 쪽 첫 줄에서 당연하다는 듯이 엔지니어를 과학자이면서 기업인(businessman)이라고 정의했다. 20세기 초의 경제사상가 소스타인 베블런(Thorstein Veblen)도 같은 관점을 취했다. 다만 레이튼은 엔지니어의 이중적 역할이 엔지니어를 서로 다른 방향으로 이끌기도 한다고 보았다. 베블런은 여기서 한 걸음 더 나아가 엔지니어는 내재적 갈등상태 때문에 "사회적 혁명가"가 될 수 있다고 생각했다. 하지만 베블런의 예측은 지금의 관점에 보면 턱없이 빗나갔다. 미국의 여타 전문직 집단과 마찬가지로 미국의 엔지니어는 혁명적이기는커녕 가장 보수적인 집단 중 하나일 뿐이다. 그러면서도 미국의 엔지니어는 성공적으로 전문직화(professionalization)하지 못했다.

미국에서 가장 성공적인 전문직화 과정을 이루어낸 집단은 변호사와 의사이다. 오늘날 미국 변호사 협회나 미국 의사 협회는 가장 강력한 전문가 단체이자 로비 단체로 자리 잡고 있다. 반면 엔지니어는 전문직화의 과정에 대해 역사적으로 거의 주목받지 못했으며, 오늘날도 그러하다. 게다가 엔지니어는 의사와도 상당히 다르다. 예컨대 의사 집단이 면허 제도나 교육 제도를 좌우하는 강력한 협회를 지니고 있는 반면, 엔지니어 집단은 상대적으로 이러한 전문가로서의 배타적 성격을 크게 지니고 있지 못하다.

전문적 교육에도 불구하고 그들의 지위와 신분이 의사나 변호사보다 못했던 것은 무엇보다도 엔지니어가 동질적 집단으로 보기에는 몹시 다른 직종들로 구성되어 있었기 때문이다. 의사나 변호사와 달리 자신의 기업을 운영하는 경영자부터 정부에 고용된 공무원이나 대기업의 고용인에 이르기까지 그 지위와 직분이 다양했으며 업종 또한 토목, 기계, 화학, 전기에 이르기까지 여러 분야에 걸쳐 있어 동질적 집단으로 보기에는 너무나 이질적이었다.

미국의 엔지니어 단체 중에서 이른바 '창립자 협회'는 가장 배타적이고 특권적인 지위를 누렸다. 미국 토목 엔지니어 협회, 미국 광산 엔지니어 협회, 미국 기계 엔지니어 협회, 미국 전기 엔지니어 협회가 그들인데 모두 19세기 말부터 1920년대까지 엄청난 영향력을 발휘하며 자신의 이익과 권리를 배타적으로 보호했다. 또한 책임자 경력을 포함해 엄격한 회원 자격을 공통적으로 요구했으며, 주로 사업주로서 혹은 자문 엔지니어로서 활동하는 경제적으로 유복하고 좀더 나은 위치의 엔지니어들로 구성되어 있었다. 게다가 이들 단체는 대체로 동부 연안의 엘리트 엔지니어로 이뤄져 있었다. 또한 1961년까지 이들의 전국 본부는 뉴욕에서 동일한 건물을 사용했다.

물론 이들 사이에도 성향의 차이는 존재했다. 미국 토목 엔지니어 협회는 가장 배타적이었고, 의사나 변호사 같은 전문직을 추구하는 성향이 상대적으로 강했다. 대기업 중시 성향은 미국 전기 엔지니어 협회가 가장 노골적이었다. 미국 광산 엔지니어 협회는 동부 연안 지역에서 영향력이 덜했다.

기업의 시대인 1920년대 들어 대학을 졸업하고 기업에 입사한 엔지니어는 자신들의 고위직 승진이 전공 기술과 지식에 달려 있지 않다는 것을 알았다. 다른 공학 분야도 마찬가지지만 기계 엔지니어가 (대)기업에서 성공하려면 "재료에 대한 공학을 떠나 인간에 대한 공학으로 진입"해야만 한다는 점을 스스로 깨달은 것이다.

이러한 시대 변화는 전기 엔지니어 집단에서 가장 강렬하게 일어났다. 관리자이자 기업가인 인설은 엔지니어의 활동 영역은 전통적 의미의 공학을 넘어 기업의 경영에까지 이르러야 한다고 주장했다. 이 같은 인설의 이른바 '상업적 공학(commercial engineering)'은 1910년경 인설 개인에 대한 호불호와 무관하게 광범위한 세력을 획득했다. 다수의 엔지니어는 자신이 해야 할 일에 고용주인 기업 입장에서 행정가, 기획가 혹은 관리자 역할을 수행하는 일도 포함된다고 생각하기 시작했다. 심지어 미국 전기 엔지니어 협회의 경우는 전기 설비업체의 눈치를 보느라 전력 생산 비용과 요금 설정에 관한 논문을 쓰지 못하게 했다. 그 결과, 펜실베이니아 주지사이던 기포드 핀쇼(Gifford Pinchot)는 이러한 관행이 전기 설비업체를 규제하려는 주 정부의 노력을 좌절시켰다고 주장했다.

사실상 거의 모든 주요 공학 단체에서 기업의 이해관계를 반영하는 크고 작은 검열 문제가 존재했다. 그리고 이러한 검열은 윤리 규정으로 구체화되었다. 이는 엔지니어의 윤리 의식이 공공의 이해관계가 아닌 고용주의 이해관계를 보호하는 것을 의미했다. 또한 출판조차도 금지시킬 수 있음을 의미했다.

그러나 모든 엔지니어가 이런 생각에 동의했던 것은 아니다. 일부 엘리트 엔지니어는 그들의 고유한 영역이 '상업적 공학'이라는 이름 아래 훼손당한다고 느꼈다. 기업으로부터의 독립과 불편부당 그리고 중립성을 확보하지 못하면 전문가 집단으로서 지위가 흔들린다고 본 것이다. 특히 모리스 L. 쿡(Maurice L. Cooke)이나 프레더릭 H. 뉴웰(Frederick H. Newell)은 '창립자 협회'를 소수 엘리트 엔지니어의 지배로부터 벗어나 좀더 민주화시키려 했으며, 대기업의 이해관계가 아닌 공공 서비스로 운영 방향을 돌리려고 애썼다.

테일러주의자이기도 한 쿡은 엔지니어의 엘리트주의를 인정하면서 동시에 기업과 엔지니어 사이의 구분을 존중해야 한다고 주장했다. 무엇보다도 엔지니어가 대기업의 이해로부터 독립해야 한다고 믿었다. 아울러 오랫동안 미국 기계 엔지니어 협회의 간사로 활동하면서도 기존의 엔지니어 협회에 불만을 털어놓는 비판자 역할을 했다.

쿡은 새로이 등장했으나 기업에 얽매일 수밖에 없는 피고용인 위치의 엔지니어를 '고용된 하인' 계급으로 분류하면서 이들을 비판했다. 또한 공공 서비스를 통해서만 엔지니어의 원래 지위를 회복할 수 있다고 주장했다. 그리고 엔지니어가 '공공의 이해관계(public interests)'를 분명하게 보여주는 데 실패했다고 주장하기도 했다.

쿡은 엔지니어는 더 이상 기업에 종속되지 않고, 자율적이고, 민주적이고, 윤리 의식을 지닌 전문가가 되어야 한다고 주장했다. 아울러 과학적 관리의 '과학'을 사적인 이익과 무관한 객관적인 사실에 이르는 통로로 이해했다. 그는 자신의 이런 생각을 기존의 엔지니어 단체에서 발표했으며, 나아가 1919~1920년에는 이들 단체에 민주화를 요구하기에 이르렀다. 요컨대 사적인 이익이 아닌 공적인 이익을 추구하고, 사회 문제에 좀더 적극적으로 참여하며, 여러 사회 세력들로부터 독립성을 확보해야 한다고 주장했다.

또 다른 개혁가인 뉴엘은 연방 개간국(Reclamation Service) 수장이었으며, 이후 일리노이 대학의 토목공학 교수로 활동했다. 그는 '강력하고 적극적인 지역 협회들'이 연합해 그들의 공학적 지식을 공공 서비스에 활용하기를 바랐다. 이를 위해 여러 종류의 지위와 다양한 공학에 종사하는 엔지니어를 하나의 단체로 묶기 위한 방법을 찾아내고 어떻게 실천에 옮길 것인지를 고민했다. 1915년 지역 공학 단체들의 협력 아래 미국의 연방 제도처럼 운영하는 전국 단위의 단체를 구상하고, 그해 6월 23일 버펄로에서 미국 기계 엔지니어 협회의 연례 회의가 열리는 동안 회의를 주최했으나 실패하고 말았다. 참가자도 적었을 뿐 아니라 새로운 조직을 거부하는 의견이 나왔기 때문이다. 뉴웰은 1916년 4월 13일 두 번째 회의를 소집했다. 이번에는 40개 공학 단체의 대표자들이 참여했으며, 많은 관심을 이끌어낼 수 있었다. 그리고 세 번째 회의를 1917년 3월 29일과 30일 양일에 걸쳐 개최했다. 여기서 뉴웰은 공학 전문직을 통합하기 위한 방안을 제시했다. 당시 그는 '창립자 협회'를 포함할 수도 혹은 포함하지 않을 수도 있는 상태의 통합된 공학 단체를 구상했다. 그런데 회의 바로 직전 '창립자 협회'가 먼저 전국적으로 공학 전문직을 대변할 수 있는 단체 역할을 맡을 '공학 협의회'라는 조직을 만들 것이라고 발표했다. 게다가 미국 토목 엔지니어 협회 내에서 개혁파로 여겨지던 가드너 S. 윌리엄스(Gardner S. Williams)가 기존 '창립자 협회들'의 토대를 넓혀 여타 공학 단체의 대표를 포함하는 협의체를 만들자고 제안했다. 격렬한 논쟁 끝에 윌리엄스의 제안이 통과되고 뉴웰의 새로운 시도는 좌절을 맛보았다. 뉴웰은 엘리트 엔지니어를 중심으로 위에서부터 개혁하는 대신 밑에서부터 움직이는 새로운 수단을 찾았다. 그리고 1919년 미국 엔지니어 연대의 회장이 되었다.

한편 창립자 협회의 공학 협의회는 사실상 사사건건 미국 엔지니어 연대가 시도하려는 개혁에 물 타기를 하거나 그들의 계획을 좌절시키려 했다. 2년 반의 짧은 기간 동안 존속하면서 이 협의회가 한 일은 기업인과 엔지니어를 구분할 수 없는 방식으로 엔지니어의 사회적 역할을 강조하는 등 지나칠 정도로 친기업적이었다. 심지어 1919년에는 전국상공회의소(National Chamber of Commerce)에 합류하기까지 했다. 결국 공학 협의회의 공식적인 목적은 실패로 끝났다. 미국 엔지니어 연대가 성장하는 것을 막지도 못했을 뿐 아니라 전문인으로서 엔지니어를 단합시키지도 못했다.

4.3 미국 엔지니어 연대의 급성장과 몰락

1915년 일군의 시카고 지역 엔지니어들이 기존의 엔지니어 단체를 대체할 새로운 조직의 필요성을 제기했는데, 대부분 젊은 층으로서 시카고 시의 공공 서비스 부서에서 근무하던 사람들이었다. 그해는 불황의 골이 깊어져 실업률이 9.7퍼센트로 최고조에 달했다. 이러한 여건에서 시카고의 젊은 엔지니어들은 두 가지 방식으로 대응했다. 하나는 조합주의에 호소해 미국 노동 연맹(AFL)과 밀접한 관계를 맺을 의도를 가지고 자신들을 노동 계급으로 인식하려는 기술자 연대(Associated Technical Men)이고, 나머지는 엔지니어를 전문가 집단으로 인식하면서 단체 의식을 추구해 만든 미국 엔지니어 연대였다. 전자는 기능공(technician)까지도 회원으로 받아들였으나, 후자는 회원 자격을 엔지니어에 국한했다. 기술자 연대는 얼마 되지 않아 조용히 사라졌지만, 미국 엔지니어 연대는 전국적인 엔지니어 단체로 성장했다.

미국 엔지니어 연대의 규모는 초기에 그다지 빨리 성장하지 않았다. 1916년 1월 209명이던 회원 수가 1918년 6월에는 2199명으로 증가하는 데 그쳤다. 대다수 회원의 활동 무대는 주로 시카고와 그 인근 지역에 국한되어 있었다. 회원의 60퍼센트는 32세 미만의 젊은 층이었으며, 전체 회원의 3분의 2 정도는 토목 엔지니어로 분류할 수 있었다.

미국 엔지니어 연대의 초기 성장은 고용 서비스에 있었다. 당시 젊은 엔지니어들은 일의 성격상 고용주와 공사 현장 사이를 왔다 갔다 해야 하는—특히 토목 엔지니어가 그러했다—상당히 유동적인 직업에 종사했기 때문에 많은 사람이 엔지니어 단체가 고용과 관련한 서비스를 제공해주기를 바랐다. 따라서 미국 엔지니어 연대는 처음부터 이러한 업무를 보았으며 비회원들에게도 서비스를 제공했다. 하지만 1917년 1월부터는 회원에 한해서만 서비스를 제공해주었다.

또한 미국 엔지니어 연대는 초창기에 최소 임금안을 승인했는데, 이는 여타 기존 엔지니어 단체가 회원의 물질적 복지 개선에 관심이 없었던 것과 대조적이다. 초대 회장인 W. 윌콕스(W. Wilcox)는 1916년 취임 연설에서 미국 엔지니어 연대의 존재 이유는 공학 지식을 고양하거나 공유하는 데 있기보다 경제적 및 사회적 이익을 추구하는 데 있다고 천명했다. 또한 1919년의 자체 여론 조사에 의하면, 대부분의 회원이 보상과 고용 문제에 가장 큰 지지를 보낸 반면, 공학 윤리나 공공의 이해에는 별로 관심이 없는 것으로 드러났다.

뉴웰이 회장으로 취임한 1919년부터 미국 엔지니어 연대는 급성장했다. 이 시기에 철도 엔지니어 집단은 가장 큰 타격을 입었다. 임금이 물가 폭등을 따라잡지 못했기 때문에 이들은 많은 불만을 표출할 수밖에 없었다. 미국 엔지니어 연대가 문제 해결에 적극적으로 나서자 철도 엔지니어들이 가입하기 시작했다. 1919년 1월 2385명이던 회원 수는 6월에 5000명을 넘겼으며, 1920년 1월에는 1만 명을 상회했다. 그해 12월에는 무려 2만 3000명으로 폭증했다. 이로써 미국 엔지니어 연대는 미국 최대의 엔지니어 단체가 되었다.

1920년 인구센서스에 의하면, 13만 6121명을 엔지니어 및 측량기사

(surveyor)로 분류했는데, 후자를 제외할 경우 대략 10만 명이 엔지니어 직업을 가졌다고 볼 수 있다. 이는 미국 내 전체 엔지니어 중에서 무려 23퍼센트가 미국 엔지니어 연대에 가입했다는 것을 의미한다. 역사상 어떤 공학 단체도 이만한 비율의 회원을 확보한 적은 없었다. 또한 다른 어떤 공학 단체도 10퍼센트 이상의 엔지니어를 회원으로 보유하지 못했다. 게다가 놀랍게도 이러한 회원 수는 불과 6년 만에 이뤄낸 성과였다.

미국 엔지니어 연대의 회원이 늘어나면서 지역적 분포는 확대되었으나 회원들의 직종은 크게 변하지 않았다. 여전히 토목 엔지니어가 수적으로나 조직 내 헤게모니 면에서도 중심이었다. 회원들은 지부 혹은 철도 지부에 가입하거나 아예 어떤 지역 단체에도 가입하지 않았다. 지부들은 종종 전국적인 문제와 관련해 중앙 조직과 다른 목소리를 내기도 했다.

〈표 5〉에서 확인할 수 있듯 공공 기관의 관료 조직 아래서 일하는 엔지니어가 43퍼센트, 기업에서 근무하는 엔지니어가 23퍼센트였다. 요컨대 총 66퍼센트가 전문가로서 자율성과 독립성을 보장받기 어려웠다는 뜻이다. 단지 24퍼센트의 회원만이 자문과 계약으로 독자적인 엔지니어의 지위를 누렸다.

뉴웰은 일찍이 1915년 미국 엔지니어 연대 창립 모임에 참석해 미국 엔지니어의 25퍼센트 미만이 전국적 규모의 단체에 가입했기 때문에 다수의 엔지니어가 좋은 직장에서 일하지 못한다고 지적했다. "이러한 종류의 낭비와 비효율을 시정하기 위해" 그는 공학 단체 간의 협동 조합 같은 연대를 제안했다. 또한 뉴웰은 전문직으로서 엔지니어 정체성 유지에 "물질적 복지"가 중요하다는 점은 인정했지만, 그보다는

표 5 미국 엔지니어 연대 회원의 1921년 부문별 고용 상태

고용 분야	회원 중 비율(%)
주, 카운티, 도시 정부	21
연방 정부	5
철도	17
컨설팅 및 개인 사업	13
계약	11
기타 사적인 산업	23
교사 및 학생	10
총계	100

자료 출처: "Association Membership," *Professional Engineer*, vol. 6, no. 7 (July 1921), p. 17; William G. Rothstein, "The American Association of Engineers," *Industrial and Labor Relations Review* 22/1 (Oct. 1968) p. 57에서 재인용.

"윤리적 공공 서비스"로 무장해야 한다고 생각했다. 나아가 "공공 의식과 이타심"을 지니고 있으면 고용을 보장받고 전문가로서 위상이 높아질 것이라고 주장했다. 밑으로부터의 개혁이 좌절된 이후, 1919년 회장으로 취임한 그는 미국 엔지니어 연대의 급성장을 이끌었다.

뉴웰이 회장으로 재임하던 시기에 미국 엔지니어 연대는 회원들의 경제적 문제에 적극적으로 대처했으며, 이전까지의 주장을 뒤집어 면허 제도를 받아들이기로 했다. 미국 엔지니어 연대는 면허 문제에 대해 초창기부터 많은 관심을 갖고 있었다. 일부 지부에서는 면허 관련 법률을 통과시키려고 자신이 속한 주 의회에 로비까지 했으며, 미국 엔지니어 연대 또한 모델이 될 만한 면허 관련 법률을 개발하기도 했다. 이처럼 미국 엔지니어 연대는 기업-전문가주의나 노동조합주의를

모두 부정하면서 엔지니어를 의사처럼 하나의 직업으로 자리매김해 엔지니어에게 면허를 주려는 운동을 지지했다. 뉴웰 시절의 미국 엔지니어 연대야말로 미국에서 엔지니어 자격에 면허를 부여하기 위해 적극적으로 활동한 최초의 공학 단체였다.

그런데 1920년 초, 미국 엔지니어 연대의 회원 수가 바야흐로 절정에 달하려 할 때 뉴웰에 대한 저항이 시작되었다. 혁신주의자로 분류할 수 있는 많은 사람이 뉴웰에게 반기를 든 것이다. 특히 쿡은 뉴웰을 신뢰하지 않았다. 또한 윌리엄스 같은 뛰어난 토목 엔지니어도 엔지니어 직종이 단합하기 위해서는 '창립자 협회'의 도움이 절대적으로 필요하다고 생각했다. 그 결과, 1921년 미국 엔지니어 연대 연례 총회에서 뉴웰에 대항하는 세력이 실권을 잡고, 뉴웰의 사무실을 폐쇄했다. 뉴웰의 지도부가 영향력을 잃자 미국 엔지니어 연대는 공학 단체들 사이에서 개혁의 방향을 잃고 정치력을 상실했다. 이후 친목 단체 형태로 존속하던 미국 엔지니어 연대는 분열하기 시작했다.

1922년 중반이 되자 3개월 이상 회비를 미납한 회원이 전체의 4분의 1 이상이 되었고, 1923년 3월에는 회원 수가 1만 4283명으로 격감했다. 이때부터 연대의 기관지는 회원 수를 발표하지 않았다. 업계 소식지에 따르면 1926년에는 7000명으로, 1927년에는 6000명으로 급속히 줄어들었다. 그리하여 마침내 미국 엔지니어 연대는 힘없는 지역 엔지니어 단체들의 작은 동맹으로 전락했고, 레이튼의 주장처럼 "엔지니어 반란"은 조용히 사라졌다.

왜 미국 엔지니어 연대는 급속한 성장만큼이나 급속하게 몰락의 길을 걸었던 것일까? 일단 경제적 이해관계를 중시한 일반 회원과 사회 개혁까지 염두에 두었던 뉴웰 사이의 불일치 때문인 것은 분명하다. 하지만 뉴웰은 사실상 경제적 처지 개선에도 노력했고, 이를 중시한 일반 회원이 대거 가입한 성장기를 이끌었다.

위의 질문과 관련해 여러 학자들이 몇 가지 요인을 꼽았다. 기술사학자 데이비드 노블(David Noble)은 많은 회원의 경우 경제적 이유가 주된 가입 동기였기 때문에 1920년대의 경제적 번영이 찾아오자 미국 엔지니어 연대가 마치 봄눈 녹듯 붕괴한 것이라고 보았다. 역시 기술사학자인 윌리엄 로스테인(William Rothstein)은 경제적 요인도 부인하지 않지만, 내부 구조에 주목한다. 그는 미국 엔지니어 연대는 다양한 분야(토목 · 기계 · 전기 공학 등)와 다양한 직업적 위계(자문 엔지니어, 감독자, 고용인 등)뿐 아니라 다양한 경제적 이해관계 때문에 쇠퇴할 수밖에 없었다고 보았다. 사회학자인 피터 메익신스(Peter Meiksins)는 미국 엔지니어들이 공통적으로 동의하는 전문성에 대한 정의가 없었다는 점을 중시한다. 이런 해석에 따르면 미국 엔지니어 연대의 급성장은 엔지니어들이 전문성을 각자 다르게 이해하면서 모여든 덕분이었다. 하지만 제1차 세계대전 이후 변화한 미국 사회는 개혁 지향적 혁신주의를 싫어하고, 친기업적이며 정치에 무관심한 세대를 낳았다. 이런 상황이 전문성에 대한 공통의 정의를 보유하지 못한 미국 엔지니어 연대로 하여금 다양한 외부 압력에 취약하도록 만들었다는 것이다.

미국 엔지니어 연대의 쇠퇴는 사실상 엔지니어 개혁 세력의 몰락과 "엔지니어 반란"의 종말을 의미했다. 이는 또한 보수적이며 친기업적 '창립자' 엔지니어 협회들의 승리를 의미했다.

5 맺음말: 엔지니어의 팽창과 계층화

대공황 직전까지 미국 엔지니어에게 나타난 변화는 일견 프랑스나 독일에서 나타난 변화와 비슷하다. 엔지니어가 수직적·수평적으로 분화하고, 상층 엔지니어와 하층 엔지니어 사이의 갈등이 겉으로 드러났다. 화학 산업과 전기 산업의 발달과 함께 상당 수준의 과학 지식에 기초한 연구와 개발이 강화되었다. 대기업이 등장하면서 대기업의 이해와 관점이 엔지니어에게 관점에 따라 종속이라고 표현할 수도 있을 정도로 큰 영향을 미쳤다. 이러한 변화는 국가와 밀접한 관계를 맺으며 진행되었다.

하지만 좀더 자세히 들여다보면, 이러한 변화의 미국적 양상과 결과는 사뭇 달랐다. 미국에서는 기업 경영(전기공학)이나 공장 운영(화학공학)이 엔지니어의 전문 지식, 교육 그리고 정체성의 핵심 요소로 편입되었다. 상층 엔지니어는 엔지니어의 이해관계와 민간 대기업의 이해관계를 동일시했다. 그들은 엔지니어가 국가의 장래를 책임진다는 의식도 없었고, 엔지니어의 사회적 책임을 의식하지도 않았다. 혹 사회적 책임을 거론한다 해도 물질적 풍요를 가져온다는 의미에서 사회적 기여에만 국한했을 뿐이다. 그들은 자신의 지위를 종종 의사와 변호사에 비유했지만, 이는 사회적 지위의 높고 낮음 문제였지 독립적으로 활동하는 전문직을 의미하는 것은 아니었다. 전통적인 전문직상(像)을 추구하던 소수 엘리트 엔지니어는 빠르게 줄어들었다.

반면 20세기 초반에 폭증한 엔지니어의 절대 다수인 하층 엔지니어의 관심은 대체로 사회적 기여나 책무보다는 자신의 경제적 이해관계에 집중되었다. 이는 개인적 성공을 중시하는 미국적 전통과 맥이 닿아 있는 것으로서 상층 엔지니어를 역할 모델로 여기게끔 하는 작용을 했다.

산업적 상황도 암묵적인 위계질서를 유지하는 기능을 했다. 지속적으로 팽창하는 경제 규모와 인구 그리고 속속 출현하는 신산업은 누구나 새로운 분야에서 성공을 거둘 수 있다는 믿음을 주었다. 대기업의 영향력이 막강해진 상황에서 에디슨, 톰슨, 이스트먼, 포드 등 신화적인 성공 사례뿐만 아니라 중간 규모의 사업체를 일군 상층 엔지니어들이 바로 자신의 고용주로 눈앞에 있었다.

표준 문제에서 볼 수 있듯 국가의 관여는 대기업을 중심으로 포진한 상층 엔지니어의 영향력을 증폭하는 결과를 가져왔다. 국가는 상층 엔지니어가 주도해 형성한 합의를 행정적 제재나 사법적 처벌을 통해 강제하지는 않았다. 따라서 외견상 누구나 산업 표준을 준수하지 않을 자유는 있었지만, 그 자유를 관철하기 위해서는 사업상의 성공을 포기해야 했다.

유일하게 무선 분야에서는 이 시기 미국 엔지니어의 일반적 성향과 반대되는 특징이 집중적으로 나타났다. 1912년 뉴욕에서 결성한 무선 엔지니어 협회는 기업 경영의 관점을 배제하고 좁은 범위의 과학기술적 전문성을 추구했다. 미국 전기 엔지니어 협회와 반대로 무선 엔지니어 협회에서는 대기업 경영진이 회장 직위에 오른 적이 없었다. 국가도 무선국 개설 면허 및 검사 제도를 통해 무선 분야에 깊숙이 개입했다. 검사에 불합격하면 면허를 취소하고 전파 송출을 금지했다. 해군과 육군의 개입으로 설립한 RCA는 민간 회사의 자산을 수용해 만든 기업이었다. RCA는 민간 기업이었지만 연방 차원에서 법제적으로 보장된 독점을 누렸고, 현역 해군 제독이 이사진에 포함되었다. 무선 엔지니어는 기술 개발에만 특화되었고, 산업 발달 과정에 능동적으로 관여하지 못했다. 이는 미국에서 자신의 대기업을 일구거나 민영 대기업 경영진에 진출하려는 이상을 품지 않은 엔지니어들이 처한 예외적인 상황을 보여준다.

1950년대 말에서 1960년대 초에 걸쳐 엔지니어 협회들의 부침이 외형적으로도 두드러졌다. 1958년 미국 화학 엔지니어 협회는 공식적으로 창립자 협회의 일원이 되었다. 공학 교육 인증 프로그램 등 미국 화학 엔지니어 협회가 개시한 활동은 창립자 협회가 시작한 프로그램으로 간주되기에 이르렀다. 1963년 미국 전기 엔지니어 협회와 무선 엔지니어 협회는 몇 년에 걸친 협상 끝에 통합해 전기 전자 엔지니어 협회(Institute of Electrical & Electronics Engineers)를 결성했다.

이러한 변화는 제2차 세계대전 이후 엔지니어와 엔지니어 협회 회원이 재차 급증한 데서 비롯되었다. 자연히 소수 상층 엔지니어의 영향력은 상대적으로 감소했다. 또한 선진 산업 국가 사이에서는 엔지니어가 외형적으로 상당히 균질화했다. 그럼에도 불구하고, 다른 나라의 엔지니어에 비해 미국 엔지니어는 사기업을 통한 개인적 성공을 추구하고, 그러한 성공을 쟁취한 소수를 역할 모델로 간주하는 성향이 여전히 가장 강하다. 그뿐만 아니라 미국 엔지니어는 자신이 각각의 개인이 아니라 하나의 집단이나 계층으로서 국가 또는 사회의 유지와 미래를 책임진다는 의식도 약하다. 이는 대공황 이전에 형성된 미국적 특성이 지금껏 사라지지 않았다는 뜻이다.

주

1. Johann Peter Murman, "Chemical Industries after 1850," Oxford Encyclopedia of Economic History (2002). 한편 수출액 기준으로 미국은 1913년 독일의 4분의 1이 조금 넘는 수준이었다. 양국 간 수출액은 제2차 세계대전 이후 역전했다가 20세기 말에 비슷한 수준이 되었다.

2. 〈표 3〉의 아무어 대학은 현재 시카고 시내의 사립 공과대학인 일리노이 공대(Illinois Institute of Technology)이고, 일리노이 대학은 현 일리노이 시립대학 어바나 샴페인 캠퍼스, 카네기 공대는 현 카네기 멜론 대학이다.

3. 브라이언트는 종종 세계 최초로 '화학 엔지니어' 칭호를 받은 사람으로 언급된다. 한편, 1889년 인디애나 주의 로즈 폴리테크닉 학교(현 로즈헐먼 공대)는 '화학' 전공 졸업자에게 학사 학위를 수여했다. 로즈 폴리테크닉 학교는 엔지니어 배출이 목적인 기술학교였기 때문에 해석하기에 따라서는 로즈헐먼 공대가 화학 엔지니어에게 처음으로 학위를 수여했다고 볼 수도 있다.

4. 이 '중화학 제품'은 중공업 제품 및 화학제품이 아니라 'heavy chemical'을 뜻한다. 사우스월밍턴 공장은 황산, 질산, 과염소산, 황산소다 등을 생산했다.

5. '창립자 협회'는 1904년 결성한 연합 공학 협회에서 비롯되었다. 미국 토목 엔지니어 협회, 미국 광산 엔지니어 협회, 미국 기계 엔지니어 협회, 미국 전기 엔지니어 협회는 1903년 앤드루 카네기의 기부를 받아 단일 건물에 사무실과 자료실을 모으기로 했다. 기부를 받기 위해 결성한 협회들의 협회가 연합 공학 협회이다. '창립자 협회'는 엔지니어들의 모태가 된 협회라는 뜻과 연합 공학 협회를 창립한 협회라는 뜻을 동시에 갖고 있다. 현재는 미국 화학 엔지니어 협회까지 창립자 협회로 간주한다.

6. 제2차 세계대전 이후에도 각종 국제 표준 기구에서 연방 정부 기구인 국립표준국(National Bureau of Standards)이 아니라 민간단체인 미국 표준 협회와 미국 표준 기구가 미국을 대표했다. 미국 표준 기구는 현재도 비영리 민간단체로 운영하고 있다. 연방표준국은 1988년 국립표준기술연구소(National Institute of Standard and Technology)로 개편되었다.

참고문헌

Furter, William F, *History of Chemical Engineering.* Advances in Chemistry Vol. 190 (American Chemical Society, 1980).

Hughes, Thomas Parke, *Networks of Power: Electrification in Western Society, 1880-1930* (Johns Hopkins University Press, 1993).

Layton, Edwin T., *The Revolt of the Engineers: Social Responsibility and the American Engineering Profession* (Johns Hopkins Press, 1986).

McMahon, A. Michal, *The Making of a Profession: A Century of Electrical Engineering in America* (NY: IEEE Press, 1984).

Noble, David F., *America by Design: Science, Technology, and the Rise of Corporate Capitalism* (Oxford University Press, 1979).

Peppas, Nicholas A. *The Origins of Academic Chemical Engineering, One Hundred Years of Chemical Engineering; From Lewis M. Norton (M.I.T. 1888) to Present* (Boston: Kluwer Academic Publishers, 1989).

Reynolds, Terry S., *75 Years of Progress; A History of the American Institute of Chemical Engineers 1908-1983* (New York: American Institute of Chemical Engineers, 1983).

Ryder, J. D. & Fink, D. G., *Engineers & Electrons* (New York: IEEE Press, 1983).

Servos, John W., *Physical Chemistry from Ostwald to Pauling* (Princeton University Press, 1996).

근대 엔지니어의 성장 관련 연표

국가 \ 연대	영국	프랑스	독일	미국
1870	1863 알칼리 규제법 제정 1868 전신법 제정 1870 지중해-홍해 해저 케이블 개통 1871 전신 엔지니어 단체 결성 1873 브루나-문드 화학회사 설립 1876 빅토리아 여왕의 인도 황제 선언	1870 프랑스-프로이센 전쟁 발발 제3공화국 수립 1872 프랑스 과학 진흥 협회 창설 1875 발롱블 제정(고등교육법 개정) 1878 파리 세계박람회 개최 고등전신학교 설립	1867 독일 화학 협회 결성 1877 독일 연방 특허법 제정 독일 화학 산업의 이해를 보호하는 연합 결성 1879 전기 기술 협회 결성	1870 스티븐스 공대 개교 1877 벨 전화회사 설립 1878 에디슨 전기조명회사 설립 1879 톰슨-휴스턴사 설립
1880	1880 화학 산업회 결성 1882 전기조명법 제정 1887 전기 엔지니어 협회 결성 1889 기술교육법 제정	1880 대학교법 제정 1881 파리 국제전기박람회 개최 1882 파리 시립물리화학공업학교 설립 1883 국제 전기 엔지니어 협회 설립 1888 전기중앙연구소 설립 1889 파리 세계박람회 개최	1881 기계 엔지니어 연합 결성 1883 독일 에디슨 응용전기회사(AEG 전신) 설립 1887 독일 응용화학 협회 설립	1882 MIT 전기 엔지니어 양성 과정 설립 1884 미국 전기 엔지니어 협회 설립 1888 MIT 화학 엔지니어 양성 과정 설립
1890	1890 통합 알칼리 회사 설립 1898 파쇼다 사건 1899~1902 보어 전쟁	1894 전기중앙연구소 응용학교 창설 1896 고등교육기관법 공포 파리 고등전기학교 설립 1897 대학교 박사 학위법 제정	1894 독일 전기 기술자 연맹 결성 1895 카를스루에 고등기술학교 전기공학과 설립 1899 고등기술학교 박사 학위 관련 부여	1891 위스콘신 대학 전기공학과 설립 1892 에디슨 제너럴 일렉트릭사와 톰슨-휴스턴사 합병으로 GE 설립. 1893 공학 교육 진흥회 설립

1900	1901 데이비스의 《화학공학 편람》 초판 발간 박토리아 여왕 사망 1907 런던 제국과학기술대학 설립 영국·프랑스·러시아의 삼국 협상 성립	1900 파리 세계박람회 개최 1901 그르노블 대학교 이학부 부설 전기공학연구소 설립 1906 툴루즈 대학교 이학부 부설 화학연구소 설립 1908 미르세유 국제전기박람회 개최	1903 전기 엔지니어 자문가 연맹 결성 1904 기술 선발 공무원 연맹 결성 1907 베를린 고등기술학교 전기공학 시연장 설치 1909 디플롬 엔지니어 연맹 결성	1905 위스콘신 대학 화학공학과 설립 1908 미국 화학 엔지니어 협회 설립
1910	1915 군수물자부 설립 1916 의무병역법 제정 1917 과학산업부 설립 1919 대학장학위원회 설립	1910 라튬 연구소 설립 1914 엔지니어 조합 설립 1918 전기 엔지니어 조합 설립 1919 화학 엔지니어 조합 설립	1913 하버-보슈 법 제정 1919 기술직 고용인과 공무원 연맹 결성 고용 화학자와 엔지니어 연맹 결성	1912 무선 엔지니어 협회 설립 1915 아서 D. 리틀, '단위 조작' 용어 최초로 사용 1917.4-1918.11 제차 세계대전 참전 1919 RCA사 설립 미국 전국 표준 기구 조직
1920	1922 화학 엔지니어 협회 결성 1924 노동당 내각 성립 1926 ICI(Imperial Chemical Industries) 설립 글래스고 대학교 화학공학부 전공 신입생 선발	1920 보르도 무선전신학교 설립 1925 여성전기공학연구소(IBF 전신) 설립	1925 기술과 자연과학 분야 이카데미 고용인 연맹 설립 1928 카를스루에 화학 엔지니어 양성 과정 설치	1920 GE-MIT 프로그램 및 MIT 화학공학 실습학교 재개 MIT 화학공학과 설립 1925 미국 화학 엔지니어 협회 화학공학 교육 과정 인증 프로그램 개시 1929 대공황 시작
1930	1937 제국과학기술대학 화학공학 박사 과정 개설	1934 엔지니어 자격증 사용 및 교부 조건 관련법 제정	1936 이케미르벤 공정 설비 부서 설치	1933 테네시 강 유역 개발공사(TVA) 설립

찾아보기

고등기술학교 15, 20~21, 27~28, 36, 42~
　　43, 162, 205~209, 216~218, 220, 224,
　　226~229, 231~232, 234~237, 239~242,
　　246~247, 250~259, 261~266, 366~367
고블레 법 34, 144
고용 화학자와 엔지니어 연맹 29, 242~
　　243, 249~252, 265, 367
고위 관료 제국 연맹 252
과학 아카데미 139, 141, 168, 179, 189
광학이론응용연구소 182
교육 인증 프로그램 312, 341, 363
구타페르카 60, 125
국가시험제 262
국가 엔지니어 18~19, 26, 41, 145, 150~
　　151, 170, 174~177, 184~185, 188~
　　189, 193~197, 349
국제 전기 엔지니어 협회 25, 153, 168,
　　179, 202, 366
군수물자부 24, 98~99, 367
그랑제콜 34~35, 131, 135, 143, 147~148,
　　150~151, 156, 164, 172, 174~176, 178,
　　182, 185, 194, 196~197
기계 엔지니어 연합 236, 366
기계 엔지니어 협회 17, 30, 292, 302, 309,
　　336, 347, 350, 352~353, 364
기센 대학 78, 162
기술과 자연과학 분야 아카데미 고용인
　　연맹 251, 367
기술교육법 41, 48, 122, 366
기술 산업 공무원 연맹 27, 239~241,
　　247~249, 367
기술직 고용인과 공무원 연맹 241~243,
　　249~251, 265, 367
기술직업학교 19, 149, 164, 175~177,
　　181, 185, 195
기술학교에 관한 독일위원회 27, 257

뉴웰, 프레더릭 H. 352~354, 356~360

단위 조작 33, 39, 48, 55, 112~115, 296, 306, 312, 332~333, 335~336, 338~341, 367

대서양전신회사 60~62

대학교 부설 전문 공학 연구소 143

더들리, 찰스 B. 346

데이비스, 조지 E. 23, 33, 55, 84, 92~93, 95~97, 111~114, 122, 125, 326, 332, 367

뎁포드 발전소 71~73, 110

도제 제도 14, 18, 31, 45, 57, 104~105, 107~108, 124, 145

독일 건축가 연합 236

독일 기계 설비 연합 273

독일 기술자 연맹 27, 241, 249

독일 기술자 연합 28, 235~238, 243, 265, 271

독일 산업 제국 연맹 243, 251

독일 설비 건축 협회 273

독일 에디슨 응용전기회사 211, 366

독일 응용화학 협회 28, 247, 262, 366

독일적 방식 38, 269

독일 전기 기술자 연맹 20, 27~28, 231~235, 366

독일 화학 산업 이익 보호 연합 246, 262

독일 화학자 연합 29, 236, 247~250, 268, 272, 298, 300

독일 화학 협회 28, 223, 244, 247, 366

디플롬 엔지니어 20, 27~28, 36, 43, 228~229, 236~241, 243~244, 249~252, 265

디플롬 엔지니어 연맹 28, 235~239, 242~243, 252, 265, 367

로스, 샤를 161~166, 190

로스코, 헨리 E. 92

록우드, 토머스 288, 290

롤런드, H. 286, 314

르블랑 제조 방식 82

리비히, 유스투스 폰 37, 78, 111, 162, 221, 259~260

리틀, 아서 D. 33, 39, 113~114, 299, 301, 312, 329~332, 335, 338~341, 343, 367

마스카르, 엘뢰테르 153, 168, 175~176

만 보고서 336~338

멘덴홀, 토머스 345

모릴 법 16, 48, 307

무선 엔지니어 협회 278, 362~363, 367

미국 공학 표준 위원회 347~348

미국 솔베이사 305

미국 엔지니어 연대 21~22, 281, 354~360

미국 재료 검사 협회 44, 299, 345~347

미국 전기 엔지니어 협회 30, 278, 283~286, 288~295, 314, 319~320, 336, 343, 349~352, 362~364, 366

미국 토목 엔지니어 협회 31, 284, 292, 308, 336, 348, 350~351, 354, 364

미국 표준 기구 348, 364
미국 표준 협회 348, 364
미국 화학 엔지니어 협회 30, 39, 122, 278,
    295~296, 298, 301~304, 306, 312, 314,
    329, 332, 336~341, 363~364, 367
미국 화학회 30, 278, 296, 298, 300~302,
    304, 330, 332, 336, 338~339
미터법 345~346
민간 엔지니어 18~19, 25~26, 42, 149~
    151, 167, 174, 185, 188, 193~194, 197,
    199
민간 엔지니어 협회 25, 188

베블런, 소스타인 349~350
부시, 배너바 324~325
브라이언트, 윌리엄 P. 327, 364
브루너-몬드 화학회사 81, 125, 366

산업 경력 교수 256
산업박람회 79, 82
산업 엔지니어 16, 25, 36, 145, 182~183,
    188, 194~196, 207~209, 218, 227, 230,
    232, 252~253, 264~266
산업 합리화 운동 238
《산업화학 개요》 329, 333
산업 화학자 26, 37, 189~191, 219~220,
    222, 226~227, 244~246, 252~253, 259,
    264, 266, 300, 329

산학 협력 43, 260
상업과 산업 분야 고위 고용직 연합 242~
    243
설비 건설 담당 교수직 272
설비 건축-엔지니어 273
센트럴 기술 칼리지 32, 108, 110, 115
셀러스, 윌리엄 344, 348
소프, 프랭크 H. 329~330, 333
솔베이 제조 방식 82, 141, 267
스타인메츠, 찰스 38, 288, 319~322, 325,
    342~343
스프라그, 프랭크 313, 317~318
신시내티 대학 산학 협력 교육 프로그램
    321~322

아닐린 78, 116
알렉산더, 마그누스 W. 322~323
알칼리 법 80~81
에콜 폴리테크닉 19, 34~35, 46, 130, 139,
    147, 149~151, 153~154, 156, 159, 161,
    167, 174, 176~177, 181, 185, 194~196,
    198, 200~201
엔지니어 박사 학위 263
올슨, J. C. 299~302, 332, 337~338,
    340~341
왕립화학학교 77~79, 94, 115
워커, 윌리엄 H. 39, 113, 299~301, 312,
    321, 330~335, 339, 342~343
위스콘신 대학 316~317, 319~320, 323,

327~328, 342, 366~367

위켄덴, 윌리엄 323, 325

유니언 칼리지 320

이스트먼, 조지 330~331, 335, 362

인설, 새뮤얼 293~294, 351

잭슨, 더갤드 38, 312, 316~325, 328, 334,
336~337, 342~343, 349

전기 기술 협회 20, 27~28, 218, 231~
235, 238, 366

전기 엔지니어 자문가 연맹 21, 239, 367

전기 엔지니어 협회(영국) 18, 23, 68, 84,
90~91, 110~111, 366

전기 전자 엔지니어 협회 363

전기조명법 40, 67~73, 110, 121, 366

전신법 59, 366

제국과학기술대학교 33, 99, 101, 114

제2차 산업혁명기 10~11, 16, 25, 125,
130~131, 133~135, 140~141, 143~144,
160, 166, 173, 182, 191, 194, 196, 219

제3공화국 19~20, 25, 33~35, 42, 46,
48, 132~133, 135, 144~149, 151, 154,
156, 168, 174, 185, 188, 193, 197~199,
366

중등기술학교 20, 27, 36, 43, 206, 214,
227~229, 237, 240~243, 250~251, 259

중앙공예학교 19, 25, 149~151, 153, 159,
168, 174~178, 181, 184~185, 188, 196

중하급 기술자 185

지멘스 & 할스케사 209~213, 233

직업별 엔지니어 연맹 207

창립자 협회 31, 44, 347, 350, 352, 354,
359, 363~364

카이저 빌헬름 협회 181~182

쿡, 모리스 L. 352~353, 359

퀴넌, 케네스 B. 98

크램프턴, 토머스 60

크로스, 찰스 285, 314~315, 320

탈중심화 정책 26, 35, 46, 148~149, 191

탤보트, 해럴드 24, 100

토목 엔지니어 협회(영국) 17, 22, 83, 88,
91

토지 공여 대학 16, 38, 307, 309, 327

톰슨, 윌리엄 61, 63, 85, 87, 89, 109

톰슨, 일라이후 284, 286, 288, 290, 312,
314~315, 362

특허법 43, 220~221, 223, 226, 240, 244~
245, 260~261, 264, 366

파리 고등전기학교 153, 159~160, 166,
169~172, 174~180, 182, 185~186, 193,
366

파리 국제전기박람회 136, 167, 201, 366
파리 배전회사 138, 171, 180, 200
파리 시립물리화학공업학교 160, 164~165, 178, 184, 193, 366
파스퇴르, 루이 142, 154, 158, 164, 189
패러데이, 마이클 86, 119, 124
퍼킨, 윌리엄 H. 54, 76, 78~79, 93~94, 124, 160
페란티, 서배스천 Z. 드 72~73, 98, 107
페리 법 32, 144, 151
페리, 쥘 147, 155
푸핀, 마이클 316, 319~320, 343
프랑스 공학 교육 132
프랑스 과학 발전 협회 161~162
프랑스 전기 엔지니어 협회 25, 171, 179~180
프랑스-프로이센 전쟁 19, 26, 46, 48, 144~145, 161, 163, 366
프랑스 화학 협회 26, 153, 189~191
플레밍, 존 A. 31~32, 108, 110
플레이페어, 라이언 82

화학공학 실습학교 334~335, 367
화학공학 엔지니어 29, 37~38, 208~209, 227, 266, 268~274
화학공학 엔지니어 교육 과정 273
화학공학 연구 그룹 100~101
《화학공학의 원리》 332~333, 335
《화학공학 편람》 93, 97, 112, 332, 367
화학 산업회 23~24, 55, 84, 92, 95~96, 99, 100~101, 117, 298, 366
화학 설비 전문가 모임 268~269
화학 엔지니어 24, 26, 37, 43, 45~47, 55~56, 75, 83, 92, 96, 98~99, 102~104, 111~112, 115, 122, 160, 163~164, 184, 188, 190, 208, 220, 227, 230, 266, 268, 270, 281~283, 296, 298~300, 303~306, 311~312, 329, 335, 338, 340~341, 364
화학 엔지니어 협회(영국) 18, 24, 55, 84, 92, 95, 102~103, 125, 367
화학 협회(영국) 94, 102, 189
힌칠레이, 존 W. 24, 33, 55, 84, 100~101, 103, 114, 117~120, 122, 125

호프만, 아우구스트 폰 37, 78~79, 81, 84, 221~223, 244~245, 260
홍해전신회사 62

ADL사 330~331, 339
GE-MIT 프로그램 323~324, 334, 367
RCA 281, 362, 367